大足学研究文库　乙种　第六号

大足观音造像研究

李小强　著

江苏凤凰美术出版社

李小强，70 后，大足石刻研究院大足学研究中心副主任、研究馆员，著有《大足道教石刻论稿》《崖壁上的世俗文化》《大足石刻佛教造像论稿》《大足石刻史话》《大足石刻十八讲》等 5 部专著，发表大足石刻研究论文 50 余篇、大足石刻欣赏性文章百余篇。

《大足观音造像研究》主要分为四部分，第一部分为大足观音造像研究的目的和意义、学术史的梳理。第二部分为大足观音造像单尊考察，涉及大足数珠手观音、不空羂索观音、玉印观音、水月观音、千手观音等单独的观音造像。第三部分为观音组合造像考察，涉及观音与地藏的组合、十圣观音组合等。第四部分为综述部分，涉及大足观音造像铭文考察、艺术赏析、兴盛背景以及大足观音造像的特点等多方面。该书是重庆市社会科学规划 2021 年度一般项目（项目编号：2021NDYB134）成果。

目 录

第一章 概述

第一节　大足石刻简史

大足石刻为今重庆市大足区境内主要表现为摩崖造像的石窟艺术的总称，现存雕像5万余尊、铭文10万余字。题材以佛教造像为主，兼具道教和儒教造像，被列入各级文物保护单位的多达75处。其中，北山、宝顶山、南山、石篆山、石门山等"五山"摩崖造像，以规模宏大、雕刻精美、题材多样、内涵丰富和保存完好而闻名于世，集中体现了大足石刻的基本特色和历史、科学、艺术价值。1999年，以此"五山"为代表的大足石刻，被联合国教科文组织列入世界文化遗产名录。

图 1-1-1　尖山子石窟

图 1-1-2　北山《韦君靖碑》和韦君靖像

大足石刻肇始于初唐，历经晚唐五代的发展，在两宋时期臻于鼎盛，余波延及明清，历时千年有余。

1987年，当时大足县文物普查队在宝山乡（现铁山镇）建角村发现了尖山子石窟，残存有唐高宗永徽（650—655）纪年的题记，这是迄今为止发现的大足石刻年代最早的造像（图1-1-1）。其后，在高升镇和金山镇分别发现的圣水寺石窟和法华寺石窟，年代大约在中唐。这几处造像，为以后大足大规模石刻造像的兴起拉开了序幕。

晚唐时期，义军将领韦君靖因为屡屡参加

蜀中平叛战争有功，被唐王室任命为普州（今四川安岳）、合州（今重庆合川）、昌州刺史，“充昌、普、渝、合四州都指挥，静南军使”，韦君靖所率的义军实际成为坐镇昌州、权控东川的一方割据势力。892 年，为巩固其对辖地的控制，防范军事变乱，韦君靖在大足城北龙岗山修筑永昌寨，储粮屯兵，以备不测。他还招募大批匠师，在寨内崖壁上开龛造像（图 1–1–2）。今北山南段的毗沙门天王、千手观音、释迦牟尼龛等皆为韦君靖时期所营造。自此以后，有昌州刺史王宗靖（一说其身份即为韦君靖），以及温孟达、于彦璋等官绅、士庶、信众在北山出资连续造像。五代（前后蜀）时期，战乱仍有持续，但对大足一地波及不大。大足五代造像延承唐绪，在北山开凿有百余个龛窟，成为中国五代时期摩崖造像规模最大、数量最多的地方（图 1–1–3）。

北宋建立直至王安石变法以前的百余年间（960—1068），大足境内开凿的摩崖石刻造像极少。而从考古发掘的资料看，在万古镇大钟寺遗址、金山镇六合村双河口桥头遗址等，均出土了大批圆雕造像。

从北宋元丰年间（1078—1085）开始，大足摩崖石刻造像再次兴起。如北宋后期的 1083—1096 年，大庄园主严逊在石篆山开凿了儒、释、道三教题材皆具的摩崖造像；1126 年，

图 1–1–3　北山石窟（局部）

工匠伏元俊、伏世能父子连续在北山造孔雀明王、弥勒下生经变相等龛窟。南宋绍兴年间（1131—1162），大足一地造像风气尤为兴盛，石窟造像持续不断。在北山、南山、石门山、妙高山、佛安桥、舒成岩、峰山寺、玉滩等 10 余处都有此时期的纪年造像，题材涉及儒、释、道三教；其中很多造像是大足乃至全国宋代石窟艺术的精品，如北山第 136 号转轮经藏窟、妙高山第 2 号三教合一窟、南山第 5 号三清古洞、石门山第 6 号十圣观音洞，以及北山多宝塔的壁龛造像等。

南宋淳熙至淳祐年间（1174—1252）的 70 多年，大足境内的石窟造像几乎都集中在宝顶山，宝顶山石窟的营建成为这个时期大足石刻造像活动的高潮，标志着大足石刻进入了鼎盛时期。

宝顶山石窟是一处集佛教石窟艺术大成的造像群，它的主持者为大足民间僧人赵智凤。赵智凤（1159—1249？），出生于今大足区智凤镇。5 岁时，因母亲患病，久治不愈，遂拜求附近古佛岩僧人治疗。不久，母亲的重疾经僧人医治痊愈。于是，赵智凤拜古佛岩僧人为师，落发剪爪出家为僧。赵智凤 19 岁后回到大足。而此时，昌州及其附近旱灾不断，流殍大量涌入大足，赵智凤“御灾捍患，德洽远近，莫不皈依”。约从 1179 年以后，赵智凤缜密构思、精心布

图 1-1-4　宝顶山大佛湾造像（局部）

图 1-1-5　千佛岩石窟千佛（局部）

局，招募能工巧匠，倾其毕生心血苦心经营宝顶山石窟。经过 70 余年的清苦经营，从而留下了石窟艺术宝库中一座极其宏伟的遗产，这是一座以大、小佛湾为主体，周边 10 余处结界像，造像近万尊的大型密宗道场（图 1-1-4）。

1236 年，蒙古军大举入川，横扫四川数十州，大足石刻的雕凿被迫中断。元代，大足未发现一例有纪年的石刻造像。明朝初年，大足石刻造像再度复苏，相继开凿有千佛岩（图 1-1-5）、七佛岩、大石佛寺、眠牛石等 20 多处摩崖造像。清代造像为大足石刻的余绪，新开凿有雷打岩、双山寺、斗碗寨等 10 多处摩崖造像。大足明清造像虽不如唐宋时期的规模和造诣，但其神像杂陈的造像题材，却反映了民间世俗宗教信仰的重大发展变化；很多碑刻铭记，对于了解石刻发展演变和保护情况，是不可多得的重要历史资料。

第二节　大足观音造像研究概述

一、明清至 1949 年

大足石刻至南宋后期，大规模造像停滞。元代，在大足境内迄今未发现有纪年的造像，亦未见有考察文献的记载。明清时期，石刻造像继续开凿，开始有学者调查石刻造像，并有相关著述，大多为金石记录或游记。清嘉庆二十三年至二十四年间（1818—1819），代理大足知县的张澍因编修县志，多次登临北山、宝顶等调查，作 19 篇文章，其中如《游佛湾记》《前游宝顶山记》等文，记录了石刻风貌和铭文情况。

1940 年 1 月，营造学社梁思成、刘敦桢等一行，在进行川康地区古建筑调查途中，绕道来到大足，开展了短期的调查。其调查资料中，亦有涉及观音造像。如对北山第 180 号观音变相窟，梁思成写道："再南一龛，中镌观音半跏坐像，丰神丽都，宛若少妇。其左右侍像各 5 尊，皆靓装冶容，如暮春花发，夏柳枝低，极逸宕之美，佛像至此，可谓已入魔道矣。"①

1945 年 4 月 27 日—5 月 7 日，由杨家骆发起，马衡、何遂、顾颉刚、朱锦江、庄尚严、傅振伦等共 15 位成员组成的"大足石刻考察团"，对大足石刻进行了实地考察。考察亦有涉及观音造像，如对宝顶山千手观音像，吴显齐写道："向刻千手观音者不过多刻数手，以示多手之意，而此则真有千数，且从一体伸出，恍若自然天生。每手各执一物，金碧辉煌，心摇目眩；我人立像下仰视久之，见各手若在摇动，鬼斧神工，叹观止矣。"② 又如，朱锦江在《从中国造像史观研究大足石刻》，提及数例观音造像，如北山第 180 号十三观音变相窟，"观音有十侍菩萨，菩萨帽上花纹及式样很多，胸饰璎珞均甚美丽，其渊源另有所本，将来可作一系统的研究"③。

上述两次调查之后的数年间，大足石刻逐渐受到世人的关注，也有学者作文考论大足石刻，如王恩洋的《大足石刻之艺术与佛教》④ 等文，亦有涉及大足观音造像的论述。

此时期，对观音造像而言，基本上为基础资料调查，注重艺术欣赏。值得一提的是：此时期的调查，亦有相当多的照片，真实地记录了大足石刻保存的状况。其中，一些照片因为造像本体的变化，对今天研究观音造像情况有很大的帮助。如北山第 9 号千手观音，在 1940 年营造学社、1945 年大足石刻考察团的资料照片中，手臂呈现出完好状（经后世修复），其后被毁坏，虽然毁掉的手臂为后世补塑，但亦保存了该像的历史风貌。

---

① 梁思成《西南建筑图说（一）· 四川部分》，《梁思成全集》第 3 卷，中国建筑工业出版社，2001 年，第 241 页。

② 吴显齐《介绍大足石刻及其文化评价》，《新中华》复刊，第 3 卷第 7 期"罗斯福纪念号"，1945 年 7 月。

③ 朱锦江《从中国造像史观研究大足石刻》，《民国重修大足县志》卷首"大足石刻图文初编"，1946 年。

④ 王恩洋《大足石刻之艺术与佛教》，《文教丛刊》，1947 年第 7 期。

二、1949 年至 1980 年

此时期，大足石刻研究逐渐受到国内专家学者的关注，相关的研究较为深入。目前，所见大足观音造像的研究文献极少，主要体现在陈习删先生《大足石刻志略》一书的相关考论中；其余大多在大足石刻总体的研究论述之中，基本上为艺术欣赏类。

（一）陈习删《大足石刻志略》

陈习删著《大足石刻志略》①于 1955 年竣稿，全书约 17 万字，分为“绪略”“别略”“论略”三章。

在第二章“别略”中，对大足石刻主要造像点的造像进行了考论。其中，多涉及观音造像的龛窟。北山石刻中，观音像“凡四十部”（不含千手观音、观音变相等造像）。书中，对第 125、第 131、第 58、第 52、第 9、第 149 号等观音龛窟进行简要的考论，考论其经典依据，定其龛窟名。如第 125 号，“此部造像据自《大吉祥天女十二契一百八名无垢大乘经》，应名数珠手观音”；又如第 149 号如意轮观音窟，“此部造像据自《观自在如意轮菩萨瑜伽法要》”；再如第 180 号为“十三面观音变相”。宝顶山石窟中，对大佛湾千手观音有简要的论述。石门山石窟中，对第 6 号考论认为，窟名为“十一面观音窟”，“此部造像据自《十一面观自在菩萨心密言念诵仪轨经》”“与北山之十二面观音为菩萨变者”。妙高山石窟中，第 4 号“十一面观音窟”“与石门山十一面观音像相同，惟无四金刚像，为其小异”。

（二）艺术欣赏

此时期对于大足观音造像的艺术欣赏，相关论著较多，具有代表性的，有以下数例。

张圣奘在《大足安岳的石窟艺术》一文中，论及北山观音造像，其中，第 125 号“观音姿态与其他迥然不同”“形态自然而生动”“造型上技巧是很高的”；“其他几窟的观世音造像，亦各不同，有庄严肃穆的，也有神态自若的，显然渗进了刻工自己的创造”；第 180 号十三观音变相，“作风则明净简洁，去除了繁复的装饰，为他处石刻所少见”②。

孙善宽、林家长在《大足等地古代雕刻给我们的启发》一文中，专门提到大足北山观音“是依着位置、性质和主题不同应用各种表现手法来处理”，具体来说，主要体现为两种：一种如“转轮经藏窟”内的观音，“在处理上有意加上较多的装饰，在外形上还是保持平正的整体，在衣纹上尽量富于装饰，而把衣纹用浮雕的压法，嵌在平面里，这样可以刻上很多的衣纹并使它飘动得很真实，又不影响外形的平整感，而更巧妙地照顾了主题，又丰富了装饰性”；“另

---

① 陈习删《大足石刻志略》，《大足石刻研究》，四川省社会科学院出版社，1985 年。

② 张圣奘《大足安岳的石窟艺术》，《西南文艺》，1952 年，第 10 期。

外一种是数珠手观音，它主要是起陪衬作用，尺寸也很小，所以处理时不用那种庄重和直线的处理，而变得更为柔和优美，更多的依照着生活中柔美的动作来塑造”[①]。

对于大足石刻观音造像艺术风格的来源，李巳生先生有着精辟的论述。在《大足石刻概述》一文中，他说：“当匠师们在制作佛教雕像时，他们一方面必须遵守佛教教义和仪轨的要求，但另一方面他们总是按照自己的意愿和他们对题材内容的理解去雕刻的。如人们所理想的观音菩萨，不仅是有着和悦慈爱的形象，而且是极其美丽的，所以在唐代就曾经流传着观音菩萨化为美女劝人诵经的传说，在宋代的民间故事中，也有把美丽的妇女比作观音菩萨的。”紧接着，他对大足石刻具体的造像论述道：“从大足各处石刻中，尤其是北山第 113、第 125、第 136、第 180、第 225、第 240 诸龛窟以及宝顶山毗卢洞和圆觉洞中的菩萨像，都可以看出唐、宋时代的匠师们汲取现实生活中美丽的妇女的形象，以至在面部表情细微的变化中，在姿态和服饰的处理上，都能刻画入微极尽其致，创造了充满人间生活气息、动人心弦的美丽雕像。”[②] 从其论述可见，大足一地的观音造像，在艺术风格上主要来源于现实生活，具有浓郁的世俗性特点。

此外，这一时期，还有温廷宽《四川佛教摩崖造像的艺术价值及其现况》[③] 等文章，亦有对观音造像艺术的简要论述。

从上述这一时期的主要论述来看，在调查研究方面，陈习删《大足石刻志略》一书应是对大足观音造像考论的开先河之作。在艺术欣赏方面，论述较多，概括来说有两点值得注意。一是北山石窟观音造像，在艺术风格上，主要为两种：一种为以转轮经藏窟等为代表的观音像，表现为庄严肃穆；另一种则为以第 125 号为代表的数珠手观音，造型生动别致、柔和优美。二是大足一地的观音造像，其艺术风格、造型等多方面，大多来源于民间，与当地工匠自身创造能力密切相关。

三、1980 年至今

1980 年之后，随着大足石刻逐渐为国人知晓，特别是 1999 年 12 月，大足石刻被列入世界遗产名录，大足石刻研究得到了全方位的发展，按照论著的研究成果，分别概述如下。

（一）考古调查报告和研究

1985 年出版的《大足石刻内容总录》[④]，收录了大足北山、宝顶山、南山、石篆山、石门山、妙高山、舒成岩、佛安桥、玉滩、七拱桥等 10 处造像点，对龛窟的名称、时代、形制、内容等

---

① 孙善宽、林家长《大足等地古代雕刻给我们的启发》，《美术》，1957 年，第 7 期。

② 李巳生《大足石刻概述（代序）》。四川美术学院雕塑系编《大足石刻》，朝花美术出版社，1962 年。

③ 温廷宽《四川佛教摩崖造像的艺术价值及其现况》，《现代佛学》，1957 年，第 9 期。

④ 四川省社会科学院、大足县政协、大足县文物管理所、大足县石刻研究学会编《大足石刻内容总录》，四川省社会科学院出版社，1985 年。

进行了记录与研究，是大足石刻研究史上第一部正式公布的内容总录。该书对其后大足石刻研究影响甚大，对于各造像点观音造像的具体记录情况，在本书各个章节都有引用和研究，此不赘言。

1999年出版的《大足石刻铭文录》[①]，对大足境内石刻造像铭文进行了系统的收录与整理，其中，涉及观音造像的铭文资料颇多，对于研究大足观音造像具有极其重要的参考价值。

2001年，由重庆市社会科学规划办公室批准立项的《大足石刻内容总录》（批准号：2001-KSF01），是重庆大足石刻艺术博物馆向重庆市社会科学规划办公室申请的市级重点项目。该项目于2006年11月结题（结项证书号：2006059）。该项目对大足境内公布为文物保护单位的75处石窟造像点进行了调查，值得一提的是：在1985年出版的《大足石刻内容总录》的基础上，对全区75处石窟造像的龛窟进行了定名，其中包括对一些观音造像的定名。尽管该项目成果未正式出版，且一些造像的定名和年代仍值得商榷等，但对于了解大足观音造像，还是具有一定的参考价值。

2018年出版的《大足石刻全集》[②]，全书共11卷19册，对北山、南山、石门山、石篆山、宝顶山5处石窟进行了系统的考古学研究，全面客观地记录和反映了石窟的现存状况和历史遗存信息。该书对于了解这5处石窟造像点的观音造像，具有极其重要的价值，如宝顶山千手观音，有“主尊观音像手臂数量、法器号、法器名及特征简表”“主尊观音像手持法器名称、数量、编号等信息简表”等资料，极大地丰富了对造像本体的认识。

2023年，重庆出版社出版的《大足石刻总录》对83处（75处文物保护单位和8处新发现龛窟）造像点进行了调查和研究，相对于之前的相关总录类资料，在龛窟定名、时代、造像服饰、碑刻文字等多方面，都有新的认识成果。其中，涉及观音造像较多，对于本书的相关研究具有极其重要的参考价值[③]。

除此之外，在此时期，调查记录基本上为单独的论文报告，亦有涉及观音造像，主要有：杨方冰在《大足石篆山石窟造像补遗》[④]一文中，对石篆山新发现的观音龛的披露；重庆大足石刻艺术博物馆《大足十王殿石刻造像初识》[⑤]认为新发现的十王殿第2号龛为观音像；陈明光《新发现宋刻灵岩寺摩岩造像及其年代考释》[⑥]，对该地观音造像进行了介绍；邓之金《新发现宋代

① 重庆大足石刻艺术博物馆、重庆市社会科学院大足石刻艺术研究所编《大足石刻铭文录》，重庆出版社，1999年。

② 大足石刻研究院编《大足石刻全集》，重庆出版社，2018年。

③ 大足石刻研究院编《大足石刻总录》，重庆出版社，2023年。

④ 杨方冰《大足石篆山石窟造像补遗》，《四川文物》，2005年，第1期。

⑤ 重庆大足石刻艺术博物馆《大足十王殿石刻造像初识》，《重庆历史与文化》，2007年，第2期。

⑥ 陈明光《新发现宋刻灵岩寺摩岩造像及其年代考释》，《大足石刻研究文集》，重庆出版社，1993年。

石刻十一处》[①]，对峰山寺、老君庙、兴隆庵等石刻观音进行了记录；《大足尖山子、圣水寺摩崖造像调查简报》[②]一文，对尖山子、圣水寺两处造像点观音造像作了记录；陈明光《大足多宝塔外部造像勘查简报》[③]，对多宝塔观音造像作了介绍；邓启兵、李小强、黄能迁《大足中敖镇观音堂摩崖造像初识》[④]，认为该处第1号龛为西方三圣、第2号龛为观音像。

专题对大足观音造像考古学研究论著极少，大多见于大足石刻总体研究论著之中，如黎方银、王熙祥《大足北山佛湾石窟的分期》[⑤]，张媛媛、黎方银《大足北山佛湾石窟分期研究》[⑥]等论文，对北山重要观音造像龛窟的时代进行了分期。此外，还有刘光霞的《大足北山佛湾石窟观音坐式刍议》[⑦]等。

（二）艺术欣赏

对大足观音造像的艺术欣赏，在各种论著中较多，兹列举数例。

刘长久在《大足佛教石窟艺术审美片论》一文中说："从北山摩崖造像中宋代所镌造的观音来看，在观念上虽然还是处于圣母的地位，但在形象上除保留很少的佛教造像仪轨的'相''好'外，基本上是以宋代世俗民间生活中的妇女形象为模特儿。"[⑧]

李巳生在《大足石刻之美》一文中论及"统一和谐之中富于多样变化"这一艺术特点时，其中所举之例之一就有北山第180号观音变相窟，"菩萨群像全是严肃地站立着，服饰一律是通肩广袖，但是细看头部动势，五官造型都有细微变化，手臂高低曲直和衣褶走向，宝冠样式和图案纹样也大同小异，越看越感到变化多样"[⑨]。

张总在《说不尽的观世音》[⑩]中认为，大足妙高山和石门山十圣观音窟"这些造像艺术水准很高，特别是石门山，尊尊菩萨体态高雅，持物精妙，是观音造像中极为重要的一笔遗珍"。

涉及观音造像欣赏的论著颇多，主要著作有黎方银的《大足石刻》[⑪]、龙红的《风俗的画

① 邓之金《新发现宋代石刻十一处》，《大足石刻研究文集》，重庆出版社，1993年。

② 重庆大足石刻艺术博物馆、四川省社会科学院大足石刻研究所《大足尖山子、圣水寺摩崖造像调查简报》，《文物》，1994年，第2期。

③ 陈明光《大足多宝塔外部造像勘查简报》，《2005年重庆大足石刻国际学术研讨会论文集》，文物出版社，2007年。

④ 邓启兵、李小强、黄能迁《大足中敖镇观音堂摩崖造像初识》，《大足石刻佛教造像论稿》，团结出版社，2020年。

⑤ 黎方银、王熙祥《大足北山佛湾石窟的分期》，《文物》，1988年，第8期。

⑥ 张媛媛、黎方银《大足北山佛湾石窟分期研究》，《大足石刻全集》第九卷，重庆出版社，2018年。

⑦ 刘光霞《大足北山佛湾石窟观音坐式刍议》，《大足石刻研究文集》（5），重庆出版社，2005年。

⑧ 刘长久《大足佛教石窟艺术审美片论》，《大足石刻研究》，四川省社会科学院出版社，1985年。

⑨ 李巳生《大足石刻之美》，《大众美学》第1辑，《四川省社会科学院社会科学研究丛刊》，1983年。

⑩ 张总《说不尽的观世音》，上海辞书出版社，2002年，第77页。

⑪ 黎方银《大足石刻》，三秦出版社，2004年。

卷——大足石刻艺术》[①]、肖宇窗的《神话在人间——大足石窟艺术及其文化阐释》[②]，以及陈少丰的《中国雕塑史》[③]等，论文主要有李正心的《宋代大足石刻》[④]、戴渝华的《试论大足石刻的美学风貌》[⑤]、郭相颖的《试谈大足石刻北山“心神车窟”的艺术成就》[⑥]等。此外，还有苏默然的《密宗佛教和宋代大足雕刻艺术中的女神》[⑦]，对大足女相观音进行了探讨。

（三）单尊观音研究

大足观音造像中，观音有很多表现形态，其也是学界关注的重点。

千手观音是大足石刻极其重要的观音造像题材。姚崇新在《大足地区唐宋时期千手千眼观音造像遗存的初步考察》[⑧]一文中，对千手观音造像的兴起及其在巴蜀地区的初传，大足圣水寺、北山、宝顶山等造像的姿势、面（首）数、正大手及千手、眷属等做了较为深入的考察，认为“大足千手观音造像的发展大体可分为三个阶段：第一阶段约中晚唐时期，是大足千手观音造像的起始阶段，以大足圣水寺千手观音造像为代表；第二阶段约唐末五代时期，是大足千手观音造像的鼎盛时期，以北山佛湾等处的千手观音造像群为代表；第三阶段为南宋时期，是大足千手观音造像的尾声，以宝顶山大佛湾千手观音造像为代表”。通过考察，他认为“大足地区的千手观音造像只是整个川渝地区唐宋时期千手观音造像的一部分，其发展变化与大足以外区域特别是大足以西区域不同时期千手观音造像的发展变化息息相关”。但是，大足一地千手观音也具有自身特色，“如第二阶段造像中出现的不见于其他地区、也不见于经典的新眷属文殊、普贤、地藏等，再如第三阶段造像中凸显供养人地位做法以及以半身力士托抬宝座的做法，前者不见于其他地区，后被其他地区所效仿，后者仅见于与大足毗邻的安岳地区。这些新元素皆可视为大足本地的地方特色，其背后隐含的，很可能是某一时期大足地方的信仰逻辑”。李崇峰在《千手眼大悲像的初步考察——以大足宝顶为例》[⑨]一文中，认为千手眼菩萨与一般观音不能等同，大悲像乃观世音所显现的“神通之相”；因此，中土现存这种画塑应称“千手眼大悲像”为妥，简称“大悲像”。

---

① 龙红《风俗的画卷——大足石刻艺术》，重庆大学出版社，2009年。

② 肖宇窗《神话在人间——大足石窟艺术及其文化阐释》，中国戏剧出版社，2011年。

③ 陈少丰《中国雕塑史》，岭南美术出版社，1993年。

④ 李正心《宋代大足石刻——渗透着市民阶层思想意识的艺术》，《美术》，1982年，第4期。

⑤ 戴渝华《试论大足石刻的美学风貌》，《大足石刻研究文集》（2），重庆出版社，1997年。

⑥《试谈大足石刻北山“心神车窟”的艺术成就》，郭相颖《大足石刻研究与欣赏》，重庆出版社，2013年。

⑦ 苏默然《密宗佛教和宋代大足雕刻艺术中的女神》，《2005年重庆大足石刻国际学术研讨会论文集》，文物出版社，2007年。

⑧ 姚崇新《大足地区唐宋时期千手千眼观音造像遗存的初步考察》，《大足学刊》第二辑，重庆出版社，2018年。

⑨ 李崇峰《千手眼大悲像的初步考察——以大足宝顶为例》，《石窟寺研究》第六辑，科学出版社，2016年。

此外，还可见胡文和的《四川道教佛教石窟艺术》[①] 等相关的研究论述。

水月观音造像在大足遗存较多。陈静《大足石刻水月观音造像的调查与研究》[②] 论文，统计大足水月观音计有 22 个龛窟，其原因主要是“四川唐、宋时期发达的密教为大足石刻水月观音提供了源泉和土壤”“水月观音造像符合人们追求超然世外、淡泊名利审美需求”“缘于消灾、求福的需求”，并认为“宋代大足水月观音就是圣观音，而且，其盛行缘由与此密不可分”。侯波在《从自我观照到大众救赎——水月观音造型流变考》[③] 一文中，以敦煌、大足等多例水月观音为主，对其图像和文化心理背景进行了考察，认为“水月观音自初创，经历了三种不同的造像样式。其中支腿抱膝的第一种样式，可能就是周昉最初所创的形象。这种形象带有几分文人的审美情趣与观禅的需求”；“仅见于敦煌地区的第二种样式，可作为一个区域性的个案来探讨”；“成为晚期水月观音造像主流的第三种样式，部分复苏了周昉的原意，但这毕竟已是一个新的时代，这一时期的文化心理，艺术手法的成熟，都可能带来一个更新的面貌”。龙红、邓新航的《巴蜀石窟唐宋水月观音造像艺术研究——兼与敦煌、延安水月观音图像的比较》一文，对巴蜀石窟水月观音作了考察，认为巴蜀石窟中水月观音造像共计 47 例，集中在川东的重庆一带，“从构图设计看，巴蜀水月观音造像比较突出的是主尊形象、圆光和岩座，而流水、竹子等其他背景元素，石窟艺匠对其一般都作了省略，这与造像粉本、造像材质、工匠技法、窟龛空间等方面有关”，与敦煌、延安比较，“在表现形式、兴盛时间、主尊坐姿、背景元素、人物构图等方面均存在较为明显的差异，因而体现出鲜明的地域特色”[④]。

在巴蜀地区，不空羂索观音是大足观音造像中较为独特的遗存。黎方银在《大足石窟不空羂索观音像研究》[⑤] 一文中，对北山石窟（含多宝塔）18 尊不空羂索观音进行了考察，认为“不空羂索观音像于晚唐之后才成为流行题材，且在大足流行的时间既晚于敦煌石窟，也晚于资中石窟”；不空羂索观音在四川主要集中在大足北山、资中西岩，可知“在四川有极强的地域性，在民间的普及程度并不高”。在大足地区流行的原因，“重要的是与其宣称信仰它能获得的种种功德有关”。邓新航的《巴蜀石窟不空羂索观音造像研究——巴蜀密教美术研究之一》[⑥] 一文，经研究分析后统计，认为大足一地的不空羂索观音造像共 19 尊，巴蜀地带的不空羂索观音“并

---

① 胡文和《四川道教佛教石窟艺术》，四川人民出版社，1994 年，第 273 ~ 279 页。

② 陈静《大足石刻水月观音造像的调查与研究》，《大足石刻研究文集》（5），重庆出版社，2005 年。

③ 侯波《从自我观照到大众救赎——水月观音造型流变考》，《2009 年中国重庆大足石刻国际学术研讨会论文集》，重庆出版社，2013 年。

④ 龙红、邓新航《巴蜀石窟唐宋水月观音造像艺术研究——兼与敦煌、延安水月观音图像的比较》，《大足学刊》第四辑，重庆出版社，2020 年。

⑤ 黎方银《大足石刻不空羂索观音像研究》，《大足石刻研究文集》（5），重庆出版社，2005 年。

⑥ 邓新航《巴蜀石窟不空羂索观音造像研究——巴蜀密教美术研究之一》，《大足学刊》第五辑，重庆出版社，2021 年。

没有完全遵从相关造像仪轨，而有超越仪轨的造像内容表现”；其在此地流行的原因，“还有其特殊缘由：战神护佑，保家卫国”。此外，还可见胡文和《四川道教佛教石窟艺术》① 等相关的研究论述。

如意轮观音的研究，主要以未小妹《如意轮观音图像的流传、改写与误读——以巴蜀石窟造像调查为基础》② 学位论文为主，探讨了如意轮观音造像在巴蜀石窟的发展演变脉络及地域特色。其中，对于大足一地出现的二臂如意轮观音像，认为“具有时代地域性”，“此类二臂如意轮观音在大足的集中出现可能与大足本地五代两宋时期浓厚的观音信仰有关，其中北山佛湾149窟者应起到了先导性作用”。邓新航在《巴蜀石窟唐宋如意轮观音造像研究——巴蜀密教美术研究之三》③ 一文中，对巴蜀石窟唐宋如意轮观音作了考察，认为集中在盛唐至五代和南宋早期这两个时段，前时段流行六臂、游戏坐、思惟状的像式，后时段流行二臂、结跏趺坐的像式，“不同像式与造像仪轨基本相符，但也有超出经轨规定的内容”。此外，还可见胡文和《四川道教佛教石窟艺术》④ 等著述。

以北山第125号为代表的数珠手观音造像，在大足观音造像中历来备受社会各界的关注。李小强、廖顺勇在《大足、安岳数珠手观音造像考察》⑤ 一文中，对大足、安岳两地数珠手观音造像、演变情况做了梳理，认为数珠手观音“最初起源于组合题材之中，受到世俗信众对持念数珠的重视、佛教经典和艺术对数珠的宣扬等因素，出现了单独表现的数珠手观音造像，并逐渐成为观音形象的一个重要表现形式”。

在大足石刻中，具有送子职能的诃利帝母，与明清时期的送子观音具有千丝万缕的联系。胡良学在《大足石刻的诃利帝母及其经变相研究》⑥ 一文中，对大足石刻诃利帝母造像进行了梳理，认为体现出内容丰富、延续时间长、数量多、地位很高、保存完好、雕刻精美等特点。相关研究还有胡文和的《四川道教佛教石窟艺术》⑦、胡文成的《印度诃利帝母神像在流传过程中的衍变探究》⑧、龙晦的《大足石刻中的明肃皇后、诃利帝母、九子母与送子观音》⑨ 等著述。

---

① 胡文和《四川道教佛教石窟艺术》，四川人民出版社，1994年，第223～226页。

② 未小妹《如意轮观音图像的流传、改写与误读——以巴蜀石窟造像调查为基础》，四川美术学院硕士学位论文，2016年。

③ 邓新航《巴蜀石窟唐宋如意轮观音造像研究——巴蜀密教美术研究之三》，《石窟寺研究》第十二辑，科学出版社，2021年。

④ 胡文和《四川道教佛教石窟艺术》，四川人民出版社，1994年，第222～223页。

⑤ 李小强、廖顺勇《大足、安岳数珠手观音造像考察》，《四川文物》，2018年，第1期。

⑥ 胡良学《大足石刻的诃利帝母及其经变相研究》，《2009年中国重庆大足石刻国际学术研讨会论文集》，重庆出版社，2013年。

⑦ 胡文和《四川道教佛教石窟艺术》，四川人民出版社，1994年，第230～233页。

⑧ 胡文成《印度诃利帝母神像在流传过程中的衍变探究》，《大足学刊》第一辑，重庆出版社，2016年。

⑨ 龙晦《大足石刻中的明肃皇后、诃利帝母、九子母与送子观音》，《中华文化论坛》，2003年，第1期。

这些研究成果，对于诃利帝母在大足一地的遗存与送子观音的关系等多方面，还有较大的研究空间可以深化。

此外，还有亨利克·H.索伦森在《密教与四川大足石刻艺术》[1]一文中，分别对北山第149号、第133号等观音龛窟的论述。

（四）观音造像题材组合研究

观音的组合题材，在大足一地的主要表现有两种：一种是2身及其以上数量的观音群像组合；另一种是观音与其他佛、菩萨的组合。

第一种组合实例在大足遗存较多。颜娟英在《大足石窟宋代复数大悲观音像初探》[2]一文中，说："就大足宋代石窟由千手千眼观音所演变而来的复数观音造像做粗浅的考察。依目前观音，这类造像在大足有4窟，即北山佛湾180窟、136窟、石门山6窟与妙高山4窟。"胡文和在《巴蜀佛教雕刻艺术史》[3]中认为："千手观音正大手人形化变相表现在大足宋代石窟中，有三处：一为北山佛湾第180号窟；一为石门山第6号窟；一为妙高山第4号窟"；"3窟造像内容的最大亮点就在于窟左右壁上的众观音像。尽管它们的形象造型、衣饰特征有所差异，但其双手所执的法器却基本相同，而且应该是出自唐不空译的《千手千眼观世音菩萨大悲心陀罗尼》"。

笔者在《十圣观音叙说——以大足石刻为中心的考察》[4]一文中认为，"十圣观音是石窟艺术一种较为特殊的题材"，并对大足石刻以石门山十圣观音洞造像为代表的8例造像龛窟进行了考察，且认为"十圣观音造像在大足一地表现尤为显著；来源具有多种因素，主要是观音民间信仰为主；时间上主要盛行于南宋初期；在十圣观音的组合上，各个龛窟造像有所变化，而非固定于某一种蓝本"。

第二种组合实例，多见于观音与阿弥陀佛、地藏（或观音、地藏）的组合造像龛。胡文和在《四川道教佛教石窟艺术》一书中说："地藏和观音像同龛窟是四川中晚唐石窟中较为流行的一个题材。"他引《三宝感应要略录》记载汉州善寂寺史料，认为这种题材早在萧梁时期就出现在四川的寺院壁画中，"这种题材可能是取自有关地藏的佛典和《法华经·普门品》而合成的"。

罗世平在《地藏十王图像的遗存及其信仰》一文中分析了观音、地藏信仰情况，认为造像活动中观音、地藏并重的信仰行为，逐渐引起二菩萨造像形式由无序的错杂走向有序的组合。这一演进过程在四川石窟造像遗迹中有较清晰的线索可寻。文中还列表举例巴蜀地区广元、巴中、

① 亨利克·H.索伦森《密教与四川大足石刻艺术》，《2005年重庆大足石刻国际学术研讨会论文集》，文物出版社，2007年。

② 颜娟英《大足石窟宋代复数大悲观音像初探》，《2005年重庆大足石刻国际学术研讨会论文集》，文物出版社，2007年。

③ 胡文和、胡文成《巴蜀佛教雕刻艺术史》（中），巴蜀书社，2015年，第493页。

④ 李小强《十圣观音叙说——以大足石刻为中心的考察》，《石窟寺研究》第九辑，科学出版社，2019年。

夹江、眉山、大足等地的地藏、观音菩萨组合龛像[①]。

肥田路美在《关于四川地区的地藏、观音并列像》一文中认为："在经文里几乎找不到有关观音和地藏组合的记载。把这 2 尊菩萨结合在一起的做法，可能不是依据特定的经典，而是根据对这 2 尊菩萨的信仰方式。"文中列举了巴蜀地区 50 多个实例，认为"地藏、观音并列像首先在北部开始制作，而盛行于东南部。也就是说在晚唐、五代时期，即 10 世纪最为流行"；随着地域和时间的变化，图像形式也在变化。文中分析了 2 尊像并列的意义，认为"2 尊并列图像形式的出现，可能是以代表《法华经》信仰的释迦多宝并坐像的造型为基点。制作 2 尊造像的意图是：造像主认为造 2 尊像作善的功德比造独尊像的功德更大，而且制作 2 尊像就能够加倍尊像的威德力"[②]。

此外，笔者的《简述唐宋时期地藏与净土之关系》[③]等论文对阿弥陀佛、观音、地藏组合造像进行了探讨。

另外，《嘉陵江流域石窟寺调查及研究》[④]一书，对"观音与阿弥陀佛组合""观音与药师佛组合""观音与释迦牟尼佛组合""观音与地藏组合""观音与善财、龙女组合"等做了探讨，并多举大足石刻相关组合造像为例。

（五）其他

对比研究方面，主要有杨雄、胡良学、童登金《大足石窟与敦煌石窟的比较》[⑤]一书，其中有对大足、敦煌两地观音造像的题材、艺术等多方面的比较。

以宝顶山千手观音为主的相关研究，在此时期得到广泛深入的探讨。在保护研究方面，2008 年启动实施的宝顶山千手观音抢救性保护工程，相关的研究成果甚多，主要收录在《大足石刻千手观音造像抢救性保护工程前期研究》[⑥]一书之中。此外，还有较多的研究成果，如《中国文物科学研究》2013 年第 3 期"大足石刻千手观音造像抢救性保护工程"专栏收录的多篇论文[⑦]。2008 年之前，有燕学锋、席周宽的《千手观音的历代培修及面积勘测》[⑧]等论文。宝顶山

---

① 罗世平《地藏十王图像的遗存及其信仰》，《唐研究》第四卷，北京大学出版社，1998 年。

② 肥田路美《关于四川地区的地藏、观音并列像》，《2005 年重庆大足石刻国际学术研讨会论文集》，文物出版社，2007 年。

③ 李小强《简述唐宋时期地藏与净土之关系》，《大足石刻研究文集》（3），中国文联出版社，2002 年。

④ 蒋晓春、符永利、罗洪彬、雷玉华《嘉陵江流域石窟寺调查及研究》，科学出版社，2018 年，第 345 ~ 353 页。

⑤ 杨雄、胡良学、童登金《大足石窟与敦煌石窟的比较》，巴蜀书社，2008 年。

⑥ 大足石刻研究院、中国文化遗产研究院编《大足石刻千手观音造像抢救性保护工程前期研究》（上、下），文物出版社，2015 年。

⑦ 主要论文有程鹏、李国徽、张俊杰《千手观音造像修复试验区法器的造型研究》，陈卉丽、段修业、冯太彬、韩秀兰《千手观音造像石质本体修复研究》，李小强、彭柳升《千手观音造像主尊残损手型考证——以主尊 4-7-S1、4-6-S1 号手为主的初步考察》，苏东黎、张莹、张新宇《千手观音造像试验区的彩绘修复研究》等。

⑧ 燕学锋、席周宽《千手观音的历代培修及面积勘测》，《大足石刻研究文集》（5），重庆出版社，2005 年。

千手观音造像妆金等历史研究，在保护工程实施中也得到了相应的开展，其成果主要是李小强的《大足宝顶山石窟千手观音妆金史探析》[①]一文。根据碑刻文献记载，明清时期曾有5次妆金修复的历史，与保护工程实施中贴金层较为吻合，此妆金现象，在大足石刻以至于巴蜀地区摩崖造像中显得较为殊异。经考证，“明清时期千手观音妆饰活动的参与者不仅仅局限于大足一地，而且涉及周边多个区县，由此可知千手观音妆金修复，体现出此时期这一地带的民众对造像的崇尚，对于了解民众信仰、地方史等都具有较高的价值”。由宝顶山千手观音信仰延伸而出的民俗活动“宝顶香会”，其研究主要有李传授、张划、宋朗秋的《大足宝顶香会》[②]一书，该书较为系统地对宝顶香会的由来、成因、相关活动进行了探讨，并收录了路本唱词，对了解香会活动具有较高价值。

总结此时期的观音造像研究，呈现出以下几个特点。

一是观音造像研究得到多方面拓展。此时期大足观音造像研究在考古调查、艺术欣赏、单尊观音、观音组合、保护研究等多个领域都有较为深入的探讨，成果斐然。其中，《大足石刻全集》《大足石刻总录》等著作的出版，为观音造像的研究提供了更为客观的资料。单尊观音和组合题材的研究，为了解不同观音造像在大足一地的流变提供了极其重要的思路，提出了很多新颖且具有学术价值的观点。

二是研究成果呈现出逐渐广泛而深入的特点。1980年至1999年间，多延续之前艺术欣赏为主；2000年之后，研究领域逐步扩大，除艺术欣赏之外，尤其是对单尊与组合观音的研究较多，主要集中在千手观音、不空羂索观音、水月观音、如意轮观音、数珠手观音，以及十圣观音组合，观音与地藏组合等方面。

三是重要造像龛窟得到了较广泛的探讨。其中，尤其是宝顶山千手观音，从保护研究到妆金历程、民俗等，都有较多成果。此外，水月观音、观音地藏组合等方面也有较多的成果。

综上所述，大足观音造像研究时间较长，成果较为丰硕，涉及领域也较多。其中，也存在一些有待深入探讨的地方。

首先，是对大足一地观音造像还缺少较为系统、全面的著作，之前的成果基本上在论文中专述，论著中也大多单列专门的章节进行阐释。

其次，一些造像点的观音还缺少系统的研究。如宝顶山观音造像的研究，多集中于千手观音一龛；而对于宝顶山造像群整体之中观音造像的考察，部分龛窟观音像的研究等方面，还少

① 李小强《大足宝顶山石窟千手观音妆金史探析》，《石窟寺研究》第六辑，科学出版社，2016年。

② 李传授、张划、宋朗秋《大足宝顶香会》，中国文联出版社，2005年。

有学者涉及。

再次，个别单尊观音的研究还有待于深入，如杨柳枝观音、宝珠手观音、如意观音等。

最后，观音文化的内涵还有待于进一步深入认识。如在观音信仰的祈愿上，还少见有专题论文分析；又如在对比研究方面，大足石刻与巴蜀地区其他造像点（尤其是安岳、资中等地）观音的对比认识上，虽然目前有一些论文成果，但是都还有待于进一步拓宽等。

第三节 研究的意义和方法、目的

一、研究的意义

首先，对于认识大足观音石刻造像的身份、年代等方面，具有重要作用。大足一地观音造像遗存丰富、题材多样，具有较为浓厚的地域特色，对观音造像的考证与研究的梳理，可以更为全面地了解大足一地观音的遗存和表现。

其次，对于大足观音造像所具有的特点的认识和总结，有助于了解大足一地观音造像所具备的地域文化特色，以及与其他时代和地域的观音文化的异同。

最后，对于丰富中国观音文化和艺术具有重要的意义。大足石刻中的观音造像是中国观音文化史上极其重要的一章，通过对大足唐宋至明清时期观音造像的考察分析，可以丰富观音文化在艺术、历史、考古、民俗等学科上的认识。

二、研究方法和目的

①对大足一地观音造像做较为全面、系统的考察。结合前期大足观音造像研究情况，本书既有对观音造像在大足一地发展历程、艺术特点等方面的概述，也有对单尊观音的流变等个案的考察，还有对观音信仰祈愿、文化特点等多方面的论述。通过这些考察研究，以期达到对大足观音造像在大足一地流变、艺术特点等诸多方面较为全面、系统的认识。

②本书在考察地域上，以大足一地为主，相关地域为辅。考察研究中，注重大足观音造像的源与流，重点是结合巴蜀地区相关的摩崖造像和文献资料、敦煌等地的实物遗存等进行考察。并通过题材、艺术等方面的对比，以期对大足一地的观音造像有更加深入的认识。

③注重大足观音造像与铭文的结合。大足观音造像遗存较多，相关的铭文资料亦较为丰富，考察研究中，注重二者的结合，力求体现出造像的初衷及其对后世的影响。

第二章 大足观音造像历程叙略

大足境内的观音造像，据笔者《大足观音造像一览表》（见附录）初步统计，至少有430多身（含变化身），在大足石刻的各个历史时期皆有雕凿。可以说，观音造像不仅是大足石刻雕凿龛窟数量最多的题材，更是大足石刻最主要的造像题材之一。

本章主要考察大足观音造像在各个历史时期的基本情况，并从部分观音造像的角度，窥见其在大足一地的流变情况。从初唐时期的萌生，到晚唐五代时期的盛行、两宋时期的鼎盛，再到明清时期的延续，构成了一部区域的观音造像地方演变史，对于了解中国观音的艺术特色、信仰民俗，以及服饰、器物、装饰等方面具有重要的参考价值。

一、唐代

目前，大足石刻唐代造像的分布点主要有四处，即尖山子、圣水寺、法华寺、北山。除法华寺造像目前还未有明确可判定为唐代的观音像之外，其余三处皆有此时期观音造像的遗存。

图2-1　尖山子第3号观音

（一）造像分布

1. 尖山子

1987年大足文物普查时发现的尖山子石窟，是目前所知大足境内最早的石刻造像点。现第7号龛外，有唐代“永徽年”的题记，表明此处造像在唐高宗永徽年间（650—655）就已开始营造[①]。观音造像也大约在此时期出现于石窟中，其中，第3号释迦说法龛，雕刻一佛二弟子二菩萨和二天王。佛像右侧的菩萨（图2-1），左手下垂持净瓶，右手上举于右肩处，此形象与唐代观音造像基本相同。在龙门石窟、巴中石窟等地皆可见有此图像特点的观音，在大足一地，其后还在北山佛湾造像中出现，由此，此身造像很可能为观音。

尖山子有两个小龛内以观音作为

① 关于尖山子和圣水寺石窟造像情况，以及部分造像定名，可参见《大足尖山子、圣水寺摩崖造像调查简报》，《文物》，1994年，第2期。

主尊出现，即第 5 号和第 8 号，观音皆是结跏趺坐于莲台上；其中，第 5 号观音胸前双手捧一宝珠，第 8 号观音在胸前托一宝瓶，两旁还有两位侍者。

第 4 号龛为阿弥陀佛和五十菩萨龛，龛正中为阿弥陀佛，左右站立 2 尊菩萨。在他们上下左右的壁面上，有序布列着五十尊菩萨像。此题材的造像在唐代的石窟中出现较多，其中如绵阳碧水寺第 19 号阿弥陀佛和五十菩萨变龛，在阿弥陀佛左侧即为观音[①]。由此来看，尖山子第 4 号龛内应有观音像。

2. 圣水寺

圣水寺石窟位于高升乡胜光村内，1984 年发现。造像位于寺外山上一突兀而起的巨石之上，凿像 12 龛，通编为 10 号。

圣水寺石窟的观音造像，以大足境内最早的千手观音最为著名。该千手观音编号为第 3 号，主尊像的手臂采取高浮雕和阴刻手相结合的表现形式，两旁有部众和眷属，以及菩萨、天王等像。

圣水寺还有 2 身图像近似的观音。第 5 号为三世佛龛，在龛的左侧站立 1 身观音像（图 2–2），观音左手提净瓶、右手持杨柳枝举于右肩处，身后有椭圆形的身光和圆形头光。

图 2–2　圣水寺第 5 号观音

第 2 号单独雕刻观音 1 尊，高 1.6 米，观音头部和莲座等都已残坏，脑后有圆形头光，内有锯齿形放射状纹样，为唐代头光中较为常见的图像，胸前装饰有“X”的璎珞，左手下垂提宝瓶、右手内曲向上贴右肩，手臂和持物不存。从毗邻的第 5 号观音来看，右手应极可能为持杨柳枝。

① 蒋晓春、符永利、罗洪彬、雷玉华《嘉陵江流域石窟寺调查及研究》，科学出版社，2018 年，第 329 页。

3. 北山

位于城区北面附近的北山石窟，造像分布在佛湾、营盘坡、佛耳岩、观音坡、多宝塔等处。从晚唐时期开始至两宋时期，观音就是其中主要的造像题材。

北山观音的出现，伴随着北山的最初营造。唐乾宁二年（895）上石的《韦君靖碑》记载了韦君靖此人的经历，他在多次战争中屡立奇功，被封为“昌、普、渝、合四州都指挥，静南军使”。在景福元年（892）之际，他于今龙岗山一带修筑永昌寨，并在寨内凿像，碑刻中记载说：“公又于寨内西……翠壁凿出金仙，现千手眼之威神，具八十种之相好。”此千手眼像即今北山第9号千手观音龛，表明北山的观音造像与永昌寨修筑的时间相近。或受千手观音开凿的影响，在北山还出现了第243号、营盘坡第11号千手观音像，他们皆是作为龛中主尊出现的。

这种作为龛中主尊出现的观音，在北山还有遗存。如北山第50号如意轮观音，为唐乾宁四年（897），都典座僧明悟“奉为十方施主”所镌造，观音的图像与多数石窟、寺院遗存的如意轮观音近似。营盘坡水月观音于1997年出土，雕刻细致，宛如新刻。此时期出现有双身观音造像，即第240号。此外，还有与其他造像一道作为主尊，主要是与地藏同时作为主尊较多，如第58号等，为观音和地藏作为龛中并列的主尊出现；以及阿弥陀佛和观音、地藏龛，如第52号右侧的观音。“西方三圣”观音中，以第245号观无量寿佛经变中的观音，即龛中上部观音颇具有代表性。在观音经变故事图中，也有观音的出现。龛下的三品九生图中，还有多身观音。龛两侧的“十六观”中，有“观音观”，为韦提希夫人正在观一菩萨，表现的是经中所说的第十观“观观世音菩萨”。此外，观音还出现在第10号释迦说法图中，左侧站立有观音（图2-3）。

此时期观音铭文显示有称为“救苦观世音”菩萨，如北山第58号龛，其中，第240号较为特殊，为比丘尼惠志于乾宁三年（896），“奉报十方施主”而“敬造欢喜王菩萨一身”。该龛有观音2尊，左侧观音已残，右侧观音于胸前斜持物状（似为莲花），龛的右下方还有3身比丘尼装扮的供养人像。信众方面，多为当时大足一地的官员和民众、僧尼。

（二）晚唐观音造像题材

从晚唐时期大足的观音造像来看，已是颇受民众喜好的题材；同时，在题材和表现形式上，已经呈现出较多的变化。

此时期的观音形象，以左手下垂提净瓶、右手上举持物（杨柳枝？）的形式最为常见。保存较好的如圣水寺第5号左侧的观音即是如此，除左手提净瓶外，右手可见持杨柳枝于胸前。此外，类似图像样式还见于尖山子第3号、圣水寺第2号等。此外，观音还有一些表现形式；其中，北山第10号龛左侧的观音，双手于身前捧持莲花，亭亭玉立，衣薄似纱。

图 2–3　北山第 10 号观音

在其他观音形象中，主要有千手观音、如意轮观音、水月观音等，千手观音约有 4 龛造像，最早出现在圣水寺第 3 号，其后，在北山佛湾第 9 号、第 243 号，营盘坡第 11 号；除第 243 号外，观音两侧还出现了较多的部众等造像。有准确纪年的如意轮观音仅有 1 龛，即北山第 50 号；水月观音也仅有 1 龛，即北山营盘坡出土的此龛造像。

晚唐时期，观音也多出现在组合的题材之中。除北山常见的具有民众信仰色彩的“观音和阿弥陀佛、地藏（或观音和地藏）”组合，以及“西方三圣”等组合中，在圣水寺第 5 号三世佛龛中，左侧还有观音造像。这些组合的观音，在图像的表现上也有所不同，第 58 号为结跏趺坐于莲台，第 52 号则为站姿。

二、五代

大足石刻五代的观音造像，都集中在北山的佛湾、营盘坡、佛耳岩等处。

此时期的观音造像，在题材、表现形式以及风格等方面，都与之前晚唐有着甚为紧密的联系。单尊的观音像继续有所雕刻，如雕刻于前蜀乾德二年（920）[①] 的第 26 号观音像，左手提净瓶，右手举杨柳枝，其造像特点延续了唐代造像手中持物的模式。此外，第 225 号观音左手提净瓶、右手残坏。第 233 号的观音像站立于莲台上，左手斜持莲花于胸前，右手在腹部前握一数珠。第 27 号观音可见有“广政元年”（938）的铭文。

其他单尊观音中，千手观音是此时期较受喜好的题材，调查发现至少有 7 龛，也即佛湾第 43、第 60、第 218、第 235、第 273 号等龛，另佛耳岩第 13 号、观音坡第 27 号龛亦为千手观音龛。基本上为方形的小龛，在手臂的表现上，都是 40 只或 42 只手左右。与唐代不同的是：在这些手后，未有阴刻的数百只手；部众造像中，仅有吉祥天女、婆薮仙、饿鬼等，数量上不如唐代部众云集的规模，其中，在北山第 273 号龛外上有十方诸佛、地藏等像。

除千手观音，单尊的观音还有水月观音，如第 200 号龛中的跷脚菩萨，随意坐于金刚座上，也都极可能为水月观音。有不空羂索观音，如第 224 号龛等。

观音的组合中，有双观音，第 208 号龛为观音与六臂观音的组合，其中的六臂观音上双手各托一如意珠，左下手持物（残坏），右下手握剑，胸前左手捧钵，右手持杨柳枝，身份待考。在主像座前，浮雕有一双面的飞人，手足皆张开，呈现一个“大”字，头上有两面孔，双鼻各朝南北。

与其他造像的组合中，有“西方三圣”，第 21 号即为此题材。阿弥陀佛、观音、地藏（或

① 北山第 26 号观音龛铭文的年代，《大足石刻铭文录》识为唐乾宁二年（895），《大足石刻总录》识为前蜀乾德二年（920），此从《大足石刻总录》（第一卷，重庆出版社，2023 年，第 32 页）观点。

观音、地藏）的组合，继续在五代时较多出现。第53号阿弥陀佛、观音（图2–4）、地藏龛，为“右衙第三军散副将种审能”，于前蜀永平五年（915）镌造。观音、地藏龛，有第244号，为后蜀广政八年（945）开凿，此外，还有第191、第221、第249[①]、第253、第275号等龛。此组合龛像中，颇受世人关注的是北山第253号，在高1.57米、宽1.22米、深0.86米的龛中，正壁雕刻观音、地藏两位主尊，并肩站立。左为地藏，年轻僧人貌；右为观音，头戴花冠，左手提净瓶，身绕帔帛。二像身姿优美、面容俊秀。在两侧壁各雕刻有6朵祥云，分三层布列，每层2朵，云中雕刻有地狱十王和协助处理事务的司官等形象。该龛造像还有北宋咸平四年（1001）的铭文，记载大足县事陈绍珣妆绘此龛，并修设了水陆斋。

此外，观音还出现在药师佛八大菩萨组合像之中，如北山佛湾第279号和第281号为东方药师变相，龛内的八大菩萨中，就有观音造像。

从前述来看，观音在此时期出现了一些新的特点，如单尊观音的持物逐渐有所变化，新出现有不空羂索观音等形象，千手观音继续受到崇奉，不过在表现形式上都是42只手左右。五代观音也具有此时期的一些共同特点，如造像龛皆较小、同一龛内造像题材简略等。

三、宋代

宋代是观音造像题材最为丰富、艺术最为精湛的时期。结合大足一地石刻造像情况，分北宋、南宋初期、南宋中后期（宝顶山石窟）三个时期，对观音的造像情况介绍如下。

图2–4　北山第53号观音

① 北山佛湾第249号，《大足石刻铭文录》识此龛年代为“至晚不过至道年间（995—997）”，《大足石刻总录》识为前后蜀时期。本书以后者为准，见大足石刻研究院编《大足石刻总录》第一卷，重庆出版社，2023年，第253页。

（一）北宋时期

北宋可谓大足石刻在晚唐五代兴盛之后，于南宋蔚为大观的一个重要过渡时期。从观音造像可见，延续着五代时期的题材和风格，继续加以雕凿，并随着时间的延长，出现了一些新的气象。

单尊的观音造像在龛形上逐渐增大。石篆山北宋元祐五年（1090）的《严逊碑》中记载，庄园主严逊在此雕凿了 14 个龛像，其中明确记载的“曰观音菩萨龛”，2003 年发现后被编号为第 13 号。在高 2.91 米、宽 2.52 米、深 1.75 米的龛内，雕刻三像（图 2–5）。居中为观音，头戴化佛花冠，左手持宝珠，右手伸向右侧供养人手托盘处。左壁男供养人，面露微笑，双手持朝笏于胸前。右壁女供养人像，头戴低平花冠，左手前伸向观音菩萨手处，手中有一盘，盘内盛物（已残），右手举于胸前指向供盘。此龛观音的身姿和动作等造型，都与之前殊异，体现出观音造像在此时期的变化，具有一定代表性。同时，作为严逊所选择的十四种造像题材，观音作为单独一龛加以雕凿，体现出观音在当时信众中的地位。单尊的观音在北山等处也有开凿，如北山第 286 号雕刻于北宋大观三年（1109），观音为坐姿，左手置于膝间捧物，右手举于胸前持杨柳枝。

图 2–5　石篆山观音菩萨龛

其他单尊观音有千手观音、水月观音等。石门山水月观音，镌记可辨识有匠人文居道，时间为绍圣元年（1094）。观音跷脚坐于山石之上，旁有净瓶，山石之下为波涛起伏的海水。千手观音也继续有所雕刻，如最初开凿于北宋大观元年（1107）的北山第 288 号，据造像记可知有千手观音造像，不过，在明代嘉靖年间被改刻成林俊等三像，今该龛的顶部上还存有原刻的华盖和天乐。

观音组合造像中，受晚唐五代的影响，在北宋还有观音与地藏的组合龛造像，其中，第 277 号即是此组合，不过，观音造像为手握数珠，形式上为左手扼右手的手腕，右手下垂轻拈数珠。此身造像恐为大足石刻较早的数珠手观音像。

观音在北宋时期的变化，除自身在艺术上的表现之外，在组合之中也得到了一些显露，这其中，北山第 180 号就是一龛具有代表性的造像。第 180 号窟底平面为半圆形，在正中，为一跷脚坐于金刚台上的观音，两侧下壁对称刻有身高 1.92 米的观音，共计 12 尊，手中持有不同的器物，有宝钵、宝篮、宝印、数珠、如意等，其中，还有一手持杨柳枝、一手握净瓶的观音。龛内现可辨识三则较为完整的镌记，其中有一则镌记明确提到了年代，为北宋政和六年（1116），县门前仕人弟邓惟明，“造画普见一身供养”，并“乞愿一家安乐”，由此可知该龛造像的大致年代。此龛造像中，出现了多身观音的组合，此种表现形式之前大足一地的造像龛窟中基本未见，而且龛窟形制较大，观音造像体量较高，对于其后观音组合，尤其是南宋时期颇为盛行的十圣观音组合，具有一定的影响。

（二）南宋初期

南宋时期，是大足观音造像表现形式多样且最为集中的时期。在北山、石门山、妙高山、峰山寺、张家庙、玉滩等多处造像点，都有南宋初期观音造像的雕凿，尤以北山居多。

1. 单尊观音

在单尊观音的表现上，南宋可谓涌现最多的一个时期。下面，结合造像分述如下。

数珠手观音，有北山第 136 号转轮经藏窟内的数珠手观音，系绍兴十六年（1146）王陞为在堂父母捐资营造。而北山第 125 号数珠手观音，则历来备受世人称道。另，数珠手观音亦多出现在十圣观音行列之中。

如意轮观音中，有北山第 149 号，为知军州事任宗易于南宋建炎二年（1128）捐资开凿，造像正壁为 3 身观音，中间的如意轮观音为二臂，手持莲花，与唐代较为常见的六臂殊异。在多宝塔内，第 7、第 57 号也有如意轮观音，亦为双臂，其中一手捧如意轮。石门山第 6 号十圣观音洞内，有绍兴十一年（1141）庞师上父子镌造的如意轮观音。

水月观音在此时期较为盛行，有佛安桥第 5 号，开凿于南宋绍兴十年（1140），为匠师文

玠雕凿。绍兴十五年（1145），文玠又在毗邻北山的刘家湾处，再次雕刻了水月观音。在北山，有第 113、第 128、第 133 号等，其中第 133 号水月观音背后刻有普陀山，两旁站立有善财和龙女，左右壁各刻 2 身威猛的金刚，与恬静自然的观音形成了对比。妙高山水月观音洞，观音一手撑台座、一手抚膝，两侧站立面有长髯的善财、双手捧物的龙女。

宝珠观音，亦称如意珠观音，主要见于北山石窟中，北山第 132 号的观音，坐于山石之上，左手托一宝珠，散发出火焰形的毫光。第 136 号宝珠观音，则是站立于莲台之上，双手捧宝珠，珠上的毫光一直飘向窟顶。另，宝珠观音亦多出现在十圣观音行列之中。

宝印观音，有北山第 118、第 126 号，多宝塔第 122 号。而在第 136 号转轮经藏窟内的宝印观音以其保存完好、雕刻细腻备受称道，观音右手握宝印于胸前，结跏趺坐于金刚座上，裙带飘拂，其两侧有男女侍者各 1 身。

杨柳枝观音，有北山第 120 号，观音左手捧一净瓶，右手在胸前持杨柳枝。又，北山第 136 号转轮经藏窟正壁左侧观音，亦为一手持杨柳枝、一手提净瓶。此外，在此时期的观音造像中，还有分别持杨柳枝和净瓶的观音出现。

不空羂索观音此时期遗存较多，主要集中在北山佛湾、多宝塔和玉滩等处。如北山佛湾第 212 号三头六臂，上两手各托如意珠，左下手握羂索，右下手握剑，中间两手在胸前持杨柳枝和捧净瓶。在座下方有一浮雕的飞人，卷发披耳，双手上举，身后有双翼。龛左右侧壁上各有 1 身供养人像[①]。该身造像，尤其是北山佛湾第 136 号转轮经藏窟内的不空羂索观音，雕刻技艺精湛，为大足石刻经典代表作之一。

如意观音见于多宝塔第 103 号，观音全跏趺坐于束腰方形座上，头戴花冠，双手斜执如意于右肩上，两侧各有一供养人。另，北山第 121 号观音地藏龛，观音双手握一如意，斜放于左肩之上。

莲花手观音多见于十圣观音行列之中，如在北山第 105 号、石门山第 6 号以及妙高山、普和寺等几处的十圣观音造像中，都有莲花手观音。

千手观音也有雕凿，见于多宝塔内，位于第三层塔檐下方的第 116 号龛为千手观音造像，头戴化佛花冠，18 只手臂分布在身体上下左右。此外，在肩部上方有双手，各托一像于云朵之中，左为男像，右为女像。与之前北山等地比较，该龛有其自身特色，如手臂不集中于身体上下左右，稍显舒缓；肩上双手所托人物造像，在同题材中颇为稀见。

---

①《大足石刻内容总录》（四川省社会科学院出版社，1985 年，第 88 页）识为“五代”，《大足石刻总录》（重庆出版社，2023 年，第 213 页）识为“宋”，此从《大足石刻总录》。

2. 观音组合

在观音的组合中，也可谓变化多样。

观音自身的组合题材，或许受到北宋末年北山第 180 号十三观音变相窟等因素的影响，十圣观音成为此时期一个常见的观音组合，目前发现大足境内至少有 9 例。其中，保存基本完好的造像，主要有开凿于 1136—1141 年的石门山第 6 号、妙高山第 4 号龛等，这些观音手持数珠、宝瓶、莲花、宝篮、宝镜等不同器物，体量相当，并肩站立，各具特色，宛如新刻。此外，还见于北山第 105 号、峰山寺第 3 号、普和寺第 3 号、佛安桥第 2 号、保家村、佛耳岩（元通）、张家庙等处，可见此组合观音在此时期颇为盛行，也是大足石刻观音的一个特色。

开凿于 1142—1146 年间的北山第 136 号转轮经藏窟，其窟内造像题材的组合甚为特殊，除正壁有释迦牟尼佛和观音、大势至的组合外，在窟内左右壁分别有宝印观音、宝珠观音（左壁），日月观音、数珠手观音（右壁）（图 2–6），此 4 身观音同处于一窟，其经典依据不详，极大可能为当时信众和匠师的独创。

佛和观音的组合龛像，常见的如“西方三圣”，有多宝塔第 39 号、兴隆庵第 8 号等。此外，出现了其他一些不常见的组合现象，如北山第 123 号，正中的主像为释迦牟尼佛。左侧为不空羂索观音，身有六臂，分别手托日、月，执羂索、宝剑，捧钵和结印；右侧观音为双臂，皆已

图 2–6　北山转轮经藏窟右壁（局部）

图 2-7　北山第 135 号龛

残坏。北山的第 135 号龛（图 2-7）布局较为特殊，分为两层：上层为一佛二尊者，释迦佛居于中部；下层居中的为水月观音，两侧分别站立善财和龙女。多宝塔内有两处造像组合也甚为殊异，第 36 号，窟内正壁为释迦佛，左壁为孔雀明王，右壁为不空羂索观音。第 57 号正壁为阿弥陀佛，左右壁为不空羂索观音、如意轮观音。上述一些组合（含十圣观音与转轮经藏窟）颇为独特，体现出营建者和匠师对造像题材的处理，往往不拘泥于经典，具有较大的自由发挥空间。

地藏与观音的组合仍有开凿，如北山第 117、第 121 号，以及多宝塔第 65 号观音地藏龛等。

3. 其他

张家庙石窟位于龙石镇内，第 3 号为"西方三圣"龛，现主尊改塑为"西方三圣"，"三圣"后壁和左右壁有造像，疑为千佛。龛内存有绍兴三年（1133）的镌记，可知石窟为南宋初期开凿。其中，在龛正壁佛像头部右侧处竖刻有"观自在佛杨安□杨□中"数字，可知此像的捐资信众

开凿。将观音称为佛，早在南北朝时期就已出现，张总先生在《说不尽的观世音》一书中对此有实物和经典的介绍，如“山东博兴北魏太昌元年冯二郎为父母造观世音像，就是佛的形象”，又如北魏菩提流支所译的《佛名经》中，有“南无观世自在佛、南无得大势至佛”，还有“观自在佛”的名称，可见观音在此时期的地位颇高[①]。

（三）南宋中后期（宝顶山石窟）

宝顶山石窟中，观音是其中极为重要的造像，尤其是千手观音的雕凿，把大足一地观音文化和雕刻艺术推向了又一个顶峰。

首先来看大佛湾。第 8 号千手观音像在 88 平方米崖面上，千手呈辐射状分布于岩面上，形如孔雀开屏，斑斓夺目。整龛造像构思独特，气势恢宏，被誉为“天下奇观”，可谓世界石窟艺术史上的一朵奇葩。

第 18 号观无量寿佛经变相龛中，观音的数量至少有 17 身[②]。此龛造像高 8.1 米、宽 20.2 米，是同类题材中造像面积最大的一处。其构图为中部上层为净土世界，下层为三品九生，两侧为“十六观”。在此龛中，菩萨造像甚多，据右边的“十六观”中的“观世音观颂词”，刻有“观音何所辩，立佛在天冠。五道光中现，慈悲接有缘”。由此来看，此龛菩萨花冠中有佛像的可归入观音像，不过，此“观世音观”（图 2–8）中，与北山第 245 号观经变不同的是：此处雕刻 1 身头戴幞头、合十端坐的男像，左侧雕刻一浮云，云中有观世音像，未见有韦提希夫人像。观音像中，上层“西方三圣”有半身的观

图 2–8　宝顶山第 18 号观经变“观世音观”（采自《大足石刻全集》）

① 张总《说不尽的观世音》，上海辞书出版社，2002 年，第 94 ~ 95 页。

② 此龛观音数据，调查发现为：净土图有 5 身，三品九生图有 11 身，“十六观”图有 1 身，共计 17 身。

音像，在净土世界中，两侧雕刻一楼阁，旁边有花冠，中为佛像的菩萨像，在“三圣”像中间，还有2身同图像的菩萨像。三品九生中，上品上生雕刻有4身菩萨，其中2身为观音，分别为手捧莲花灯和持数珠。其他诸品的观音，形态也不尽相同。如上品中生观音手捧宝盒；上品下生观音右手上指，指尖冉冉升起祥云，云中有坐佛；中品中生观音手执莲花；中品下生观音左手持钵，右手持杨柳枝；下品中生观音左手捧净瓶，右手持柳枝；下品下生观音双手捧经书。此龛造像中，观音形态变化多样、数量较多，体现出观音在宝顶山营建者心中具有重要的地位。

第20号地狱变相，为国内同题材中最大的造像龛。其上层为十佛，岩面依次向下刻有地藏菩萨和十殿阎王、十八层地狱等题材。十佛造像俱刻于圆龛之中，其中由左至右的第7身为观音如来，结跏趺坐，左手腹间托杯形钵，右手胸前执杨柳枝[①]。

第21号柳本尊行化道场图，其上有五佛四菩萨图，内有观音菩萨像[②]。

宝顶山十大明王像，还有马首明王，三头四臂，正面头部中有一马首，明王额头上发出一道毫光，光上现有观音菩萨，旁刻“第三马首明王观世音菩萨化”。

第29号圆觉洞，根据《圆觉经》雕凿，经中叙述12位菩萨依次向佛问法，其中就有辩音菩萨，也即观音菩萨。此洞造像的采光、排水等设计尤为巧妙，在造像上，正中3身佛像前，雕凿一位问法的菩萨，两侧各有6身菩萨，其中右壁第4尊为辩音菩萨，作游戏坐，右腿盘曲，左脚上跷，左侧上部刻有紫竹林和一净瓶。

其次，在毗邻大佛湾附近的小佛湾中，也有观音造像。

第5号为一空室，残存有一些造像，据1980年出版的《大足石刻内容总录》记载，其内有一千手观音，高0.93米、肩宽0.57米、胸厚0.25米。其具体年代不详，此存疑。

第9号毗卢庵内，有五佛四菩萨，四菩萨中有观音，为结跏趺坐，双手持带茎莲。其余三位菩萨为文殊、普贤和地藏[③]。该窟内有八大明王像，其中有马首明王。据《大足石刻全集》记录，第9号右壁下部有1身明王像，“竖发左飘，戴发箍，箍中部饰一马头”[④]，结合大佛湾马首明王像，可知该身造像为观音菩萨所化身。

在距离小佛湾坛台左（西），有一灌顶井龛（图2–9），为用条石砌成的拱洞，并在其上凿像，洞高2.35米、宽2.4米、深1.9米。正壁，开凿观音站像，旁有两位侍者，左右壁各凿金刚和

---

①《石窟遗存〈地藏与十佛、十王、地狱变〉造像的调查与研究》，陈明光《大足石刻考察与研究》，中国三峡出版社，2001年，第229页。

② 此据小佛湾第8号柳本尊化道十炼图，据陈明光《四川摩崖造像“唐瑜伽部主总持王”柳本尊化道“十炼图”调查报告及探疑》（《大足石刻考古与研究》，重庆出版社，2001年，第217页）一文，在小佛湾柳本尊行化图五佛四菩萨中，四菩萨为观音、普贤、文殊、地藏。

③ 大足石刻研究院编《大足石刻总录》第二卷，重庆出版社，2023年，第681页。

④ 大足石刻研究院编《大足石刻全集》第八卷，重庆出版社，2018年，第159页。

护法神像 1 身。观音像左侧刻有“观音菩萨不思议，救度众生无尽期”的偈句。观音左右侍者像顶上，刻有“风调雨顺，国泰民安”的颂词。洞窟前开凿有一深井，传说系宋代之时佛教弟子受戒的灌顶井。

图 2-9　宝顶山圣寿寺灌顶井龛（采自《大足石刻全集》）

今小佛湾内还有圆雕的观音造像 2 尊，均位于坛台西侧，并排而坐。据调查，这些造像不是原地安放于此的，“而是宋末宝顶山遭受元季兵燹后，从宝顶其他地方搬来”[①]。不过，其应为从宝顶山范围内迁移至此地的，其中，右像观音石座刻“那伽常在定，无有不定时，为彼散乱人，故现如是像”，该身造像从其造像风格判断，应该属于宋代的造像[②]。

最后，再来看看结界像。

毗邻小佛湾附近有转法轮塔（俗称“倒塔”），为八角形石质宝塔，第一级每面各开有一长椭圆形浅龛，其中皆有 1 身菩萨，内有观音，高 1.15 米，头戴花冠，冠中有化佛。观音双手于腹前托净瓶，瓶中插有柳枝。该像上方有榜题“南无观世音菩萨”[③]。

宝顶山古佛村观音岩（图 2-10）为近年来新发现。该龛造像主尊为观音，坐高 1.3 米，戴化佛冠，双手笼于胸前袖内，托持净瓶，其身旁左刻“观音妙智力”、右刻“能救世间苦”。观音像左右各侍立半身护法像 1 身，侧面相对。从图像和铭文可知，此为观音造像。其时代应在赵智凤营建宝顶山时期。一是观音的“音”字，其下面的“日”为在一“〇”内写一“天”字，此种异体字在宝顶山较为多见，如大佛湾第 29 号大通智胜佛碑、小佛湾经目塔、佛祖岩大藏佛

① 邓之金《大足宝顶山小佛湾石窟调查——兼述小佛湾属宋世原貌》，《大足石刻研究文集》（3），中国文联出版社，2002 年，第 217 页。

② 重庆大足石刻艺术博物馆、重庆市社会科学院大足石刻艺术研究所编《大足石刻铭文录》一书亦认为“像似宋刻”，重庆出版社，1999 年，第 188 页。

③ 重庆大足石刻艺术博物馆《大足宝顶山转法轮塔调查报告》，大足石刻研究院编《2009 年中国重庆大足石刻国际学术研讨会论文集》，重庆出版社，2013 年，第 145 页。

图 2-10　宝顶山古佛村观音岩

说守护大千国土经等都有此种写法[①]。二是两侧的半身护法神像，其风格与此时期护法神较为近似，并且都是此时期常见的半身像。因此，该处造像极可能为宝顶山新发现的一处结界像。

从上述来看，宝顶山石窟营建者对观音甚为崇奉，将其作为重要题材之一。表现形式上，既有传统的手捧净瓶、持杨柳枝等形象的观音，也有净土信仰的观音，还有密宗崇奉的千手观音；在艺术上，佳作甚多，尤其是大佛湾千手观音的雕凿，可谓是极大地彰显出古代石刻匠师的高超技艺，使得此龛造像成为中国乃至世界石窟艺术中一朵炫目的奇葩。

另，宝顶山石窟开凿时期，大足境内其他地方极少有石刻的雕凿，目前所知主要有石壁寺、灵岩寺等几处，且规模小。其中也有观音造像的雕凿，如灵岩寺第 1 号即为观音像。

（四）宋代观音的特点

宋代是大足观音造像最具有代表性的时期，其体现出的特色颇多，兹略叙三点。

首先是形态多样。在单尊观音的表现形式上，除延续唐代的一手持莲花或杨柳枝、一手提净瓶的造像外，观音的表现形式丰富多样，有密宗的千手观音、如意轮观音、不空羂索观音等，有来源于唐代画家周昉的水月观音，更多的则是单独持有一器物的观音，如莲花手观音、宝篮

① 大足石刻研究院编《大足石刻全集》第十一卷，重庆出版社，2018 年，第 151 页。

手观音、数珠手观音、宝印手观音、宝镜手观音、宝扇手观音、宝经手观音等，以及还有观音的忿怒身马首明王等像。在组合上，十圣观音可谓具有观音组像的代表。此外，还有观音地藏的组合，而转轮经藏窟内观音的组合显示出设计者的一番新意。

其次是佳作迭出。此时期是观音造像技艺最为精湛的时期，如南宋初期转轮经藏窟内的日月观音（不空羂索观音）和宝印观音，其所体现出的婉约温柔之美和崇高庄严之美，真实地展现出了宋代的审美理想。正因大足一地观音造像之美、气势之宏伟等一些特点，还受到世人诸多的赞誉，如有被誉为“天下奇观”的宝顶山千手观音；又如被世人俗称为“媚态观音”的北山第 125 号数珠手观音；而北山石窟则因保存数量多、技艺高，有“观音造像的陈列馆”的说法。

最后是深入乡里。此时期观音造像大量出现，与众多的捐资者密切相关。这其中，有当时的知州，如北山第 149 号的任宗易、第 136 号张莘民等；而身份上更多的则为大足一地的世俗民众，如石门山十圣观音洞，为众多的民间信众集资镌刻。其他散布于大足地域的观音，基本上也是如此，由此来看，观音信仰在此时期已经是深入乡里。

四、明清时期

元代，目前大足境内未见有开龛造像的记载。明代初期，石刻造像之风再兴，自此，观音造像也成为明清时期重要的造像题材。

明清时期，在宋代开凿之地的宝顶山、石篆山、兴隆庵、佛安桥等处，有观音造像的雕凿，而此时期出现的新的造像点，观音是其中重要的题材，在千佛岩、大石佛寺、九蹬桥、玄顶村、眠牛石、雷打岩、双山寺、斗碗寨、龙神村、全佛岩、梓桐沟、七佛岩、新兴村、杨施庙等处，都有观音造像。

（一）单尊观音

目前，大足明代造像中，以明代洪武三十年（1397）的宝顶山高观音造像为最早。高观音造像距离地面约有 6 米，开凿一直径 2.2 米的圆龛，龛正中雕刻观音（图 2-11）。观音头戴高花冠，冠上罩有披风，结跏趺坐于莲台上。左侧站立一老者，双手捧一物；右侧站立一童子，双手合十。观音龛的上方开有三个小圆龛，每龛内有 1 身佛像。观音龛外有“洪武三十年丁丑春月造”镌记，可知造像年代在 1397 年。在距离高观音约 50 米处，还有一观音像，旁有善财和龙女，无造像镌记，“似明刻无疑”，时间上“视为与高观音同时凿造”[①]。

明清时期，观音造像多类似高观音造像中的观音，单独为一龛。具体的表现上，龛中主尊为一观音像，其两侧雕刻器物和动物。如石篆山寨子坡处，在圆形龛内雕刻一观音（图

① 重庆大足石刻艺术博物馆、重庆市社会科学院大足石刻艺术研究所编《大足石刻铭文录》，重庆出版社，第 205 页。

图 2-11　宝顶山高观音观音龛

图 2-12　石篆山寨子坡观音龛

2-12），左有净瓶，右有一鸟，题刻记载时间为“建文三年”（1401），为僧人铭宗募资开凿。又，老观音（麻杨村）第 1 号观音，右腿跷于石台上，左腿下垂于莲台上，台上刻一龙头，两旁对称各刻有一侍者，左侧还有 2 身孩童像。龛额上横刻“迷津宝筏”，左右刻“苦海无边回头是岸，慈航普渡灭顶免凶”，无造像时代，定为明代开凿[①]。类似的实物遗存，还有大石佛寺第 14 号明代观音，其龛外还有清代时用条石砌置的四方柱三开间牌坊，其中牌坊上方的横额石上，还刻有“水翠碧澄南海境，祇园秀挺普陀山”[②]。清代龙神村单龛的观音像中，观音端坐于莲台上，双手于胸前捧一净瓶。类似的造像还见于兴隆庵、柿花村、阳火湾、青果村、姊妹岩等处。

此类观音像中，有一尊龛像较为特殊。眠牛石石窟第 5 号龛为观音龛（图 2-13），观音端

---

① 重庆大足石刻艺术博物馆、重庆市社会科学院大足石刻艺术研究所编《大足石刻铭文录》，第 412 页。另，《大足石刻总录》定为清代开凿。此从《大足石刻铭文录》观点。

② 重庆大足石刻艺术博物馆、重庆市社会科学院大足石刻艺术研究所编《大足石刻铭文录》认为观音像为“明人摩崖造观音龛”（第 413 页）。另，《大足石刻总录》定观音造像为清代开凿。此从《大足石刻铭文录》观点。

图 2-13 眠牛石观音龛

坐于石台上，双腿下垂，手中抱有一小孩，左右分别站立童男童女，其身旁分别有净瓶和鹦鹉。观音左侧，雕刻一猴，正在树上向上攀援；右侧雕刻一鹿，作回首状，口吐仙草。图像中鹿和猴的意义，极大可能寓意民俗中的加官进禄，攀援的猴子为“马上封侯”之意，鹿即“禄”的谐音[①]。同时，加上此龛怀抱小孩，观音还具有送子的职能，此龛造像无疑具有浓郁的民间文化气息。

此外，单独一龛的观音造像，还有观音堂（中敖观寺村）石窟第 2 号龛（图 2-14）。龛内刻主尊观音，身着双领下垂式袈裟，双手腹前结印，左右各有一弟子像。据碑文，该身观音刻于明代隆庆二年（1568）[②]。

宋代开凿的宝顶山，清代在一些结界像处有新刻的观音像。对面佛一处，有清代所刻的观音，坐于莲台之上，头戴花冠，左有善财童子，双手捧宝盒，右有献珠龙女，双手捧盒，盒中有宝珠。在龙潭，有清代补刻的送子观音。

---

① 以梅花鹿来寓意“禄”，还可见清代天津杨柳青年画，如其中有一幅天官画，手托梅花鹿，即寓意“禄”。见冯庆豪等编著《重庆中国三峡博物馆藏文物选粹·年画》，重庆出版社，2013 年，第 30 页。

② 《大足中敖镇观音堂摩崖造像初识》，李小强《大足石刻佛教造像论稿》，团结出版社，2020 年。

图 2–14　观音堂观音龛

单尊观音题材中，还有不空羂索观音，见于千佛岩石窟第 1 号龛，观音身有六臂，分别托日、月，执索、剑等，为明代作品。又，兴隆庵第 5 号亦为明代不空羂索观音像龛。千手观音也有雕凿，在佛安桥、多宝寺、七佛岩等处都有遗存。不过，与宝顶山千手观音相比，其艺术价值远远不及。兴隆庵第 11 号明代数珠手观音，戴卷草化佛冠，其左手持念珠、右手握左手腕的特点，沿袭了宋代数珠手观音的图像特点。此外，此时期净瓶观音较为流行，单独龛像的见于龙凤山、龙神村、白岩寺等造像点；另，在卫平村、全佛岩等组合类造像中，亦有净瓶观音雕凿。

单尊的观音造像中，也有圆雕作品，如石壁寺石窟内，有明代永乐二年（1404），信士江士聪镌造的观世音菩萨一尊。

明清时期，送子观音较为流行，除上述眠牛石观音具有送子的职能外，还有高坪高峰村观音堂观音龛，观音端坐在石台上，左手于胸前抱一小孩，龛上部有“观音堂”字样，可知当时民间有观音送子习俗的崇奉。在宝顶山龙潭，亦有清代开凿的送子观音像。

（二）观音组合

观音的组合此时期也是多种多样。

传统题材的“西方三圣”组合继续有所雕刻。在千佛岩石窟中，有明永乐八年至十年（1410—1412）开凿的观无量寿佛经变，布局上具有仿宋代宝顶山观经变的特点。主像“西方三圣”，其中左为观音，冠正面刻一化佛，双手在腹前捧钵，其下层还有三品九生图等。千佛岩第 2 号“西方三圣”龛（图 2–15）中，观音花冠正面刻一坐式化佛，双手腹前捧持净瓶。明代的“西方三圣”像，还有宝丰寺、观音堂（中敖观寺村）、兴隆庵等处，其中宝丰寺的观音菩萨为当时“大

图 2-15　千佛岩第 2 号西方三圣龛

足县静南乡遇仙里中峰山观音寺住持比丘集能、徒静玉”以及一些世俗民众所造，时间为明代成化二十二年（1486），镌匠为冯永受等。兴隆庵第 10 号“西方三圣”龛，左为观音像，立高 1.5 米，戴卷草化佛冠，双手胸前覆巾，托一圆盏。

观音像与其他造像组合样式亦较为丰富。其中，千佛岩第 4 号龛为双观音龛，皆结跏趺坐。左侧观音有童子和龙女，右侧观音的身旁刻有净瓶和鹦鹉，时间为明代。清代组合形式较多，如全佛岩石窟中有一龛像，刻观音“姊妹三像”，皆为坐像，左右有金童玉女，龛额刻“威灵普荫”，两侧刻有对联“姊妹同登极乐国，威灵大显全佛岩”。龙神村除单尊的观音龛，还有一龛中雕刻 6 身造像，其中 3 身为观音，时间为清代。卫平村（菩萨岩）有一龛像，在阿弥陀佛左右分别刻观音、大势至，又在大势至菩萨右侧刻一观音像，双手捧持净瓶，时间亦为清代。

（三）宝顶山的观音信仰文化

明清时期，在宝顶山一带，对观音信奉无疑是一种特殊的文化现象。虽然明清时期宝顶山一带仍有观音造像的雕凿（详见前述），但是以大佛湾千手观音为主的崇奉，成为一项在民间影响深远的民俗活动。

在宝顶山，此时期观音文化主要体现在三个方面：一是宝顶香会，详见本书第四章第五节；二是对千手观音的妆金活动，目前有碑刻文献准确记载的多达 4 次，详见本书第四章第四节；

三是明代御敕的观音水莲画像。据明代弘治十七年（1504）曹琼撰写的《恩荣圣寿寺记》碑刻记载，明代弘治癸亥（1503）秋天，“皇上以海内平宁，宫掖多福，乃绘观音水莲画像，信以国宝”，于是，“命僧录觉义成完领捧，亲置雁堂，为诸释弟子供侍，以祈邦国无疆之庇”。第二年九月，觉义成完一行来到大足，在宝顶山拜祭焚香，并赞赏宝顶山不在五台山、普陀山之下。从此碑刻可见，御敕的观音水莲画像，当对大足一地观音信仰具有很大的推动作用。

（四）特点

明清时期，相对宋代而言，观音造像在外在的表现形式上较为单一，缺乏宋代观音形象多样化的特点，大多为单独一龛出现，两侧多为童男童女，以及净瓶和鹦鹉等题材。组合类的观音造像大多为佛与观音、观音与观音等组合，具有浓郁的世俗信仰特色。

此时期，观音在民众心中的地位甚高，所具备的职能也越来越丰富；因此，在艺术特点、组合方式、信仰等方面，体现出的世俗化成分颇为浓厚。

第三章 单尊观音（上）

第一节 如意轮观音

一、概述

如意轮观音为密宗六观音之一。《大正藏》收录有唐代菩提流志译《如意轮陀罗尼经》[①]、唐实叉难陀译《观世音菩萨秘密藏如意轮陀罗尼神咒经》[②]、唐代不空译《观自在菩萨如意轮念诵仪轨》[③]和《观自在菩萨如意轮瑜伽》[④]、唐金刚智译《观自在如意轮菩萨瑜伽法要》[⑤]、宋慈贤译《佛说如意轮莲华心如来修行观门仪》[⑥]等多部经典。在佛教艺术中，如意轮有双臂、四臂和六臂等多种形象，其中，以六臂较为常见。

对于大足一地的如意轮观音研究，主要有未小妹[⑦]、邓新航[⑧]等研究成果，其在相关文章中，对于如意轮观音经典进行了梳理，对其职能做了较详细的介绍，同时，还对巴蜀石窟遗存的如意轮观音进行了较详细的研讨和考证。因此，相关研究可参见上述研究成果，兹不赘述。

经过多年的调查和研究，目前，大足境内遗存有如意轮观音造像 6 身，这其中，可以现场辨识的有北山佛湾第 50、第 149 号，观音坡第 3 号，多宝塔第 7、第 57 号，石门山第 6 号十圣观音洞。从其分布来看，可知主要集中在北山一带。大足一地的如意轮观音数量，与邓新航论文统计数量一致，但是有一龛像有区别。邓新航在论文中亦统计了 6 身造像，不过未统计到观音坡造像，而是统计到玉滩第 1 号龛。玉滩第 1 号龛内有如意轮观音，其资料来源于 1985 年《大足石刻内容总录》。该书称，该龛左壁“下部方龛内跏趺坐一如意轮观音像（高 0.5 米）”[⑨]。近年来，该龛左壁上方岩石崩塌至坡下，其崩裂后的岩石可辨识有手持日月轮的观音形象，未见有如意轮观音，因此，其是否雕凿有如意轮观音尚存疑。由此，也未列入大足一地如意轮观音统计数据之中。

① 大藏经刊行会编《大正藏》，第 20 册，中国台湾新文丰出版股份有限公司，1983 年。

② 大藏经刊行会编《大正藏》，第 20 册，中国台湾新文丰出版股份有限公司，1983 年。

③ 大藏经刊行会编《大正藏》，第 20 册，中国台湾新文丰出版股份有限公司，1983 年。

④ 不空译《观自在菩萨如意轮瑜伽》，《大正藏》第 20 册。对于该经的译者，未小妹《如意轮观音图像的流传、改写和误读——以巴蜀石窟造像调查为基础》（四川美术学院硕士学位论文，2016 年），认为此经译者当为金刚智。

⑤ 大藏经刊行会编《大正藏》，第 20 册，中国台湾新文丰出版股份有限公司，1983 年。

⑥ 大藏经刊行会编《大正藏》，第 20 册，中国台湾新文丰出版股份有限公司，1983 年。

⑦ 未小妹《如意轮观音图像的流传、改写和误读——以巴蜀石窟造像调查为基础》，四川美术学院硕士学位论文，2016 年。

⑧ 邓新航《巴蜀石窟唐宋如意轮观音造像研究——巴蜀密教美术研究之三》，《石窟寺研究》第十二辑，科学出版社，2021 年。

⑨ 大足石刻研究院编《大足石刻内容总录》，四川省社会科学院出版社，1985 年，第 366 页。

二、晚唐造像

目前调查研究发现，如意轮观音在晚唐就开始有雕凿，见于北山佛湾第 50 号和观音坡第 3 号龛。

（一）北山佛湾第 50 号

北山佛湾第 50 号龛（图 3–1–1），龛高 0.77 米、宽 0.5 米，龛上部刻帷幔，下方为如意轮观音，造像有所残坏，坐高 0.41 米。观音头部右微侧，头上有冠，现可辨观音为四手：左前手于膝前持珠串，左后手撑于台座上；右上手向上似托腮，右下手胸前持物（物残）。观音坐于台座之上，左腿盘曲，右腿屈膝。龛右壁外侧门柱上，刻“敬造如意轮菩萨一龛，□都典座僧明悟奉为十方施主镌造，乾宁四年三月□日设斋表赞讫□□主僧道广，小师道添”，可知该龛造像营造于唐乾宁四年（897）。

图 3–1–1　北山第 50 号如意轮观音龛

从图像可见，北山第 50 号如意轮观音形象为头微侧、身作数臂，与大多数如意轮造像基本相似。对于如意轮观音六臂，唐代高僧不空（一说金刚智）译的《观自在如意轮菩萨瑜伽法要》中有甚为详细的描述，其形象为：“手持如意宝，六臂身金色。皆想于自身，顶髻宝庄严。冠坐自在王，住于说法相。第一手思维，愍念有情故；第二持意宝，能满一切愿；第三持念珠，为度傍生苦；左按光明山，成就无倾动；第二持莲手，能净诸非法；第三挈轮手，能转无上法。六臂广博体，能游于六道。”由这段经文可知，如意轮观音为六臂。类似如意轮为六臂的经文较多，如菩提流志于唐景龙三年（709）译《不空羂索神变真言经》，其中《广大解脱曼拏罗品第十二》中，位于广大解脱曼陀罗次院西面从南位置的如意轮观音，“身有六臂，一手执轮，一手持数珠，一手执如意宝珠，一手托右颊，一手把莲花，一手按地。结跏趺坐”[①]。

① 《大正藏》，第 20 册，第 271 页。

如意轮观音在唐代就颇受到崇奉，这其中，如唐代诗人王维就曾作有《绣如意轮像赞》一文，中有“如意轮者，观世音菩萨陀罗尼三昧门，现方便于幻眼，六臂色身”[①]一语，可见当时王维见到的如意轮形象，与前述不空所译的著作中的形象相同。

图 3-1-2　敦煌藏经洞五代绢画如意轮观音（采自敦煌研究院主编《敦煌石窟全集·藏经洞珍品卷》，商务印书馆，2005 年）

如意轮观音在唐代的实物遗存中颇多。在陕西法门寺地宫中发现的唐代八重宝函中，第四重为六臂观音纯金宝函，观音头稍右侧，六臂分别表现为执莲花、持轮、执念珠、捧首、拄膝、作手印等[②]，其形象即为如意轮观音像。在石窟艺术中，如意轮观音也较为常见，尤其是敦煌一地较多。据统计，莫高窟存有 65 铺，时间从盛唐开始，终于两宋时期。具有代表性的如晚唐第 14 窟如意轮画像，在观音周围还有诸多部众[③]。在敦煌藏经洞中，也有如意轮观音像，其中有一幅现藏于法国吉美博物馆的五代绢画如意轮观音菩萨图（图 3-1-2），亦为六臂，头微侧作思惟状，左腿盘曲，右腿半曲[④]。

在巴蜀地区，如意轮观音图像在唐代就传播至此。文献记载中，唐代画家辛澄在成都大圣慈寺的普贤阁内绘有《如意轮菩萨》，时间大约在建中元年（780）左右[⑤]。石窟遗存中，也有如意轮观音造像。有著作认为，四川丹棱郑山第 64 号千手观音龛的主尊右边众多造像中，有一身像是所知的最早的如意轮观音，时间为盛唐[⑥]。广元千佛崖第 513-11 龛如意轮观音，刻六臂，

① 唐·王维著，清·赵殿成笺注《王右丞集笺注》，上海古籍出版社，1998 年，第 373 页。

② 陕西省考古研究院、法门寺博物馆等《法门寺考古发掘报告》（上），文物出版社，2007 年，第 156 ~ 160 页。

③ 季羡林主编《敦煌学大辞典》，上海辞书出版社，1998 年，第 163 页。

④ 图片见敦煌研究院主编《敦煌石窟全集·藏经洞珍品卷》，商务印书馆，2005 年，“81 绢画如意轮观音菩萨图”。

⑤ 宋·黄休复《益州名画录》，何韫若、林孔翼注，四川人民出版社，第 29 ~ 30 页。

⑥ 李翎辑著《观音造像仪轨》，宗教文化出版社，2007 年，第 44 页。该龛造像可参阅《中国石窟雕塑全集》“8 四川·重庆”，重庆出版社，2000 年，图版 171“丹棱郑山第 64 号龛右侧壁（局部）”，该书时代定为“盛唐”。

造像记刻“新授知度支山南西院事袁诚壬辰岁十一月一三日赴职发心造如意轮菩萨一身今蒙成就遂纪年月”[①]。据考，“壬辰岁”为唐天宝十一年（752）[②]。巴中南龛石窟第16号龛为如意轮观音，时代为中唐时期。观音为六臂，一手支撑头部，头向右侧倾斜作思惟状；一手作按山石状，其余诸手持有如意、莲蓬、数珠等器物。在龛外还站立有2身力士。这龛造像在唐代咸通年间（860—874）曾进行妆彩，并明确有“如意轮”三字的题记[③]。图像、铭文共同印证此龛为如意轮观音造像。上述广元、巴中两龛如意轮观音六臂、作思惟状等造像特点，也见于宋代大理国《张胜温画卷》中的如意轮观音像，可见此图像具有一定的普遍性。

由于北山第50号如意轮观音有所风化，现可辨识四臂。据造像一些痕迹来推断，该身造像可能为六臂。如右侧左腿上部残留的痕迹较大，结合前叙敦煌藏经洞、法门寺八重宝函、广元千佛崖第513-11龛、巴中南龛第16号龛等多例六臂如意轮观音来看，常见的六臂手姿中，右臂三手上作支撑头部状，中作斜放于身侧，下手放置于胸前。因此，从北山如意轮观音右侧臂肘部残存痕迹较大来看，极有可能存在一只手外伸。结合上述经典和造像来看，大足北山第50号如意轮观音题材和图像，与巴蜀地区相关造像有较为紧密的联系，应主要是受到这些地域造像的影响。

第50号如意轮龛存有造像题记，其中说到“都典座僧明悟奉为十方施主镌造”，具体的祈愿不明。从该则题记可知，僧明悟的僧职为“都典座僧”，为掌管寺院杂务的僧人。宋代赞宁《僧史略·杂任职员》：“次典座者，谓典主床座，凡事举座，一色以摄之，乃通典杂事也。”[④]可知僧明悟在寺院内的身份。题记中还出现有僧道广、小师道添二位僧人，可见这些僧人所在的寺院规模较大。题记中未明确出现某寺院，应很可能即是韦君靖在北山时期的寺院。据《韦君靖碑》“舍回禄俸，以建浮图，聆钟磬于朝昏，喧赞呗于远近”，可知当时即有寺院。第50号龛内题记直接称“都典座僧明悟奉为十方施主镌造”等语句，未说明其寺院，由此来看，僧明悟等很大可能为韦君靖时期在北山修建寺院的僧人。同时，也可知北山石窟一带当时也为寺院僧尼的活动地带，故有可能在造像题记中略去寺院名。

---

① 四川文物管理局、北京大学中国考古学研究中心、广元千佛崖石刻艺术馆编《广元石窟内容总录·千佛崖卷》（下卷），巴蜀书社，2014年，第116页。

② 马彦、丁明夷《广元千佛崖石窟调查记》，《文物》，1990年，第6期。

③ 四川省文物管理局等《巴中石窟内容总录》，巴蜀书社，2006年，第31～32页。

④ 宋·赞宁撰，富世平校注《大宋僧史略校注》，中华书局，2015年，第117页。

图 3-1-3　北山观音坡第 3 号如意轮观音龛

（二）北山观音坡第 3 号

北山观音坡第 3 号龛（图 3-1-3），正壁为如意轮观音像，坐高 0.52 米，有椭圆形身光。观音头戴冠，面、身残，可辨识有六臂，左腿盘曲，右腿曲翘拱立，游戏坐于三重莲台上。身左侧三手臂，一手撑莲台，一手置腹前，一手置大腿上；右侧三手臂，一手上举，一手腹前持珠，一手置膝上。身下莲台高 18 厘米，直径 44 厘米；其下刻卷云台承托。

该龛造像与北山晚唐第 50 号如意轮观音在图像上基本相近，如手姿、坐姿以及龛内仅雕刻主尊一身的做法等。由此分析，该龛年代极大可能在晚唐时期，最迟在五代时期。

三、宋代造像

宋代如意轮观音有 4 龛，分别为北山第 149 号如意轮观音窟、石门山十圣观音洞、多宝塔第 7 号和第 57 号龛，造像时间皆在南宋初期。

（一）北山第 149 号如意轮观音窟

第 149 号是一个高 3.43 米、宽 3.22 米、进深 3.46 米的洞窟。窟的正壁（图 3-1-4）雕刻 3 身端坐的观音，中为如意轮菩萨，结跏趺坐于莲台上，头戴花冠，胸饰璎珞。左手持一莲花斜置于左肩处，莲花中间有一宝珠，发出火焰形光；右手在胸前结印。左侧为观音，头戴花冠，胸饰璎珞，结跏趺坐于莲台上。观音一手捧净瓶、一手举柳枝。右侧观音双手捧如意。

图 3–1–4　北山第 149 号如意轮观音窟正壁

图 3–1–5　第 149 号如意轮观音窟左壁

图 3–1–6　第 149 号如意轮观音窟右壁

正壁两侧各站立一供养人，左为男像，头戴长脚幞头，颔下有须，双手拱于胸前，旁站立一童子。右为女像，容貌年轻，双手合十于胸前。

在正壁 3 身观音像身后，以及左右壁雕刻有 40 余身神将，其中左壁 19 身（图 3–1–5）、右壁 18 身（图 3–1–6），身份文武皆备、男女皆有，动作不一、表情各异。

此窟造像与之前如意轮观音区别较大，主要体现在如意轮观音的臂数和两侧壁出现大量的

神像这两点上。之前的研究中，陈习删《大足石刻志略》提到“此部造像据自《观自在如意轮菩萨瑜伽法要》”[1]，在该著作中，有常见的如意轮观音六臂的具体叙说，如“六臂广博体，能游于六道”[2]，因此，仅此而言，该窟造像不是出自此著作。

如意轮观音的形象，与之前多数为六臂、作思惟状等形象的不同之处在于，此处为二臂、端坐，在众多如意轮观音像中殊为独特。其形象与唐代菩提流志译的《如意轮陀罗尼经》中“坛法品”[3]大体相符。这部经中说：“于花台上画如意轮圣自在菩萨……首戴宝冠，冠有化佛。菩萨左手执开莲花，当其台上画如意宝珠；右手作说法相，天诸衣服，珠珰环钏，七宝璎珞，种种庄严，身放众光。”[4]对照此经，仅叙述有二臂，可见其基本吻合，如左手所持盛开的莲花中，还有如意宝珠。而按照此经雕刻的如意轮，在巴蜀石窟中也仅有大足北山的此龛造像[5]。

正壁如意轮两侧各有1身观音，3身观音像身后有明王、女像等。这些造像也或与《如意轮陀罗尼经》“坛法品”记载有关。该品叙述坛法时，分为内院和外院。内院中，在如意轮圣观自在菩萨周围，分别有圆满意愿明王、白衣观世音母菩萨、马头观世音明王、大势至菩萨、多罗菩萨、罗刹女等像。其中，如意轮观音左侧菩萨像，袈裟一角覆头顶后披覆右肩，手持净瓶和杨柳枝，从其持物来分析，当为观音像；不过，其头部袈裟类似“风帽”的雕刻技法，又具有白衣观音的特点，或许与前述经典中记载的“白衣观世音母菩萨”有关。右侧菩萨像，花冠内刻有立佛像（残）[6]，当为观音。在3身像身后，有4身造像，其中右侧1身为女像，或为该经叙述的明王、罗刹女之类的神像。

外院中，有众多的部众，如“东面画天帝释，左右画诸天众围绕”“北面画多闻天王，左右画诸药叉众围绕”，以及日天子、月天子、大梵天王、风天王、水天王等，此或为窟左右两壁诸护法神众的来源。在这之中，有一像毛发倒竖，手中横持一口袋，袋口喷发出呈放射状物体，结合大足石刻相近似的图像来看，当为经中叙述的“风天”，也即风神。曾有著作识别为手铳，经考证[7]，实为风神。如在大足北山第9号龛千手观音左壁、宝顶山云雷音图等造像中，皆有手持风袋的风神造像。

---

① 陈习删《大足石刻志略》，《大足石刻研究》，四川省社会科学院出版社，1985年，第225页。

② 大藏经刊行会编《大正藏》，第20册，中国台湾新文丰出版股份有限公司，1983年，第213页。

③ 大藏经刊行会编《大正藏》，第20册，中国台湾新文丰出版股份有限公司，1983年，第193页。

④ 大藏经刊行会编《大正藏》，第20册，中国台湾新文丰出版股份有限公司，1983年，第193页。

⑤ 胡文和《四川道教佛教石窟艺术》，四川人民出版社，1994年，第223页。

⑥ 大足石刻研究院编《大足石刻全集》第二卷（上册）叙述右侧胁侍菩萨，“正面刻立式化佛，略残，高约5厘米”。重庆出版社，2017年，第295页。

⑦ 刘旭《大足北山佛湾149石窟手铳管窥》，《四川文物》，1994年，第2期。

窟内刻有造像记，为“奉直大夫知军州事任宗易，同恭人杜氏发心镌造妆銮如意轮圣观自在菩萨一龛，永为一方瞻仰，祈乞□□□□，干戈永息，建炎二年四月□□□□”。在任宗易和杜慧修像头上方，还刻有自赞，任宗易自赞为“还斋任宗易自赞。□□圆成包含六合，此豪□□□□□□为蛇画足，造此石房，宰官现身雪□如霜”。在杜慧修像头上方，刻“雾中杜慧修自赞。女身垢秽不是法器，皈依菩萨作清静地，愿我多生爱根脱离，识本来面悟西来意”。

从窟内现存的铭文可知，该窟的捐资者为知昌州军州事的任宗易及其夫人杜氏，因此，正壁左右两侧的供养人即为任宗易夫妇，他们于南宋建炎二年（1128）捐资营造了此“如意轮圣观自在菩萨”一龛，希望“永为一方瞻仰”，并祈乞“干戈永息”。这一祈愿，与北宋末年社会的动乱有密切的联系。

（二）石门山十圣观音洞如意轮观音

石门山第 6 号十圣观音洞，正壁为阿弥陀佛和观音、大势至，两侧壁各刻 5 身观音像。其中，右壁由里至外的第 4 身观音（图 3–1–7）头部右侧刻铭文“奉佛庞师上父子造此如意轮观音一位，冀永世康宁，四时吉庆，时以辛酉上春休日庆讫”。可知该像为如意轮观音，捐资为庞师上父子，时间在辛酉年，即南宋绍兴十一年（1141）。

这身如意轮观音高 1.75 米，脑后有火焰形头光，头戴花冠，冠中有阿弥陀佛，身饰璎珞，帔帛环绕，左手举于胸前作结印状，右手手掌断残，不知所持何物，不过，据铭文推测，当为持如意轮。观音赤足踏于双莲台之上。从图像可见，该如意轮观音为双臂，其缘由主要是因为十圣观音作为一个有序的观音群体造像，在表现上具有较为固定的图像模式，如都为双臂，这在南宋时期多窟十圣观音中基本上如此，所以，如意轮观音在臂数上亦不例外。另一种缘由就是北山第 149 号窟如意轮观音为双臂的特点，亦对此造像存在一定的影响。

图 3–1–7　石门山十圣观音洞如意轮观音

（三）多宝塔

建于南宋绍兴十七年至二十五年间（1147—1155）的多宝塔，其内有两龛如意轮观音像。第 7 号如意轮观音龛（图 3-1-8），高 1.11 米、宽 0.58 米、深 0.78 米，龛内正壁为如意轮观音，结跏趺坐在金刚座上，头戴花冠，身饰璎珞，左手于胸前捧如意轮，右手举于胸前结印，身后有圆形背光。在其左右和身前刻 8 身供养人像。

龛右壁刻“本州在郭右厢界正北街居住奉佛弟子进士刘陞，同室袁氏万一娘，弟进士刘陟，弟妇于氏庆二娘，暨在堂母亲王氏念九娘子，膝下长男松年，女二桂娘、三桂娘合宅人眷等。先于戊辰载为故父摄本州助教刘揆存日发心镌造此如意轮菩萨一龛，自后未能妆饰，但延今则命匠采銮上件圣容，祈冀过往生天，见存获福，时以绍兴二十年 × 月 × 日，命僧看经庆赞谨记”。

从此题记可知，该龛为戊辰年（1148）摄本州助教刘揆发心镌造，其时未加以装彩。后刘揆去世，其子进士刘陞、刘陟兄弟及妻室、子女等对造像进行了妆彩，并题造像记。在造像中，刘氏一家供养人的造像亦雕刻在其间。其中，如意轮观音左侧男像，头戴长脚幞头，双手斜持朝笏，此为宋代官员常见的服饰，此形象与题记中记载因刘揆曾任“摄本州助教”相符合。如意轮观音右侧女像，当为题记中记载的刘揆之妻王氏念九娘子。如意轮观音身前刻有四像，中间为两身男像，当为刘陞、刘陟兄弟，两侧的女像，当为袁氏万一娘和于氏庆二娘。台座周围还有站立的小像，他们应是“膝下长男松年，女二桂娘、三桂娘”等此类供养人像。

图 3-1-8　多宝塔第 7 号如意轮观音龛

“本州助教刘揆”，此处“本州”，当为昌州，助教为古代学官名，协助博士传授专门知识，可知当时昌州颇重视教育。刘揆何以造如意轮观音，从其在昌州担任过助教或可以提供一个线索。前叙南宋建炎二年（1128），知昌州军州事任宗易曾在北山捐资营建如意轮观音窟，刘揆极有可能与任宗易同时在昌州官衙内任职，或受其影响，雕刻此龛如意轮观音。

第 57 号如意轮观音像（图 3-1-9），位于塔内第五级。窟正壁为阿弥陀佛，左壁为不空羂索观音，右壁为如意轮观音，头戴花冠，结跏趺坐于莲台上，胸饰璎珞。左手放于腹部前捧如意轮，右手举于胸前结印。身后圆形背光。在其左右两侧下方，刻男女供养人像各 1 身。该身如意轮观音在图像上与塔内第 7 号如意轮观音基本相同。此身如意轮观音未见有造像记，在正壁阿弥陀佛像旁有造像记，刻奉佛弟子文陟“造无量寿佛一尊”，时间为“癸酉”年，即南宋绍兴二十三年（1153），可知龛内的如意轮观音像的雕刻大致在此年。

图 3-1-9　多宝塔第 57 号如意轮观音

这两龛如意轮观音，从二臂的表现形态来看，应受到毗邻不远的北山佛湾第 149 号如意轮观音窟的影响。据未小妹考察研究，二臂如意轮观音的图像，主要见于敦煌（4 件）和大足 4 处造像，“二臂如意轮观音在经文中典型的持物为如意珠或带如意珠的莲花，典型特征单一，不易单从图像角度判定其名，所以上述两地 8 处二臂如意轮观音都是在其榜题或铭文自名的情况下才明确的”。而对于这两龛如意轮观音所持的器物，不类似于之前的如意宝，“更接近佛教图像中常见的状如车轮的轮宝，如北山佛湾前蜀第 39 号龛炽盛光佛和宋代第 169 号龛炽盛光佛所持轮宝”[①]，也即类似图像早在此两龛之前就在大足一地出现了，因而从持物来看，也受到了大足一地之前雕凿石刻图像的影响。

① 未小妹《如意轮观音图像的流传、改写和误读——以巴蜀石窟造像调查为基础》，四川美术学院硕士学位论文，2016 年。

四、小结

晚唐如意轮观音造像中，北山佛湾第 50 号如意轮观音，与之前多数如意轮观音在图像样式上基本保持一致，如头像作倾斜的思惟状、身有六臂等，体现出晚唐时期大足石刻造像受到北方以及巴蜀地区造像的影响。这一作思惟状、身有六臂的图像，亦见于晚唐的观音坡第 3 号如意轮观音龛。

宋代的如意轮观音与晚唐时期有较大区别，在头像上不作倾斜的思惟状，而是头姿端正；臂数上皆是双臂。

北山第 149 号如意轮观音窟，雕刻于南宋建炎二年（1128），依据唐代菩提流志译的《如意轮陀罗尼经》中“坛法品”而造，其如意轮观音等造像的图像，在同题材中殊为少见。

雕凿于南宋绍兴十一年（1141）的石门山如意轮观音和绍兴十八年（1148）、绍兴二十三年（1153）的多宝塔第 7、第 57 号如意轮观音，在图像表现上与之前作思惟状、六臂的如意轮观音截然不同，而是身姿端庄、双臂的特点，体现出如意轮观音在大足一地的流变，其原因或可能受到北山第 149 号如意轮观音主尊的影响，以及与十圣观音总体构思上，都采用双臂的方式有关。

明清时期，如意轮观音在大足一地未见有雕凿。

第二节　水月观音

一、概述

（一）周昉妙创水月之体

水月观音是观音信仰本土化的一个典型代表。唐代张彦远所著的《历代名画记》中，有两处记载了唐代画家周昉创作水月观音的事迹。一则是长安胜光寺内的塔东南院，“周昉画水月观自在菩萨掩障，菩萨圆光及竹，并是刘整成色”；另一则在介绍周昉时，提及他“妙创水月之体”[①]。从这两则的记载来看，水月观音的创作起源于周昉，最初的图像上，在菩萨周围有“圆光”和“竹”。该书未提及水月观音的身姿，据石窟寺造像遗存，其形象基本是坐在山石上，作观水中月状。其中，双腿的姿势，随着创作的流传有所差异。但是大多数为半跏坐，双手抱膝盖；或者双腿皆放置于石台之上，一腿跷立、一腿盘曲。对于该身观音身姿特点的解释，张

① 唐・张彦远著，朱和平注译《历代名画记》卷三、卷十，中州古籍出版社，2021 年，第 98、第 266 页

总先生认为，水月观音“作观水中月形状，以喻诸法如水中月而无实体”[①]。

（二）石窟寺和绘画遗存

周昉创作的水月观音图像，很快便传播开来，唐宋时期的石窟寺和绘画作品中，屡见不鲜。在陕西黄陵双龙峪村、延安清凉山万佛洞、子长钟山第3窟和第4窟都有水月观音的造像，其时代基本上为宋代[②]。甘肃麦积山第50窟，据考证亦为水月观音[③]；敦煌一带水月观音遗存颇多，“敦煌壁画、绢画保存了五代至元水月观音三十四铺”，其中，壁画二十九铺、绢画五铺（图3-2-1）[④]。

图3-2-1　敦煌藏经洞纸画水月观音像（采自《敦煌石窟全集·藏经洞珍品卷》）

相对上述陕西、甘肃境内的水月观音遗存，巴蜀地区资料还稍早一些，即在晚唐时期就有绘画和雕刻的遗存。

水月观音的图像随即传入到蜀地一带，据《益州名画录》记载：范琼，唐开成年间（836—840）“寓居蜀城”，曾在成都圣寿寺“殿上小壁”绘水月观音；左全，蜀人，唐宝历年间（825—827）在大圣慈寺文殊阁东畔绘水月观音[⑤]。由此可见，早在晚唐时期，水月观音的图像就已经在成都一带流传开来。

巴蜀石窟中，保存有较多的水月观音造像，是国内水月观音比较集中的一个区域。如据龙红、邓新航论文的最新研究成果统计，至少有47例[⑥]。

① 张总《说不尽的观世音》，上海辞书出版社，2002年，第43页。

② 陕西境内的水月观音，可以参见李凇《陕西佛教艺术》，文物出版社，2008年。

③ 郑炳林《黄陵县双龙峪村千佛洞水月观音造像》，《2009年中国重庆大足石刻国际学术研讨会论文集》，重庆出版社，2013年，第640～641页。

④ 季羡林主编《敦煌学大辞典》“水月观音菩萨画像”（王惠民撰），上海辞书出版社，1998年，第164页。

⑤ 宋·黄休复《益州名画录》卷上，四川人民出版社，1982年，第15、第31页。

⑥ 龙红、邓新航《巴蜀石窟唐宋水月观音造像艺术研究》，《大足学刊》第四辑，重庆出版社，2020年。

图 3-2-2 绵阳圣水寺水月观音龛（采自《绵阳龛窟》）

在巴蜀地区这些水月观音遗存中，有明确纪年的造像以绵阳圣水寺第 7 号龛（图 3-2-2）为最早，该龛题记明确说“敬造水月观音菩萨一身”，建造人为“王宗建”，时间为“中和五年”（885），“是迄今为止四川地区最早的有明确唐代纪年的水月观音像”[①]。其后，在巴蜀多地都有雕凿。据龙红、邓新航论文，除大足之外，在旺苍马家渡、乐山小道士观、眉山丈六院、合川龙多山、江津石佛寺、泸县延福寺、安岳圆觉洞等地都有水月观音遗存，其中，旺苍马家渡“3 龛水月观音造像很有可能比前述绵阳圣水寺第 7 龛要早”[②]。

大足一地保存的水月观音造像，在巴蜀地区颇为显著。对于大足一地水月观音的调查和研究，最初陈静在《大足石刻水月观音造像的调查与研究》[③]一文中做了基本的梳理和考察，其文中统计，大足一地共计有 22 个龛窟，其中唐宋时期为 20 个龛窟。龙红、邓新航的论文对唐宋时期水月观音统计，大足遗存有 28 例，与陈静文中对比，多出北山第 131、第 146、第 151、第 180、第 259、第 280 号，玉滩第 8 号，妙高山第 8 号等 8 龛。据上述论文，大足一地加上明清时期有 30 个龛窟。近年来，大足境内又新发现刘家湾、双河口两处水月观音龛，另在北山佛湾第 180 号左右壁上部各有一身水月观音坐姿的观音像，宝顶山圆觉洞观音的形象亦为水月观音等。因此，若据上述这些研究和调查成果统计的话，大足一地至少遗存有 35 尊水月观音造像，可以说是国内水月观音摩崖造像遗存颇多的地区之一。对于大足水月观音的研究，除上述两篇论文外，侯波先生的论文亦做了详尽的研究[④]。

① 于春、王婷著《绵阳龛窟——四川绵阳古代造像调查研究报告集》，文物出版社，2010 年，第 85、第 88 页。

② 前引龙红、邓新航《巴蜀石窟唐宋水月观音造像艺术研究》。

③ 陈静《大足石刻水月观音造像的调查与研究》，《大足石刻研究文集》（5），重庆出版社，2005 年。

④ 侯波《从自我观照到大众救赎——水月观音造型流变考》，《2009 年中国重庆大足石刻国际学术研讨会论文集》，重庆出版社，2013 年。

二、大足水月观音考察

与传统观音题材比较，身姿是水月观音最大的特点，随着时代的变化，又有所变化。在此部分中，主要以身姿为主，对各个时期的水月观音做一简析。

（一）唐代水月观音

目前研究成果显示，在大足一地的唐代水月观音，仅北山营盘坡一处。该龛现编号第18号（图3-2-3），高0.88米、宽0.72米、进深0.2米，龛内仅雕刻水月观音一身造像。观音头戴高花冠，脑后有圆形头光，左腿放在山石座上，面容微胖，眼睛微闭，轻抿小嘴，身姿窈窕，双手紧抱左腿膝盖，右腿下垂至台下莲花上，整体上显得潇洒自在。

图3-2-3　营盘坡第18号水月观音

对于该龛的时代，在前引陈静、侯波以及龙红、邓新航论文中，都认同该龛为晚唐时期的作品。其中，侯波的论文将营盘坡水月观音与绵阳圣水寺、法国吉美国立东方美术馆藏水月观音进行了对比，认为在冠式、造型等方面都有近似之处，只不过在“圆光及竹”等特点上，营盘坡稍微简出一些。侯波进一步推断认为，“这类跷腿抱膝、姿态随意自在的菩萨可能就是周昉最早所创水月观音之形”[①]。结合国内水月观音图像的演变，以及营盘坡造像年代来看，该处水月观音为晚唐时期的可能性极大，其图像应该接近国内早期水月观音的样本。

（二）五代水月观音

五代时期的水月观音，在前引陈静文中，共有5龛，分别为北山佛湾第70、第192、第200、第210、第213号；不过，最新的研究成果显示，北山佛湾第70、第192、第210、第213号归入宋代[②]。因此，仅余第200号归入五代时期。

① 侯波《从自我观照到大众救赎——水月观音造型流变考》，《2009年中国重庆大足石刻国际学术研讨会论文集》，重庆出版社，2013年，第332页。

② 张媛媛、黎方银《大足北山佛湾石窟分期研究》，《大足学刊》第二辑，重庆出版社，2018年，第107页。

图 3-2-4 北山佛湾第 200 号水月观音（采自《大足石刻全集》）

第 200 号水月观音龛（图 3-2-4），正壁为水月观音，坐高 0.31 米，头微右倾，戴冠，面残，身蚀，可辨下着裙。双手残坏，左腿下垂踏于莲座上，右腿跷立于台座上，坐于山石座上。座前刻两朵仰莲。主尊座前左右各刻立像 1 身。左立像可辨上着袈裟，下着裙，双手置胸前。右立像残毁严重，可辨双手斜举，似扶山石座。

该龛虽然残坏，但据龙红、邓新航论文判断，将北山第 200 号归入 B1 式，即“一腿屈起，另一腿弯曲下垂座前并踩莲踏；一手撑座，另一手搭于膝上，或抚膝，或持数珠，或持帔帛，造型姿态相当放松自在”。由此可见，水月观音的坐姿与营盘坡等唐代的姿势有所不同，体现出一种新的变化。此种坐姿，对宋代大足水月观音造像影响极大。

（三）宋代水月观音

宋代是大足石刻水月观音雕凿鼎盛期，至少遗存有 33 身造像，分别为北山佛湾第 70、第 113、第 128、第 131、第 133、第 135、第 146、第 151、第 165、第 180（有 3 身）、第 192、第 210、第 213、第 259、第 280 号，多宝塔第 4、第 15、第 58、第 89、第 106 号，石门山第 4 号，妙高山第 5、第 8 号，佛安桥第 5 号，玉滩第 8 号，保家村第 1 号，普和寺第 6 号，三教寺第 6 号，刘家湾第 1 号，双河口，宝顶山第 29 号等。

对于此时期水月观音身姿的变化，龙红、邓新航的文章做了详细的分类，兹以此为主，简述如下。

第一类（即前述 B1 式），沿袭之前北山佛湾第 200 号水月观音身姿（即前述 B1 式），主要代表作有北山佛湾第 70、第 113、第 128、第 131、第 165、第 192、第 210 号，多宝塔第 15、第 58、第 89 号，以及石门山第 4 号，妙高山第 5、第 8 号等。

图 3-2-5　北山第 113 号水月观音

第 113 号水月观音龛（图 3-2-5），为穹拱形造像龛。在龛的门楣及两侧门柱之上，匠师细心地刻出嶙峋不平的山石和粼粼的水波纹，寓意水月观音静坐水旁而观水中月。正壁的观音身姿微侧，面露微笑，仪容清丽俊美，左手撑台座，左腿下垂脚踏莲座，右腿在台座上跷立，右手搭于右腿之上，作前伸状。浑身饰满璎珞和飘带，神态温婉自如，风度潇洒，似乎一位与世隔绝的仙女。故有学者说："造像虚实相济，意境悠远，生动别致，不失为艺术佳品。"①

石门山第 4 号水月观音龛（图 3-2-6），为此时期少见的有造像记的龛。龛内刻像 4 身，居中为水月观音，坐高 0.71 米，身后有圆形头光和身光，头戴冠，身细长，胸饰璎珞，帔帛绕身。左手斜撑台座，右手斜放于右膝上，左腿下垂踏山石，右腿屈膝跷于台座上。观音左侧有一净瓶放于台座之上，台座周围有水纹，波涛中另刻一龙。龛左刻立式女像一身，头部左右各刻飞天像一身。据该龛造像记记载，有僧法顺造此龛，"伏冀（滤）人□千秋（滤）法轮常转□施主咸愿安宁师□存（滤）□道，一切有情，同出苦□，见性成佛"，时间为北宋绍圣元年（1094）。

多宝塔第 58 号（图 3-2-7）亦保存有珍贵的水月观音造像记。该龛高 0.79 米、宽 0.48 米，居中为水月观音，戴花冠，脑后有圆形头光。左手撑台座，右手放于右膝上，左腿下垂，右腿跷立在台座上。观音左肩上侧刻一祥云，云内有净瓶，瓶内插有杨柳枝。左右各有一供养人，左为男像，双手合十于胸前，右为女像，双手在胸前捧物。龛口外侧上方刻有造像记，记载昌州石膏滩奉佛〔弟〕子李小大同政何氏小三娘、男成三，"自戊辰年施钱引""镌此观自在菩

① 黎方银《大足石刻》，三秦出版社，2004 年，第 47 页。

图 3–2–6　石门山第 4 号水月观音

图 3–2–7　多宝塔第 58 号水月观音（采自《大足石刻全集》）

萨一尊，永为瞻奉”，“祈保双寿齐□，子孙荣贵”，时间为绍兴二十五年（1155）。从造像记来看，水月观音左右侧供养人为李小大和同政何氏小三娘。

此类型的水月观音佳作较多，此外还如妙高山第 5 号（图 3–2–8），窟高 3.01 米、宽 1.94 米、深 2.52 米。主尊为水月观音，身后有大圆形背光，头戴冠，左脚下垂踏座前莲花，左手撑座，右脚跷于台座上，右手搁于膝上，观音左右分别站立有善财和龙女。该窟右壁外侧有一则游人题记，时间为南宋绍兴二十五年（1155），可知该窟大约雕刻在之前不久，也即大致在南宋初期。

第二类即 B2 式，“其典型特征是腿不垂座，即双腿完全坐在岩座平台之上，左腿盘曲，右腿屈膝”，在宋代，与 B1 式同时流行。

此类型最具代表性的造像，为北山佛湾第 180 号主尊（图 3–2–9）。该像坐高 1.78 米，头长 0.62 米。浮雕圆形素面头光，头戴冠，冠体两重，上重刻卷草花纹，下重正面刻结跏趺坐化佛一身，四周饰花枝。菩萨面长圆，眉间刻白毫，斜披络腋，左手撑台，右手抚膝。左腿横置座台面，右腿直竖，游戏坐式坐于束腰须弥座上。其两侧壁各有 6 身观音站像，其上方刻有体量较小的菩萨等像。据造像记，该窟营造时间在北宋政和六年至宣和四年间（1116—1122）。

图 3-2-8　妙高山第 5 号水月观音

图 3-2-9　北山第 180 号主尊

对于该窟主尊的身份，历来有多种说法，有毗卢佛[①]、普贤[②]、圣观音[③]，以及前引龙红、邓新航论文将其归入水月观音等。笔者赞同水月观音一说，其理由如下。

首先，是其花冠中有佛像，具有观音造像的典型特点。

其次，该窟表现的主体，应是正中主尊和两侧壁的观音组像，也即为一窟以观音为主体的造像窟。该窟的这种观音组合甚为独特，不见于佛教经典记载，其在石窟寺中亦是极其罕见的。受其影响，在之后大足石刻中出现有较多的十圣观音组合，不过十圣观音的主尊为佛像，且佛像的表现形式皆不是第 180 号窟主尊的身姿。由此来看，该窟十三观音的组合，以及主尊形象的设计，应与本地匠师的创造有联系。

再次，关于其坐姿具备水月观音的特点。从前述可见，该主尊的坐姿明显与水月观音密切相关。在此，对此时期同类型造像略做考察。第 180 号主尊的身姿表现形式，大约同时就已经在北山佛湾出现，即北山第 213 号。之前该龛认为系五代时期所造，其后，研究表明为北宋晚

① 丁明夷《四川石窟杂识》，《文物》，1988 年，第 8 期。

② 李巳生《大足石窟佛教造像》，《大足石刻研究文集》（4），中国文联出版社，2002 年，第 32 ~ 33 页。

③ 黎方银《大足石刻》，三秦出版社，2004 年，第 72 页。

图 3-2-10　北山第 180 号左壁上部观音

图 3-2-11　北山第 180 号右壁上部观音

期至南宋早期[①]。北山第 213 号主尊为水月观音，头戴冠，身后有圆形背光，左腿盘曲，右腿跷立，皆位于台座上。台座前有下垂的飘带。在台座下方左右刻有 4 身供养人像。类似身姿还见于北山佛湾第 135 号和后文所叙的刘家湾水月观音像。

最后，在窟左右壁亦有类似坐姿的观音像。窟左侧第 4 像上方刻一像（图 3-2-10）：左腿横置座台面，右腿上竖直立；左手直伸撑台，右手置右膝上持念珠。游戏坐式坐于三重仰莲台上。窟右侧第 4 身观音像上方刻一像（图 3-2-11）：左手置于左膝上，右手直伸撑台；左腿屈膝上竖，右腿盘于台面。跣足坐于四重仰莲台上。从二者的位置等来看，应是对称雕刻。此两身像的身姿，与该窟主尊极为相似，加之其身份可以推断为菩萨像，由此，主尊的形象亦是菩萨像。而从此时期的菩萨造像身姿造型来看，此三身像的身份都属于水月观音的造型，因此，进一步推断出正壁主尊应为水月观音。

由上述几点来看，第 180 号主尊为水月观音，该窟的定名也应为十三观音变相窟。

① 张媛媛、黎方银《大足北山佛湾石窟分期研究》，《大足学刊》第二辑，重庆出版社，2018 年，第 107 页。

除北山第135、第180号等水月观音坐姿为此类型外，近年来大足境内新发现的两例水月观音龛亦属此类型。

第一例是双河口石窟。位于珠溪镇玉滩水库内，现存造像1龛（图3-2-12）。龛口呈横长圆拱形，高3.2米。龛内存造像7身。正壁为主尊，顶饰有华盖，已残；头戴冠，脸长圆，身绕披巾，下着长裙，裙带垂于座前；右手抚膝，左手斜撑台面；盘左腿，斜竖右腿，游戏坐于台座上。主尊左侧刻一侍者，头梳髻（疑为改刻），身着长服，双手胸前合十。近左侧龛口处开一圆拱形小龛，中有一类似供养人造像，双手交叠于腹下。主尊右侧刻一侍者像，身着长服，头梳髻（疑为改刻）。近龛口右侧也开有圆拱形小龛，内有一类似供养人造像。

主尊华盖左右壁面各有一飞天，隐约可见造像痕迹，姿态轻盈；身下饰有圈状云纹。

龛下方为一山石台，原刻二力士。现左边力士存部分遗迹，身穿交领服，下似着裙；背负剑，右手上举。右边力士已毁。

根据主尊的坐姿来看，该处主尊造像为水月观音。结合坐姿分析，其时间应在宋代。另，主尊两侧的侍者像可能为善财和龙女造像，但是后人改刻的可能性较大。

图3-2-12 双河口摩崖造像

图 3-2-13　刘家湾水月观音龛

图 3-2-14　宝顶山圆觉洞辩音菩萨

第二例为刘家湾石窟。位于龙岗街道办事处明星村刘家湾。造像雕刻于刘家湾山湾中部的岩石上，共有造像 4 龛。其中一龛（图 3-2-13）为圆拱形，高 0.61 米、宽 0.70 米、深 0.17 米；龛内正壁刻观音像一身，头微右倾，左手撑于座上，右手残缺，双腿放于山石座上；观音左右各刻胁侍童子一身。龛外右侧壁面存造像记一则："子□□□□□□男张□□张□□念发□观音一龛□乞合家□□庆□□□乙丑绍兴十五年作镌作处士东普文玠记。"该龛造像题材因题记内明确说为"观音一龛"，再加之从观音的身姿来看，接近于宋代的水月观音像，因此，该龛造像为水月观音，营造时间为南宋绍兴十五年（1145）。

另，宝顶山圆觉洞右壁第 4 身像（图 3-2-14），坐高 1.62 米，头戴冠，冠内有化佛。菩萨像身着披巾，胸饰璎珞，左手放于左膝之上持物，物残；右手撑座台。拱左腿，盘右腿，座前下方刻两朵云纹，其上各刻一朵双重仰莲。在第 3、第 4 身菩萨像间刻 3 根细竹，竹竿上部刻有竹枝竹叶。在第 4、第 5 身菩萨像间刻一净瓶。该身像为十二圆觉菩萨中辩音菩

图 3-2-15　北山第 133 号水月观音窟

萨，即观音。从其坐姿来看，与 B2 式观音基本近似，加之周围刻有紫竹、净瓶，以及身后起伏的山石，这些都与水月观音像吻合，因此，可以说该身观音像是选择水月观音的形象来加以表现的。

第三个类型（图 3-2-15），系在上述 B2 式的基础上演化而来，与 B2“不同之处在于该水月观音的左手并未撑座，而是置于左膝上，并捻数珠”，此类型的水月观音仅有北山佛湾第 133 号。

与多数水月观音造像比较，北山佛湾第 133 号水月观音窟的形制相对较大，雕刻内容显得更丰富一些。它雕刻在高 3.18 米、宽 2.25 米、深 3.11 米的窟内。正壁坐水月观音，头戴花冠，脑后有飘带，胸前密饰瓔珞，身上绕有帔帛。观音左腿盘于台座上，右腿赤足呈“翘腿”形式放在台座上，下方台座为金刚座式样。脑后有圆形头光，身后刻连绵起伏的群山，山形错落有致，其间放有一净瓶。观音面含微笑，身姿略倾，其异于其他观音的坐式，加之下垂的冠带与环绕手肩的帔帛，轻盈自然，似有微风轻拂一般，给人以姿态潇洒、气度不凡的感觉。

观音左右侧对称站立善财和龙女。善财为老者像，颧骨凸显，双手捧一盘，盘内有假山。

图 3-2-16　北山第 133 号左侧壁

图 3-2-17　北山第 133 号右侧壁

龙女面庞丰腴，双手亦捧一盘。

在洞窟的左右两侧壁，各自站立着 2 身金刚神将，他们大多身高在 1.8 米左右，内侧像为单首四臂，外侧像为三头六臂，皆身着甲胄，飘带绕身，相貌威严凛然。其中，左侧壁（图 3-2-16）靠内的金刚像，铠甲的甲片为“人”字形，手中持有斧头、鞭、剑；靠外的金刚，铠甲甲片为“井”字形，上面双手手捧一风火轮，轮心之中站立一身小佛像，轮上冉冉升起 5 朵火焰，胸前双手持一长矛，另外两手分别作抓带状和捧宝铎。

右侧壁（图 3-2-17）2 身金刚像，靠内的 1 身铠甲甲片呈菊花形，左上手举一宝钵，钵内伸出一龙，右上手挥舞宝刀，左下手执钺，右下手握羂索放于胸前。靠外的金刚像，铠甲甲片为“田”字形，上举的左右两手分别握宝镜、羂索，中间双手握长戟，下方双手分别手握羂索、拄剑于地。

这些气势威猛的金刚像，与正壁观音像形成鲜明的对比。

（四）明清水月观音

明清时期，水月观音仍续有雕凿，目前调查发现有 5 身。其中，大石佛寺第 3 号观音龛（图

图 3-2-18　大石佛寺第 3 号观音龛

图 3-2-19　兴隆庵第 9 号

3-2-18），前引陈静文中归入明代，为双层龛，上层刻水月观音，下层刻乳母和孩童。在这里，水月观音取代了宋代的诃利帝母，成为护佑求子的观音神祇，具有世俗民间信仰的特点。佛安桥第 11 号水月观音，前引陈静文中归入清代，在身姿上延续了宋代 B2 式的类型。另，兴隆庵第 9 号龛中（图 3-2-19），刻有并坐的 3 身佛像以及水月观音与柳本尊像，其造像风格与该处明代造像较为接近，故其年代识为明代。此外，还有大石佛寺第 6 号、天星村第 4 号等龛，亦有明清时期的水月观音坐姿的造像。从这些造像来看，此时期水月观音在艺术等方面的价值，远逊于唐宋时期。

三、有关问题简述

（一）营造水月观音的目的

大足一地营造水月观音的目的，尽管造像记较少且多漫漶，但是仍可以从中看到一些祈愿的目的。石门山第 4 号祈愿有“施主咸愿安宁”“一切有情，同出苦□，见性成佛”等；刘家湾石窟水月观音龛，可辨识“乞合家□□庆……”。从其“合家”来看，应与在世人的祈福有关；多宝塔第 58 号祈愿为“祈保双寿齐□，子孙荣贵”。仅从上述三龛造像记来看，宋代大足一地营造水月观音的目的，多数与现世的祈福有关。除铭文外，一些供养人的图像也反映出此特点。北山佛湾第 213 号（图 3-2-20）出现有四位供养人，其中左侧为男像，右侧两身女像加一小孩，这一供养人的组合，很明显营造的主旨不是为亡者祈愿，应与在世信众祈愿有关。不过，佛安桥第 6 号水月观音龛造像记中，有“祈□□□父古昌明早生□□存获福”，据其词义，很有可能既为亡者祈愿，又为现世祈福。

图 3-2-20　北山第 213 号水月观音龛（采自《大足石刻全集》）

由此，从大足一地的祈愿文来看，水月观音的职能与观音大慈大悲、救护众生的职能相近，具有多样化的特点。从大足一地的造像记中可见，多着重于现世中人的祈福，而且在造像中亦极少见有亡者的形象雕凿，这一点应与陕西、甘肃敦煌等地的水月观音营造目的主要是为亡者祈福有所差异[①]。不过，不排除在大足一地的水月观音像中，存有为亡者祈福有关的目的，如前叙佛安桥第 6 号水月观音龛即是。

（二）关于一些图像特点

自周昉妙创水月观音图像以来，水月观音即有自身独特的一些图像特点。

水。水是水月观音的一个重要图像特点。在大足石刻中，龙红、邓新航论文叙述了两种形式，一是在主尊台座底部刻有莲池，其主要变现为莲花，如营盘坡第 18 号和妙高山第 5 号龛的水月观音。另一种是在台座下刻流水，主要代表作为石门山水月观音，在其台座下方刻有波浪纹。此外，还有一种形式，借助于天然的流水，代表作为双河口水月观音，造像的选址直接面对流淌的濑溪河水。营造匠师巧借天然的溪流，作为水月观音静观水中月的表现形式。

圆月。圆月也是水月观音的重要图像特点，早在唐代张彦远《历代名画记》中就有“菩萨圆光及竹”的说法。大足石刻的水月观音多数都有圆光，其表现形式也不一致。有仅刻头光的造像，如营盘坡第 18 号、多宝塔第 89 号等，其中北山佛湾第 133 号头光外侧有火焰纹；有刻有头光和身光的造像，如石门山第 4 号、北山佛湾第 192 号等；有在菩萨头部和身后刻一大圆

① 敦煌一地的此种情况，还可参见常红红《西夏水月观音中的荐亡图像考释——以东千佛洞第二窟壁画为中心》，《大足学刊》第三辑，重庆出版社，2020 年。

月的造像，如妙高山第 5 号，多宝塔第 15 号，北山佛湾第 70（图 3–2–21）、第 113、第 131、第 135、第 165 号等，对于这一种表现形式，龙红、邓新航的论文认为可能是最接近最初周昉所创作的形态，“其圆光有三个突出特征：其一，形状为圆形；其二，面积巨大；其三，素面无纹。如此设计或是为了凸显水月观音洁白无瑕的寓意”。

图 3–2–21　北山佛湾第 70 号水月观音龛（采自《大足石刻全集》）

山石。主要表现在观音所坐的台座上，极少表现在后壁等处。北山佛湾第 70 号，台座由错落有致的岩石堆积而成；北山佛湾第 213 号，还特意在台座底部刻两座山石。石门山第 4 号，其台座和下方垂足的石台，都是嶙峋不平，而且还在下方的水波纹中刻有单独的山石，凸显在水上，给人以一派自然的气息。而北山佛湾第 113 号龛则在圆拱形的龛门上雕刻出不规则的山石。北山佛湾第 133 号水月观音，在观音身后刻有大面积的山石，山峦起伏，绵延于岩壁之上，对此，龙红、邓新航的论文说：“大足北山佛湾第 133 窟较为特殊，窟内水月观音身后的山峰从龛底直达龛顶，占据了大幅壁面。整个山峰由一座座小山丘堆积而成，颇似传统山水画中群山的表现形式，只不过山峰雕塑的立体感、体积感更为真实，给人一种雄伟气势。若站在远处观看窟内，水月观音就好似坐在山石之中。”与第 133 号近似的有多宝塔第 89 号，其身后头光周围遍刻山石。

竹子。竹子是最初水月观音的重要图像特点，张彦远《历代名画记》中就有“菩萨圆光及竹”的说法。在敦煌一地，水月观音基本上都有竹子的表现。而在大足石刻中，基本上未见有竹子的雕刻，显示出两地在表现形式上的差异。其原因，龙红、邓新航认为：“石窟艺匠最初也有可能采用的是彩绘形式。但由于时代久远，这些妆绘早已褪去。”笔者以为，雕刻匠师单独将竹子作为绘画的可能性不大，如此的话，水月观音其他图像亦可如此表现（比如圆月、水等），

更何况雕刻竹子的难度并不大。这一点，可以参见宝顶山圆觉洞观音菩萨上方的竹子雕刻，以及宝顶山第 3 号六道轮回图猫鼠图中的竹子等，因此，很有可能与匠师接触的水月观音图像样本有关。

宝瓶。据龙红、邓新航的论文考察，“自北宋晚期以来，蜀地水月观音龛像中新出现了净瓶元素”，其放置的位置基本上位于主尊身侧。在大足石刻中，有单独刻净瓶的造像龛，北山佛湾第 133 号窟在山石的背屏左侧中部，刻一只净瓶，瓶口有带锥状的瓶塞，北山佛湾第 113 号龛亦如此。也有净瓶和杨柳枝刻在一起的造像龛，如多宝塔第 89 号菩萨像右侧山石中，刻一只净瓶，瓶口刻柳枝。还有净瓶与飘带的组合，如石门山第 4 号龛刻有瓶塞，其肩部有向上飘起的飘带[①]。

（三）造像题材组合情况。

在大足石刻中，以宋代为代表的水月观音组合情况较多。北山佛湾第 128 号，水月观音居中，两侧各有一身菩萨像。北山佛湾第 135 号，分为两层，上层为佛像，下层为水月观音。第 146 号龛，为水月观音与不空羂索观音的组合。多宝塔第 106 号，善财所参的观自在菩萨，亦为水月观音身姿。妙高山第 8 号龛，为佛与水月观音组合。尤其是北山佛湾第 180 号，其组合开启了之后大足十圣观音的流行。

这些组合方式，在其他石窟寺中极为少见，加之水月观音这一图像本身来源于国人的创造，其形象不见于佛经记载，因此，这些组合应是工匠们的创造，其在题材的组合上更加自由。

至明代，组合更为独特。如兴隆庵第 9 号为三世佛与水月观音、柳本尊合为一龛，并排而刻。在大石佛寺中，甚至还出现了水月观音与乳母（或为送子娘娘）的合龛像，造像题材显得更为世俗化、民间化。

（四）水月观音在大足一地流行的原因

大足一地，尤其是宋代，水月观音极为盛行，究其原因，除与此时期观音信仰兴盛有关外，还与以下两个因素有关。

一是水月观音的地位在此时期信众心中较高。在组合造像中，水月观音大多居于主尊的位置。如北山佛湾第 128 号，水月观音居于正中，两侧壁为菩萨像。在宝顶山圆觉洞内，观音的代表形象为水月观音的身姿及其相关附属图像。在石刻铭文中，前述已经论及在大足一地的信众心中，其职能基本上具有观音的职能。另外，陈静在论文中还指出佛安桥第 6 号观音龛内，

① 石门山第 4 龛净瓶，龙红、邓新航的论文识为“净瓶内生出毫光，向上飘升”。《大足石刻全集》第 5 卷录为“自瓶身左肩刻出竖直向上蜿蜒的飘带”，此处以此为准。

有“镌造□□圣□□一龛”，通过推论，极有可能“宋代大足水月观音就是圣观音”。这一说法可从，但是圣观音可能不仅仅指水月观音，亦有可能为千手观音、如意轮观音等。如北山第288号千手观音，有“启愿迩大圣之威风”的铭文；北山第149号如意轮观音窟，内有“发心镌造妆銮如意轮圣观自在菩萨一龛”的铭文。由此来看，圣观音在当时不是确指某一种类型的观音，而是多数观音造像都具有的称谓。

二是以水月观音姿态为主的表现形式，是当时社会共同的审美标准。水月观音自从周昉始创之后，先后得到文人画师的推崇，如常被学界引用的白居易《画水月菩萨赞》，其中有“弟子居易，誓心归依，生生劫劫，长为我师”之句，从其言语中可见其皈依的决心与毅力。而在画史中，水月观音图像亦尤为世人推崇，从前述黄休复《益州名画录》记载范琼、左全等名家即可略知一二。这些史料体现出水月观音作为一种新出的造像、绘画题材，其自在的表现形式显得新颖而又富于活力，与文人画师的审美情趣与追求相一致，也正如陈静文中所说：“水月观音造像符合人们追求超然世外、淡泊名利审美追求。”

受此影响，水月观音的雕塑在巴蜀地区也甚多。而在大足石刻中，从目前可知的铭文可以看出，大多数为民间信众。其中，北山佛湾第133号窟形制较大、内容丰富、雕刻精美，有可能为当地官员捐资雕凿。从前述可见，宋代大足一地中，水月观音已成为日常信众推崇的观音形象之一。这一点，可以从两方面显见：一方面是从水月观音的分布上，既有城郊的北山，也有乡里之间的佛安桥、玉滩等地；另一方面，在宋代，一些观音形象被雕刻成水月观音，具有代表性的如多宝塔第106号善财参观自在菩萨和宝顶山圆觉洞辩音菩萨，都是水月观音坐姿。

第三节　不空羂索观音

一、概述

（一）经典、图像与职能

不空羂索观音，全称“不空羂索观世音菩萨”，又称“不空王观世音菩萨、不空广大明王观世音菩萨、不空悉地王观世音菩萨、不空羂索菩萨”。以“不空羂索”为名，是象征观世音菩萨以慈悲的羂索救度化导众生，其心愿不会落空的意思。

对于不空羂索观音的研究，彭金章[①]、史志平[②]的论文对敦煌不空羂索观音的论述颇多。大足一地的情况，主要有黎方银[③]、邓新航[④]的相关论文。下面，结合这些研究成果，对不空羂索观音相关研究情况简介如下。

不空羂索观音主要来源于《不空羂索经》。据彭金章先生论文，《不空羂索经》主要有9次翻译，先后为：隋开皇七年（587），阇那崛多译《不空羂索经》一卷；唐显庆四年（659），玄奘三藏译《不空羂索神咒心经》一卷；唐长寿二年（693），菩提流志译《不空羂索咒心经》一卷；唐长寿二年（693），宝思惟译《不空羂索陀罗尼自在王咒经》三卷；唐久视元年（700），李无谄译《不空羂索陀罗尼经》；唐景龙三年（709），菩提流志译《不空羂索神变真言经》三十卷，不空三藏译《不空羂索毗卢遮那佛大灌顶光真言》一卷，阿目佉译《佛说不空羂索陀罗尼仪轨经》二卷，施护译《佛说圣观自在菩萨不空王秘密心陀罗尼经》一卷。这些翻译的经典中，有多部属于同本异译，如玄奘译本与阇那崛多译本、宝思惟译本与李无谄译本即如此；亦有为菩提流志译《不空羂索神变真言经》三十卷本中析出部分，如阿目佉译二卷本，为《不空羂索神变真言经》三十卷本的第一、二卷异译。上述9个译本中，隋代和宋代各1个，唐代7个，足见唐代不空羂索观音的信仰甚为兴盛。

对于不空羂索观音的身姿、面数、面相、臂数、手持法器、眷属等情况，经文中都有记载，并在上述研究成果中都有梳理，可资参见。在此，对其手中持法器等情况再次叙说。一种情况是手结印，有施无畏印、施愿印、羂索印、期克印、扬掌、合掌、伸施无畏雨众宝等。另外为持物，有三叉戟、羂索、莲花、澡瓶、宝瓶、君持、花盘、宝幢、宝杖、梵夹、金刚钩、金刚杵、金刚锁、金轮、钺斧、如意宝珠、数珠、棠子枝柯叶果等[⑤]。

（二）石窟造像遗存

石窟寺内出现有不空羂索观音的图像，敦煌一地甚多。据彭金章先生文中统计多达80幅，其中唐代30幅、五代34幅、北宋13幅、西夏3幅[⑥]。巴蜀地区，主要集中于大足和资中两地，其他地区少有雕凿。如在渠县梭罗碥就保存有一龛，此外，还见于安岳、内江等地（详后文）。

---

①彭金章《敦煌石窟不空羂索观音经变研究——敦煌密教经变研究之五》，《敦煌研究》，1999年，第1期。

②史志平《莫高窟唐代观音画像研究》，中国社会科学出版社，2016年，第162～174页。

③黎方银《大足石窟不空羂索观音像研究——大足密教造像研究之二》，《大足石刻研究文集》（5），重庆出版社，2005年。

④邓新航《巴蜀石窟不空羂索观音造像研究——巴蜀密教美术研究之一》，《大足学刊》第五辑，重庆出版社，2021年。

⑤史志平《莫高窟唐代观音画像研究》，中国社会科学出版社，2016年，第170页。

⑥彭金章《敦煌石窟不空羂索观音经变研究——敦煌密教经变研究之五》，《敦煌研究》，1999年，第1期。

对于大足一地的不空羂索观音的调查和研究，前引黎方银先生一文，据其统计大足一地 18 个龛窟，主要集中在北山佛湾和多宝塔，时间在五代和两宋时期。其中，文中未涉及明清时期的不空羂索观音造像；另，北山第 56 号据近年来的研究考证，非不空羂索观音像。

据近年来的调查和研究成果，目前大足一地的不空羂索观音造像情况为：五代有 1 龛，即第 224 号；宋代造像最为集中，有 25 身，分别雕刻在北山佛湾第 116、第 119、第 123、第 127、第 136、第 146、第 148、第 159、第 173、第 174、第 197、第 208、第 212 号，多宝塔第 36、第 57、第 68、第 101、第 107 号，玉滩第 1 号（3 身）[①]、第 5 号、第 9 号，普和寺第 5 号，兴福寺第 7 号[②]，灵岩寺第 1 号等；明清时期有 7 身，雕刻在兴隆庵第 5 号、千佛岩第 1–3 号、玄顶村第 1 号、天星村第 3 号、大佛寺、桂香村以及无量寺“解结菩萨”等。以上合计，大足一地有 34 身不空羂索观音造像，这一数据不包括在十圣观音行列中的不空羂索观音。

二、造像

（一）五代

大足石刻不空羂索观音雕凿开始于五代。据黎方银先生文统计，计有北山佛湾第 56、第 197、第 208、第 212、第 224 号五个龛。其中，在张媛媛、黎方银最新的研究成果中，第 208、第 212 号被归入北宋晚期（1107—1130）[③]；在《大足石刻内容总录》中，第 197、第 208、第 212 号被纳入宋代。如此，前引黎方银文中所论的五代不空羂索观音剩余二龛，即第 56、第 224 号龛。

值得注意的是第 56 号（图 3–3–1），该龛内刻像 3 身，主尊身后有身光，头梳髻戴冠，垂发蓬散于头后，眉骨凸起，双眼鼓凸，戴耳环，垂珠串，上身斜披络腋，下着裙。左手持羂索，右手持物，物残。盘左腿，垂右腿，跣足踏山石，右舒相坐于山石座上。菩萨身光右侧升起一朵云纹，云内刻有坐像 1 身。龛左右侧各刻一童子像。该像身份有两说：一说为不动明王，一说为不空羂索观音。将此像识为不空羂索观音，系因其手中持有羂索。而据经典记载，不动明王亦有手持羂索的形象，如《大日经疏》卷五载，此尊坐盘石座，呈童子形。顶上有七髻，辫

① 玉滩第 1 号窟左壁上部现断裂，据《大足石刻内容总录》记载，在该壁中部“横形方龛内并坐六臂观音像二身（高 0.37 米）”（四川省社会科学院出版社，1985 年，第 366 页）。现断裂的岩石位于 1 号窟附近，可以辨识有罗汉组像和六臂观音像部分雕刻，可以辨识上举圆轮的双手，因此，从这些迹象来看，该处两身极可能为不空羂索观音，本书暂将其列入其中。

② 兴福寺第 7 号，大足石刻研究院编《大足石刻总录》第三卷描述为“左为六臂观音坐像，大部毁，坐高约 85 厘米，仅辨轮廓及左侧持物的手臂，似结跏趺坐”（重庆出版社，2023 年，第 1089 页），其时代识为宋代，文中以此为准。

③ 张媛媛、黎方银《大足北山佛湾分期研究》，《大足学刊》第二辑，重庆出版社，2018 年，第 107 页。

图 3-3-1　北山第 56 号不动明王龛

发垂于左肩，左眼细闭，下齿啮上唇，现忿怒相，背负猛火，右手持利剑，左手持羂索，作断烦恼之姿[①]。因此，该像的身份应为不动明王为妥。不动明王手持羂索的实例，在大足还有多宝塔第 70 号不动明王龛，主尊三面，正面双眼圆睁，颧骨外凸；左右面作忿怒状。身有六臂，左上手持锏，左中手握宝印，左下手拄剑；右上手持金刚铃，右中手握羂索，右下手握戟。

对于此像的考证，前引邓新航论文亦认为系不动明王，文中说："在大足以外的巴蜀其他地区，均未见类似的不空羂索观音形象。它应该是不动明王。"[②]另，亨利克·H. 索伦森在其论文中亦持此观点[③]。

由此，五代大足一地的不空羂索观音有第 224 号一龛。

---

① 慈怡主编《佛光大辞典》第 1 册"不动明王"条，书目文献出版社据中国台湾佛光山出版社 1989 年版影印，第 988 页。

② 邓新航，《巴蜀石窟不空羂索观音造像研究——巴蜀密教美术研究之一》，《大足学刊》第五辑，重庆出版社，2021 年，第 154 页。

③ 亨利克·H. 索伦森《密教与四川大足石刻艺术》，《2005 年重庆大足石刻国际学术研讨会论文集》，文物出版社，2007 年，第 377 ~ 378 页。

第 224 号 龛（ 图 3-3-2），高 1.04 米、宽 0.76 米，龛内刻像 3 身，主尊脑后有桃形头光，边饰火焰纹，戴卷草冠，冠带作结下垂。长圆脸，胸饰瓔珞，上着披巾，腰束带，下着裙；身有六臂，两上臂屈肘托祥云，上置圆轮，中两手在胸前（残），两下手垂体侧握持披巾；赤足站立于单重仰莲台上。左右壁各站立一身立像。

图 3-3-2　北山第 224 号不空羂索观音

（二）宋代

宋代时期，不空羂索观音是大足石刻出现较多的造像题材之一。

1. 数量较多

从前述来看，不包括十圣观音组合的情况下，宋代时期保存有 26 身的造像，相比其他一些观音的数量，是较多的。其流行的缘由，应与经典中叙述的职能有密切的关系。

此时期保存较为完好的集中在北山，此处列举部分龛窟以窥一斑。

北山佛湾第 119 号（图 3-3-3），龛内正壁为不空羂索观音，脑后有头光，边饰火焰纹，头戴冠，身有六臂。上举双手，皆于手上升起祥云，云内各坐一佛像；下双手，左手在胸前托钵，右手在胸前持杨柳枝；中间双手，左手握羂索，右手持宝剑。左右两侧还刻有善财、龙女等像。

北山佛湾第 212 号（图 3-3-4），主尊为不空羂索观音，结跏趺坐于莲台之上。观音有三面六臂，正面为慈悲相，两侧面为忿怒相。上举双手，手中有祥云，云中有宝珠；中双手举于胸前，左手提净瓶，右手持柳枝；下双手，左手持羂索，右手持宝剑。在观音下方台座前，刻一圆弧形背屏，其内刻一站立的飞人，身后有双翼。左右壁下部，各站立一供养人。

第 197 号龛（图 3-3-5）的不空羂索观音组合形式较为独特。该龛正中有一残坏的造像，

图 3–3–3　北山第 119 号不空羂索观音（采自《大足石刻全集》）

图 3–3–4　北山第 212 号不空羂索观音（采自《大足石刻全集》）

在其头像上方为不空羂索观音，坐高 0.21 米，头有残毁，身有六臂。上两手屈肘托祥云，左手及祥云毁，云上置圆状物；左中手斜伸执羂索，右中手斜伸握剑；左下手腹前托钵，右下手胸前持柳枝。结跏趺坐于圆台上。在该龛主尊左右各有 1 身造像，其头上方都向上伸出一莲花，莲上刻坐像 1 身。尽管该龛残坏较重，但是从其残像的轮廓来看，类似这样的组合，在大足一地的不空羂索观音造像中未见，应颇为特殊。

多宝塔保存有 5 身不空羂索观音像，除黎方银文中所叙述的第 36、第 57、第 68 号外，还有第 101、第 107 号。最先披露该两处造像龛的是陈明光先生的论文，文中称其为“六臂观音”[①]，从其持物来看，应为不空羂索观音。如第 101 号位于塔第七层檐下壁，龛高 1.22 米、宽 0.66 米。龛正壁刻主尊，全跏趺坐于束腰方座上，头戴冠，璎珞蔽胸，六臂分列左右。左右双臂上举分别捧持日轮和月轮；中间双手位于胸前，左手捧钵，右手持杨柳叶；下垂双臂，左握羂索，右持宝剑。两侧各有 2 身供养人像。第 107 号（图 3–3–6）位于第五层檐下壁，主尊为观音，其持物与第 101 号基本相同。通过对比，第 101、第 107 号龛内不空羂索观音，在手中持物上与

① 陈明光《大足多宝塔外部造像勘查简报》，《2005 年重庆大足石刻国际学术研讨会论文集》，文物出版社，2007 年，第 95 ~ 99 页。

图 3-3-5　北山第 197 号不空羂索观音

图 3-3-6　多宝塔第 107 号不空羂索观音

第 36、第 57、第 68 号基本相同。

玉滩石窟有三龛造像中，雕凿有 5 身不空羂索观音。第 1 号龛主尊为地藏，右壁有 1 身观音，为六臂。上举上举双手分别捧持日轮和月轮；中间双手，左手托钵状物，右手在钵上方作遮盖状；下方双手，左手握羂索，右手持剑。另有 2 身，因所处岩石断裂，据调查和现存遗迹初步判定为不空羂索观音。该窟有题记，为绍兴七年（1137）营造。第 5 号窟（图 3-3-7）的右壁刻有 1 身观音像：上举双手可知左手托月轮，右手持物残坏；中双手，左手在胸前捧物，右手在胸前上举；下双手，左手残坏，右手持物，其上有火焰纹。该窟造像为绍兴二十七年（1157）文琇镌造。第 9 号龛主尊为观音，面目残坏。上举双手分别托日轮和月轮；中间双手，左手放于胸前捧物，右手举于胸前；下双手，左手持物残坏，右手持长形物，疑为剑。上述三处造像，之前的调查报告基本上称为“六臂观音”，从其持物来看，应为不空羂索观音。其时代，据该地造像铭文，可知基本上在南宋初期。

另，普和寺石窟第 5 号（图 3-3-8），龛口大部残毁，其内刻主尊不空羂索观音像，大部分残坏，头面残，似戴冠，端坐方台上。身有六臂，两手横置胸前，大部残；左上手曲举托圆轮，左下手握羂索，余手臂皆毁。据普和寺此处造像题材和风格来判断，该身不空羂索观音龛雕造于宋代。

图 3-3-7　玉滩第 5 号不空羂索观音

图 3-3-8　普和寺第 5 号不空羂索观音

2. 雕刻技艺精湛

在大足不空羂索观音造像中，从艺术角度来看，最为经典的作品无疑是北山佛湾第 136 号龛内的不空羂索观音像，其在大足石刻中亦是具有代表性的一龛作品（可参见本书相关论述）。该身菩萨像坐高 1.53 米、头长 0.53 米、肩宽 0.5 米。浅浮雕圆形素面头光和圆形背光，观音头梳髻，戴花冠，冠内刻坐式化佛 1 身，面相丰圆，眉间白毫，线刻弯眉，双眼半开，棱鼻小口，下颌线刻一道肉褶线。戴桃形花钿耳饰，下垂两条珠串至胸。颈刻三道肉褶线，胸饰繁复瓔珞。身有六臂，两上手上举托圆轮。左中手斜伸握斧，全长 1.14 米，飘带垂绕斧柄；右中手斜伸持剑，剑全长 1.15 米。左下手腹前托钵，右下手屈于胸前持柳枝。结跏趺坐于山石座上。座正面内刻胡跪童子像 1 身。其左右各站立一侍者（图 3-3-9）。

该身造像因其手托日、月，被世人称为“日月观音”。造像保存完好，宛如新刻。其花冠精美细致，脸颊丰腴，秀眉垂目，胸部瓔珞密饰，全身帛带飘逸，极具装饰之美感。其端庄祥和、略带笑意的面容，在繁丽的花冠和瓔珞装饰下，显得柔美而温婉，极具东方女性的美感。

3. 观音组合中较为常见，尤其是十圣观音组合

不空羂索观音的组合造像较为复杂，除前述的北山佛湾第 197 号龛外，还出现有以下组合现象。

佛与观音的组合。北山佛湾第 123 号龛内，主尊为释迦佛，左侧为不空羂索观音，右侧为观音。

图 3-3-9　北山第 136 号不空羂索观音

其中的不空羂索观音，身有六臂：上两手屈肘上举托圆轮；左中手胸前托钵，右中手置于胸前，齐腕残；左下手斜伸握羂索，右下手斜伸持剑。多宝塔第 36 号，正壁为佛像，左为孔雀明王，右为不空羂索观音。多宝塔第 57 号，正壁为佛像，左为不空羂索观音，右为如意轮观音。此外，还有北山佛湾第 136 号的一佛八菩萨的特殊组合形式，详见本书相关论述。这些组合形式，体现出在宋代，不空羂索观音颇为盛行，是观音形象中主要表现形式之一。

观音与观音的组合。第 208 号，疑为不空羂索观音与观音的组合龛。第 146 号龛（图 3-3-10），为不空羂索观音与水月观音组合。宋代还在十圣观音组合中，出现了不空羂索观音像。雕凿于北宋政和六年至宣和四年（1116—1122）的北山佛湾第 180 号十三观音变相窟内，主尊左侧第 2 身站像为不空羂索观音，观音双手放于胸前，左手扼右手腕，右手下垂握羂索。又如妙高山石窟第 4 号造像窟，正壁为“西方三圣”，左右各有 5 身观音像。右壁由内至外第 3 身观音像（图 3-3-11），胸前握羂索。在此类观音组合龛窟中，出现此种双臂的不空羂索观音与开凿此类多身观音组合题材，皆与双臂的统一设计因素密切相关。

其他组合形式。玉滩第 1 号甚为奇特，主尊为地藏，左右壁出现有十六罗汉、如意轮观音、地藏以及供养人像等多种题材。其中，在左右壁雕刻有不空羂索观音 3 身（图 3-3-12），这种

图 3-3-10　北山第 146 号双观音（采自《大足石刻全集》）

图 3-3-11　妙高山第 4 号观音（局部）（采自《大足石刻全集》）

图 3-3-12　玉滩第 1 号右壁观音组合像

组合形式甚为独特，除来源于之前巴蜀石窟中观音地藏组合之外，更多的是匠师以及供养人的独创，具有极大的世俗信仰色彩。

（三）明清

明清时期，不空羂索观音继续在石刻造像中出现，调查至少有 7 身，此略做介绍如下。

千佛岩石窟第 1 号龛（图 3-3-13）内，有不空羂索观音龛，龛高 0.85 米，宽 0.74 米、龛内仅刻不空羂索观音。观音头戴冠，结跏趺坐，身有六臂。上举双臂分别托日轮和月轮；中间双手在胸前，执物不详；左下手持物不详[①]，右下手持剑。该身造像旁有明代永乐元年（1403）营造的十二光佛龛，不空羂索观音龛的年代，亦大致相仿。

兴隆庵第 5 号不空羂索观音（图 3-3-14），坐高 1.09 米，戴卷草化佛冠，饰舟形背光，披双领下垂式袈裟，双手腹前笼袖内，结跏趺坐于仰莲台上。观音三面六臂：两上手屈肘举托圆轮；左中手外展握索，右中手外展握剑；左下手腹前托钵，右下手胸前持杨枝。该身造像《大

① 四川省社会科学院、大足县政协、大足县文物管理所、大足县石刻研究学会编《大足石刻内容总录》录该手持物为“索”，疑为“羂索”，四川省社会科学院出版社，1985 年，第 301 页。

图 3-3-13 千佛岩第 1 号不空羂索观音

图 3-3-14 兴隆庵第 5 号不空羂索观音

足石刻总录》定为明代[①]。

玄顶村 1 号不空羂索观音，身有六臂，为上两手托日月，两手腹前托珠；左中手外展结印，右中手外展握铃。结跏趺坐于束腰方台上。该身造像《大足石刻总录》定为明代[②]。

大佛寺上殿现存有 1 身不空羂索观音像，为背屏式造像，头为补塑，坐高 0.86 米，身有六臂。两上手举托日月；两下手腹前托物，物残；左中手斜伸握索，右中手斜伸持剑。结跏趺坐于仰莲台上。该身造像《大足石刻总录》定为明代。

无量寺有一菩萨像（图 3-3-15），为背屏式造像，像坐高 0.93 米，其桃形火焰纹背光中，有卷草纹和 1 身长双翅的小像。菩萨像三面六臂，戴冠，上两手屈肘上举托圆轮，中两手持剑，下两手腹前托珠。结跏趺坐于仰莲座上。该身造像《大足石刻铭文录》识为明代正德十二年（1517）[③]，《大足石刻总录》定为明代。该像的上方横刻有“解结菩萨”，也即解冤结菩萨。

① 大足石刻研究院编《大足石刻总录》第三卷，重庆出版社，2023 年，第 970 页。

② 大足石刻研究院编《大足石刻总录》第三卷，重庆出版社，2023 年，第 1110 页。

③ 重庆大足石刻艺术博物馆、重庆市社会科学院大足石刻艺术研究所编《大足石刻铭文录》，重庆出版社，1999 年，第 410 页。

但是，从该像的图像特点来看，明显是借鉴不空羂索观音，甚至于该像背屏上的飞人小像，也来自北山佛湾第 208、第 212 号等龛的图像。此现象，一个理解是在此时期此地带，或许世俗民众认为不空羂索观音也具有解冤结菩萨的职能。二是解冤结菩萨在此时期的图像与宋代大足石刻中的造像相比较，发生了变化。鉴于该像的图像特点与不空羂索观音非常接近，故本书将其列入其间。

图 3-3-15　无量寺解结菩萨

天星村石窟第 3 号为一龛不空羂索观音造像，结跏趺坐，身有六臂。其时代或为清代。该像已被后世彩绘。桂香村石窟左壁外侧上方，刻一坐式六臂观音像，时代为清代。

从上述几例来看，明清时期不空羂索观音的图像基本上遵循宋代的做法，这一点主要体现在六臂的身姿和手托日月轮的器物上。由此也可见不空羂索观音在大足一地仍较为流行，其缘由除相关经典对其职能的宣扬之外，还有一个重要的因素就是在北山雕刻较多，而且出现有第 136 号日月观音这样的经典之作，对后世有较大影响。

三、有关问题

在前引黎方银、邓新航的论文中，对大足一地不空羂索观音的数量、巴蜀石窟中的分布、在大足地区流行的原因等多角度，做了较深的探讨，可资参见。在此，对两个问题谈一点见解。

（一）关于部分图像问题

大足一地的不空羂索观音大多数为一面，也有少数为三面。手臂大多数为六臂；双臂的不空羂索观音，基本上出现在十圣观音之类组合之中。

六臂是大足不空羂索观音的主要图像特点，尤其是手中持物，是判断该像身份的重要依据。在不空羂索观音上举的双手中，主要表现为：祥云和云中佛像，如第 119 号；祥云和宝珠，如

第 212 号[①]。手中托圆形轮状物，如第 136 号窟不空羂索观音，一般对圆形轮状物识别为日轮和月轮。

中间双手，大多数为在胸前，一手持杨柳枝，一手捧钵，如北山佛湾第 208 号，多宝塔第 101、第 107 号等。

下双手，一般是左手持羂索，右手持剑，如北山佛湾第 119、第 123、第 127、第 173 号，多宝塔第 57 号，玉滩第 1 号右壁像等。北山佛湾第 136 号不空羂索观音的下双手表现为左手握斧，斧上绕有飘带，右手持剑。这种表现形式与宋代不空羂索观音在持物上逐渐有所变化相关，如第 116 号的不空羂索观音左下手持三叉戟、右下手握剑。第 159 号中两手斜伸握剑，剑身部分为后世补塑，体现出匠师在营造时，不拘一格雕凿的创造力。

图 3–3–16　北山第 208 号双观音龛（采自《大足石刻全集》）

在第 208（图 3–3–16）、第 212 号等龛窟的不空羂索观音造像中，出现有飞人形象，邓新航的论文对其做了推测，疑为佛教中的迦楼罗，其“出现在不空羂索观音造像中，应当也具有护法的作用”[②]。此论可备一说。

另，在敦煌一地的不空羂索观音图像，据《不空羂索经》记载，大多在肩上披覆黑色鹿皮衣。而在包括大足在内的巴蜀石窟中，基本未见。其原因在于“石窟艺匠们是很难像敦煌画那样轻易地将鹿皮衣雕刻出来，所以说对于鹿皮衣造型，基本都作了省略。但也不排除在造像完成之后，艺匠们用彩绘形式表现的可能”[③]。

① 大足石刻研究院编《大足石刻全集》第三卷（上册）记录此处“上两手分托祥云，上置圆物，直径 4 厘米”，重庆出版社，2017 年，第 61 ~ 62 页。

② 邓新航《巴蜀石窟不空羂索观音造像研究——巴蜀密教美术研究之一》，《大足学刊》第五辑，重庆出版社，2021 年，第 159 ~ 160 页。

③ 邓新航《巴蜀石窟不空羂索观音造像研究——巴蜀密教美术研究之一》，《大足学刊》第五辑，重庆出版社，2021 年，第 156 ~ 157 页。

（二）在巴蜀地区的流行情况

黎方银论文称，在巴蜀石窟中，不空羂索观音造像主要集中在北山和资中西岩两地，并进一步认为“不空羂索观音信仰在四川有极强的地域性，在民间的普及程度并不高。但相对集中于大足北山、资中西岩的事实，又说明这两个地区不空羂索观音信仰极为盛行”[①]。

黎文未列举大足北山、资中西岩以外的巴蜀区域内的不空羂索观音造像情况，在此简述如下。一个是大足，通过前述考察，除北山之外，宋代还见于玉滩、普和寺石窟之中。从造像题记可知，玉滩石窟的年代大多数为宋代，其造像题材如孔雀明王、天王像等都见于北山佛湾，因而该处石窟应受到北山石窟的影响。这一点也从不空羂索观音造像的表现可见，受北山石窟影响，该处也出现了5身不空羂索观音造像。由此可见，不空羂索观音的信奉，在宋代大足一地民间中也存在。

另一个是在大足以外的不空羂索观音造像，对此，邓新航的论文中做了简析，从其文可知目前遗存较多的是资中、安岳两地。资中有6龛，集中在御河沟一带，时间约在晚唐、五代。安岳石窟有7身，上大佛有2尊，为北宋初期作品；庵堂寺第2龛，时间约在五代；云峰寺第3龛，时间约在五代、宋初；圣泉寺第10龛；明代作品有两龛，分别在华严洞窟门左壁、塔坡大通寺。此外还有渠县棱罗碥石窟第2号龛；内江翔龙山有1龛[②]，东林寺有2龛；荣县二佛寺第24号龛，时间大致在晚唐、五代时期。

在此，列举近年来发现的四川达州渠县棱罗碥石窟中该题材为例。第2号龛高1.22米、宽1.2米、进深0.7米，龛内雕刻1尊观音像，头戴冠，结跏趺坐，身有六臂。上举双臂分别持日、月；中左臂持羂索，右臂持剑；下左臂捧持罐状物，下右臂前伸于胸前向罐状物内丢钱币。对于其年代，调查报告称，“从题材到造像风格，以及龛形，排除了唐代因素，从而时间确定为宋代”[③]。从观音的一些持物来看，应为不空羂索观音。

另在明代，泸州玉蟾山第23、第48号龛有不空羂索观音造像，时间约在明代中晚期。

通过上述考察，可见在大足北山、资中西岩之外仍有不空羂索观音雕凿，尤其是安岳石窟的遗存较多，可知不空羂索观音主要集中在唐宋时期的川中、川东一带。时间上约在晚唐开始兴盛，历经五代，至两宋时期在大足一地最为盛行，至明清时期仍有续凿。

---

① 黎方银《大足石窟不空羂索观音像研究——大足密教造像研究之二》，《大足石刻研究文集》（5），重庆：重庆出版社，2005年。

② 在符永利、张婷、杨华《四川内江翔龙山摩崖造像内容总录》一文中，该龛编号为K53，并认为其时间大约在宋初。见《石窟寺研究》第十二辑，科学出版社，2021年，第42～43、第76页。

③ 四川省文物考古研究院、达州市博物馆编《四川散见唐宋佛道龛窟总录·达州卷》，文物出版社，2017年，第331页。

第四节　数珠手观音

图 3–4–1　北山第 136 号数珠手观音

数珠手观音在众多观音形象中，是一种出现较晚的造像题材，是观音信仰在中国传播逐渐世俗化时期的一种表现形式。

要考察大足一地的数珠手观音，很有必要结合安岳一地的相关遗存进行分析，因此，本节以大足、安岳两处石刻艺术中的五代、宋代数珠手观音造像为基础，结合相关研究成果，来考察分析数珠手观音在这一地区的演变情况：其从组合题材逐渐演变为单龛造像，并一直是观音形象的主要表现方式之一。

一、数珠手观音的概念和研究

（一）数珠手观音

顾名思义，数珠手观音（图 3–4–1）即手中持有数珠的观音。鉴于观音所持物的组合现象（如同时持数珠、举宝瓶）和不同文化内涵，以及本文所涉及的地域性，特对文中考察的数珠手观音略加解释：图像表现上，为观音手中仅拈数珠，不持其他法物，即数珠是唯一的持物，是异于其他观音的区别；在身姿上，基本上为站姿；在出现场合上，数珠手观音不仅表现为龛内 1 尊观音，也可出现在多种组合题材之中。

有一点须说明，即手中仅持有数珠的观音，有可能表现的主题并非“数珠手观音”。如敦煌遗书中一幅西夏时期的版画[①]，其游戏坐的

① 敦煌研究院编《敦煌》，图版二四五，甘肃人民出版社、甘肃美术出版社，1996 年。

图 3-4-2　多宝塔第 4 号水月观音龛（采自《大足石刻全集》）

姿势、象征智慧和圆满的月轮、波涛起伏的水面，学界基本上定为“水月观音”，尽管此幅版画中观音右手持数珠。此观音形象在大足石刻中有较多出现。具有代表性的如多宝塔第 4 号观音龛（图 3-4-2），观音左手握袈裟，右手持念珠；左腿跷立，右腿盘曲。又如北山第 133 号主尊，手中亦持有数珠。这些造像，与水月观音身姿吻合，应表现的是水月观音，而非数珠手观音。

（二）佛教著作中的“数珠”和“数珠手”

数珠手观音少见于佛教和民间常提及的观音行列之中，如七观音（圣观音、十一面观音、千手观音、不空羂索观音、准提观音和马头观音等）中，以及融合佛教经典和民间信仰的三十三观音之中，皆未有数珠手观音。

对数珠手观音而言，最大特点就是“数珠”。关于数珠，白化文先生认为“是由璎珞和华鬘演变而来的”，“三藏中律部对使用数珠并无记载。密宗经典中倒有明确记载”，“在汉化佛教中，隋唐之际，随着净土宗和密宗的兴盛，数珠开始大流行，从此成为汉化佛教七众的重要随身具，并成为念佛信佛的重要标志”[①]。

在一些以密宗经典为代表的经文中，对数珠起到的作用做了较详细的说明，作为佛教一种著名的法器，自然也就成为密宗经典中叙述那些多手臂神灵所持法器之一。在《千手千眼观世音菩萨广大圆满无碍大悲心陀罗尼经》中，记载了千手观音持着众多不同器物的手，其中有“若

① 白化文《汉化佛教法器服饰略说》，商务印书馆，1998 年，第 188 ~ 189 页。

为十方诸佛速来授手者，当于数珠手”[①]，此经译本早在唐代就已传入中土。这种形象，在唐宋时期的千手观音像中，基本上能找到数珠手的踪影。

有一点值得一提：在《大正藏》中，未见有单纯以数珠手观音作为主旨的经典。

（三）对数珠手观音的研究

目前，对数珠手观音的研究所见专述较少，多出现在观音研究著述中。其中关于数珠手观音起源时间，陈清香在对龙门石窟看经寺洞罗汉群像的研究成果中，认为“第3尊及第6尊者，手持数珠，应是日后数珠观音的滥觞”[②]，可见至少在盛唐时期，数珠手观音在国内佛教艺术中极其罕见。近有齐庆媛《江南式白衣观音造型分析》[③]的论文，对大足、安岳等地数珠手观音与白衣观音的关系做了精彩的分析，对于认识数珠手观音的起源和流变等具有较高的参考价值，可参见。

此外，业露华先生认为，数珠手观音“是中国的民间艺术家依据佛教密宗经典创作的观世音菩萨像之一”[④]。李淞先生在《论中国菩萨图像》一文中，叙述观音图像演变较详，认为观音图像中“另一些与经典若即若离、似有似无的图像，大多是中国艺匠和民间信徒共同创造的，在题材的选择、图像的规定性等方面都具有中国民间的特色”。这类观音像可称为民俗观音图像，如水月观音、送子观音、马郎妇观音、杨枝观音、数珠手观音、宝印观音等[⑤]。两位先生所论有一共同点：强调了数珠手观音图像产生的民间性。

二、大足、安岳石刻中的数珠手观音

目前，对大足、安岳石刻的调查发现，宋代的数珠手观音造像至少有15身，列表如下。

---

①《千手千眼观世音菩萨广大圆满无碍大悲心陀罗尼经》，大藏经刊行会编《大正藏》，第20册，中国台湾新文丰出版股份有限公司，1983年，第111页。

② 陈清香《祖师传承说的石刻例证——龙门看经寺洞罗汉群像考》，《东方宗教研究》第4期，1994年，第213～231页。

③ 齐庆媛《江南式白衣观音造型分析》，《故宫博物院院刊》，2014年，第4期。

④ 业露华撰文，张德宝、徐有武绘图《中国佛教图像解说》，上海书店，1995年，第76页。

⑤《论中国菩萨图像》，李淞《长安艺术与宗教文明》，中华书局，2002年，第181页。

大足、安岳石刻所见宋代数珠手观音一览表①

地点	龛窟名编号	年代	造像情况	数珠手观音	铭文	图像
大足北山佛湾	第277号地藏观音龛	宋代	龛内造二像，左为地藏，手持锡杖；右为观音	右侧观音袈裟搭于头顶作披风状，左手扼右手腕，右手持数珠		
大足北山佛湾	第180号十三面观音变相图	北宋政和六年(1116)	窟正中为水月观音坐式主尊，两旁下层各有观音5身，每身观音上面有造像	右侧第5身为数珠手观音，头戴花冠，袈裟搭于头顶作披风状，双手于胸前掐数珠，头后升起并蒂荷花二朵，上有菩萨坐像	“县门前仕人弟邓惟明造画普见一身供养，乞愿一家安乐，政和六年□壹月内弟子邓惟明。”另有北宋宣和二年、四年的题记	
大足石门山	第6号西方三圣和十圣观音像	南宋绍兴十一年(1141)	正壁为西方三圣，窟左右壁各有5身观音造像	右壁第5身为数珠手观音，头戴花冠，双手置于胸前，左手扼右手腕，右手腕下掐数珠	该窟题记颇多，该像题记为“奉佛弟子侯良夫妇与子孙，发心造此数珠手观音一尊，意祈国泰民安、风调雨顺，辛酉绍兴十一年三月初十日……”	

① 表中所依据的资料，除自身的调查外，主要为：《大足石刻铭文录》(重庆出版社，1999年)、《大足石刻内容总录》(四川省社会科学院出版社，1985年)。其中，普和寺石刻造像中的数珠手观音，系于同事杨光宇先生提供的照片中发现，此致谢忱；安岳净慧岩石刻第15号数珠手观音造像数据，见：《中国石窟雕塑全集》第八卷“四川·重庆”图版152，重庆出版社，2000年；胡文和《安岳大足佛雕》，文物出版社，2008年。安岳千佛寨数珠手观音年代，齐庆媛论文定为南宋，可从。另，鉴于此处阐述的目的主要为数珠手观音早期演变情况，因此明清时期大足、安岳石刻造像中的数珠手观音未列。

续表

地点	龛窟名编号	年代	造像情况	数珠手观音	铭 文	图像
大足北山佛湾	第136号转轮经藏窟	南宋绍兴十六年(1146)	窟内以转轮藏为中心柱，正壁为释迦佛、观音、大势至，左壁为文殊、玉印观音、如意珠观音，右壁为普贤、日月观音、数珠手观音	数珠手观音高1.91米、宽0.44米，头戴花冠，右手于腹部前轻拈数珠，数珠呈“8”字形，左手扼右腕，赤足立于莲台上	该窟铭文颇多，该像题记为“在城奉佛弟子王陞、同政何氏，伏为在堂父王山、母亲周氏，谨舍净财镌妆大圣数珠手观音菩萨一尊”	
大足北山佛湾	第105号	南宋	窟内造像分三层，上层有佛像、文殊等，中层十圣观音造像，下层供养人、舍利宝塔等造像	数珠手观音位于中层左壁最外侧，头作披风帽状，头部和下身残缺，左手扼右手腕，右手拈数珠，数珠呈“8”字形	窟内无铭文	
大足妙高山	第4号西方三圣和十圣观音像	南宋	正壁主像为西方三圣，窟左右各有5身观音造像	左壁从内至外第4身像为数珠手观音，右手置于身前腹部处，轻拈数珠，数珠呈“8”字形，左手扼右腕	窟内无铭文	
大足峰山寺	第3号佛和十观音像龛	南宋	正壁为一佛像，在佛像左右各刻观音像5身。	右壁第2身为数珠手观音，双手交叠于胸前，左手拈数珠，数珠呈“8”字形，右手扼左手腕	窟内无铭文	

地点	龛窟名编号	年代	造像情况	数珠手观音	铭 文	图像
大足普和寺	第 3 号龛	南宋	主尊为佛像，左右壁各有 5 身观音造像，龛外左右壁有文殊、普贤造像	左壁第 3 身为数珠手观音，双手放于胸前，左手在上，右手在下，下为数珠，数珠呈“8”字形，赤足站于莲台之上	该洞窟内无铭文	
大足张家庙	佛和观音龛	南宋	主尊为佛像，左右分列数身观音	左边第 3 身为数珠手观音，左手放于右手背上，右手拈数珠，数珠呈“8”字形，赤足站于莲台之上		
大足佛安桥	第 2 号无量寿佛和十观音窟	南宋绍兴十四年(1144)	正壁为无量寿佛和文殊、普贤，左右壁各立观音像 5 身	窟左右壁观音像残毁，后人补塑时右壁第 4 身为数珠手观音	造像镌记、镌名现存 9 件	
大足保家村	第 2 号佛和观音龛	南宋	主尊为佛像，左右分列数身观音	主尊右侧第 3 身为数珠手观音		

续表

地点	龛窟名编号	年代	造像情况	数珠手观音	铭文	图像
大足北山佛湾	第125号数珠手观音	南宋	主尊为数珠手观音，左右壁上方刻飞天2身，龛两壁下侧各有一侍者	观音高1.08米，赤足立于莲台之上，身后有大椭圆形背光，头戴花冠，右手拈数珠，数珠呈“8”字形，左手扼右腕	龛内无铭文	
安岳净慧岩	第15号数珠手观音龛	南宋绍兴二十一年（1151）	主尊为数珠手观音，左下方有一男供养人，右下方有一女供养人	数珠手观音高1.5米，双手交叠于腹前，右手拈数珠，数珠呈“8”字形	门楣右边中部刻“绍兴辛未仲春”和“攻镌文仲璋男文秀□□□”	
安岳千佛寨	第14号	南宋	龛内仅刻1身观音像	观音为站像，头作戴披风状，左手搭于右手腕上		
大足宝顶山	大佛湾第18号观无量寿佛经变相	南宋淳熙至淳祐年间（1174—1252）	上为西方三圣和净土场景，下为三品九生，两侧为十六观	在三品九生图的“上品上生”中，右边为手持数珠的观音，观音左右手相交叠于胸前，右手持数珠，数珠呈“O”形	该龛有大量的《佛说观无量寿佛经》经文，以及偈、颂等题刻	

据上表，宋代至少在大足一地现存有数珠手观音像 13 身、安岳 2 身；从出现场合来看，组合式有 12 身，单独作为主尊有 3 身；从时代来看，有较为准确依据属于北宋时期的有 2 身，而南宋时期最多，有准确依据的 5 身，其余 8 身根据历来研究论述和对数珠手观音流变的考察，其年代多为南宋时期的可能性最大。

从上表可了解到数珠手观音的一些情况：1. 从大足石门山第 6 号、北山第 136 号等窟铭文可见，南宋初期已出现有“数珠手观音”的称呼，而相关的图像至迟在北宋时期就已经出现。2. 数珠手观音图像特点基本上为在胸前腹部处轻拈数珠。3. 数珠手观音既是一个在众多观音变化身中出现的题材，也是一个可以单独表现的题材。

三、大足、安岳石刻中数珠手观音的演变

（一）北宋时期：北山第 277 号、第 180 号

从上表来看，在大足北山石窟第 180、第 277 号中，较早出现了数珠手观音的造像，这对探寻其演变和影响有较为重要的意义。

第 277 号观音地藏龛（图 3-4-3），为唐五代时期在巴蜀地区较常见的地藏与阿弥陀佛、观音造像组合的简化形式，在北山石刻有第 52、第 53、第 191、第 244、第 253 号等类似组合的造像龛。对于该龛造像的年代，1985 年调查记录认为是五代时期[①]，而张媛媛、黎方银的论文认为属北宋晚期作品[②]，本书以此为准。而对于这一图像的来源，齐庆媛的论文中有相关的论述，兹不赘述。

图 3-4-3　北山第 277 号观音地藏龛

开凿于北宋后期的第 180 号观音变相窟，其定名围绕着主尊的身份有多种，但是两侧主要表现的是观音变化身，基本上是一种共识。从此龛中

① 四川省社会科学院、大足县政协、大足县文物管理所、大足县石刻研究学会编《大足石刻内容总录》，四川省社会科学院出版社，1985 年，第 110 页。

② 张媛媛、黎方银《大足北山佛湾石窟分期研究》，《大足学刊》第二辑，重庆出版社，2018 年，第 107 页。

出现的多种手持不同器物的观音来看，在宋代巴蜀地区，较多出现了不同形态的观音，其中数珠手观音就是其中之一。

从上述来看，数珠手观音最初在大足出现的身份，具有两种情况：一是作为观音形象的代表，如第 277 号；二是作为观音众多分身之一，如第 180 号。而手持数珠的观音图像，其的独特表现形式，其后成为信众雕凿的对象，在宋代的大足、安岳两地特别兴盛。特别是对南宋时期盛行的十圣观音的雕凿，第 180 号龛的影响应较大。

第 277、第 180 号的数珠手观音，除手持数珠相近之外，在图像上还有一点值得注意，即皆是袈裟一角搭于头顶，作披风状，显示出两处造像在图像上有借鉴关系。加之年代大约都在北宋晚期，由此可见，此类图像是早期数珠手观音的形象，或为其后大足、安岳这一地区雕凿数珠手观音的滥觞。

（二）数珠手观音组合题材（南宋初中期）

首先考察大足南宋时期有准确时代依据的造像点，有如下几处。

一是石门山第 6 号西方三圣和十圣观音像，该窟营造于南宋绍兴六年至十一年（1136—1141），数珠手观音营造于绍兴十一年（1141）。二是佛安桥第 2 号无量寿佛和十圣观音窟，该窟营造于绍兴十四年（1144）。三是北山佛湾第 136 号，该窟营造于绍兴十二年至十六年（1142—1146），数珠手观音营造于绍兴十六年（1146）。

通过这几例龛窟可见，在南宋绍兴年间（也有可能在之后一段时期），大足一地开始流行佛（或一佛二菩萨）和十圣观音造像为组合的题材。因此，结合大足峰山寺、普和寺、妙高山、保家村、张家庙等石刻的具体情况，这些造像点中出现的该组合造像，其时代应在南宋初中期。

其次，对这种组合情况做分类认识如下。

除单尊数珠手观音之外，南宋时期数珠手观音出现的组合式题材有以下三种情况。

一是以阿弥陀佛为主的西方三圣（有时仅有一佛像，或佛和文殊、普贤）和十圣观音，这种组合出现在石门山第 6 号、佛安桥第 2 号[①]、妙高山第 4 号，另外，普和寺、峰山寺、保家村、张家庙等处也属于这一类型。其中，普和寺第 3 号只是将文殊、普贤雕刻在窟门处，峰山寺第 3 号等处为一佛十观音，是西方三圣与十圣观音的简化形式。这些变化只有正壁主尊的变化，对于十观音像而言，所持器物差异不大，其位置具有不固定性，这一点显示出工匠们营造时具有一定的随意性。值得注意的是：数珠手都是其中重要的表现题材，对于该图像的传播具有重

① 《大足石刻内容总录》将正壁像定名为华严三圣，但据窟内正壁佛像铭文“奉佛弟子古贯之夫妇发心造无量寿佛”（《大足石刻铭文录》，重庆出版社，1999 年，第 320 页），应识为阿弥陀佛像。

要意义。

二是在北山第 136 号中的组合方式。该窟题材甚为殊异，正壁为佛和观音、大势至，两壁为文殊、普贤、玉印观音、日月观音、宝珠观音、数珠手观音，窟正中有转轮藏。类似此种一佛八菩萨的形式，在国内石窟寺中极其罕见。

三是在北山第 105 号中的组合方式。该龛分为三层，上为华严三圣，中为十圣观音，下为供养人等造像。该龛组合形式也较为独特，可能系十圣观音题材在大足盛行之后，与其他题材组合出现的新的表现形式。根据该龛所处位置，以及造像的风格等因素，其时代大致在南宋初中期。

可见，在这些不同组合题材的造像窟内，数珠手观音一直是一个受到民众、工匠关注的重要题材之一。

（三）数珠手观音的单独出现

安岳净慧岩石窟第 15 号数珠手观音（图 3-4-4）有准确铭文记载，为绍兴二十一年（1151）。以此来看，其时间晚于前述的大足境内石门山、佛安桥、北山等地，这一点给我们一个重要的信息：在大足、安岳一地的 3 身单龛数珠手观音，出现的时间是在十圣观音出现之后；也就是说，十圣观音等组合题材中的数珠手观音，极大可能是出现单龛数珠手观音的一个重要原因。

图 3-4-4　安岳净慧岩数珠手观音

那么众多的观音形象中，数珠手观音会单龛出现的原因，可能还有以下两点：

一是数珠具有简易的特点，易于被世人接受，而且在大足石刻的一些供养人像中，可见手拈数珠的造像，如石门山第 2 号玉皇龛中供养人杨伯高像（图 3-4-5），就是右手拈数珠，时间为南宋绍兴十七年（1147）；在大足多宝塔

图 3-4-5　石门山第 2 号持数珠供养人像

中（营建于南宋绍兴十七年至二十五年间，1147—1155），时任“潼川府路兵马都钤辖”等职的冯楫不但出资营造，而且还将自己的像刻于其间，第 50 号就是手中拿数珠。通过这些供养人造像手持数珠来看，在南宋初期持念珠已是信仰佛教的一个重要表现。也就是说，仅在大足一地，上至达官贵人、下至平民百姓的佛教信众中，基本上存在着持念珠的现象[①]。

二是在大足一地，数珠手观音具有雕刻的基础，这一点，从前面所叙述的佛和十观音造像中可以看出。

另外，这种单独的数珠手观音出现在安岳一地，根据该龛的铭文记载，有“攻镌文仲璋男文秀”的字样，系营造此龛工匠的题名。在大足石刻中，保留着众多工匠题名，其中主要的工匠为“文”“伏”两姓家族。安岳净慧岩石窟中的镌匠“文仲璋”，据张划等先生研究[②]，为有铭文记载的文氏家族中的第四代。这一家族在大足一地的雕刻作品颇多，仅就文仲璋而言，如玉滩石窟中就有“普州攻镌文仲璋，男文琇，侄男文凯等造此数洞功德，绍兴十八年（1148）孟冬记”。值得一提的是妙高山第 2 号窟中也有“文仲璋”和其侄辈们在此地开凿的题名，该地第 4 号即为西方三圣和十圣观音窟，其中就出现有数珠手观音。除此之外，文氏家族还在石门山、佛安桥等地有开凿石刻的铭文记载。那么，从工匠的角度而言，安岳净慧岩石窟中出现的数珠手观音，在艺术手法上与大足石刻有着极其深厚的联系。还有一点应该重视，在“文仲璋”署名前，有“普州”二字，也即今四川省安岳县，可见文氏家族的籍贯为安岳，只是其长期在大足一地进行石刻的雕凿。那么，在安岳

① 南宋时期，数珠不仅盛行于大足，在很大的范围应该都是如此，如在山西省平阳一带的金墓中，墓中主人多见有手持数珠。参见山西省考古所《平阳金墓砖雕》，图 90（金大安二年，1210）、图 91、图 93 中的男墓主人，图 97 女墓主人，山西人民出版社，1999 年。

② 张划《大足宋代石刻镌匠考述》，《四川文物》，1993 年，第 3 期。

净慧岩石窟出现数珠手观音造像，与这些工匠的籍贯有一定的关系。不过，有一点可以确认，那就是在宋代，大足石刻逐渐丰富起来，所以才有安岳的工匠在大足精心雕凿，并逐渐影响到安岳石刻（之前安岳石刻曾影响到大足石刻，二者有时候是一种相互交流和促进的关系[①]）。

数珠手观音的出现，其艺术特点也备受学界关注，特别是大足北山第125号数珠手观音（图3-4-6），倍受称道，如：

图3-4-6 北山第125号数珠手观音

神态把握在欲行还在，若即若离之间，故有媚态观音的美称。[②]

此龛形制虽小，雕饰朴实无华，但因主像观音菩萨雕造得杰出，所以便成了北山佛湾南宋时期光辉作品之一。[③]

当观者发现这个菩萨时，不能不被它所吸引，这是一尊具有高度艺术性的典型作品，以至放在这许多龛洞中间显得那么突出，它两手斜搭在胸前，上身微微向后侧转，头部有些前倾，眼梢嘴角流露着微妙的喜悦，全身姿态在安静中显出了轻微的动势，肌体柔和，质感很强，特别是那临风飞舞的衣带，更加强了优美、舒适的气氛。[④]

---

① 关于大足与安岳石刻的关系，尤其是宋代，说法纷纭，如可参姚崇新先生的一篇书评：Angela F.Howard，*Summit of Treasures：Buddhist cave Art of Dazu，China，Weatherhill，Inc.*，2001（何恩之《宝顶：中国大足佛教石窟艺术》：16开本，206页+181幅插图），载：《艺术史研究》第七辑，第494～503页，中山大学出版社，2005年。

② 金维诺、罗世平《中国宗教美术史》，江西美术出版社，1995年，第191页。

③ 陈少丰《中国雕塑史》，岭南美术出版社，1993年，第458页。

④ 温廷宽《大足佛教摩崖造像的艺术价值及其现况》，《大足石刻研究》，四川省社会科学院出版社，1985年，第120页。

图 3-4-7　宝顶山第 18 号观经变“上品上生”图

（四）大足宝顶山石窟观经变持数珠观音

在前述“大足、安岳石刻所见宋代数珠手观音一览表”中，列为最后的是宝顶山第 18 号中 1 身持数珠的观音。宝顶山这龛观经变造像，高 8.1 米、宽 20.2 米，是国内同题材面积最大的雕像。全龛中下方约三分之二的面积为表现“三品九生”，数珠手观音出现的场景就在“上品上生”之中，其头冠中立有化佛。从其雕刻的表现来看，与绍兴年间的数珠手观音略有差异，即双手交叠，呈“O”字形的数珠置于略微靠左的地方；之前的数珠手观音基本上是将数珠放于胸前正面中间，数珠多为“8”字形。

结合该龛题材，这身数珠手观音的出现，还有两点较为特殊：一是因为其他的“三品九生”中的图像为西方三圣，而此龛为 4 身菩萨像（图 3-4-7），中间 2 身捧七宝莲台，左边 1 身双手合十，其原因是 4 身菩萨像正位于龛上部的阿弥陀佛下方，所以借用上边的佛像；或许因为“上品上生”在“三品九生”中有极其特殊的地位，所以除阿弥陀佛之外，出现有 4 身菩萨。此种组合异于之前观经变中的表现形式。二是菩萨像中出现有持数珠的观音，而其他所持为莲花等器物。根据各种观音经典的叙述，观音有无数的变化身，数珠手观音仅是众多变化身中的一种。而从数珠手观音在此地区的发展历程来看，将数珠的观音置于“上品上生”中出现，极可能与数珠手观音在当时民众心理上有很大影响有关，也是大足、安岳一地数珠手观音盛行的产物。

（五）明代兴隆庵数珠手观音

编号第 11 号，龛内刻像 8 身（图 3-4-8）。居中为主尊数珠手观音像，立高 1.53 米，戴卷草化佛冠。观音刻白毫，胸饰璎珞，内着僧祇支，系带作结，外披双领下垂式袈裟，下着裙；左手持念珠，右手握左手腕；跣足踏于莲叶上。莲叶下方为水波纹样，其间有龙头、龟、鲤鱼等。左右侧壁中上部刻像 4 身，上部为二护法神像，下部为二童子像。龛右下刻立像 3 身，分别为一男一女供养人和光头的僧人貌人物，其左手持幡，右手指向身后双扇格子门。

图 3-4-8　兴隆庵第 11 号数珠手观音龛

该身观音造像，《大足石刻总录》定为明代，从数珠手观音在大足一地的演变历程来看，可从。因为，宋代的数珠手观音未见有此图像特点的造像。而在该龛中，出现有龙等动物，其寓意表示在波涛汹涌的大海中，具有明清时期南海观音的特点；但是，在主尊的形象上，却保留着宋代的样式，即单手持数珠，一手扼另一手腕。从该龛可见，至明代时期，数珠手观音已经在大足一地有所演变，与其他观音形象相融合。

（六）数珠手观音发展的五个阶段

从上述来看，大足、安岳数珠手观音的发展历程，先后经历了五个阶段：一是在北宋后期的北山第 277、第 180 号龛窟中，其中，第 277 号作为观音形象与地藏合龛，是目前所见这一地区有较为准确依据的早期数珠手观音造像，而在第 180 号窟内，以组合的形式出现，为以后

观音的变化身酝酿了浓厚的氛围；二是在南宋绍兴年间，在佛和十圣观音组合题材中，数珠手观音皆出现于其中，为数珠手观音最终脱颖而出、单独成龛奠定了基础；三是以大足北山佛湾第 125 号、安岳净慧岩等为代表的单龛数珠手观音的出现，是单纯的数珠手观音受到世人崇信的表现；四是以宝顶山大佛湾第 18 号观经变中的数珠手观音，其位置处于“上品上生”之列的菩萨像中，是数珠手观音题材在世人心目中地位的一个重要表现，即数珠手观音是观音形象的重要表现形式；五是在明代兴隆庵石窟中，其数珠手观音的图像与宋代相比，已经与其他观音形象产生了融合。

四、宋代数珠手观音演变环境的考察

宋代，数珠手观音作为大足、安岳一带的一个较为显著的造像题材，其发展与唐宋时期巴蜀地区佛教艺术风气有密切的关系。下面，以数珠手观音为例，对巴蜀地区在此时期的艺术风气做一简要的探讨。

（一）关于数珠手观音信仰的图像和文字资料

前引齐庆媛的论文对大足、安岳以外的数珠手图像遗存做了列举，早期作品中颇为重要的是杭州烟霞洞近口处的右侧壁像，其年代据其考证为五代吴越国时期。此外，文中还列举了如巴中南龛第 10 号（1174）、大理国盛德五年（1180）《张胜温画卷》的观音等，并认为“不排除数珠手观音发源于大足，尔后向北影响到安岳、巴中可能性”，以及“四川数珠手观音的造型进一步影响到云南大理”①。

我们考察后发现基本上存在相同情况，即在国内数珠手观音图文资料中，存在这样一个现象：大足遗存的一批数珠手观音造像，在西南地区雕凿较早，且数量居多，其后向周边扩展（如安岳、巴中等地）。兹在齐庆媛论文基础上，再补充部分图文资料。

文献资料中，宋代张端义在《贵耳集》中记载：

> 孝宗幸天竺，至灵隐，有辉僧相随。见飞来峰，问辉曰：“既是飞来，如何不飞去？”对曰：“一动不如一静。”又有观音像手持念珠，问曰：“何用？”曰：“要念观音菩萨。”问：“自念则甚？”曰：“求人不如求己。”孝宗大喜。②

① 齐庆媛《江南式白衣观音造型分析》，《故宫博物院院刊》，2014 年，第 4 期。

② 丁传靖辑《宋人轶事汇编》（下册），第 1128 页，中华书局，2006 年。另，此故事有传为苏轼与佛印的问答，鉴于该故事涉及数珠手观音时代问题，故对其情节和出处的真伪问题介绍如下。苏轼与佛印的问答载于旧题苏轼撰《问答录》一书中，言苏东坡与佛印于杭州游览天竺，“见观音手持数珠，坡曰：‘观音既是佛，持念珠果何意耶？’印曰：‘亦只念观音佛号。’坡曰：‘彼自是观音，自诵其号，未审何意？’印曰：‘求人不如求己。’”（旧题宋）苏轼撰、王小红校点《问答录》，曾枣庄、舒文刚主编《三苏全书》第十九册，语文出版社，2001 年，第 650 页。《问答录》一书系伪托苏轼所作，如《四库全书总目》称该书“伪书中之至劣者也”，清周中孚《郑堂读书记》卷六七：“伪书至此，亦可谓无所不有矣。”见《问答录》“附录”，第 660 页。

可知该寺在宋孝宗时已有手持数珠的观音像。另，齐庆媛文中所举的巴中南龛10号，还遗存有题记："谓此是观音，初因匠石镌，谓此非观音，形象已俨然。"[①]似乎造像施主对此种观音形象带有一点疑惑，可知数珠手观音在当地影响不大。

图像资料还可见于今存河南省少林寺内金大安元年（1209）的观音石碑，碑中线刻一观音像，头戴风帽，左手扼右手腕，右手拈数珠，数珠呈"O"形，坠子长垂至足上处[②]。该像系金中都（今北京）潭柘寺僧人虚明，最初在金明昌三年（1192）于此寺中所作的线画，后因其在少林寺传法，少林寺众比丘又摹刻了此像。

（二）宋代巴蜀地区的艺术风气

大足、安岳一带出现的数珠手观音造像，除了工匠等因素外，还有一个重要因素，就是宋代巴蜀地区艺术创造所具有的开创性。

至少从唐代开始，巴蜀地区的宗教艺术逐渐趋向于一种带有自身特色的意味。如十王造像的出现，就主要是成都大圣慈寺沙门藏川，根据民间佛教信仰的特点而营造的经典，后逐渐流布开来。唐代的成都，已成为全国重要的宗教艺术都市。经过五代前、后蜀的积累，到了宋代，受到世俗化的影响，巴蜀地区在艺术的表现上更加自由，更加趋向于民间，尤其是作为对世俗民众影响很大的观音题材。关于此点，学界目前论述较多，兹举几例。

王卫明先生根据对成都大慈恩寺等众多寺庙绘画题材的分析说："从上述与大圣慈寺的壁画创作有直接关系的悟达国师知玄的事例中亦可以窥见，从7世纪中叶兴起的对变化观音的信仰，至8世纪始集中于表现千手观音、十一面观音及不空羂索观音之中，并逐渐成熟于四川地区。"而一些在长安地区流行的题材，在传到巴蜀地区之后，"如同寻到了自己的归宿，均出现了不同于京城的、甚为突出的地方特色，而这一特色则主要表现为上述的以大悲观音为主的诸种题材"[③]。

李凇先生在《论中国菩萨图像》一文中，叙述大足石门山第6号十圣观音造像时说："宋代的菩萨图像基本上围绕着观音这个主题产生和展开，大足石门山的十圣观音造像可以看作其代表"，可以说是"完全中国化的菩萨图像系统"。对于四川地区在中国宗教艺术中的意义，他说："两京地区的图像更贴近国之主流文化及贵族文化，敦煌图像更能代表宗教文化，四川图像则以民间文化为归属。"[④]

① 四川省文物管理局等编《巴中石窟内容总录》，巴蜀书社，2006年，第26～27页。

② 苏思义等编《少林寺石刻艺术选》，图版24，文物出版社，1985年。

③ 王卫明《大圣慈寺画史丛考——唐、五代、宋时期西蜀佛教美术发展探源》，文化艺术出版社，2005年，第188页。

④《论中国菩萨图像》，李凇《长安艺术与宗教文明》，中华书局，2002年，第158页。

张总先生在《说不尽的观世音》的专著中称："四川大足安岳一带石窟龛像极为繁盛，晚唐两宋以来中国石窟造像重心南移，石雕造像主要代表多在此处。"他列举了大足、安岳两地众多的观音造像，其中主要介绍了包括有数珠手观音出现的北山第 136 号转轮经藏窟、妙高山石窟第 4 号西方三圣和十圣观音相窟[①]。

由此可见四川地区在佛教艺术演变中所具有的创造精神，而在宋代的表现，则主要是以观音为主的题材，这是大足、安岳一带出现数珠手观音流行的最为重要的外在因素。同时，也可通过大足、安岳等地数珠手观音的演变情况，了解宋代四川地区所具有的艺术开创风气。

五、小结

通过考察，发现在大足、安岳等地，宋代出现有较多的数珠手观音造像，其最初起源于组合题材之中，受到世俗大众对持数珠的重视、佛教经典和艺术对数珠的宣扬等因素影响，出现了单独表现的数珠手观音造像，并逐渐成为观音形象的一个重要表现形式。根据大足、安岳一带工匠们系家族性为主的特点等因素，结合国内部分数珠手观音信仰和图像，认为数珠手观音造像在此时期的这一区域内具有较为独特的地域性。

第五节　圣母的转变：从诃利帝母到送子观音

送子观音是民间极为常见的造像题材，在大足一地，其表现较为复杂。主要表现在：宋代具有送子职能的造像主要是诃利帝母，当时被世人称为"圣母"，是此时期送子习俗的主要信奉造像题材。至明清时期，遵循经典的诃利帝母造像基本上不再盛行，少有雕凿，在民间，该像多被世人称为送子观音；此时期的造像中，从图像特点来分析，既有单独抱小孩、以送子为主要目的的送子观音（民间又称为"送子娘娘"）造像，也有集多种信奉目的、又兼具送子职能的观音造像。

对于以大足为主的诃利帝母以及送子观音的研究，目前主要有胡文和[②]、龙晦[③]、胡良

① 张总《说不尽的观世音》，上海辞书出版社，2002 年，第 154 ~ 155 页。

② 胡文和《四川道教佛教石窟艺术》，四川人民出版社，1994 年，第 230 ~ 233 页。

③ 龙晦《明肃皇后、九子母、鬼子母与送子观音》，《大足石刻研究文集》（3），中国文联出版社，2002 年。

学[①]、胡文成[②]等先生。另，关于送子观音历史、民俗类著述论述较多，如孙昌武先生的著述[③]和姚崇新的论文[④]中，对送子观音的发展历程做了很好的探讨。下面结合相关研究成果，在大足一地诃利帝母、送子观音考察的基础上，对相关问题论述如下。

一、宋代诃利帝母像遗存

宋代，大足一地流行诃利帝母的开凿，该身造像在此时期被称为"圣母"，在民间影响较大。从民间信仰等多角度来看，其对于明清时期大足一地送子观音的雕凿具有极其重要的影响。同时，由于宋代诃利帝母的遗存，明清时期也有被称为送子观音的现象。因此，了解诃利帝母在大足一地的演变，对其本身有了更深化的认识。

诃利帝母，据说是古印度王舍城的牧牛女，因为被人劝至园中舞蹈，遂堕胎儿，其后便发一恶愿，来世将吃尽王舍城孩子。果然，她来生为王舍城娑多药叉的长女，婚后生有500个孩子，同时每天吃掉城中的孩子。佛便悄悄将她喜爱的一子藏起，她便悲泣地向佛求救。佛说，你有500个孩子，还在怜惜一子，更何况其他人只有一两个孩子。于是她便投身向佛[⑤]。佛教经典中，记载有诃利帝母具有求子的职能，唐代不空《诃利帝母真言经》中说，"若有女人不宜男女"者，可以画诃利帝母像，并记载了诃利帝母的图像。

大足石刻遗存有较多的诃利帝母造像。对于大足这些造像的遗存，胡良学在《大足石刻的诃利帝母及其经变相研究》[⑥]一文中做了较为全面的梳理。文中认为，宋代有10龛，分别为尖山子第9号、石篆山第1号、石门山第9号、老君庙第6号、北山佛湾第122和第289号、玉滩第3号、灵岩寺第2号、龙潭第3号以及茅草坑等；明代有1龛，为大石佛寺第3号；清代有6龛，分别为九蹬桥第1号、麻杨菩萨岩第3号、天星村第6号、全佛岩第2号、眠牛石第5号、高升石梯村第5号等。

通过历年来多次文物普查以及胡良学等研究论文来看，宋代是大足石刻诃利帝母最为盛行的时期。在这些造像中，可以明确造像时间的有老君庙第6号为南宋建炎四年（1130）、峰山寺第7号为绍兴六年（1136）。此外，还有两处可判断大致时间：一为石篆山第1号，石篆山造像开凿于北宋元丰六年至绍圣三年（1083—1096）之间，可知石篆山第1号开凿的大致年代；

① 胡良学《大足石刻的诃利帝母及其经变相研究》，《2009年中国重庆大足石刻国际学术研讨会论文集》，重庆出版社，2013年。

② 胡文成《印度诃利帝母神像在流传过程中的衍变探究》，《大足学刊》第一辑，重庆出版社，2016年。

③ 孙昌武《解说观音》，中华书局，2022年，第308～312页。

④《白衣观音与送子观音——观音信仰本土化演进的个案观察》，姚崇新《观音与神僧——中古宗教艺术与西域史论》，商务印书馆，2019年。

⑤ 唐·义净译《根本说一切有部毗奈耶杂事》卷31，大藏经刊行会编《大正藏》，第24册，中国台湾新文丰出版股份有限公司，1983年。

⑥ 胡良学《大足石刻的诃利帝母及其经变相研究》，《2009年中国重庆大足石刻国际学术研讨会论文集》，重庆出版社，2013年。

图 3-5-1　尖山子诃利帝母龛

二为灵岩寺第 2 号，龛右外框上部刻有“东普攻镌文惟简玄孙文艺刻”，据文氏工匠在大足谱系，文艺开凿此龛的年代，当在“南宋宁宗之世（1195—1224）为宜”[①]。

在这些造像中，胡良学对唐代开凿的尖山子石窟中的诃利帝母龛（图 3-5-1）的年代进行了探讨，从龛窟形制与该处其他唐代造像龛比较、与宋代同题材造像风格近似、诃利帝母经典在唐代的流传等三个角度进行了分析，“怀疑它不是初唐时期的作品，而是北宋时期所雕刻的作品”。笔者多次实地考察后亦赞同此说法，尤其是造像风格、布局等方面，与宋代诃利帝母造像极为相同，因此对该龛造像年代倾向于宋代。

在这些诃利帝母造像中，不乏保存较好的作品，如石篆山第 1 号等（详后）。兹在此介绍数例。

北山第 122 号诃利帝母龛（图 3-5-2）。龛高 1.67 米、宽 1.51 米、深 1.13 米，主像为诃利帝母，端坐于高背椅上，椅后有屏风。诃利帝母凤冠霞帔，左手放于膝上抱一小儿，右手抚右膝，双足踏于凳上。主像左侧站立一侍女，双手拱揖，其旁侧坐一乳母，身材丰满，袒胸露乳，抱一小儿正在哺乳。主像右侧亦站立一侍女，双手拱揖，其旁坐两小儿。主像前方座前有 5 身小儿正在游戏，现多残坏。该龛造像大多认为是宋代所雕凿。

---

① 《新发现宋刻灵岩寺摩崖造像及其年代考释》，陈明光《大足石刻考古与研究》，重庆出版社，2001 年，第 138 页。

图 3-5-2　北山第 122 号诃利帝母龛

图 3-5-3　北山第 289 号诃利帝母龛

北山第 289 号诃利帝母龛（图 3-5-3）。龛高 1.5 米、宽 1.11 米、深 0.46 米，主像为诃利帝母，凤冠霞帔，双手抱一小儿放于膝上，脚前及左右有 8 位小儿，正在游戏。主像两侧各站立 1 身女侍者，双手拱揖。左侧下方刻乳母，身材丰满，袒胸露乳，抱一小儿正在哺乳。该龛左壁上方有宋代乾道辛卯（1171）王季立题记，可知该龛雕凿时间在宋代。

石门山第 9 号诃利帝母龛（图 3-5-4）。龛高 1.63 米、宽 2.13 米、深 0.74 米，主像为诃利帝母，凤冠霞帔，飘带飞扬，左手前举（残），右手在右膝处拉小儿的手，此身小儿正依偎在诃利帝母右腿旁，右腿上举，正在向诃利帝母怀中上爬。主像左侧为乳母，袒胸露乳，抱一小儿正在哺乳，乳母左下方和右侧各有一小儿。主像右侧有一站立的中年女像，身下刻一小儿，左腿上举，似正希望女像抱起。在主像和此身女像之间，刻有三像，上层刻二小儿：一小儿胯下夹杆，正在玩骑竹马；一小儿正在逗鸟作乐。二小儿前有一少年，身着交领服，双手握于胸前。

茅草坑诃利帝母龛（图 3-5-5）为近年来调查发现，该像现已被玉滩水库淹没。2008 年笔者曾现场参与调查，该龛主像为诃利帝母，坐于台座上，背后有屏风，左手在左膝处抱一小儿（残坏），左侧刻小儿多身，右侧下部有正在袒胸露乳的乳母，正在哺育小儿，身后刻有小儿，以及一身身着交领服的少年。该龛造像从风格来看，当在北宋后期至南宋时期。

宋代诃利帝母造像，胡良学文中列举了 10 龛；其中，前进村为宋代造像（详后文），龙潭为清代。除此之外，另有 3 例造像未有介绍。

图 3-5-4　石门山诃利帝母龛

图 3-5-5　茅草坑诃利帝母龛

第一例大钟寺圆雕像（图 3-5-6）。在大足万古大钟寺遗址出土的圆雕像中，有一尊像，主尊头毁，残坐高 91 厘米、肩宽 46 厘米、胸厚 22 厘米，内着莲叶边翻领服，外着交领宽袖长服，下着裙；胸带于后背作结下垂，围系身前敝膝；自敝膝上缘中部外翻长带，于腹前作结后垂至足前；身披霞帔，沿胸下垂，于腰际飘垂于身后座台。左手胸前抱扶小孩，右手残，似曲肘于胸捻持一物，坐于圆形石台上。怀中小孩大部残，可辨戴项圈，着对襟窄袖衫，左手隐于主尊左手之下，右手前伸作讨要状。造像下方为基座，宽 47 厘米、高 45 厘米，呈须弥座式样。该造像线条流畅自然，具有较高的雕刻水平。

图 3-5-6　大钟寺诃利帝母圆雕像

据该像的雕刻人物和服饰等特点，初步判定为诃利帝母像。有两点特征可以了解：一是手中怀抱一小孩，此为诃利帝母造像的基本特征，也是该像身份判定的最重要的依据。唐宋时期，巴蜀地区的诃利帝母造像，多数是手中怀抱一小孩，周边簇拥数身小孩。同时期巴蜀地区的其他佛教造像，基本上未见此特征。二是主尊造像的服饰，与大足石篆山第 1 号诃利帝母造像近似。大钟寺造像与石篆山造像有着紧密的联系，从此来看，其表现的题材应当相同。

这尊圆雕的诃利帝母像，在大足以至于巴蜀地区的同类造像中，具有以下意义。

首先，圆雕的表现形式，在巴蜀石窟中较为独特。巴中、大足等地遗存的诃利帝母造像，皆表现为摩崖造像，而大钟寺的诃利帝母却是圆雕造像，是少见的刻于寺庙的诃利帝母造像遗存；同时，由于圆雕造像四面可观的特点，对于了解造像的服饰等特点具有摩崖造像所不可替代的价值。

其次，它是大足石刻已发现的同题材造像中，可以初步确定时间最早的。大钟寺造像的时间大约在北宋咸平三年至嘉祐八年（1000—1063）间，在此之前的大足唐、五代摩崖造像中，未见有明确为此时期的诃利帝母像；在此之后，大足一地的造像主要集中在石篆山，其年代为北宋元丰六年至绍圣三年（1083—1096），其中有摩崖石刻的诃利帝母像。由此可以初步认为，大钟寺出土的这身造像，是大足石刻中目前发现可以基本上推断为最早的诃利帝母像，对于考察该题材在大足的流变提供了新的材料。

最后，对于了解工匠技艺、题材的传播具有较高价值。大钟寺造像主要为文氏工匠所雕凿，圆雕的诃利帝母像的一些造像特点，如诃利帝母正面的服饰特别是腰间所系的结带，造像的手姿与怀抱孩童的方式，孩童颈部所佩戴的项圈，均与石篆山的诃利帝母像有诸多相似之处，表明二者有着密切的关联，也体现了两尊造像在技艺上的延续性和传承性，对于了解文氏工匠在技艺传承、题材传播等方面，具有较高的价值。

另两例为摩崖造像，未见前引胡良学论文中记述。一为峰山寺第 7 号诃利帝母龛，其具体情况详见后文。另一龛为张家庙第 7 号九子圣母龛（图 3-5-7），龛左侧为诃利帝母，左手扶着一小孩，右手放在膝上，手中有物（吉祥果？）。龛右侧为乳母像，袒胸露乳，身上下刻数位小孩。该龛年代，从图像特点来看接近宋代造像特征，其为宋代作品的可能性较大。

图 3-5-7　张家庙诃利帝母龛

图 3-5-8　前进村诃利帝母龛

另，前进村诃利帝母像（图 3-5-8），在胡良学文中列为清代。该龛造像主像为诃利帝母，凤冠霞帔，左手怀抱一小孩在膝上，左侧为袒胸露乳的乳母，怀抱一小孩作哺乳状。乳母左侧排列五个小孩，大小不均。诃利帝母右侧刻一侍女，双手在左侧抱一小孩。将该处造像识别为宋代的原因，主要为：一是前进村摩崖造像，在诃利帝母上层有佛和菩萨像，以及解冤结菩萨，这些造像的风格接近宋代，尤其是解冤结菩萨，具有宋代的明显特征[①]；二是诃利帝母的图像接近宋代的特点。因此，其时代应为宋代所开凿。

由此来看，在宋代大足石刻中，至少保存有 13 龛诃利帝母造像龛（其中，胡良学文中列举的宋代龙潭诃利帝母像，实为送子观音；前进村列为清代，本书考察为宋代。故胡良学文中所列宋代造像龛实为 9 处），其在宋代的大足石刻中，应属于造像较多的题材之一。这些造像除北山佛湾毗邻当时昌州州治大足外，其余大多分布在大足的乡里之间，多达 11 龛，反映出该造像题材在当时的民间颇受喜好。

① 李小强《解冤结观念的初步考察——以文献、图像和民俗为主的体现》，《2009 年中国重庆大足石刻国际学术研讨会论文集》，重庆出版社，2013 年。

二、宋代诃利帝母的图像和造像记

（一）宋代诃利帝母的图像特点

唐代不空所译的《诃利帝母真言经》中，对诃利帝母形象的描述为：“身着天衣头冠璎珞，坐宣台上垂下两足，于垂足两边画二孩子，傍宣台立，于二膝上各坐一孩子，以左手怀中抱一孩子，于右手中吃吉祥果。”[①]

大足诃利帝母造像与经典比较吻合的龛窟，有石篆山第1号（图3-5-9）。龛正中雕刻头戴凤冠的帝母像，左手抱一男孩坐在宣台之上，右手拈一吉祥果作逗小儿状；身左右两边站立一位侍者，正壁右下方刻一乳母，怀抱一熟睡的婴儿，旁边一小孩正抓住乳母左乳尖部给婴儿喂奶。龛正壁左下方和左右两侧壁，雕刻有6身小孩造像，动作与姿态不一。

与其他地方诃利帝母像比较，大足一地宋代的诃利帝母像具有自身的特点。巴中石窟南龛保存有唐代的诃利帝母像三龛，分别为第68、第74、第81号，这些造像“画面看起来像一位多子多福的普通妇女，带着自己的一群小孩，妇女衣着简单，形态朴实”[②]。与巴中石窟比较而言，大足宋代诃利帝母具有较为明显的地域特点，造像龛中，主尊为诃利帝母，头戴凤冠，身上抱

图3-5-9　石篆山诃利帝母龛

① 唐·不空译《诃利帝母真言经》，大藏经刊行会编《大正藏》，第21册，中国台湾新文丰出版股份有限公司，1983年。

② 雷玉华《巴中石窟》，巴蜀书社，2003年，第148页。

图 3-5-10 老君庙诃利帝母龛

一小孩，旁边坐一乳母。乳母大多袒胸露乳，作哺育状。在诃利帝母和乳母像周围环绕诸孩童。具有代表性的除石篆山第 1 号之外，还有石门山第 9 号、北山佛湾第 122 和第 289 号、茅草坑等龛像。

与巴中石窟的诃利帝母相比，体现出诃利帝母地位的上升。如大足诃利帝母衣饰华丽，一派贵妇装扮。而巴中则表现为世俗妇人像，此外，还新增加了一位乳母像。

不过，大足一地宋代诃利帝母并没有严格遵循相同的图像模式，一些造像龛在布局和人物选择上有一些变化。如老君庙第 6 号龛（图 3-5-10）内未见有袒胸露乳作哺育状的乳母。石门山第 9 号龛中，则在主尊诃利帝母右侧，出现了一位双手拱于胸前中年面貌的男像，其与龛左壁的 1 身女像，有学者识为供养人像[①]。

（二）“圣母”——宋代诃利帝母造像题记分析

宋代诃利帝母造像大多没有造像题记。在仅有的几则题记中，可以略知其称谓和开凿的动机。石篆山北宋元祐五年（1090）严逊所记的碑刻中，在其造像中有“圣母龛”，即指第 1 号诃利帝母龛。峰山寺第 7 号（图 3-5-11）高 1 米、宽 1.3 米、深 0.2 米，正壁刻有三像，左侧半跏趺坐诃利帝母，头戴凤冠，双耳垂环，身披云肩，右侧雕刻一位未完工的乳母像。此两身造像从龛内布局、造型特征、人物服饰等来看，应为诃利帝母和乳母像。在二像中间，刻一飞童，肩生两翼，双手捧物，站立于云中。左右壁还有残坏的供养人像。龛内有造像记，《大足石刻铭文录》记载为：

① 这一说法，参见胡文成《印度诃利帝母神像在流传过程中的衍变探究》（《大足学刊》，重庆出版社，2016 年），文中写道：“时代更晚的石门山第 9 号龛中雕刻了两个祈求‘送子’的供养人，这就更加表明了信仰者造诃利帝母像的世俗和功利目的。”不过，文中叙述未有确指，从其叙述来看，当指此两像。

图 3-5-11 峰山寺诃利帝母龛

□□□□我□同政□弟□□□□为膝下男□等□□□□龙祈乞合家安乐□□□□与同政黄氏夫妇□□□□造圣母祈乞合家□□丙辰绍兴六年八月十□□攻镌处士文玠记。

在这则绍兴六年（1136）的题记中，有一些信息值得留意，除雕刻匠师为“攻镌处士文玠”外，可知为两户人家（其中一户为黄氏）造此龛，明确称所造像为“圣母”，这与石篆山石窟所称一致。文中发愿的目的，为“膝下男”“祈乞合家安乐”。题记中未见有明确祈求生育子嗣的需求，不过，“合家安乐”也包含有生育的因素。由此处来看，对诃利帝母的信仰不仅仅局限于生育，应包括更多的需求，比如护佑孩童成长等。

此外，老君庙第 6 号龛内有“任氏等发心造此佛龛，乞愿寿（其后字漫漶）”，此处称龛像为“佛龛”，而祈愿中残存一“寿”字，恐与年寿遐远之类的发愿类同。

宋代这些题记显示，当时诃利帝母被称为“圣母”[①]；而峰山寺、老君庙等处的铭文，体现出造像的目的，不仅仅是祈求生育子嗣，还与更多的祈愿有关。

① 巴中南龛第 68 号九子母造像，宋代绍兴年间（1131—1162）杨俊夫妇妆彩题记中，称该像为“圣母像”，可知称诃利帝母为圣母并非仅在大足一地。见《巴中石窟内容总录》，巴蜀书社，2006 年，第 102 页。

三、明清时期大足送子观音考察

（一）送子观音简叙

送子观音，顾名思义，是以送子为主的观音造像，同时还包括护佑孩童成长等职能。据张总先生介绍，“送子观音之名，不见佛典。实际上《普门品》内有此方面的内容，因中国重传宗孝养，遂有祈观音得子的风习”[①]。可见，送子观音是一身具有华夏特色的观音形象。

明清时期，送子观音的形象多出现在绘画、雕塑等作品之中。其形象基本上为面容慈祥，身前怀抱孩童。

送子观音造像的流行，与中国传统文化注重子嗣密切相关，此观念在民间影响甚大，成为每一个家庭恪守的准则，因此，求助于神灵获得子嗣的做法在古代极为盛行。如全国多地都有“麒麟送子”的说法，在中国神话传说中，作为仁兽的麒麟，是吉祥的象征，能为人带来子嗣。只不过随着时间的变化和地域的不同，各个地方崇尚的神灵有所不同。而在宋代的大足一地，就极为崇尚诃利帝母，到了明清时期，则转变为崇尚送子观音为主。从上述来看，送子习俗在古代绵延流传，因此送子观音就是在这样的背景下出现的，具有浓厚的民间色彩。

（二）大足明清新刻送子职能神像的考察

前叙胡良学的论文认为，诃利帝母在大足一地明清时期造像仍有延续，明代主要有大石佛寺第 3 号，清代有九蹬桥第 1 号、麻杨菩萨岩第 3 号、天星村第 6 号、全佛岩第 2 号、眠牛石第 5 号、高升石梯村第 5 号等。这些造像，还存在着可能不是诃利帝母的题材，需进一步加以分析探讨。在此，先对明清时期送子观音造像考察如下。

明清时期观音信仰的流行，在大足一地出现了较多的观音造像，其中，送子观音即是较为盛行的一种观音造像题材。由于明清观音造像更具有民间性，在认识上还需要从图像、铭文等多方面加以考察。笔者结合造像的相关特点初步认为，明清时期大足一地诃利帝母像较少雕凿，而取代其职能的是具有送子等职能的观音造像，其在民间亦多称为送子娘娘。

在大足明清石刻造像中，怀抱有小孩的女性神祇造像保存较多，对于这些造像身份的认定比较复杂，先对部分实例略作简析。

麻杨村老观音石窟第 1 号观音（图 3–5–12）。龛内刻观音，头戴化佛冠，胸饰瓔珞，身着袈裟。左腿弯曲下垂，赤足踏于莲花之上；右腿曲翘拱立，脚踏山石而游戏坐。左手于身左侧撑座台，右手抚右膝。其右脚山石下前刻一龙。一小孩坐于观音身左的石头上。在该小孩坐的石头下前，亦刻一小孩坐像。龛左壁刻一善财童子，右侧刻一龙女。龛之上方刻一横额，额上横刻“迷津

① 张总《说不尽的观世音》，上海辞书出版社，2002 年，第 47 页。

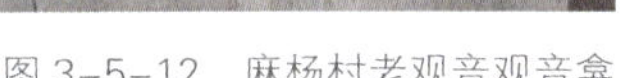
图 3–5–12　麻杨村老观音观音龛

图 3–5–13　高峰村观音堂观音龛

宝筏”四字，字径 53 厘米。龛外左右分别竖刻“苦海无边回头是岸”“慈航普渡灭顶免凶 ”。该龛的年代，《大足石刻铭文录》认为“龛为明凿”[①]。从图像来看，该龛是一处具有送子职能的观音像，而从题刻对联来看，观音具有多样职能。

高坪高峰村观音堂石窟（图 3–5–13）。该处仅存一龛，龛内刻一像，头戴有花冠，身披双领下垂式袈裟，左手怀抱一小孩，右手下垂触摸膝盖，结半跏趺坐于石台上，台下有莲花。在龛上部刻有“观音堂”三字，两侧有对联，左为“相悯尔勤普度”，右为“但求我乐群生”。从图像和其上的题刻来看，应该是清代时期雕凿的观音像，从怀抱小孩这一点，可知为送子观音，不过，从对联来看，观音的职能不仅仅是送子，也具有“乐群生”的护佑职能。

宝顶山石窟结界像的龙潭，在清代雕刻有一尊像（图 3–5–14），1985 年版《大足石刻内容总录》定名为送子观音[②]。该身造像坐高 0.98 米，头戴花冠，冠中有小坐佛，身着袈裟，左右两手各搂抱一孩童，孩童各自有一手捧桃。从图像来看，该龛应为送子观音像无误。另，该

① 重庆大足石刻艺术博物馆、重庆市社会科学院大足石刻艺术研究所编《大足石刻铭文录》，重庆出版社，1999 年，第 412 页。

② 四川省社会科学院、大足县政协、大足县文物管理所、大足县石刻研究学会编《大足石刻内容总录》，四川省社会科学院出版社，1985 年，第 263 页。

图 3-5-14　宝顶山龙潭观音像

处造像，在前叙胡良学先生文中，将其列入南宋时期的诃利帝母造像之中[1]，而《大足石刻内容总录》认为系清代补刻。从其观音的造像特点来看，应为清代。

眠牛石第 5 号观音龛。龛内观音端坐石台上，左手于腰间护一小孩，左右壁上刻有象征封侯、禄位的猴、鹿，左右刻净瓶和侍童。龛额上横刻“有求必应”，左右龛框竖刻“人杰地灵玉涌莲，物华天宝金容现”。从龛额题刻来看，这处观音像也是具有多种职能，而从图像特点来分析，亦是如此，如猴、鹿等图案的寓意。对于该龛年代，题刻中未见有纪年，《大足石刻铭文录》认为系清代作品，可从[2]。不过，《大足石刻铭文录》定名为“送子观音”，从该龛观音的职能来看，送子仅是其中之一，应定名为“观音龛”较为妥当。

从上述数例，大致可见在明清时期的大足石刻中，存在着以送子为职能的观音造像。根据上述几例的图像特点，大致可以分为两类。

第一种形式主要是一位中年妇女像，手中抱有小儿，与宋代诃利帝母相比较，无乳母一类的附属图像出现，而且孩童较少，如上述实例中的观音堂、龙潭等地即是如此。这类图像还出

① 胡良学《大足石刻的诃利帝母及其经变相研究》，《2009 年中国重庆大足石刻国际学术研讨会论文集》，重庆出版社，2013 年，第 523 页。

② 重庆大足石刻艺术博物馆、重庆市社会科学院大足石刻艺术研究所编《大足石刻铭文录》，重庆出版社，1999 年，第 413 页。

现在斗碗寨、雷公嘴、光明殿等石刻点。

斗碗寨第 1 号龛内，灶王、川主、玉皇大帝、送子观音并坐一龛，送子观音右手捧一小孩，下方站立一小孩。

雷公嘴有一龛像（图 3-5-15），并列佛、玉皇大帝等六位神像，皆端坐。其中送子观音头戴冠，左手扶着一小孩，双膝间站立二孩童，一年长者抱另一童悬立空中。

光明殿送子观音（图 3-5-16）与另一神像合龛，胸部系长命锁，小脚，左右两手在膝上捧扶小孩，右侧脚下站立一小孩。

这一类图像大多与其他神祇出现在同一个龛中，仅有身抱小儿这一特点，具有明显的送子和护子的特点。不过在民间，也多称为送子娘娘，详见后文。因此，可以初步判定此类造像身份非诃利帝母，但诃利帝母图像对其有较为重要的影响。

第二种形式是观音手中抱有小儿，其旁有猴、鹦鹉、净瓶等图像的雕凿。最具有代表性的作品为眠牛石观音龛，从龛中图像来看，观音送子仅是该龛信仰目的之一，此外还包括富贵、禄位高升、平安吉祥等民间信仰。这种具有多职能的观音像，也见于前述麻杨村中的一龛观音像。此类特点的造像，应不是诃利帝母像，而是观音像。

上述观音主尊的形象，在图像上与宋代诃利帝母存在一定差异，如与宋代凤冠作为冠饰的

图 3-5-15　雷公嘴送子观音

图 3-5-16　光明殿送子观音

图 3-5-17　九蹬桥诃利帝母

图 3-5-18　全佛岩诃利帝母

特点不同，乳母的形象较少出现等。但是，从大多数是手中捧扶小孩或站立身侧这一点，可见仍延续有宋代诃利帝母的图像特点。

四、延续与误读——明清时期对宋代诃利帝母的认识

（一）诃利帝母图像的延续

明清时期，类似诃利帝母图像继续雕刻。从图像的表现上来看，在大石佛寺第 3 号、全佛岩第 2 号、九蹬桥第 1 号、佛尔岩第 1 号龛等几处，还遗存有诃利帝母一些图像特点的造像，特别是雕凿有乳母造像这一特点。

大石佛寺第 3 号龛分两层，上层中间刻一类似观音的造像，左侧立一童子，右侧有一残像。下层刻一丰满的妇女，袒胸露乳，怀抱一小孩作哺乳状，其右边刻两小孩[①]。

九蹬桥 1 号龛（图 3-5-17），龛内刻主尊，头戴化佛冠，冠上罩披风，胸饰璎珞，身着双领下垂式袈裟，左手于腹前捧宝珠，右手置于右膝，右手肘置一枕包，左腿盘曲，右腿曲翘拱立，游戏坐于石座上。左刻一乳母，双手于腹前抱一小孩，善跏趺坐于石座上。乳母右肩上，刻一小孩现半身，双手攀乳母右肩。主尊右刻一乳母，双手于腹前捧一小孩，善跏趺坐于石座上。

全佛岩诃利帝母像（图 3-5-18），主像为诃利帝母，身前怀抱、攀爬有多身小儿，两侧各有乳母一类像，其中一像双手怀抱小儿。其造像时代为清代的可能性极大。

① 在陈明光《大小石佛寺摩崖造像调查记略》（《大足石刻考察与研究》，2001 年，第 115 页）一文中，叙述该龛“上部正中凿一似观音的坐像”，不过，“视观音像凿石痕迹，像似经改凿而成”。

这些造像，大多还有乳母一类人物的雕刻，与宋代诃利帝母接近，因此，在图像上更是借鉴了宋代诃利帝母的特点，可以说是宋代诃利帝母的直接延续。但是，龛中的主尊有所变化，如九蹬桥的主尊为具有观音特点的造像，这应是受到明清时期送子观音造像兴起的影响。因此，明清时期的这类诃利帝母像，严格意义上来说，更倾向于送子观音的特点。

上述这几处造像，在图像上具有明显的延续宋代诃利帝母的特点。此类图像既具有宋代诃利帝母的一些特点，又具有明清送子观音的特点。

这一类造像在民间也有部分被称为送子娘娘的现象。关于是否存在送子观音与送子娘娘的区别，这一问题还值得进一步探讨，此处略加简析。从大足一地的情况来看，送子观音和诃利帝母，都有被称为送子娘娘的现象。其中，如佛尔岩第 1 号，刻诃利帝母和乳母一类形象的人物，在清代道光十六年（1836）碑刻中有“立送子娘娘”。另，在宝顶山圣寿寺清代乾隆四十五年（1780）碑刻中，记载装修“送子娘娘金身十尊”，具体造像不详。

另，送子观音与诃利帝母以及送子娘娘之间仍有难以区别的造像。如卫平村第 3 号龛（图 3–5–19），刻于民国时期，主尊刻一女像，戴冠，罩云肩，身着圆领宽袖服，双手在胸前捧扶一孩童，身侧各有一孩童。如果从大足一地石刻造像看来，该像的身份既有诃利帝母的延续，如身旁有 3 身小儿；也有送子观音的特点，如手中捧扶小儿；在民间看来，更多的是具有民间世俗信奉的送子娘娘特点。可以说，至迟在清代后期，民间对于诃利帝母、送子观音以及送子娘娘的区别，其界限已经相当模糊了。这一现象也与前述的斗碗寨、雷公嘴、光明殿等地的送子观音一类造像近似。

图 3–5–19　卫平村第 3 号龛

（二）送子观音——明清时期对诃利帝母的认识

明清时期，大足一地对宋代诃利帝母像仍颇为信奉，其中还出现了被民众认为是“送子观音”。

明清对宋代诃利帝母像的信奉方面，如张家庙第7号诃利帝母龛，有一则造像题记，是来自荣昌的信士祈愿所刻，其中有“圣母早赐贵子，望□衣满幅酬恩了愿”。这则题记的年代《大足石刻铭文录》中说：“按‘荣昌地名’，明清称谓，故列入清代。至早也不过明代。”[①]由此可见，在后世的诃利帝母龛，明确可以是作为求子的神祇，在称谓上，还继续沿袭宋代的“圣母”。张家庙的另一则题记，反映出诃利帝母不但可以求子，还护佑孩童成长，清代道光九年（1829）的造像记记载：“四川东道重庆府荣昌县仁义里车坪丘居住信士萧必恒室人王氏为孩男新发心装彩金容，九子圣母祈保孩男易养成人。”[②]题记中，称主尊为“九子圣母”，延续了宋代“圣母”的称谓。

清代大足石刻游记中，也有称诃利帝母为“送子观音”。

清代李型廉在《游石门山记》中描述石门山第9号龛时说：“岩曲处为送子殿，送子观音，系今时造者，求嗣辄应，香火之盛，震耀邑东。”[③]此处误将时代认为是“今时造”。从中可知，这一龛像在当时县域东部一带影响很大。李型廉在《游石篆山记》中，对第1号诃利帝母这样描述道：“送子观音居左右，中则圣母者，有圣母龛。”[④]此处将居中的诃利帝母称为圣母，与北宋碑记符合，而将两侧的乳母、侍从造像误为送子观音，则误。但是，从这篇游记的文字来看，此时期民间已经多将诃利帝母造像甚至其旁的乳母，与送子观音基本等同起来了。

明清时期对宋代诃利帝母像的误读，也见于城区附近的北山诃利帝母像，如第122号诃利帝母龛，民国时期的碑刻称：“北山佛湾，唐宋以来，石镌佛像千万，中有送子殿，神像庄严，灵应奇异，自唐迄明，香火之盛，不亚宝顶，惜明季兵燹，庙宇倾颓，亦越清代补修无几。”民国以来，有戴元兴、沈显文等募修天王殿，竣工后剩余大量建材，这时，胡鑫甫、杨淮清等人认为“送子观音……远近祷祈酬愿者甚夥，神像风雨不蔽”，于是乃募资建设。完工后，刻碑立第122号龛附近[⑤]。可见，在碑刻中，明确将第122号诃利帝母造像称为送子观音。此外，在第122号龛门框左右，还篆书一楹联，左联为“祥麟不作无缘嗣”，右联为“威凤偏临积善家”，并书款“杨子孝书”。此楹联大意说祥麟（瑞兽麒麟）不会赐子嗣于无缘的人，威风也是专门到积善之家，其中也含有祈求子嗣的成分。

对诃利帝母的误读，在20世纪的研究中，也得以延续。1955年，由陈习删撰写竣稿的《大

---

① 重庆大足石刻艺术博物馆、重庆市社会科学院大足石刻艺术研究所编《大足石刻铭文录》，重庆出版社，1999年，第379页。

② 重庆大足石刻艺术博物馆、重庆市社会科学院大足石刻艺术研究所编《大足石刻铭文录》，重庆出版社，1999年，第388页。

③ 清·李型廉《游石门山记》，李传授《大足石刻风景名胜诗文选注》，中国文联出版社，2000年，第203页。

④ 清·李型廉《游石篆山记》，李传授《大足石刻风景名胜诗文选注》，中国文联出版社，2000年，第132页。

⑤ 重庆大足石刻艺术博物馆、重庆市社会科学院大足石刻艺术研究所编《大足石刻铭文录》，重庆出版社，1999年，第75页。

足石刻志略》一书中，对北山第 122、第 289 号诃利帝母龛识为明肃皇后像，但是，对石门山第 9 号龛诃利帝母像仍沿袭称为“送子观音”[①]，可见其影响。

出现这种误解的原因，一个是诃利帝母本身具有生育祈愿的职能，另一个是诃利帝母图像本身传达出的含义。帝母与乳母这两位女性特征极为明显的造像中，出现诸多的小孩，在后世很容易被认为具有祈求生育、呵护孩童成长的作用。这其中也体现出明清时期民间对石刻造像的认识，对石刻造像本身呈现出的图像意义显得更为注重。如在宝顶山大佛湾，明清时期对牧牛图进行过妆修，在这些碑刻中将比喻心性的牧牛，称为“牛王菩萨”。如信士宋万有在咸丰七年（1857）“妆彩牛王菩萨一尊，祈保人民清吉”[②]。

由此来看，明清时期九蹬桥、全佛岩等地雕凿的诃利帝母像，在大足民间亦多被称为“圣母”或“送子观音”。

五、关于诃利帝母与送子观音的相关问题

诃利帝母与送子观音的关系，对于二者早期演变历程的相互影响上，就引起了学者的关注，这一点，姚崇新先生在其论文中做了简述，如法国学者傅舍（A.Foucher）就认为送子观音形象原型出自鬼子母的形象，“中日学者也颇有类似的看法”[③]。这些研究，都是关注二者早期相互影响的层面。

相对来说，大足一地的诃利帝母与送子观音的关系显得较为复杂，甚至具有典型性的特点。在宋代，大足一地盛行诃利帝母的雕凿，未见有单独的送子观音造像出现。至明清时期，大足一地主要盛行送子观音的雕凿，虽然仍具有诃利帝母特点的造像出现，但是都未形成主流。从图像上来看，二者还是具有一定的区别，因此，送子观音的信奉很可能来自外地的传入。关于这一点，可以先了解一下大足一地明清时期的移民情况。

受其他地区的影响，送子观音极有可能在明清时期传入大足。这一点，先考察大足一地在明初和清初外地移民，大略可知。元代，大足境内未见有任何雕像，而且人口稀少。早在南宋后期，大足以及周边地区，据南宋淳祐七年（1247）何光震《饯郡守王梦应记碑》记载，可谓“环千里荆榛矣”[④]。明初，逐渐有移民迁徙大足，如有刘姓于明代洪武二十九年（1396）迁徙到今

---

① 陈习删《大足石刻志略》，《大足石刻研究》，四川省社会科学院出版社，1985 年，第 233、340 页。对石门山第 9 号的具体身份，该书还认为：“此部造像，凤冠登靴，当非观音。亦与北山、舒成、石篆三处明肃皇后不同。李记称送子观音，系今时造者。但与近代造像不类，似为古像重装，不能实指其名。”

② 重庆大足石刻艺术博物馆、重庆市社会科学院大足石刻艺术研究所编《大足石刻铭文录》，重庆出版社，1999 年，第 257 页。

③ 这些研究成果简述，详见《白衣观音与送子观音——观音信仰本土化演进的个案观察》，姚崇新《观音与神僧——中古宗教艺术与西域史论》，商务印书馆，2019 年，第 327 ~ 328 页。

④ 重庆大足石刻艺术博物馆、重庆市社会科学院大足石刻艺术研究所编《大足石刻铭文录》，重庆出版社，1999 年，第 300 页。

大足高坪镇境内[①]。明末清初，大足人口再次锐减，史料记载，康熙六年至二十四年间，为66户132口。其后，康熙朝采取“湖广移民实川”的措施，大量移民迁徙大足[②]。今大足境内住户基本上为此时期移民的后代。上述两个时期，随着移民的迁徙，其相关的信仰也得以相随而来，特别是在人口稀少的时期，祈求子嗣自然更受到民间的崇尚。因此，明清时期在大足一地的送子观音信奉以及图像，与这些外地移民有着密切的关系。

据姚崇新先生的研究成果，送子观音并非在明清时期才逐渐形成，而是在国内有一个较长的发展阶段。北朝是其初创阶段；五代宋初是其过渡阶段，此阶段的突出特点，是“造型开始与白衣观音结合起来，已具备定型阶段造型的基本特征”；“宋代是其定型阶段”，姚崇新其文中说道，“由于宋代送子观音遗例不多，定型阶段的形象，可以参考明代的大量遗存”，其中就认为“明代德化瓷系列的送子观音制品可视为定型造像延续的代表”。从这些论述来看，早在宋代，国内就有送子观音造像的出现，尽管目前发现的宋代实例极少，但是从明清时期送子观音图像与诃利帝母图像有差别的特点来看，二者在源头上是有区别的。因此，大足一地的送子观音图像，极有可能来源于外地传入。

由此来看，大足一地对送子观音崇奉和雕凿的流变情况是：在宋代出现有较多诃利帝母雕像，其他地区较为少见，在石窟中较为殊异，雕刻的意愿，其中既有对生育祈求的目的，也有其他的一些祈愿。至明清时期，则出现有送子观音（送子娘娘）造像，在图像上较之宋代诃利帝母较为简单，大多为观音怀抱一小孩，也有部分造像延续了之前诃利帝母的特点；同时，明清时期的大足民间，大多将宋代雕刻的诃利帝母称为送子观音。

第六节　其他观音造像

大足观音造像遗存甚多，除本书前述的观音之外，还有部分观音学界较少论述。下面，兹选取大足石刻中莲花手观音、杨柳枝观音（净瓶观音）、玉印观音、如意观音、宝珠观音以及白衣观音等造像6例，以窥一斑。

一、莲花手观音

观音菩萨亦名“莲花手菩萨”。在中国，莲花手观音造像盛行于南北朝至隋代，现存有数

---

① 唐长清《大足东王庙明正德十六年〈齐天宫记〉碑浅释》，《大足石刻研究文集》（5），重庆出版社，2005年。

② 大足县志编修委员会编《大足县志》，方志出版社，1996年，第121～122页。

量较多的铜、木以及石质的单尊造像。到唐代，一手持杨柳枝、一手握净瓶的杨柳枝观音造型逐渐盛行，取代了莲花手观音，这一现象，在巴蜀石窟也有所体现。如在广元、巴中等地唐代观音造像中，观音基本上为杨柳枝观音造型，而莲花手观音则少见有单独的龛窟，这一现象也在传世的单尊造像中有所体现[①]。

大足石刻中，莲花手观音较多，其在龛窟内出现的组合情况较为复杂。

晚唐时期的北山佛湾第10号释迦牟尼窟，正壁为释迦牟尼佛，左右分别刻弟子和菩萨等像。其中，左壁为观音菩萨，花冠中有立佛像，双手在胸前持莲梗，莲花负于右肩之上。该尊造像脸庞丰满，亭亭玉立，尤其是瓔珞、裙衫上细密的线条，隐约可见肌体起伏，大有“曹衣出水”之意味，颇具唐代造像艺术的神韵，是大足石刻晚唐菩萨造像的代表作品。

五代时期的莲花手观音造像集中在北山，据出现的组合来看，既有单独1身造像作为主尊出现，也有出现在组合的造像龛之中。

单尊的莲花手观音，主要是北山佛湾第233号龛（图3-6-1）。该龛高0.82米，宽0.31米，深0.15米。《大足石刻内容总录》识该龛为“观音龛”，营造时间为五代，可从。书中并记录道：“观音面西，头戴高花冠，身着天衣，胸部密布瓔珞，浑身衣带飘拂，赤足立于莲台上。其左手握莲苞负于肩，右手握数珠一串置腹前，两手上绕有彩带长垂于地，项后有圆形火焰头光。”[②]但是最新调查发现，观音未见有数珠，即或是这身观音持有数珠，但是从图像来看，莲花无疑是观音表现的一处重点。整龛仅有观音1身造像，未见有部众、侍从甚至供养人像，龛底面皆为素面。这些特点，衬托出观音的高洁、典雅，可谓大足五代时期难得的小品之作。

图3-6-1　北山第233号观音龛

组合类的莲花手观音主要见于观音地藏龛。

① 金申在《中国历代纪年佛像图典》（文物出版社，1994年）一书中认为，南北朝时期的观音基本上为莲花手观音，至唐代，观音基本上为杨柳枝观音。

② 四川省社会科学院、大足县政协、大足县文物管理所、大足县石刻研究学会编《大足石刻内容总录》，四川省社会科学院出版社，1985年，第94页。

图 3-6-2　石门山十圣观音洞莲花手观音

北山佛湾第 241 号观音地藏龛，左侧观音造像站立在莲台上，双手斜持莲花。右侧地藏半跏趺坐，左手捧宝珠，右手持锡杖。调查报告将其时代归入五代时期[①]。北山佛湾第 275 号观音地藏龛，《大足石刻内容总录》描述为“龛内为‘观音、地藏’。修建于五代。龛内左为观音，呈端坐式，头戴花冠，身饰璎珞，双手持莲苞；右为地藏，身着袈裟，头戴风帽，左手握珠，右手持锡杖，作随意坐。现二像均已风化残蚀”[②]。

从五代时期这些造像来看，莲花手观音在此时期较为盛行。此外，晚唐五代时期，北山石窟还有一些菩萨像，可辨识手持莲梗，莲苞已残坏，有可能为莲花手观音。

宋代，莲花手观音造像亦有较多遗存，其中主要见于十圣观音组合的造像题材之中。

十圣观音组合造像中，石门山第 6 号十圣观音洞具有代表性。该窟造像内有 3 身手持莲花的观音。一例为正壁左侧观音，双手持莲花。该像题记为“昌州大足县陔山乡奉佛□□□发心就洞镌此正法明王观音一尊，只乞今（谯）安辛酉绍兴十一年上元日题”。“正法明王观音”为观音的佛号。该窟正壁造像中，出现了以手持莲花作为观音形象表现，可见莲花手观音形象在民间影响较深。窟内右壁站立的观音群像有两例手持莲花，其中，右壁第 1 身观音左手持莲，莲上有宝珠，发出火焰光；右手握璎珞。结合窟内观音诸像铭文的称谓，此身造像应为“宝珠手观音”。另一身为右壁第 3 身观音（图 3-6-

① 张媛媛、黎方银《大足北山佛湾石窟分期研究》，《大足学刊》第二辑，重庆出版社，2018 年，第 107 页。

② 四川省社会科学院、大足县政协、大足县文物管理所、大足县石刻研究学会编《大足石刻内容总录》，四川省社会科学院出版社，1985 年，第 110 页。

2），观音左手持莲，其上分为两梗，分别刻莲花和莲苞，右手握璎珞。该身造像题记“昌州大足县陔山乡奉佛承信郎陈充一宅长少等，于绍兴十年（1141）内命工就此洞镌造莲花手观音一尊，乞自身禄位高崇，阖宅寿年永远，凡向公私，吉无不利。辛酉上元日题”。从铭文可确认，该身应为莲花手观音，是当时陔山乡的陈充一家捐资修造。从上述可见，该窟内正壁观音和右壁第3身观音，其身份可识为莲花手观音。

十圣观音造像中出现有莲花手观音，还见于北山第105号、妙高山、普和寺等几处造像。北山佛湾第105号中层为“十圣观音”，正壁左侧一站立的观音，双手在胸前斜持莲梗，莲苞残坏，依稀可辨痕迹。妙高山第4号西方三圣和十圣观音洞，右壁观音第5身位于近窟门处。观音立身，约高1.68米、肩宽0.4米，双手握一莲苞（莲梗下部残）负于左肩上。普和寺佛与十圣观音窟内，正壁佛像右侧为站立的莲花手观音，双手持莲花负于左肩上。从上述几处十圣观音造像可见，莲花手观音的位置不确定，或在主尊身侧（普和寺），或在右壁第5身（妙高山）等，可知匠师在营造设计上具有一定的灵活性。此外，大足峰山寺、保家村、佛安桥、张家庙等处造像点，也有十圣观音造像。这几处造像因存在风化、后世补塑等不同情况，莲花手观音具体情况不详。可见，在十圣观音中，莲花手观音是较多出现的观音题材之一，其原因与莲花手观音作为传统的观音题材密不可分，由此可见民众对莲花手观音的喜好与崇尚。

宋代莲花手观音造像，还见于宝顶山第18号观无量寿佛经变龛。在龛的上部，主尊西方三圣的阿弥陀佛与观音像之间有一半身菩萨像，双手斜持莲花，因其花冠内有坐佛，该像当为观音（图3–6–3）。龛下方为“三品九生”图，雕凿有多身观音；其中的“中品中生”图，中为阿弥陀佛，左为观音，右为大势至，皆为立式，二像双手皆持莲花于肩上。

除上述之外，北山佛湾第92号龛，观音左手持莲花斜放于左肩上。《大足石刻内容总录》记录为“龛内为‘观音’。修建时代不详。龛中观音呈坐式，手握莲苞。像已风化剥蚀”①。该龛造像时间，有调查报告将其列为北宋时期②，此从。

宋代一些菩萨造像中，不乏有一些手持莲花的造像，其身份因各个龛窟情况有所不同。如北山佛湾第136号转轮经藏窟正壁右侧菩萨，手持莲花，据铭文当为大势至菩萨。持莲花的大势至菩萨像，还见于前述宝顶山第18号观无量寿佛经变龛中。又如北山佛湾第149号如意轮观音窟，正壁如意轮观音手持莲花，莲花上有宝珠。

莲花手观音在大足一地大多出现在组合的龛窟之中，单独的龛窟雕凿较为少见，其原因主

---

① 四川省社会科学院、大足县政协、大足县文物管理所、大足县石刻研究学会编《大足石刻内容总录》，四川省社会科学院出版社，1985年，第32页。

② 张媛媛、黎方银《大足北山佛湾石窟分期研究》，《大足学刊》第二辑，重庆出版社，2018年，第107页。

图 3-6-3　宝顶山观经变上层左侧菩萨像

要有两点：一是与大足一地其他一些观音盛行有一定关系，如千手观音、不空羂索观音、玉印观音、水月观音等题材，成为民众颇为崇奉的题材；二是从较大的环境来看，宋代巴蜀石窟中雕凿较少，调查发现莲花手观音在此时期遗存不多，主要如完工于北宋大观元年（1107）的安岳圆觉洞第14号莲花手观音等。

明清时期，大足一地少见有莲花手观音雕凿。

二、杨枝观音——兼净瓶观音

（一）概说

杨枝观音，也称为杨柳观音、杨柳枝观音，为三十三观音之一，是观音形象中常见的一种图像。据考，在印度的习俗中，每日以杨枝细条剔齿，熟嚼以净牙，称“齿木”。当地遇见贵客来访，多有赠送齿木及净水的礼节，以表示祝愿客人健康幸福之意。“杨枝”一词，在翻译成汉语过程中，有的译成“杨柳”。据义净等人实地考察，印度柳树稀少，佛经中齿木树实非杨柳而为杨枝。在经典中，记载有持杨枝的职能，如唐代伽梵达摩《千手千眼观世音菩萨广大圆满无碍大悲心陀罗尼经》说：“若为身上种种病者，当于杨枝手。”装净水的净瓶，据白化文先生所言，“在古代南亚次大陆它也就是个日用器物罢了，僧俗都用。主要是在汉化了的观音那里，提高了它的身份，并使之神秘化和成为神圣之物了”[①]。

其后，杨枝和装净水的净瓶渐成为观音手中主要的法器，杨枝观音因此而得名。至唐代，一手举杨柳枝、一手握净瓶的观音造像，在此时期极为盛行，取代了之前盛行的莲花手观音。现龙门石窟就保存有多尊造像，在巴蜀地区的广元、巴中等地的石窟寺亦是如此。该身观音造像，在石窟寺的一些题记中，大多刻有“救苦观音”的铭文。如巴中南龛第87号观音，左手下垂握瓶，右手举杨柳枝，龛外刻有“乾元二年”（759）造像记，以及“救苦观世音菩萨像铭”等铭文[②]。此种图像的观音，其实“也是一尊中国化的观音”[③]。

杨枝观音手持净瓶的图像特点，对之后出现单独持净瓶的观音有较大影响。净瓶观音，即手中仅持有净瓶的观音造像，其净瓶内盛甘露圣水。其来历除与杨柳枝观音有关外，也与经典论述有一定的联系，如唐代伽梵达摩《千手千眼观世音菩萨广大圆满无碍大悲心陀罗尼经》说：“若为一切善和眷属者，当于胡瓶手。”

（二）大足石刻的杨柳枝观音和净瓶观音

大足石刻保留着较多的手持净瓶（或身侧放置有净瓶）的观音，不过，这些观音在持物上，

① 白化文《汉化佛教法器服饰略说》，商务印书馆，1998年，第153页

② 雷玉华、程崇勋编著《巴中石窟》，巴蜀书社，2003年，第48～49页。

③ 姜忠信绘著《观音尊像图谱》，宗教文化出版社，2006年，第31页

可以根据其情况分为两大类：一是手中除净瓶之外，还有其他持物，这种形象主要见于千手观音、杨枝观音等，其中，杨枝观音在唐宋时期较为常见，既有单独一龛造像，也有在观音组合中出现；另一种情况就是手中单独捧持净瓶，主要盛行于明清时期。

唐代，在圣水寺第5号三世佛龛内，就有一手举杨柳枝、一手持净瓶的观音雕凿。其后，在晚唐的北山石窟中较多出现。北山第52号，据题记可知为阿弥陀佛和观音、地藏龛，据铭文“救苦观音菩萨一身”，可知龛右侧为观音，左手握净瓶，右手上举于胸前，现已残坏，但应为举杨柳枝。

图3-6-4　北山第26号观音龛（采自《大足石刻全集》）

五代时期，手持净瓶和杨柳枝的观音继续得以雕凿，具有代表性的如前蜀乾德二年（920）的北山佛湾第26号观音像（图3-6-4），左手提净瓶，右手举杨柳枝，还刻有铭文“敬造救苦观音菩萨一身”。又如北山佛湾第27号，观音左手握净瓶，右手上举于胸前，手前端虽然残坏，但从造像来分析，应为持杨柳枝。类似的实例也见于北山第225号观音造像，可辨左手握瓶，右手残坏。从这些造像来看，在五代时期，该图像的观音仍继续盛行于大足一地。

进入宋代，杨柳枝观音继续有所雕凿，具有代表性的为北山佛湾第120号龛和第136号转轮经藏窟。

北山佛湾第120号龛，高1.6米、宽1.08米、进深0.28米，主尊为观音，头戴花冠，左手于腹部前持净瓶，右手胸前持杨柳枝，结半跏趺坐于石台上。左右各有一像，左壁为男像，右壁为女像，皆是双手于胸前捧一盘，盘内有物。该身观音《大足石刻内容总录》识为“净瓶观音”[①]。据《大足石刻全集》调查记录，“左手腹前持净瓶，瓶通高约14厘米，瓶口残；右手胸前持柳枝，手残”[②]，可知其图像具有杨枝

① 四川省社会科学院、大足县政协、大足县文物管理所、大足县石刻研究学会编《大足石刻内容总录》，四川省社会科学院出版社，1985年，第44页。

② 大足石刻研究院编《大足石刻全集》第二卷（上册），重庆出版社，2017年，第113页。

观音的特点。

北山佛湾第 136 号正壁，中为佛像，左为观音，右为大势至。其中，左侧观音像（图 3-6-5）高 1.91 米，赤足站立在莲台上，头戴高花冠，身饰璎珞，左手在腹部前提净瓶，右手上举于胸前拈杨柳枝。在观音头上方，刻有造像记，记载时为“左朝散大夫权发遣昌州军州事张莘民”，“镌造观音菩萨一尊，永为瞻奉”。在造像雕刻和妆彩完工后，“修设圆通妙斋”，“祈乞国祚兴隆，阖门清吉”，时间为“绍兴十二年”（1142）。从造像记可知该身造像为观音，以及雕刻时间和捐资人等信息。

图 3-6-5　北山第 136 号正壁观音像

另，北山佛湾第 285 号龛正壁观音为结跏趺坐，头戴冠，冠内刻有一身化佛。观音左手于双膝间捧净瓶，右手向上举持杨柳枝。左侧残坏，右侧站立一女像。

杨柳枝观音也出现在观音组像之中。北山佛湾第 180 号十三观音变相龛，在主尊右侧的第 2 身观音像，即为杨柳枝观音。其像高 1.92 米，头戴花冠，左手提净瓶，右手在胸前举杨柳枝，雕凿时间为北宋末年之际。这种形象也在宋代流行的十圣观音中出现，如妙高山第 4 号十圣观音窟内，右壁第 4 身观音，左手于腹部前提一净瓶，右手在胸前持杨柳枝。又，保家村第 2 号阿弥陀佛和十圣观音龛中，左侧第 2 像立高 1.08 米，左手持净瓶，右手持柳枝。

宋代，在十圣观音的组像中，出现有分别持杨柳枝和净瓶的观音。石门山第 6 号左壁第 1 身观音像高 1.8 米，头戴冠，冠中有化佛，左手下垂至体侧握念珠，右手屈于胸前持净瓶。左壁第 5 身观音，左手腹前托莲钵，右手胸前持杨柳枝，在其头左侧有造像题记，为“奉佛弟子庞休一宅等造甘露玉观音一位，祈乞尊少安泰，四序康宁，永世今生，常逢佛会。时以辛酉岁上春休日庆讫”。从该题记可知，当时称此观音为甘露玉观音，这与杨柳枝洒甘露有关。该窟营造时间为南宋绍兴六年至十一年（1136—1141）间，从题记可知甘露玉观音营造于 1141 年。这种观音造像分别以捧净瓶和持杨柳枝的形象出现，与大足一地宋代观音造像兴盛，多种观音形象出现有关。

在十圣观音组合中，此时期还出现了单独持净瓶的观音。如峰山寺第 3 号龛，中间主尊佛像左侧第 2 身造像，左手腕镯，抓握右前臂，右手持净瓶。

宋代，净瓶也出现在其他观音造像之中，不过，其身份非杨柳枝观音。北山佛湾第 133 号水月观音龛，在正壁的水月观音左侧，刻一净瓶立于山石之上。宝顶山圆觉洞右壁的辩音菩萨，即观音，在其身侧的壁面单独刻有一净瓶，立于山石之上。从这些情况来看，净瓶俨然是观音的重要持物之一，已经得到世人的认可。

从上述宋代造像来看，杨枝观音在此时期大足石刻中较为盛行，不但有单独一龛，而且还出现在观音组合之中，特别是在转轮经藏窟内，将其作为正壁观音像出现，体现出杨枝观音在当时信众心中具有较为重要的地位。

明清时期，杨柳枝观音图像特点的观音渐渐不盛行，而单独捧持净瓶的观音却较为流行。

明代造像中，千佛崖第 2 号西方三圣像中，左为观音，双手于腹前捧净瓶。龙凤山第 1 号净瓶观音龛，观音结跏趺坐于莲台上，头戴冠，身着双领下垂式袈裟，双手于腹部前捧净瓶，造像年代一般识为明代。老观音摩崖造像有一龛观音像亦被识为明代，观音头束发冠，冠外罩披风，双手于腹前捧一宝瓶，结跏趺坐于须弥座的莲台上，龛左右壁分列有侍者像和供养人像。

图 3-6-6　龙神村观音像

清代造像中，全佛岩第 1 号龛为三观音像，其中居中的观音头戴花冠，冠中有化佛，胸饰瓔珞，结跏趺坐于莲台之上，双手置于腹前，其上捧持净瓶。龙神村有一观音龛，为圆拱顶龛，高 1.5 米、宽 1 米、进深 0.2 米，龛内刻净瓶观音（图 3-6-6），结跏趺坐于莲台上。观音头戴化佛冠，双手在腹前捧持净瓶。菩萨岩（卫平村）佛和观音龛中，出现有 3 身站立的观音像，其中右侧第一身双手于胸前捧净瓶。上述三处造像年代一般识为清代。此外，在白岩寺、青果村、天星村等清代摩崖造像中，也有净瓶观音造像。

在此时期的观音造像中，还出现了净瓶以及其他器物一起组合的造像龛。如柿花村观音龛，观音结跏趺坐于石台上，左侧有一莲花，其上有一造像，再由莲花生出一莲花，其上有鹦鹉；右侧的莲花上站立一像，又生出一莲花，其上有宝瓶，瓶内插有枝叶。从此类观音的图像来看，严格意义上而言，应非净瓶观音，而是集多种职能于一体的观音形象。

明清时期的大足石刻中，出现较多的单独手持净瓶的观音造像，应与唐宋时期杨枝观音的图像密切相关。

三、玉印观音

（一）造像概况

玉印观音，亦称为宝印观音，即手持宝印的观音造像，在大足一地主要见于北山石窟之中。据调查研究，其最初见于北宋晚期。

北宋晚期的玉印观音，主要有两种表现形态。一是单独的造像龛中作为正壁主尊出现，主要是北山佛湾第211号龛，龛内雕凿主尊为玉印观音，头戴冠，左手握印带，右手胸前持印（残），结跏趺坐于台上。龛左右角各站立有一身供养人像。对于该龛年代，1985年《大足石刻内容总录》归入五代作品[①]，近年来有调查报告归入“北宋晚期”[②]，文中以此结论为准。

另外一种是作为观音群像出现，主要是北山佛湾第180号窟。该窟左壁第4身像为玉印观音，观音站立于莲台之上，头戴花冠，右手举于胸前持印，左手在身前下方握印带。该窟造像年代在北宋政和六年至宣和四年（1116—1122）。第180号为十三观音变相，可见在北宋晚期，持印观音就受到了世人的青睐。

进入南宋初期，玉印观音雕凿较多，主要有第118、第126、第136、第274号和多宝塔第122号等。

北山佛湾第118号（图3-6-7），龛高1.47米、宽0.94米、深0.96米。龛正壁为玉印观音，结跏趺坐于束腰须弥座上，身后浮雕圆形素面背光，头戴花冠，面部神情安宁祥和。左手胸前持印，右手于腹部前持印带，裙摆下垂于台座上。龛左右壁各站立有一身供养人像。左壁为男像，头戴冠，上着双层交领服，下着裙，双手于胸前持笏。右壁为女像，头梳髻，上着圆形翻领宽袖长服，披云肩，下着裙，双手于胸前持笏。对于左右壁的此两身造像（含第126号），有调查报告认为是善财和龙女[③]，从其服饰、持物等来看，可备一说；另有说法为供养人像，待考。

---

① 四川省社会科学院、大足县政协、大足县文物管理所、大足县石刻研究学会编《大足石刻内容总录》，四川省社会科学院出版社，1985年，第88页。

② 张媛媛、黎方银《大足北山佛湾石窟分期研究》，《大足学刊》第二辑，重庆出版社，2018年，第107页。

③ 四川省社会科学院、大足县政协、大足县文物管理所、大足县石刻研究学会编《大足石刻内容总录》，四川省社会科学院出版社，1985年，第49页。

图 3-6-7　北山第 118 号玉印观音龛

该龛造像无题记，研究分析为南宋早期所造[①]，从造像所处的位置等因素来看，此观点可从。

北山佛湾第 126 号，龛高 1.36 米、宽 0.82 米、进深 0.91 米。龛正壁刻玉印观音，结跏趺坐于台座上，头戴花冠，胸饰璎珞，衣摆下垂于台座上，左手放于膝间，右手上举持印。其左右壁亦各刻一身造像，左男右女，双手皆于胸前持朝笏。该龛亦无题记，多识其为宋代所造，从其位置来看，属于南宋早期可能性较大。

北山佛湾第 274 号，龛中为站立的菩萨像，右手屈肘上举持印，手及印部分残；印带左斜下过腹至体左侧，左手于体侧持印带。龛左右壁有供养人像 3 身。该龛造像无造像题记，1985 年《大足石刻内容总录》识为五代[②]，近年来调查报告识别为“南宋早期”[③]，文中以此为准。

多宝塔第 122 号，正壁雕刻玉印观音，像高 0.61 米，头戴花冠，身着“U”领大袖天衣，衣摆覆盖于台座之上。观音右手举于胸前右侧持印，左手在左腿膝处握印带，坐姿为半跏趺坐。在其两侧各有 3 身供养人像，皆双手拱于胸前。观音头部左右各有一方框，原刻有铭文，可辨“居住”“同室”等字。从多宝塔营造时间为绍兴十七年至二十五年（1147—1155）间来看，该处玉印观音应在此营造时间内。

上述 4 龛玉印观音造像，皆是作为龛主尊出现，体现出玉印观音在当时较受民众崇奉。

此时期，玉印观音也出现在观音等题材的组合龛之中。

---

① 张媛媛、黎方银《大足北山佛湾石窟分期研究》，《大足学刊》第二辑，重庆出版社，2018 年，第 107 页。

② 四川省社会科学院、大足县政协、大足县文物管理所、大足县石刻研究学会编《大足石刻内容总录》，四川省社会科学院出版社，1985 年，第 110 页。

③ 张媛媛、黎方银《大足北山佛湾石窟分期研究》，《大足学刊》第二辑，重庆出版社，2018 年，第 107 页。

第一种情况是既作为窟内一龛出现，又作为一个组合出现，即北山佛湾第136号转轮经藏窟玉印观音龛。

玉印观音龛位于转轮经藏窟左壁（图3-6-8），观音坐高1.37米，头戴高花冠，胸饰璎珞，左手握带放于膝上，右手在胸前持印，结跏趺坐于束腰须弥座上，裙摆下垂于台座之上。观音左右侧各有1身站像，左侧男像，高1.9米，为中年儒生形象，头戴冠，双手捧朝笏于胸前；右侧女像，高1.25米，头挽髻，双手捧朝笏于胸前。据窟内铭文，该身造像营造于南宋绍兴十二年至十六年（1142—1146）间。在该窟内，还有多身观音造像；其中，与玉印观音对望的窟右壁，正对面即为日月观音，亦是中为坐于台座上的观音，两侧各有1身男女像，二者在窟内表现形式严格遵循对称的原则。从该窟的铭文、人物服饰等分析，这2身造像为善财、龙女的可能性更大。

另一种情况即出现在十圣观音组合之中，如峰山寺，正壁佛像右侧的第1身观音像，侧身向左，左手持印，曲举体侧，右手胸前握印带。又，保家村第2号阿弥陀佛和十圣观音龛，右侧第4像，立高1.07米，左手腹前握印带，右手胸前持印，印部分残。又，普和寺第1号阿弥陀佛和十圣观音龛，右侧第2像，右手持印，部分残，左手腹前握印带。

从上述来看，玉印观音的表现形式基本上为一手持印、一手持印带。其造像，主要集中在北山石窟一带，时间上基本上为宋代。明清时期，单独的玉印观音造像在大足一地极为少见。

（二）相关问题

从前述考察来看，玉印观音即手中持印的观音，印基本上是唯一的手中持物，因此，印对于考察该身观音尤其重要。

玺印的制作和其上篆刻的艺术，是一种极富有中国特色的文化，早在先秦时期就已经普遍使用，秦汉以后，历朝都制定了官印制度。而持印作为玉印观音造像的主要特点，其缘由主要可从三个方面进行探讨，第一个是佛教经典的论述。其中，尤其是以千手观音的经典影响较大，在唐代的一部经典中，描述千手观音手中就有“若为口业辞辩巧妙者，当于宝印手”[①]，此持宝印手，也成为诸多千手观音造像的持物之手。

第二个因素是持印的造像，在佛教、道教神祇中的出现，间接影响了玉印观音的出现。

道教正式形成后，印是其一种重要的法器，它既象征着神祇的威严，又具有治病、驱邪等功能，是法器之一。因此，在道教造像中就有较多的持印神像出现，在大足一地，较多的如天蓬印，是天蓬元帅手中重要的持物之一。此外，在一些帝王级的尊神中，往往旁边都有捧印的

① 唐·伽梵达摩译《千手千眼观世音菩萨广大圆满无碍大悲心陀罗尼经》，大藏经刊行会编《大正藏》，第20册，中国台湾新文丰出版股份有限公司，1983年，第111页。

图 3-6-8　北山第 136 号玉印观音

侍者，如宋代舒成岩石窟紫微大帝龛、玉皇大帝龛等，皆有一位侍女双手于胸前捧一大印，恭敬地站立着。

在佛教的其他造像中，也不乏持印的造像，在这里特别要提及北山石窟的一龛像。北山佛湾第209号，此龛造像的主尊为一骑在牛身上的菩萨，右手持一方印。其营造年代为五代时期（一说为宋代）。对于他的身份主要有两种说法：一是解冤结菩萨，一为牛王菩萨。据考为具有较强地域性的解冤结菩萨像[①]。这龛持印的造像，对于其后北山石窟出现单独持印的观音造像，从毗邻的位置来看，应当具有较大的影响。

第三个方面，与大足一地在宋代时期营建者对造像的创造有关。关于这一点，在对大足一地出现的十圣观音、数珠手观音、千手观音等研究成果中多有论述，尤其是以十圣观音为代表的观音题材，具有较强的地域性。目前调查发现，宋代及其之前的摩崖造像中，玉印观音主要集中于大足一地，其他石窟寺极为少见。目前对巴蜀石窟的调查发现，主要见于巴中南龛第105号，其龛左壁有持印菩萨像，年代定为“初唐”[②]。对于玉印观音的这种现象，李淞先生在《论中国菩萨图像》一文中，叙述观音图像演变较详，其中说观音图像中“另一些与经典若即若离、似有似无的图像，大多是中国艺匠和民间百姓共同创造的，在题材的选择、图像的规定性等方面都具有中国民间的特色”。这类观音像可称为民俗观音图像，如水月观音、送子观音、马郎妇观音、杨枝观音、数珠手观音、宝印观音等[③]。此论言下之意，强调了作为单独出现的玉印观音图像，其出现的环境具有一定的民间性，也就是与当时营建者们的创造有关。

综上所述，玉印观音是大足石刻在宋代时期观音造像众多的形象之一，其单尊的造像龛主要集中在大足北山石窟之中，在大足乡里之中的十圣观音龛中亦有雕凿，其出现具有一定民间性、地域性。

四、如意观音

如意观音，即手中持如意的观音。如意，是古代常见的器物，其材质有玉石、金银、铜、铁、竹木、陶瓷等。大足石刻中，以石质的形式保留有大量的如意，佛教和道教造像中皆有。

（一）如意观音造像考察

在大足一地的佛教造像中，如意观音最初于北宋晚期出现于北山石窟中。北山佛湾第180号十三观音变相窟，其右壁第4身观音像，高1.93米，浅浮雕圆形素面头光，戴卷草冠，面长

---

① 李小强《解冤结观念的初步考察——以文献、图像和民俗为主的体现》，《2009年中国重庆大足石刻国际学术研讨会论文集》，重庆出版社，2013年。

② 四川省文物管理局等《巴中石窟内容总录》，巴蜀书社，2006年，第161～163页。

③《论中国菩萨图像》，李淞《长安艺术与宗教文明》，中华书局，2002年，第181页。

图 3-6-9　多宝塔第 103 号正壁如意观音（采自《大足石刻全集》）

圆，胸饰璎珞，内着僧祇支，外披双领下垂式袈裟，双手胸前持如意，全长约 0.39 米。该窟造像年代在北宋政和六年至宣和四年（1116—1122），可见在北宋晚期，如意观音的形象就已经在大足一地雕凿。

至南宋初期，如意观音开始出现单独为一龛的做法。

多宝塔第 103 号龛（图 3-6-9），正壁刻像 3 尊，中为主尊，头戴花冠，脑后有素面头光，有冠带飘拂其间。左手在腹前作持物状，右手举于右肩处握如意，如意头斜置右肩，如意尾部有所残坏，但是可知双手共持如意，结跏趺坐于束腰须弥座上。左右两侧皆站立有供养人像，左男右女，双手皆在胸前作合十状。该龛造像无题记，从多宝塔营造时间为绍兴十七年至二十五年间（1147—1155）来看，该处如意观音应在此营造时间内。据该身像手中持物，可知为如意观音。另，陈明光先生在其调查报告中，亦称为“如意观音洞龛”[①]。相对于其他一些观音造像来说，如意观音单独一龛的表现，在宋代保存的数量较少。

南宋时期，在组合龛中，也有如意观音，如北山第 121 号观音地藏龛，左为地藏，右为观音，双手于胸前持如意[②]。此时期在十圣观音造像组合内，很可能有持如意的观音造像，如妙高山十圣观音窟内右壁第 1 身造像，调查记录为“双手腹前托如意头环。一带穿绕环内，下垂腹前作结后，再飘垂膝间”[③]。如据此像手中持“如意头环”来看，则该身造像为如意观音，不过，其如意的表现手法少见，此处存疑。

① 陈明光《大足多宝塔外部造像勘查简报》，《2005 年重庆大足石刻国际学术研讨会论文集》，文物出版社，2007 年，第 103 页。

② 该龛造像《大足石刻总录》（第一卷）定为“南宋”，重庆出版社，2023 年，第 110 页。

③ 大足石刻研究院研究中心《大足妙高山摩崖造像调查简报》，《大足学刊》第三辑，重庆出版社，2020 年，第 20 页。

明清时期，如意观音较多出现雕凿。

菩萨岩（卫平村）有一龛像，刻有 1 身佛像和 3 身菩萨像，其中佛像左右两侧的菩萨像服饰基本相同，皆是手持如意，作对称状在佛像两侧。考虑到清代时期观音信仰的盛行，佛像两侧造像的身份，很可能皆是如意观音。

图 3-6-10　全佛岩观音龛左侧观音

全佛岩三观音龛中，中为净瓶观音，左右两侧各有一观音像。左侧观音（图 3-6-10）头戴花冠，身披短袖天衣，颈饰项圈璎珞，左手在腹前捧一长方形托板，其上有一如意，右手于其上轻抚，为游戏坐姿。右侧观音端坐在石台之上，面相丰润，身着“U”字形袈裟，左手放于左膝盖上，右手上仰，捧一如意，双足踏于莲花之上。这龛像中，左侧观音手中如意下方刻一托板，颇为稀见。

（二）如意观音流布的因素

从前述来看，如意观音在大足一地最初出现在宋代，至明清则较为常见。如意观音不但在国内石窟寺遗存中极为少见，而且在近年来出版的介绍观音的书籍中均未见[①]。因此，该身观音的出现，究其因素，主要有以下几点：

一个因素是如意本身所代表的含义。如意为民间较为常见的器物，寓意万事如意、事事如意等，对于民间信众而言，正符合其祈愿的目的。

另一个因素是大足石刻造像出现有较多的如意。佛教造像中，如北山佛湾第 136 号转轮经藏窟中，普贤菩萨即为手中持如意。道教造像中也有较多的如意。宋代大足道教的石刻中，较

① 李翎辑著《观音造像仪轨》（宗教文化出版社，2007 年）、姜忠信绘著《观音尊像图谱》（宗教文化出版社，2006 年）等书籍中，都未直接出现如意观音的词条。

多出现有持如意的神祇造像，如舒成岩三清龛中，灵宝天尊斜置如意于胸前。宋代的三清造像中，基本上为持如意的图像特点，另还可见于佛儿岩三清龛、石门山三皇洞正壁上方三清等造像中。大足境内的这些道教造像，也无疑是促使佛教造像出现如意观音的一个外在因素。

受如意观音等造像题材的影响，在宝顶山千手观音龛中，编号 3-10-F1、6-4-F8、6-8-F5 这三只手中所持的器物，即为如意[①]。在千手观音经典中未出现有持如意的手。由此来看，宝顶山千手观音龛出现如意，或与其在营造之前，如意在造像中多次出现有关。

五、宝珠观音

宝珠观音，即手中主要持物为宝珠。宝珠在佛教经典中，大多记载为“如意珠”，并在佛、菩萨的持物中较为常见，如地藏王菩萨一般都是手握宝珠。据《佛光大辞典》“如意宝珠”条解释：“又作如意宝、如意珠、摩尼宝珠、末尼宝、无价宝珠、如意摩尼。指能如自己意愿，而变现出种种珍宝之宝珠。”在千手观音的经典中，记载有“如意珠手”，如唐代伽梵达摩《千手千眼观世音菩萨广大圆满无碍大悲心陀罗尼经》说：“佛告阿难：若为富饶，种种珍宝资具者，当于如意珠手。”受此影响，在大足千手观音造像中基本上出现有如意珠手。在此句描述之后，又叙述了种种持物或结印的手，此如意珠手放于其他手之前，被称为“第一手”，可能因此，在宝顶山千手观音主尊身前伸出的两只圆雕手，其手中持物或即如意珠[②]。

大足石刻的宝珠观音，在北宋晚期已开始出现。北山佛湾第 180 号十三观音变相窟，窟内右侧第 3 身造像高 1.93 米，浅浮雕圆形素面头光，梳髻，戴卷草冠，面长圆，弯眉细眼，内着僧祇支，外披双领下垂式袈裟，下着裙。左手横置；右手屈肘略前伸，掌心向外，手指向下。足残，立于莲台上。对于该身造像，《大足石刻内容总录》记录为“观音左手在腹前托如意珠（物残），右手摊向外”[③]。另，《大足石刻全集》未有持物的记录，此暂从《大足石刻内容总录》记录。其缘由，考虑到在其后十圣观音的造像中，亦出现有持宝珠的观音造像。该窟造像年代在北宋政和六年至宣和四年（1116—1122），可知在北宋晚期已出现有持宝珠的观音像。

南宋时期，宝珠观音分别在单独一龛和十圣观音组合窟内出现。

单尊的造像龛，主要出现在北山佛湾。北山佛湾第 136 号转轮经藏窟，左壁外侧有一龛菩萨造像（图 3-6-11），立像高 1.96 米，浅浮雕桃形头光和线刻椭圆形身光，头戴卷草冠，冠体

---

① 大足石刻研究院编《大足石刻全集》第六卷（上册），重庆出版社，2018 年，第 161 页。

② 李小强、彭柳升《千手观音造像主尊残损手型考证——以主尊 4-7-S1、4-6-S1 号手为主的初步考察》，《中国文物科学研究》，2013 年，第 3 期。

③ 四川省社会科学院、大足县政协、大足县文物管理所、大足县石刻研究学会编《大足石刻内容总录》，四川省社会科学院出版社，1985 年，第 80 页。

两重，上重刻立式化佛，下重饰珠串。胸饰璎珞，内着僧祇支，外着双领下垂式袈裟，下着裙。双手腹前托珠，珠发出一道毫光，绕三匝后沿左肩斜向上飘至龛口左上角。据窟内造像记，该像应凿于南宋绍兴十二年至十六年间（1142—1146）。

又，北山佛湾第132号龛，中为主尊菩萨像，高髻，髻顶斜出两道毫光。冠带作结后，作前后两段下垂，头略低垂，内着僧祇支，外着宽博披巾，下着裙，裙摆覆于座前。左手胸前持带茎莲，莲上刻放焰宝珠，右手置于腹前，结跏趺坐于山石座上。左右壁原有造像，现已残坏。该龛造像《大足石刻内容总录》定名为“宝珠观音”[①]，可从。另，该身造像手持莲花，在其内有宝珠的图像，亦见于石门山十圣观音洞。

十圣观音组合中，亦出现有宝珠。

石门山第6号十圣观音洞，右壁的第1尊造像，图像为左手持一盛开的莲花于左肩，花中有一宝珠，珠上有火焰；右手轻拈衣带。该身造像记中刻有“造圣容”等字，未明确提及其具体的观音身份，考虑到该窟内另有一身莲花手观音，因此定其名为“宝珠手观音”。

图3-6-11　北山第136号如意珠观音

妙高山第4号十圣观音洞，左壁第1身立像头戴花冠，冠中有化佛，菩萨左手略残，腹前托一宝珠，宝珠发出两道毫光，绕三圈后，沿左肩斜向上飘，右手在胸前结印[②]。

从十圣观音组合来看，宝珠观音应该是当时十圣观音题材常见的一身造像。

明清时期，也有单独表现持宝珠的观音形象。目前调查，有峰山寺第2号龛，高1.38米、宽1.4

① 四川省社会科学院、大足县政协、大足县文物管理所、大足县石刻研究学会编《大足石刻内容总录》，四川省社会科学院出版社，1985年，第52页。

② 具体调查记录可参见大足石刻研究院研究中心《大足妙高山摩崖造像调查简报》，《大足学刊》第三辑，重庆出版社，2020年，第20页。

图 3-6-12　姊妹岩观音龛

米，龛内刻 3 尊造像。主尊结跏趺坐于方形台座上，头不存，双手结禅定印，掌心捧一圆形宝珠。龛左右各有一身供养人，左为童子状，右为妇女状。对于该龛造像的年代，有两说，一为宋代，一为清代①，此暂从清代。

另，在小石佛寺，第 2 号龛内即为单独凿宝珠观音一尊②。又如新兴村有一龛像，观音结跏趺坐于莲台上，双手在胸前捧宝珠。另，笔者实地调查发现，在中敖镇境内姊妹岩摩崖造像中（图 3-6-12），有双手捧宝珠于胸前的观音造像。

六、白衣观音

白衣观音，为三十三观音之一。据张总先生介绍，白衣观音为密宗所奉的观音，“白衣像现胎藏曼荼罗观音院西北隅，白表清净菩提心，因而住白莲花着白衣，密号为离垢（离苦）金刚，系令一切苦恼消除，转不吉为吉祥的菩萨。水墨画中以戴白色风帽，披白色大衣者极多，晚近各种工艺小雕像中此像式也很多”③。对于白衣观音的形象，除张总著作中提及之外，业露华先生也说：“白衣观音像均为二臂像，但手持的法器，或印契则有种种不同。有的左手持花，

① 大足石刻研究院《重庆市大足区峰山寺摩崖造像调查简报》，《四川文物》，2020 年，第 6 期。

② 《大小石佛寺摩崖造像调查记略》，陈明光《大足石刻考察与研究》，中国三峡出版社，2001 年，第 109 页。

③ 张总《说不尽的观世音》，上海辞书出版社，2002 年，第 45 页。

右手作与愿印；有的左手持棒或羂索，右手持般若经箧；有的左手持开敷莲花，右手扬掌。有的左手持宝剑，右手持柳枝；也有双手捧钵，站立于莲台上的；等等。”[①] 其书中白衣观音的配图为大足北山转轮经藏窟如意珠观音。近年来，对于白衣观音的研究中，姚崇新、齐庆媛等论文多有新意，如姚崇新论文称白衣观音的图像经历了初创、过渡和定型三个阶段，其中，“宋代是白衣观音形象的定型阶段。其基本特征就是我们最为熟悉的头覆白巾、身披白袍的中老年妇女形象，头巾与袍服有时连为一体，有时分离”[②]。

在白衣观音研究中，齐庆媛的《江南式白衣观音造型分析》[③] 一文（以下简称“齐文”）较多地涉及大足石刻。下面，以此文为主，对大足石刻中的白衣观音作一简介。

齐文说：“江南式白衣观音造型基于杭州烟霞洞右壁菩萨像界定”，“是在中晚唐以来白衣观音大流行背景下产生的一种新造型”，“到了晚唐、五代时期，白衣观音在四川地区流行开来，依然以宝冠之上搭披风为标识，披风形成与外衣一体化表现成为相对固定的形式”。此时期的作品见于安岳侯家湾、庵堂寺，以及北山第241号龛。其中，北山第241号龛为观音地藏龛，造于五代时期，观音地藏均为站像，左为观音，头有风帽，双手持莲苞。

文中探讨了观音两手交叉于腹前并持数珠造型的来源，并认为“江南式白衣观音作为一种新颖的佛教艺术造型，一经产生便影响到同时期其他地区造像”。文中认为：“大足北山佛湾第277龛右侧五代白衣观音立像为典型例证，高冠上搭与外衣一体化披风的表现，虽见于本地区此前白衣观音像，但披风呈U形下垂至腹部，双手交叉于腹前并持细长数珠，以及数珠在母珠位置缀两排小圆珠后饰流苏的造型，则与江南式白衣观音一致，只是左手握右腕的细节有别于前者。”

齐文分析了江南式白衣观音在宋代时期的情况，认为“两宋时期江南式白衣观音获得进一步发展，并衍生出诸多新造型”。其中，在大足一地的主要表现为数珠手观音，具体实例如文中列举的石门山第6窟十圣观音中的数珠手观音，北山佛湾第125、第136号内的数珠手观音，认为“不排除数珠手观音发源于大足，尔后向北影响到安岳、巴中的可能性”。这其中，北山五代时期的第277号龛，“推测对南宋早期数珠手观音的诞生起到直接推动作用”。另，“数珠手观音左手握右腕，右手持数珠的固定造型，推测导源于江南式白衣观音”。

白衣观音的称谓，在大足石刻中基本未见。因此，下面按照齐文的相关论述，对大足宋代

① 张德宝、徐有武绘图，业露华撰文《中国佛教图像解说》，上海书店出版社，1995年，第84页。

②《白衣观音与送子观音——观音信仰本土化演进的个案观察》，姚崇新《观音与神僧——中古宗教艺术与西域史论》，商务印书馆，2019年，第325页。

③ 齐庆媛《江南式白衣观音造型分析》，《故宫博物院院刊》，2014年，第4期。

图 3-6-13　石门山十圣观音洞观音

图 3-6-14　妙高山十圣观音洞观音

观音造像中，头披风帽以及持数珠等图像特点的观音做一简要考察。北山第 180 号十三观音变相窟，年代为北宋政和六年至宣和二年（1116—1120），其右壁第 5 尊观音像，头披风帽，双手在胸前持数珠；此形象十分接近于五代的北山第 277 号观音形象，可谓齐文中提及的接近标准的江南式白衣观音像。

南宋时期，北山第 136 号转轮经藏窟内，开凿于南宋绍兴十二年至十六年（1142—1146）间，其内有头披风帽的宝珠观音，而在窟内与之相对的是数珠手观音，可见在此时期，观音造型已经具有创造性，匠师不拘束于之前头戴风帽的数珠手观音，而将宝珠观音雕凿为头戴风帽。

石门山第 6 号十圣观音洞，营造于南宋绍兴六年至十一年间（1136—1141），左壁观音第 1 尊像（图 3-6-13），高 1.8 米，浮雕圆形头光和椭圆形背光。头戴卷草冠，冠正面刻结跏趺坐化佛一身。上着双领下垂式袈裟，袈裟一角经左肩向上覆于花冠上，并下垂披覆右肩；下着长短两层裙。左手垂至体侧握持念珠，右手屈于胸前提握净瓶。该像原有铭文，现不存。从该像头覆巾、左手持念珠这一点来看，与之前江南式白衣观音较为吻合，但是，有两点值得注意：一是该像手中还持有净瓶，这明显是唐代杨枝观音的特点；二是在该窟内，另外还有单独的数珠手观音造像，位于右壁观音组像之中，并且此像的铭文明确提及“奉佛弟子侯良夫妇与子孙，发心造此数珠手观音一尊”。

妙高山第 4 号十圣观音中，左壁第 2 尊观音像（图 3-6-14），袈裟一角覆于头冠上，左手仰掌下垂，右手仰掌上举；而在该左壁的第 4 尊观音像，为左手握右手腕，右手持“8”字形数珠。该窟年代大致在南宋初期。

北山第 149 号如意轮观音窟左侧观音，头戴冠，胸饰璎珞，上着双领下垂式袈裟，袈裟一角覆头顶后披覆右肩。左手腹前托净瓶，右手胸前持柳枝。结跏趺坐于束腰莲座上。该身造像具有杨柳枝观音与白衣观音相结合的特点。

由此来看，江南式白衣观音的一些图像特点，已经被分化于其他观音形象之中了。

另，在宝顶山小佛湾中，保存有一尊圆雕观音造像（图 3-6-15），头戴冠，冠上有化佛，袈裟搭于冠上，双手笼于胸前，结跏趺坐于石台之上。座左右竖刻 10 字：“那伽常在定，无有不定时；为彼散乱人，故现如是像。”该像“似宋刻”[①]。从该像的铭文和坐姿来看，与禅宗的修行有关，再结合所在的宝顶山来看，推测可能属于体现密宗修行的观音造像。

图 3-6-15　宝顶山圆雕观音像

仅从上述几例来看，具备严格意义上的江南式白衣观音图像特点的观音，在宋代大足石刻基本少见，而白衣观音的图像特点，已经与其他观音形象融合，匠师可以根据自身的理解，对观音的具体形象进行创造，并且其称谓有所转变。如前述石门山第 6 号窟内的数珠手观音，铭文直接称为“数珠手观音”。因此，可见宋代时期白衣观音在大足一地已经有所变化，此正如

① 重庆大足石刻艺术博物馆、重庆市社会科学院大足石刻艺术研究所编《大足石刻铭文录》，重庆出版社，1999 年，第 188 页。

齐文中所言，“两宋时期江南式白衣观音获得进一步发展，并衍生出诸多新造型”，而宋代大足石刻不同观音形态的变化，即是最好的例证。

明清时期，大足一地基本未见有数珠手观音的雕凿，具备江南式白衣观音图像特点的观音，可见有披风帽的造像，见于白岩寺、柿花村以及中敖姊妹岩等处的观音造像。不过，与之前唐宋时期相比较，这些造像世俗意味更为浓厚，更具有民间色彩。

第四章 单尊观音
（下）：千手观音

第一节　大足千手观音造像历程叙略

在大足石刻造像中，千手观音是一种极其重要的题材，尤其是宝顶山千手观音造像，以其极高的艺术性成为大足石刻极具有代表性的作品。千手观音在大足一地历时长、艺术表现多样。兹按照造像的时间，对其略叙如下。

一、唐代

（一）造像概况

调查研究表明，大足唐代石刻中，千手观音造像龛有 4 处，分别为圣水寺 1 龛、北山佛湾 2 龛和营盘坡 1 龛。

1. 圣水寺千手观音龛

圣水寺石窟位于大足高升镇内，古名“圣水崖”，造像分布在山顶一突兀的巨石之上，现通编为第 14 号。

千手观音龛（图 4–1–1）编号为第 3 号，为双重门楣平顶龛。外龛高 2 米、宽 2.38 米，内龛高 1.57 米、宽 1.74 米。龛正中为千手观音像，高 0.63 米，花冠有所残坏，面容保存较好，身饰璎珞，结跏趺坐于莲座之上，莲座下方为束腰须弥座。在身躯周围刻千手，可分为两种：

图 4–1–1　圣水寺千手观音龛

一类为高浮雕手，约 42 只，可辨识化佛、数珠等持物，其中，身前可辨识有合掌手，腹前有结印手等；另一类为阴刻的手，4 层整齐布列，依次在身躯周围作辐射状。千手均位于一圆轮之中。

观音左右刻神众造像。内龛左右造像分为三层，其间以云形纹加以隔开。其中，左侧最上层有 1 身头发倒竖、上身赤裸的像；1 身骑孔雀的造像，此像的身份，王惠民在相关研究中认为："在敦煌、大足千手千眼观音像中，也有一骑孔雀的眷属，榜题：'孔雀王。'或以为是孔雀明王，非，应是鸠摩罗天。"[①] 左侧下层近龛门处有一站立的女像，双手于胸前抱物，尽管面容模糊，但其发式和丰满的脸庞，极具盛唐侍女像特点。另有 2 身手持兵器的武将像，其中，一像左手似托物，右手握一长兵器（或为戟），为四天王的北方天王；有瘦骨嶙峋、手持拐杖的波斯仙等。

龛内右侧与左侧对称也为三层。有 2 身手持兵器的武将像，与左侧 2 身合为四大天王像；有持幡、莲花的女像等。

外龛框左右凿三层方形龛，上、中层各对称刻 2 身神众像，下层各为 1 身六臂神像。

圣水寺造像未见有纪年题刻，其造像年代，调查报告认为"从造像龛形制、题材及雕造手法看，应为中晚唐作品，特别是 3 号龛的千手观音像龛，是巴蜀地区唐中期开元、天宝年以后出现的题材"[②]。

从地理位置、造像风格等多种因素来看，该龛的下限年代当在北山石窟营造之前。关于这龛造像出现的背景与下限时间，极可能与古静南县有关。圣水寺造像毗邻古静南县治。静南县于唐乾元元年（758）与大足、昌元（今重庆市荣昌区）同置。唐大历十年（775）复置昌州，州治移到静南。唐景福元年（892），昌州州治迁徙至大足县，同时撤销静南县并入大足县。至此，静南县治作为昌州州治有 130 余年的历史。关于静南县治所在地，说法不一，其中多数学者认为在今高升镇太和村境内，距离该地约 3 千米即为圣水寺石窟所在地。因此，陈明光认为"若太和村非唐时昌州州治百余年的静南城池，附近的'圣水崖'要出现唐人造像是极少可能的"[③]。在图像上，姚崇新通过对比圣水寺与川西南的丹棱郑山第 40 号、邛崃石笋山第 3 号和第 8 号同题材造像的考察，认为"考虑到上举川西南地区的千手观音造像的年代要早于大足圣水寺千手观音造像，我们推测，圣水寺第 3 号龛千手观音的造像图式源于川西地区"[④]。据上述多种因素来看，圣水寺千手观音龛的造像年代，极可能是在静南县作为昌州州治期间。

---

① 王惠民《论〈孔雀明王经〉及其在敦煌、大足的流传》，《敦煌研究》，1996 年，第 4 期，第 43 页。

② 重庆大足石刻艺术博物馆《大足尖山子、圣水寺摩崖造像调查简报》，《文物》，1994 年，第 2 期。

③《故静南县城当在高升乡太和村——也探唐静南县治遗址》，陈明光《大足石刻考察与研究》，中国三峡出版社，2001 年。

④ 姚崇新《大足地区唐宋时期千手千眼观音造像遗存的初步考察》，《大足学刊》第二辑，重庆出版社，2018 年。

图 4–1–2　北山佛湾第 9 号千手观音龛

图 4–1–3　1940 年北山佛湾第 9 号千手观音龛（采自《大足石刻全集》“大足石刻历史图版”卷）

2. 北山第 9 号千手观音龛

北山第 9 号千手观音龛位于佛湾南区，为平顶龛，龛高 2.9 米、宽 2.7 米、深 1.42 米。

龛内正中主像为千手观音（图 4–1–2），像坐高 1.56 米。现存观音造像头戴花冠，头后有圆形头光，其内刻莲瓣，坐于方形束腰台座上，双足下垂于莲台之上。观音身前和周围刻千手，可分为两类，一是 42 只正大手，有分别在胸前和膝间结印的双手，有放置于膝上的手，其余正大手大多外伸近似于圆雕。多数手掌不存，余下可辨识净瓶、宝篋、旁牌等手。据历史图版表明，该处正大手在 20 世纪 40 年代保存完好，此可从 1940 年营造学社（图 4–1–3）和 1945 年大足石刻考察团实地在北山拍摄的照片可知[①]。通过历史图片可以清晰辨认五色云、宝塔、化佛、金轮等手，这些手今多不可辨；此外，造像当时可见妆金，今仍可见观音头像以及顶上化佛手保存有金箔，可知该像观音造像的本体在此年之后受到了损害。陈习删在 1955 年竣稿的《大足石刻志略》中记载道：“此部原像早有剥蚀，曾经补塑。近年地方武装用刺刀搠去观音面部覆泥，内现缕缕凿痕，因知补塑之像，不与原像相同。”[②] 由此来看，该像在 1955 年前就曾遭到毁坏；同时，可知 1940 年、1945 年所摄此龛观音主像，为后世补塑的造像。

① 1945 年大足石刻考察团照片，见《中华民国三十四年大足唐宋石刻六千二百十六躯的发见》，中华学术院中国学术史研究所，1968 年。又，1940 年和 1945 年所摄照片亦可参见《大足石刻全集》第十卷“大足石刻历史图版”，重庆出版社，2018 年，图版 18、图版 19。

② 刘长久、胡文和、李永翘《大足石刻志略校注》，《大足石刻研究》，四川省社会科学院出版社，1985 年，第 224 页。

图 4-1-4 北山第 9 号龛左壁

图 4-1-5 北山第 9 号龛右壁

在观音正大手周围阴刻一轮手掌。再之外为一桃形的背光，外圈阴刻火焰纹样。龛顶上方刻二飞天，飞翔于圆形祥云之内。观音台座左刻瘦骨嶙峋的饿鬼，头不存[①]，单腿而跪，双手朝主像举钵；右侧刻双腿而跪的贫者，头戴幞头，身着圆领袍服，双手朝主尊举一口袋，袋内装有钱币。

龛左右壁（图 4-1-4、图 4-1-5）皆有神众造像，分为四层，呈左右对称布列。

左壁最上层，内侧祥云内为 5 身佛像，与右壁对应 5 身佛像合为十方诸佛。外侧祥云内刻三像，雷神居中，头为猪首[②]，大耳拱嘴，双手正在击打周围的十二面连鼓。上方有一像，手中持扇，应为云神。左侧一像，面相怪异，手中持索，或为电神。

第二层内侧云内，一尊六臂神像结跏趺坐于尾羽散开的孔雀背上。外侧云内刻文殊菩萨，坐于狮子背负的莲台之上，狮旁有正拽绳的狮奴。在文殊左右对称刻菩萨像，其中一像手中持幡。

① 据《大足石刻全集》第十卷“大足石刻历史图版”图 18 可知，该饿鬼的头像，在 1940 年拍摄的图片中仍保存完好，但亦有可能为补塑，详前文引陈习删《大足石刻志略》所叙。

②《大足石刻内容总录》识此头像为“羊头人身”，据该图像特点以及唐宋时期的雷神头像，多有表现为猪首的特点（如大足宝顶山云雷音图雷神），故识该头像为猪首。

第三层内侧云内站立三像，中像头戴方形冠，双手合十于胸前，左右二侍者依偎其旁。外侧云内站立二武将像，或持弓箭，或拄剑。

第四层内侧站立一像，头戴方形冠，身着圆领袍服，双手于身左肩处捧盘。外侧造像现残坏，可辨识脑后有圆形头光，其身旁有一跪像。

右壁最上层，内侧祥云中有5身佛像。外侧祥云内有一相貌怪异、赤裸上身的神像，于身前持一口袋，当为风神。

第二层内侧祥云内刻一六臂神像，分别持有日、月、羂索，结跏趺坐在牛背之上。外侧祥云内为普贤菩萨，结跏趺坐在大象背负的莲台上，旁有象奴。普贤两侧对称刻供养菩萨。

第三层内侧祥云内刻3身站像，与左壁图像近似。外侧祥云内刻二武将像，一像残坏；另一像与北山佛湾第5号北方天王像近似，尤其是头冠、脑后火焰纹样、胸前悬小刀等图像，加之左手为托塔状，可知为北方天王，与左壁对应2身武将像合为四大天王像。

第四层内侧为波斯仙，面有三角须髯，左手扶杖，右手持物举于前方。外侧站像身姿歪斜，大部分残坏，身处于火焰纹内，双足一高一低踏于山石之上，其旁有一跪像。

对于该龛营建的年代，之前调查和研究论著基本上认为系晚唐，为韦君靖在北山修建龙岗寨之初开龛造像的作品，《韦君靖碑》中有"翠壁凿出金仙，现千手眼之威神，具八十种之相好"[①]，即指此千手观音龛，陈习删也认为"彼窟为晚唐韦君靖造像无疑"[②]。从这点也可以看出，韦君靖雕凿千手观音的目的，与其护佑军事胜利等心愿有一定的关系。2001年，在第9号千手观音龛外下端发现一则题记，有"召募良工，镌大悲观世音菩萨天龙□部众一龛"等字，其中可辨"□校司空使持节都督"官衔，在《韦君靖碑》百余位节级将校的名衔中，仅有韦君靖署"检校司空、使持节都督昌州诸军事……"；因此，该龛"是韦君靖开凿时的造像镌记无疑"[③]，可见第9号龛确为韦君靖所开凿。

北山第9号千手观音，形制较大，题材内容丰富，雕刻技法娴熟，保存基本完好，是大足唐代千手观音的代表造像龛。

3. 北山营盘坡千手观音龛

北山营盘坡第11号（1985年《大足石刻内容总录》编为第10号）龛（图4-1-6），高1.54米、宽1.8米、深1.46米。正壁为主尊千手观音，身侧有42只正大手，身后大圆形背光内阴刻数百只手，手上有眼；观音结跏趺坐于莲台之上，莲台下有基座，两侧各有半身像一身，作捧座状。

① 重庆大足石刻艺术博物馆、重庆市社会科学院大足石刻艺术研究所编《大足石刻铭文录》，重庆出版社，1999年，第38页。

② 刘长久、胡文和、李永翘《大足石刻志略校注》，《大足石刻研究》，四川省社会科学院出版社，1985年，第225页。

③ 陈明光《大足北山佛湾发现开创者造像镌记》，《四川文物》，2007年，第3期。

图 4-1-6　北山营盘坡千手观音龛

基座左右，对称刻有一站立的护法神，左像单手拄剑，右像捧鞭于胸。

龛内正壁和左右两侧壁刻有眷属和护法神像。其中，正壁对称刻有十方诸佛，文殊和普贤。左壁上部浮雕祥云两朵，上为怀抱风袋的风伯，下为一骑马的神将，右手握缰，左手挥鞭。右壁上部亦浮雕祥云两朵，为兽头人身的雷神，周围有 11 面连鼓；下云中为一像，坐于孔雀之上。右壁下方刻有 3 身站像，中为 2 身神将，一双手持剑，一手持大刀；外侧站立一女侍者，双手捧供盘。

对于该龛造像时间，调查记录定为“晚唐”[①]。结合北山石窟的造像情况，以及千手观音图像表现等来看，此观点可从。

4. 北山佛湾第 243 号

第 243 号千手观音龛（图 4-1-7）位于佛湾北区，高 0.94 米、宽 0.72 米。位于晚唐观无量寿佛经变龛左外壁中部。龛正中端坐千手观音，面部残坏。其身躯周围有 42 只手，大多残坏，可辨识持弓、箭、玉环、净瓶等器物，双足下垂放于莲台之上。龛上部刻 2 身飞天，体态轻盈，

① 四川省社会科学院、大足县政协、大足县文物管理所、大足县石刻研究学会编《大足石刻内容总录》，四川省社会科学院出版社，1985 年，第 123 页。

图 4-1-7　北山第 243 号千手观音龛

头分别朝向左右，飘带和裙尾相绕组成观音头上部的镂空宝盖。龛上部左右龛口处刻三角形斜撑。观音左右各站立一身侍者，左侧造像为波斯仙，颌下有须，斜袒右肩，右手扶拐杖；右侧为一女像，双手在胸前持一莲花。二者下方皆刻有祥云。

对于该龛造像的年代，《大足石刻内容总录》识为“修建于五代”①。该龛保留有造像记，早在清代《金石苑》中，就收录有“镌造上件菩萨悉已周圆以天汉元年二月十五日”。其后，调查发现该龛镌记为“弟子军事押衙蹇知进”“造大悲千手观音菩萨壹龛”，“己酉年以天復元年五月十五日”。经考证，蹇知进的官衔为“大顺至光化二年（890—899）间静南军节度使韦君靖、王宗靖军中的官衔。据此，蹇知进应属晚唐人”。造像记中的年号“天复元年”，其干支纪年为“辛酉”，因此“己酉”恐系“辛酉”之误。由此，该龛的造像时间为晚唐天复元年（901）。

（二）晚唐造像特点

1. 图像表现的特点

大足唐代千手观音 4 处造像龛中，其外在的图像表现具有以下特点。

一是在千手观音千手的表现上，可分为两种形式。第一种，是千手观音以圆雕（或高浮雕）的 42 只正大手，与身躯周围阴刻诸手相结合的形式，此在圣水寺、北山佛湾第 9 号、营盘坡三处造像龛即是如此。第二种，是仅表现 42 只正大手，此见于北山佛湾第 243 号。

二是龛中出现的神众造像，也可分为两种形式。第一种，神众较多，见于圣水寺、北山佛湾第 9 号、营盘坡三处造像龛。其中，较为常见的有十方诸佛、文殊和普贤菩萨、四天王、云雷电诸神、骑孔雀的鸠摩罗天等，这些神众在敦煌千手观音图像以及巴蜀地区一些同题材造像中，大多都有表现。第二种，在主尊左右，主要刻波斯仙和功德天像，此亦仅见于北山佛湾第 243 号。

---

① 四川省社会科学院、大足县政协、大足县文物管理所、大足县石刻研究学会编《大足石刻内容总录》，四川省社会科学院出版社，1985 年，第 97 页。

2. 图像的主要来源

目前，调查研究发现，千手观音造像在国内初唐就已经开始出现。1986年在河北新城县（现为高碑店市）发现的一尊白石千手千眼菩萨立像，据发愿文知为唐代证圣元年（695）所造，“是我国迄今发现的纪年最早的一尊千手千眼观音菩萨像”①。该像通高2米，高浮雕8只手，其余诸手为阴刻，可见这种高浮雕加阴刻的表现形式起源甚早，和之后巴蜀地区同题材造像颇有影响。

随着千手观音图像传入巴蜀地区，在寺院、石窟寺等地逐渐得到流传。

巴蜀地区中，成都寺院曾有较多的千手观音造像和壁画，《益州名画录》一书就记载有相关史料，其中：“范琼”条记载，其在大圣慈寺的作品中，“石经板上《七佛》《四仙人》《大悲变相》……大悲院《八明王》《西方变相》，并大中年画”②；“左全”条记载：“左全者，蜀人也。……宝历年中，声驰阙下，于大圣慈寺中殿画《维摩变相》《师子国王》《菩萨变相》；三学院门上……文殊阁东畔《水月观音》《千手眼大悲变相》”③；“张南本”条记载，“大圣慈寺华严阁下东畔《大悲变相》，竹溪院《六祖》，兴善院《大悲菩萨》《八明王》《孔雀王变相》，并南本笔”④。

可知，至迟在唐代宝历年间（825—827），成都就有千手观音像的出现，此时有左全在大圣慈寺文殊阁内绘《千手眼大悲变相》。且成都寺院中不止一幅图像，其后还有唐大中年间（847—860）范琼绘《大悲变相》。史料还显示，在大圣慈寺内还有“大悲院”，应为专门供养千手观音的殿堂。

巴蜀地区的石窟造像中，保存有较多的唐代千手观音造像。

内江圣水寺有一高宽约9米的千手观音造像，圆雕42只正大手，圆形背光内有8层阴刻的手掌。此龛两侧刻有大量的神众造像，其时代在唐乾宁三年（896）之前。之外，在蒲江、邛崃、富顺、安岳等地的石窟造像点中，迄今仍保存有唐代千手观音造像。

从巴蜀地区绘画和石窟造像来看，大足一地唐代千手观音的图像，与大足以西的巴蜀地区同题材造像具有极大的相似性，这一点，晚唐大足北山佛湾内的北方天王、释迦瑞像等造像，亦与大足以西的巴蜀地区同题材具有相同之处。可知大足唐代千手观音受到以成都为中心巴蜀地区佛教艺术创造地带的影响。此正如姚崇新文中所述“大足地区的千手观音造像只是整个川渝地区唐宋时期千手观音造像的一部分，其发展变化与大足以外区域特别是大足以西区域不同

① 刘建华《唐代证圣元年千手千眼大悲菩萨石雕立像》，《2005年重庆大足石刻国际学术研讨会论文集》，文物出版社，2007年。

② 宋·黄休复《益州名画录》卷上，四川人民出版社，1982年，第15～16页。

③ 宋·黄休复《益州名画录》卷上，四川人民出版社，1982年，第31页。

④ 宋·黄休复《益州名画录》卷上，四川人民出版社，1982年，第33页。

时期千手观音造像的发展变化息息相关”。该文进而论述了圣水寺千手观音与其后晚唐北山千手观音的关系，认为圣水寺“千手观音整铺图像的构图形式和内容与北山诸龛千手观音造像有较大差异”，这些差异表明，“二者之间不存在直接的承继关系，只能说明大足地区唐五代时期千手观音造像的内容与图式具有阶段性特征”[①]。

二、五代

五代时期，千手观音是主要雕凿的题材之一。此时期千手观音造像调查研究，至少有 8 龛，皆出现在北山，即佛湾第 43、第 60、第 218、第 229-1、第 235、第 273 号等，另还有佛耳岩第 13 号、观音坡第 27 号。在国内五代时期雕刻作品稀少的情况下，北山遗存的千手观音像自然也就弥足珍贵。

（一）五代千手观音造像考察

1. 北山佛湾第 273 号千手观音

北山第 273 号千手观音龛（图 4-1-8），高 1.5 米、宽 1.3 米、深 0.75 米。正中雕刻端坐的千手观音，头戴高花冠，冠内云纹流畅，佛像庄严，镂空的技艺彰显出匠师细节处理娴熟。披挂的璎珞，清晰可辨其自然而流畅的走势和珠串。观音双目微睁，嘴角微翘，露出一丝淡淡的微笑。雕凿细腻的面部，仍带有盛唐时期丰腴的艺术特色。

图 4-1-8　北山第 273 号千手观音龛

在观音头部和身体两侧雕刻 42 只手，有双手合于一体的，或高举头顶，捧一佛像；或双手抬在前胸，作拱揖状；或双手放于膝间，屈指结印。更多的则是单手持物，或紧握宝瓶，或

① 姚崇新《大足地区唐宋时期千手千眼观音造像遗存的初步考察》，《大足学刊》第二辑，重庆出版社，2018 年。

轻拈数珠，或敬托佛经，或平举楼阁，或手提宝篮……器物各不相同。

第 273 号龛中的“千手”，远观层层叠叠、上下错落，甚为复杂。近视可见雕凿精细，如一手持的器物为锡杖，其上挂有 6 个小圆环，清晰可辨；又如一手持盾牌，牌上雕刻一面具，眉头紧皱，双目暴凸，龇牙咧嘴。匠师不但在狭小的龛内巧妙汇集了 42 只不同手的造型，而且在每一只手上也各尽其态、各展其姿。

除千手观音之外，第 273 号龛内还刻有其他造像，如观音座下左右分别有一跪像，他们是饿鬼和贫者，其中后者双手举一长长的口袋，正在乞求观音施舍。在门两侧，左边雕刻一站立的女像，双手捧盘；右边雕刻一波斯仙，高鼻深目，颌下有长须，一手持数珠，一手拄一长杖。在龛外，其上刻有 10 身结跏趺坐于莲台的佛像；在左右壁，刻有 4 身地藏，头戴风帽，手持锡杖，对称出现在龛外左右壁上。

整龛造像与晚唐北山及之后两宋时期（如宝顶山）的千手观音相比，尽管缺少众多部属烘托的热闹场景和孔雀开屏般的辉煌气势，但是，匠师们却又能以其精细的雕刻、简约的设计，呈现出一种小巧玲珑之感，自有这一时代别致的艺术气息。由此，以第 273 号为代表的千手观音像，可谓此时期的一雕刻杰作，也是了解五代艺术不可多得的珍品。

2. 其他五代千手观音造像

北山石窟中，五代时期的千手观音造像还有佛湾第 60、第 218、第 235 号等龛。

第 60 号千手观音龛（图 4-1-9），方形龛，观音坐于束腰金刚台座上，残坏较重，轮廓仍较为明显，可见观音手形布局与北山佛湾第 273 号相同。第 218 号千手观音龛（图 4-1-10），方形龛，观音端坐于束腰金刚座上，花冠和头部均已残坏，双足下垂于双莲朵之上，观音手臂可辨上有化佛手、结印手、数珠手、玉环手、宝铎手等。观音头顶上有华盖，左右有二飞天，

图 4-1-9　北山第 60 号千手观音龛

图 4-1-10　北山第 218 号千手观音

图 4-1-11　北山第 235 号千手观音

皆有残坏。龛左侧门口，站立持杖的波斯仙；右侧门口，站立手持带茎莲的功德天。第 229-1 号近年来研究发现为千手观音造像①，龛内中为主尊千手观音，头残，身左右生出若干手臂，大部残，仅辨左侧一手持弓，坐于须弥座上。观音上方和下方左右对称各刻坐像 2 身，共 8 身，皆残损严重。龛下沿中部刻半身像 1 身，双手外展，作抬举状。下沿左右各刻兽 1 只，相向直立。第 235 号千手观音龛（图 4-1-11），方形龛，观音头戴花冠，面部五官大致可见，台座、正大手的总体布局与第 218 号相同。观音左右下方，雕刻饿鬼和贫者。左侧饿鬼手捧一碗，作乞讨状；右侧贫者双膝着地，双手捧一袋作求施舍状。观音坡第 27 号为千手观音龛，龛内仅雕刻千手观音，造像已风化残坏，可辨其轮廓近似于北山第 60 号。佛耳岩第 13 号为千手观音龛，造像已风化残坏，与北山佛湾第 60 号图像近似，龛左右存有波斯仙和功德天残像。

（二）五代千手观音造像特点

五代时期千手观音造像龛与唐宋同题材作品相比，总体上规模较小，多在方形龛内。观音端坐在台上，头戴花冠，身部上方、左右和身前刻 42 只正大手。两侧壁侍者像较为固定，多为波斯仙与功德天、饿鬼与贫者对称雕刻，龛顶有华盖，龛内有飞天环绕。

① 大足石刻研究院编《大足石刻总录》第一卷，重庆出版社，2023 年，第 226 页。

五代时期的大足石刻，总体上具有承唐代遗风、启两宋先河的特点，从以第 273 号为代表的五代千手观音造像中不难领略：丰腴的面庞，沿袭着盛唐的风韵；造像的花冠，暗示着宋代的繁丽与精致。

五代诸龛千手观音表面上似乎显得一致，实际上存在着诸多的细节差异。如飞天布局上有所不同：或置于主尊头部两侧，如佛湾第 218 号；或位于龛左右两侧壁，如佛湾第 235 号；又如第 218 号和第 235 号龛，波斯仙和功德天的位置恰好相反。这些细节差异体现出匠师对造像不苟同的追求。值得注意的是：第 273 号龛出现有 10 身佛像和 4 身地藏像，10 身佛像或为十方佛，见于之前晚唐时期的北山佛湾第 9 号、营盘坡第 10 号千手观音龛中；该龛的地藏像，姚崇新论文认为，“按地藏菩萨成为千手观音的眷属于经轨无据，也未见于其他同类作品中，在北山仅此一例”[①]。地藏菩萨出现在第 273 号千手观音龛中，究其原因，有两点因素：一是唐代就出现了观音与地藏并列一龛的做法，此在北山佛湾晚唐五代时期保存的龛像较多；二是与五代时期特殊的历史环境有一定关系，此时期社会动乱不安，影响到民众对神祇的多神崇拜，这一典型的例子，见于北山五代时期的第 279 号、第 281 号药师经变中，出现了 10 身佛像、地藏、陀罗尼经幢等多样题材汇于一龛的做法。

三、宋代

宋代，千手观音造像题材得到延续。宝顶山石窟千手观音像雕凿之前，在北山佛湾、多宝塔、三教寺均有雕刻。以多宝塔第 116 号为代表的千手观音造像龛，体现出与晚唐五代时期造像在艺术上的变化。而宝顶山千手观音造像的出现，则将大足乃至巴蜀地区千手观音摩崖造像推向了一个顶峰，迄今仍是同题材中的石刻造像杰作。

（一）北山佛湾第 288 号千手观音（林俊窟）

北山佛湾第 288 号最初为千手观音造像，后改刻为林俊窟（图 4–1–12）。现窟为半圆形，高 2 米、宽 2.07 米、深约 1.55 米。正中雕刻一像，头戴幞头，双手持朝笏，端坐于石台上。左右壁下侧小龛内，皆有一身坐像，此两像上方的小圆龛内雕刻一菩萨。圆龛菩萨周围阴刻有祥云。在窟顶壁上，浮雕有祥云和天乐，乐器有箜篌、筝、拍板、笙、琵琶、鼓等，乐器上系有飘带。龛额横刻“大明蜀总制林公之像”9 字。

窟的右外上面的崖壁残存一则镌记，其中记述有马道者，在北宋大观元年（1107）之际，镌刻千手千眼观音。可知该窟造像最初形成于北宋之际，题材为千手观音。明代嘉靖年间，该千手观音造像被改刻为林俊等像。毗邻林俊像窟还保存有时任重庆府同知的范府，于嘉靖

① 姚崇新《大足地区唐宋时期千手千眼观音造像遗存的初步考察》，《大足学刊》第二辑，重庆出版社，2018 年。

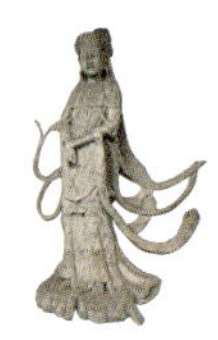

图 4-1-12　北山第 288 号林俊窟

图 4-1-13　北山第 288 号窟顶

三年（1524）书写的林俊诗碑以及跋语。林俊（1452—1527），福建莆田人，曾以右副都御史巡抚四川。范府书写的跋语中记载，林俊在巡抚四川后，“功成身退，蜀人为立生祠”。其后，范府“遂捐廪命匠，凿一石洞，以镌公之像；砻一石碑，以刻公之诗，用识蜀人之思，共传不朽云”。碑后署有范府以及知大足县事临安唐鳌翔之名。

从现存龛造像来看，两侧壁圆龛内的菩萨、窟顶壁上的祥云和天乐（图 4-1-13），为宋代刻像的原作。从这些遗存来看，北宋初期的千手观音龛在雕刻题材上，已经与五代时期千手观音造像有所差异。

（二）多宝塔第 116 号千手观音龛

北山多宝塔与北山佛湾石窟遥遥相对。多宝塔修建在石堡上，是八角形密檐楼阁式砖塔，高约 32 米，塔身形如腰鼓，外显 12 级，内开 8 层。塔内外有砖砌的龛洞，洞内镶嵌浮雕造像，通编为第 131 号；其中，塔内通编为第 80 号，塔外第 51 号。根据塔内造像题记可知，该塔营建于南宋绍兴十七年至二十五年（1147—1155）间，捐资捐物造塔者甚多，有身居要职的官员，也有普通百姓。多宝塔造像主要有善财童子五十三参故事，以及各种尊像、经变、护法、供养人造像、碑刻等。

位于第三层塔檐下方的第 116 号龛为千手观音造像（图 4-1-14），头戴花冠，冠中有佛像，18 只手臂分布在身体胸前和左右，可见有宝经手、莲花手、宝瓶手、如意手等。其中，在肩部上方有双手，各托一像于云朵之中。左边为男像，头戴冠，身着圆领大袖长服，双手捧笏于胸前；右侧为女像，头戴团冠，身着圆领大袖长服，双手于胸前搭布帛。在观音身侧左右，各有一男一女供养人像，皆双手合十于胸前。龛内左右角刻有题记，“城廓右厢居住奉佛弟子王安，同室朱七娘，并膝下男□，同室王氏，孙松年镌”①，可知为当时昌州居民王安一家三代人所造。

这龛雕凿于南宋初期的千手观音，与之前大足北山第 273 号等同类造像比较，有着自身的特色：如为 18 臂，手臂相对较长，布列稍显舒缓；肩上双手所托人物造像，在千手观音同题材造像中颇为稀见。

图 4-1-14 多宝塔第 116 号千手观音

（三）三教寺千手观音龛

现存该像已被妆金，观音端坐在石台上，在头上、身前和左右皆刻 40 只正大手，左右侧下方刻下跪的贫者和饿鬼。身部左右各有一站像，龛门口左右亦各有一站像。该龛造像的图像近似于五代北山时期的千手观音龛。三教寺造像内有北宋年间的造像记，此龛千手观音，亦极大可能为宋代作品。另，《大足石刻总录》识为明代，亦可备一说②。

（四）宝顶山千手观音

略，详见本书相关论述。

另，北山第 197 号，上部为六臂观音，下部残坏较重，《大足石刻总录》识为千手观音，时代为宋。考虑到该身造像的体量、不空羂索亦有多臂的情况等因素，此像为千手观音存疑③。

从上述宋代大足一地千手观音造像可见，此时期已经逐渐脱离唐五代时期的造像模式，尤其是宝顶山千手观音造像龛，开创了新的千手观音图像模式，对明清时期同题材造像影响颇大。

① 陈明光《大足多宝塔外部造像勘查简报》，《2005 年重庆大足石刻国际学术研讨会论文集》，文物出版社，2007 年。

② 四川省社会科学院、大足县政协、大足县文物管理所、大足县石刻研究学会编《大足石刻总录》第三卷，重庆出版社，2023 年，第 950 页。

③ 四川省社会科学院、大足县政协、大足县文物管理所、大足县石刻研究学会编《大足石刻总录》第一卷，重庆出版社，2023 年，第 201 ~ 202 页。

图 4-1-15　多宝寺千手观音龛

四、明清时期

明清时期，大足境内石窟造像之风一直延续。相对两宋时期而言，在雕刻技艺上有所不及；在题材上，更具有世俗化的特色。观音仍是此时期主要的造像题材之一，经调查发现，其中千手观音造像至少有 4 龛，分别位于多宝寺、佛安桥、七佛岩、青果村石窟内。

多宝寺石窟位于石马镇先锋村，造像题材有千手观音、地藏与十殿阎王、千里眼和顺风耳等。该处造像未见有铭文记载，一般识为明代。千手观音龛（图 4-1-15）中，千手观音结跏趺坐于石台上，观音身部和周围诸手基本上已风化剥蚀，千手集中在观音身部周围，可见有双手举于头顶，顶上还有一佛像。观音左右各有 2 身站像。这龛千手观音龛所占据的崖面颇大，从造像遗迹来看，为未完工之作，其原因有待探索。从该龛的体量以及造像布局来看，明显受到宝顶山千手观音造像的影响。因此，从两点可大致推测该处造像年代：一是结合南宋宝顶山营造时期，在大足一地少有其他大型造像开凿的情况来看，该龛造像为明代的可能性更大；二是多宝寺石窟的造像题材，地藏十王龛、顺风耳和千里眼，都见于宝顶山、石门山等地，该处造像呈现出仿造的痕迹，也即千手观音龛，很可能为明代仿造宝顶山千手观音而作[①]。

① 大足石刻研究院编《大足石刻总录》一书识为“宋代”，还有待于进一步研究。重庆出版社，2023 年。

图 4-1-16 佛安桥千手观音龛

图 4-1-17 七佛岩千手观音龛

佛安桥石窟位于珠溪镇八角村，该处石窟始凿于宋代，有水月观音、引路王菩萨、三教窟等造像；清代仍有续刻，第 10 号千手观音龛（图 4-1-16）就是此时期作品。千手观音龛高 2.5 米、宽 2.3 米。观音头戴冠，坐于石台之上，42 只正大手俱全，双足下垂，足踏莲花[①]。

七佛岩石窟位于龙石镇石马村，造像最初开凿于明代永乐九年（1411），明代作品有西方三圣等造像，至清代仍有续刻，千手观音龛即为此时期作品。第 1 号千手观音（图 4-1-17），头戴冠，冠中有化佛，胸前有合掌手和结印手。身后呈弧形的崖面上遍布千手，正中主尊的上方开有一小龛，雕刻 1 身坐于莲台上的佛像。该龛千手观音模仿宝顶山千手观音，除在总体布局上甚为明显之外，在一些细节上也是如此，如千手所持器物采取了宝顶山对称的方式。不过，在手型的表现上也有不同之处，如主尊头部上方有一双手，高举一圆盘。

兴福寺石窟位于铁山镇境内，千手观音造像（图 4-1-18）头戴花冠，双手于胸前捧净瓶，身躯两侧布列数手，结跏趺坐于莲座上。从该像的花冠、面容、器物等图像特点来看，应为明清时期的造像。

① 四川省社会科学院、大足县政协、大足县文物管理所、大足县石刻研究学会编《大足石刻内容总录》，书中定该龛造像年代为“清”。四川省社会科学院出版社，1985 年，第 361 页。

图 4-1-18　兴福寺千手观音龛

青果村石窟，有一小型的千手观音造像龛。

从明清时期这些千手观音造像可知，基本上都是沿袭之前的图像模式；其中，多宝寺、七佛岩千手观音沿袭的是宝顶山千手观音的图像模式，佛安桥沿袭的是晚唐五代北山千手观音的图像模式。

明清时期对千手观音的信奉，值得注意的还有宝顶山千手观音妆金史料，是明清时期民众对千手观音信奉的体现，详见本书相关论述。

从上述大足一地千手观音造像的历程，可见大足千手观音造像具有以下几个特点。

一是造像遗存数量较多。据统计，大足千手观音造像分别有唐代 4 龛、五代 8 龛、宋代 4 龛、明清 5 龛，共计 21 龛。从摩崖造像的角度来看，可谓国内千手观音造像比较集中的地区。另在敦煌一地，盛唐时期已有千手观音的绘制，此后中晚唐、五代、宋代、西夏以及元代仍有制作，数量多达 70 铺千手观音的壁画，在石窟寺图像遗存方面，数量可谓是最为丰富者。

二是造像延续的时间长。从唐代开始，历经五代，至两宋并绵延到明清，跨度千余年，此在国内很多石刻造像点亦较为少见。

三是造像大多保存较为完好，雕刻艺术精湛。大足千手观音造像大多保存较为完整，并具有自身的时代特色。晚唐造像题材丰富，五代造像小巧玲珑，尤其是宋代宝顶山千手观音气势

图 4-2-1 宝顶山千手观音

恢宏，是大足石刻经典作品之一。

四是承载多种历史文化信息。大足千手观音造像跨越历史时间长，多数造像保存有铭文，记录了当时诸多的社会习俗；宝顶山千手观音造像，其后多次妆金，积淀有丰富的历史文化信息，尤其是延续了数百年的宝顶香会史料，更是了解石窟艺术与民俗互动的珍贵资料。

第二节 宝顶山千手观音部分造像内容考察

一、造像综述

宝顶山石窟大佛湾千手观音像（图 4-2-1），编号第 8 号，龛高 7.2 米，像宽 12.5 米，占据崖面 88 平方米。主尊千手观音结跏趺坐于莲台之上，左右各有一半身天王捧台座。观音头戴花冠，冠上有 48 身佛像。观音面相慈祥，双目下视，额上竖刻一眼。在观音左右两侧和头顶上方，呈放射状、似孔雀开屏般地雕凿了近千只手[①]，每只手掌心中有一只眼睛，多数手中持有器物，

①《大足石刻千手观音造像抢救性保护工程前期研究》（上）一书记载："调查组通过考古探方的形式，查明千手观音的手和手臂数量为 830 只。"文物出版社，2015 年，第 39 页。

如日、月、塔、宝剑、宝瓶、莲花、宝镜、数珠等。千手姿势或伸或屈、或正或侧，显得圆润多姿、金碧辉煌，给人以眼目晕眩之感。

该龛千手观音花冠中，与绝大多数的千手观音花冠不一致的是：花冠中刻48尊佛像，皆是结跏趺坐于莲台上，双手下放于膝间。《观无量寿佛经》记载，观音“其天冠中，有一立化佛，高二十五由旬”；因此，常见的千手观音像花冠中雕刻为一身立佛像。此处出现数量多达48尊的结跏趺坐佛像，或与《无量寿经》记载阿弥陀佛四十八大愿有关。

千手观音面数有1面、11面以及500面的说法，其中1面在实物遗存中较常见。如在敦煌，据彭金章先生文，1面者有35幅，时间从盛唐开始，一直延续至元代[①]。在巴蜀地区，元代之前的千手观音基本上为1面，如内江圣水寺（唐代）、资中北岩第113号（唐代），以及大足北山第9号（唐代）、第273号（五代）等作品，可见宝顶山千手观音作1面的表现，也是巴蜀地区常见的形式。另，多部佛经经典中记载千手观音面有三眼，如智通译《千眼千臂观世音菩萨陀罗尼神咒经》、菩提流志译《千手千眼姥陀罗尼身经》都记载“面有三眼”，此当为宝顶山千手观音面有三眼的依据。宝顶山千手观音为结跏趺坐，此与经典记载吻合。据彭金章先生文，在10余部千手观音的经轨中，有3部经典记载了千手观音姿势，皆为结跏趺坐式。

观音左侧有一男像和一头顶猪头的女像；右侧有一女像和头顶象头的女像。关于他们的身份，胡文和认为，“观音左右侧的男像和女像分别名为婆薮仙和吉祥天女”，此“两像左右侧头顶猪首和象首的妇人形象，身份是毗那夜迦天”，并引用有关经典对毗那夜迦天的记载，基本为男天和女天。笔者认为，此4身造像为婆薮仙、吉祥天女和毗那夜迦天的组合一说较为妥帖，一则因为婆薮仙、吉祥天女的组合，基本上都出现于之前千手观音造像两侧，是比较固定的组合，即或五代时期千手观音部属极少出现，此二像仍是较为常见的组合。二则迄今为止的宝顶山研究史表明，多倾向于赵智凤营建，石刻中多出现有鬈发人形象或为赵智凤像，将千手观音龛前的这4身造像认为系供养人像，论据上还有待于进一步商讨。

龛下方左侧有一老者跪地，手提口袋，袋口刻两枚钱币；下方右侧跪有一饿鬼，身材枯瘦，双手捧钵，钵内盛有物，下半身隐于身前云纹内。这是之前常见的饿鬼和贫者。观音莲座下方，左右各有一半身武士像，作抬莲座状。

宝顶山出现如此规模宏大的千手观音造像，因素很多，下面分别从两个角度来试作探讨。

一是从观音信仰、造像等历史背景来看，主要有三点：第一，与千手观音本身所具备的大慈大悲的济世神格有关，此点有关论述极多，略。第二，从唐代开始到宋代，大足一地观音造

① 彭金章《千眼照见 千手护持——敦煌密教经变研究之三》，《敦煌研究》，1996年，第1期。

像是最为盛行的造像题材，有数珠手观音、宝印观音、不空羂索观音、莲花手观音等多种单尊观音；其中，千手观音信仰在大足乃至于巴蜀地区多有雕凿，是备受信众信奉的观音造像题材之一。此外，还有不同组合的观音题材，尤其是十圣观音的盛行。第三，与巴蜀地区营造大型的千手观音造像有关。这一点，姚崇新在论文中分析较多，笔者近年来在巴蜀地区实地考察中也深有同感，兹结合其文简述如下。有关千手观音大型造像的风气，分别出现在史料记载和实物遗存两个方面。在史料记载上，姚文列举了成都两处，一处是大圣慈寺大悲院，由法师敏行在北宋元丰五年（1082）造大悲像，并以阁覆之，苏轼还曾作《大圣慈寺大悲圆通阁记》一文以记其概貌，详见下文大悲阁部分。另一处在成都圣寿寺内的大中祥符院内，冯楫《大中祥符院大悲像并阁记》叙述道："沙门法珍……于（绍兴）十七年季春，役工雕造千手眼大悲像，至二十一年孟冬像成。立高四十七尺，横广二十四尺。复于二十二年季春，即故暖堂基而称像建阁，阁广九十尺，深七十八尺，高五十四尺，于绍兴二十二年三月七日阁就，奉安圣像于其中。"[①] 由此可见当时成都造巨型千手观音的盛况，这些史料也对宝顶山千手观音保护建筑大悲阁具有一定的价值，详见后文。在实物遗存方面，主要集中在四川内江一地，实地调查发现该处遗存有三例巨型的千手观音摩崖造像。圣水寺千手观音，开凿于高、宽达 9 米左右的龛中，该处千手观音造像当在唐乾宁三年（896）之前；翔龙山千手观音可能在晚唐时期[②]；东林寺千手观音营建于宋代。三龛造像基本上为高 7 ~ 9 米、宽 8 ~ 12 米左右，与宝顶山千手观音规模近似[③]。另，在四川富顺千佛崖也有体量与内江千手观音相当的一龛千手观音像，其营建年代在唐代咸通年间（860—874）[④]。上述这些实物遗存，基本上在大足宝顶山营建之前，既可知巴蜀地区营造巨型千手观音的风气，也可了解宝顶山千手观音修造的背景。也就是说，成都、内江等地的这些千手观音造像，对大足宝顶山出现巨型的千手观音造像具有一定程度的联系。同时，姚崇新论文中认为，"宋代以降，川渝地区的千手观音造像开始向巨型化的方向发展（至少一部分造像如此）"，这一观点可从。

二是与宝顶山自身造像有关。有三点：第一，与宝顶山大佛湾造像本身追求艺术的创新性有关，详见本章第三节。第二，与宝顶山为密教道场有关。宝顶山石刻营建者赵智凤学柳本尊

① 冯楫《大中祥符院大悲像并阁记》，龙显昭主编《巴蜀佛教碑文集成》，巴蜀书社，2004 年，第 175 页。

② 笔者这一推论，与近年来调查报告观点近似。见符永利、张婷、杨华《四川内江翔龙山摩崖造像内容总录》，《石窟寺研究》第十二辑，科学出版社，2021 年，第 75 页。

③ 李小强《四川内江唐宋摩崖造像三题》，《中国国家博物馆馆刊》，2013 年，第 5 期。

④ 姚崇新《大足地区唐宋时期千手千眼观音造像遗存的初步考察》一文认为"该龛造像应属南宋时期"，此据《舆地纪胜》记载："中岩在监之西北，唐咸通中，依岩镌大悲佛像。国初，僧自悟架屋三百楹。天圣丁丑赐名普觉院，藏两朝宸翰。康定二年，翰林李淑为之记，林灵素毁佛法，欲坏其像，群蛇围绕，凿之不可止，以泥涂之，后罢禁，始以水洗出之。"宋・王象之《舆地纪胜》第 5 册，中华书局，2003 年，第 4496 页。

密法，尊崇柳本尊为师，秉承其教，营建宝顶山石窟，这是“一座有道场中心、有外围结界像、题材不重复、有图有文、像刻在石崖上的一幅幅佛教连环画长卷”[①]。而千手观音是受密教影响最大的观音，故出现其间不难理解。第三，与宝顶山大佛湾造像的性质有关。宝顶山大佛湾造像，多数专家认为是向大众讲述佛教的“俗讲道场”“外道场”。如李巳生认为，“宝顶道场大佛湾造像以显教为主，几乎每铺造像镌刻大量经文、誓词、偈语、颂词，图文对照，具俗讲道场的特色”[②]；陈明光认为宝顶山造像布局似由外院、内院、四方结界三大部分组成，“外院即大佛湾，造像题材显密皆备，然以密教为核心，图文并举”[③]。因此，在导引世俗信众的造像题材选择上，雕凿规模宏大的千手观音造像，无疑对于捕获信众心理具有重要的意义。

关于千手观音在大佛湾中所处位置与周边造像的关系，亦不乏论者提及。千手观音龛左侧为第 7 号妙智宝塔龛，上为妙智宝塔，下为毗卢庵；右侧为第 9 号“化城喻品”图，再者右侧为佛传故事图。对于其间内在的关联，郭相颖认为，“又于卧佛南侧造千手千眼观世音菩萨像……显而易见，孔雀明王、千手观音皆密宗主要本尊……故置于卧佛左右，从而构成道场的核心部位”[④]；陈明光认为，第 7 号妙智宝塔、第 8 号千手观音像、第 9 号“化城喻品”图，“是一组展示以千手观音为中心的菩萨之愿力功德的造像”[⑤]，对于其间具体关系略有分析。结合上述说法，笔者认为，化城品龛是根据《妙法莲华经》“化城喻品”所刻。

二、主尊第 4–7–S1、第 4–6–S1 号手为主的初步考察

宝顶山千手观音主尊形象可谓是同题材中的奇葩。在主尊形象中，以佛经为基础，在面数、手的数量、器物等方面较多遵循着佛典的要求。同时，在具体的表现形式上，具有自身的一些特点，如在布局、细节处理等方面；其中，主尊身前的双手（编号第 4–7–S1 号和第 4–6–S1 号）即是如此。笔者曾受中国文化遗产研究院大足石刻千手观音抢救性保护工程项目组的委托，对主尊身前双手（编号第 4–7–S1 号和第 4–6–S1 号）的修复提出建议，通过初步考察，提出相关的建议，并由此可见宝顶山千手观音造像在巴蜀地区甚至国内的同题材石刻作品中，在艺术表现上所具有的创造性特点。

---

①《宝顶山石窟创建者——赵智凤事略》，陈明光《大足石刻考古与研究》，重庆出版社，2001 年，第 163 页。

②李巳生《大足石窟佛教造像》，《大足石刻研究文集》（4），中国文联出版社，2002 年，第 38 页。

③《大足宝顶山石窟造像年代布局及内容研究》，陈明光《大足石刻考察与研究》，中国三峡出版社，2001 年，第 191 页。

④《略谈宝顶山摩崖造像是完备而有特色的密宗道场》，郭相颖《大足石刻研究与欣赏》，重庆出版社，2013 年，第 210 页。

⑤《大足宝顶山石窟造像年代布局及内容研究》，陈明光《大足石刻考察与研究》，中国三峡出版社，2001 年，第 193 页。

（一）第 4-7-S1、第 4-6-S1 号手修复前的情况

第 4-7-S1 、第 4-6-S1 号手分别位于千手观音像主尊胸部两侧（图 4-2-2），为圆雕，向前伸出。

第 4-7-S1 号手（图 4-2-3）位于主尊像左胸部外侧、肩下处。现手臂存，手指大部分存，五指前部皆残缺，中指和无名指略微上跷，食指和小指低于前两指，大指上跷。手心处存有一圆形石质状器物，表面凹凸不平。其上曾有一石块，与之相吻合为一球状物体，为后世重修所补。

第 4-6-S1 号手位于主尊像右胸部外侧、肩下，其所处的位置与第 4-7-S1 号手形成对称，手臂为原刻，现存。现手掌部分为后世补塑，拇指外伸，余四指前伸，被一布帕所遮盖。

图 4-2-2 第 4-7-S1、第 4-6-S1 号手修复前

（二）第 4-7-S1、第 4-6-S1 号手修复的依据

1. 对此两手原貌探讨的思路

鉴于上述双手保存现状，首先，需寻找直接依据，即原始照片，或文献描述。其次，在直接依据不存的前提下，寻找间接依据，即佛经中的描述、佛经图像的情况，以及对以巴蜀地区为主的千手观音像的考察，同时注重国内相关造像的情况，以及明清时期是否存在模仿行为的造像。最后，在间接依据辅助下，结合实物图片、本体现状、经典记载等要素，提出具有一定合理性的文物本体最初依据。

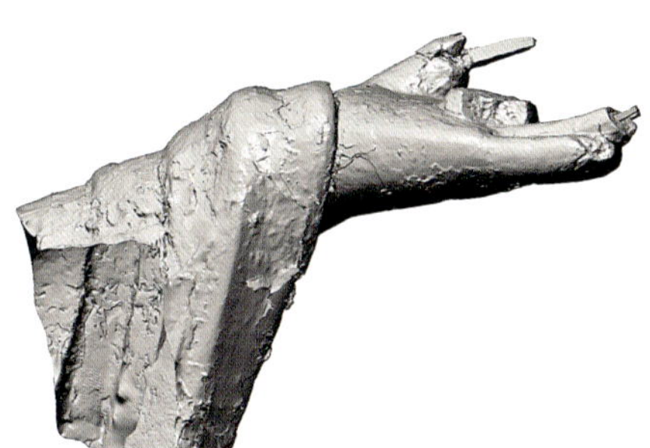

图 4-2-3 第 4-7-S1 号手三维激光扫描右侧面

2. 直接依据

（1）历史图像情况

目前所见最早的宝顶山千手观音照片资料，为 1940 年 1 月中国营造学社梁思成、刘敦桢等著名学者所拍摄（图 4-2-4），双手的情况为：第 4-7-S1 号手可见，手指作前伸，是否前段断裂，不详；第 4-6-S1 号手因碑刻挡住，照片未有反映[①]。

① 梁思成《西南建筑图说（一）·四川部分》，《梁思成全集》第三卷，中国建筑工业出版社，2001 年。

图 4-2-4　1940 年千手观音（采自《佛像的历史》，中国青年出版社，2014 年）

图 4-2-5　1945 年千手观音（采自《民国重修大足县志》卷首“大足石刻图征初编”）

1945 年，由杨家骆、马衡、顾颉刚等著名学者组成的考察团在大足考察亦进行了拍照。千手观音照片中（图 4-2-5），第 4-7-S1 号手可辨识，大拇指上跷，其余四指视觉较为漆黑，极可能手中存有器物，但可见不是宝瓶一类体量较高的器物。第 4-6-S1 号手可辨，从其手伸出较短，且手前段视觉较为模糊，可见搭（或仿塑）有布帛，对手部前段进行遮掩。可见，该手在 1945 年时已经断裂，并有遮盖物的存在[①]。

1949 年前的几张照片显示：第 4-7-S1 号手，手臂全，手掌保存较好，主要是前段存在断裂，并有器物的可能性。第 4-6-S1 号手手臂基本健全，手掌不存在的可能性极大。

1949 年后，大足石刻画册中同题材的照片显示：第 4-7-S1 号手，手臂健全，手指前段断裂，曾存在有遮盖物遮挡的现象；第 4-6-S1 号手，手臂不全，手掌不存，曾存在有遮盖物遮挡的现象。

（2）文献记载的梳理

查阅宝顶山明清时期涉及千手观音的碑刻文献，均未有对此双手的描述。在 1940 年营造学社、1945 年乙酉大足石刻考察团以及 1947 年王仲博《大足石刻参礼》等游记中，也均未有此双手的叙述。

① 《民国重修大足县志》卷首，1946 年。

3. 间接依据

（1）佛经记载

①千手观音经典的记载。

在千手观音经典中，基本上未见有对千手手型的具体描述，以及对手中所持器物所处具体位置的要求。

②《大正藏》等佛教文献的图像记载。

《大正藏》图像部收录千手观音图像近20幅，其中出现有类似宝顶山千手观音前伸双手的图像，但是所持的器物有所不同。如收录《大正藏》图像部第1册，图像编号NO.138千手观自在菩萨。观音坐于莲台上，身前有前伸的双手，位于胸部合掌手、结印手外侧，左手持莲花，右手与左手对称，亦为轻拈莲花状，莲花作半盛开状。此类图像还有多例，多为持莲花且相互对称。

其中仍有一例较为特殊，为《唐本二十五菩萨》别纸千手观音。观音胸前有五双手，其中四双手结印。胸前结印手两侧各有一手，左侧手上举托钵，右手上举作结印，可见在持物和姿势上不对称①。

（2）敦煌一地部分造像

在敦煌一地，可见有较多的观音像在胸前合掌手外绘有双手，如莫高窟第148号东壁千手观音，身前有三双手，一为放于腹部前的结印手，一为胸前的合掌手，合掌手左右两侧为向上举的莲花手。榆林窟第3窟千手观音（西夏），观音胸前合掌手外，亦各有一手持莲花，莲花作盛开状。之外，敦煌遗书中，法国吉美博物馆藏的两幅千手千眼观音菩萨图，亦为合掌手两侧，双手对称持莲花。可见，敦煌一些千手观音在此两手的表现手法上，与《大正藏》中所载图像较相同。同时，受绘画条件的影响，双手皆是曲肘上举，而非表现为宝顶山千手观音圆雕性质的前伸状。

（3）巴蜀地区同题材造像

巴蜀地区遗存有大量千手观音石刻作品，元代之前，千手观音像出现的地点有（除大足之外）：安岳卧佛院、千佛寨、圣泉寺、圣水寺、庵堂寺；乐至报国寺；蓬溪新开寺；丹棱郑山、刘嘴；夹江千佛岩第34、第83、第84、第90号；资中北岩，西岩第4、第45号；富顺千佛崖；内江圣水寺、翔龙山、东林寺；邛崃石笋山第3、第8号，鹤林寺；潼南千佛崖；营山太蓬山透明岩K15、K25；仁寿千佛寺；遂宁梵慧寺、龙潭寺；蒲江看灯山、尖山寺、白岩寺；大英大

① 大藏经刊行会编《大正藏》第6册，《唐本二十五菩萨》"别纸——千手观音"。中国台湾新文丰出版股份有限公司，1983年。

埂子；等等。这些造像，基本上未有宝顶山千手观音前伸的圆雕双手。

大足一地，宝顶山千手观音开凿之前，同题材造像就已出现，其数量有10龛以上。如唐代圣水寺第3号，北山佛湾第9号、第243号，营盘坡第10号；五代北山佛湾第235号、第243号、第273号，宋代北山第288号，多宝塔第116号等。这些遗存中，未见有前伸的圆雕双手，且在造像龛的面积上，也远远不及宝顶山千手观音龛。

值得一提的是：明清时期出现的模仿宝顶山千手观音龛造像，基本上未有对此两手的表现，其原因，雕刻技艺的难度可能是其中一个重要因素。

（三）结论——双手原貌的探讨

从前述千手观音像考察来看，宝顶山千手观音第4-7-S1、第4-6-S1号手，在绘画一类艺术作品中有所表现，但在雕塑作品中却基本未见。其原因很可能系因为此前伸的双手在雕刻方面的表现难度较大、不容易保存。而宝顶山千手观音的营造者，却大胆地将此双手雕凿，体现出其自身在雕塑上的独到之处。

同时，结合此双手保存现状、佛教经典以及实物遗存等多种因素来看，此双手最初的情况可能为：

图4-2-6　第4-7-S1、第4-6-S1号手修复后

首先，第4-7-S1号手从本体现状来看，手中所持器物现存为圆形状，经分析，为宝珠（如意珠）的可能性最大，其次有可能为宝钵。

第二，第4-6-S1号手经考察，其最初形态应与第4-7-S1号手一样，作前伸状，但是其手型、所持器物已不可考。因此，结合前述的间接依据，该手的可能性至少有三种：一为捧如意珠；二是作结印，此参见前引《唐本二十五菩萨》图像；三为持莲花，此可能性较小，主要考虑到莲花手在千手观音诸手中表现较多。

值得一提的是：宝顶山千手观音像，在观音身体两侧至左右第1身侍者，上至头顶3身佛像处，此范围内的手所持的器物基本上呈对称状。因此，此双手皆持如

图 4–2–7　千手观音千手（局部）

意珠的情况与本体实际可能较为吻合。

因此，修复组结合上述建议，第 4–7–S1 号手为持如意珠，第 4–6–S1 号手亦设计为手持如意珠（图 4–2–6）。但是，修复后的该手前段手掌部分可以拆卸，因为考虑到以后有新资料的发现，如与此次修复设计不相吻合，即按照新发现的图像进行修正。

三、器物

（一）概述

在宝顶山千手观音造像的手中，持有多种器物（图 4–2–7），据调查，共计 231 件[①]。这些器物涉及类别繁多，如乐器类有拍板、细腰鼓等，兵器类有剑、戟、斧、弓、旁牌等，动物类有狮、象等，佛教仪式器物有莲、钵、铃、数珠、如意、经册、锡杖、法螺、香炉等，建筑类有塔、宫殿、亭等，生活器具类有扇、食盒、盘、笔、镜等，食物类有石榴、葡萄等，其他还有日、月、化佛、山石、云、朝笏等，可见涉及面很广。

千手观音造像手中所持器物，一般集中在 42 只正大手上，这些手中的器物均来自佛教经典《千手千眼观世音菩萨广大圆满无碍大悲心陀罗尼经》。

---

① 大足石刻研究院编《大足石刻全集》第 6 卷（上册），重庆出版社，2018 年，第 160 页。

图 4-2-8　千手观音器物中的食盒

图 4-2-9　千手观音贝叶经

从手臂数量来看，“施无畏手”为单手结手印，“合掌手”为双手，加上“顶上化佛手”亦为双手，由此有 42 只手，此即正大手。从持物来看，共涉及 38 只手中有持物，其中有两处分别为“化佛手”“顶上化佛手”，也即造像都为化佛，由此为 37 种不同的手中持物。这些持物，在宝顶山千手观音造像之中基本上都有雕凿。除此之外，还有较多的未见于经典描述的器物，如扇、笔、香炉、拍板、山石、朝笏、绣球、食盒（图 4-2-8）等。以上器物，下文将择其数例加以考察探析。不过，这些未见于经典的器物多数与生活习俗密切相关，如鱼和盆组合、食盒等饮食类器具，就是当时民间生活器具的真实反映。

（二）部分器物考察

1. 佛经

在千手观音器物中，可见有多例佛经的图像，其出现的缘由，系佛经中有记载，如前引唐代伽梵达摩《千手千眼观世音菩萨广大圆满无碍大悲心陀罗尼经》说：“若为多闻广学者，当于宝经手。”千手观音的佛经图像，主要有三种形式：一是贝叶经（图 4-2-9），如编号第 3-3-F6、第 3-9-F5、第 6-10-F11 号等。二是卷轴装（图 4-2-10），表现形式或裹成一卷，如第 3-11-F1 号等；或舒坦铺开，如第 6-3-F6 号等。三是经折装（图 4-2-11），基本上为折叠成长方形的图像，其中编号第 3-8-F3 号图中的经册，在中部可见系带，这种做法与大佛湾第 15 号临产受苦恩中的男像一样，其手持的经册亦有系带。

图 4-2-10　千手观音卷轴装佛经

图 4-2-11　千手观音经折装佛经

千手观音法器中，佛经的图像出现这几种样式，与佛经的装帧样式的发展密切相关。佛经的装帧样式极为丰富，几乎包含了中国古代书籍各种装帧样式。据统计，有卷轴装、梵夹装、经折装、缝缋装、旋风装、方册装等[①]。

古代印度最初使用的是贝叶，在其上书写佛经和画佛像。宝顶山石窟中保存较多的贝叶经佛经样式，除千手观音之外，大佛湾"父母恩重经变"图上层中的七佛之一，和毗卢道场外左壁的一身佛像手中皆持有贝叶经；佛祖岩石窟半身像的华严三圣中，左侧的文殊左手捧巾帕，右手上举捧贝叶经。

中国造纸术发明后，卷轴装逐渐成为书籍装帧的主要样式。在 12 世纪左右开凿的宝顶山石窟中，如小佛湾就有摊开卷轴装佛经的佛像。不过，卷轴装的式样主要盛行于公元 3 世纪到 10 世纪，10 世纪后极为少见。因此，包括上述主要盛行于古印度的贝叶经和卷轴装式样的佛经，在石刻造像中出现很可能主要是装饰性。

那么，在宋代，大足一地佛教雕刻众多、寺院林立，僧人日常诵念的佛经为哪种装帧样式？从大足石刻此时期经折装出现较多来看，很可能为经折装的佛经。

经折装大约出现于唐代，佛教徒为了念诵经文方便，将佛经用折叠的形式来加以装帧。其做法是将连接成长条的经卷按照一定规格前后折叠，并用较厚硬的布帛或色纸为书衣。宋代及之后的佛教、道教经典，大多沿用此种形式[②]。

大足石刻中，手持经折装的造像，在宝顶山石窟营造之前就有出现。

① 李际宁《佛经版本》，江苏古籍出版社，2002 年，第 34 页。

② 魏隐儒《古籍版本鉴赏》，北京燕山出版社，1997 年，第 126 页；李际宁《佛经版本》，第 37 页。

图 4–2–12　石门山十圣观音窟宝经手观音

具有代表性的如石门山石窟第 6 号十圣观音洞（1136—1141），左右两壁站立 10 身观音，其中左壁 1 身观音（图 4–2–12），据造像铭文，系岑忠用一家“镌此观音菩萨一尊”。该像左手捧一长方形物体，其中部有系带捆扎，右手拎系带。该像一般通称为“宝经手观音”[①]。另外，营造于北宋靖康元年（1126）的北山第 155 号孔雀明王像，手中亦持有此器物。可见，在宝顶山之前的大足石刻中，就较多出现了经折装佛经的雕刻。

宝顶山出现的经折装图像也较多。首先来看大佛湾第 20 号“地狱变相”下层地狱中的鬔发人像（图 4–2–13），左手于胸前持一经折装式佛经，右手上举似作说法印，身后雕刻三级方塔，塔上雕刻有《华鲜经》等经文和“不信佛言，且奈心苦”等偈语，塔右方下壁刻《护口经》，因此，将此像识为在地狱图中说法的“祖师说法图”[②]，由此亦更可肯定其手持的器物为佛经。类似经折装式样的图像，在宝顶山保存较多。如在小佛湾千佛壁中，多身千佛手中所捧持的也为经折装佛经式样，表现形式上有未展开的，有正在打开诵读的。在此，值得一提的是“父母恩重经变”的“临产受苦恩”男像（图 4–2–14），其正对即将生育的中年妇女，手持一器物，或识为令牌，或识为佛经，从前述大足石刻多例类似图像来看，其手持的应该是经折装佛经。其意义为当产妇临产痛苦之际，丈夫焦急心切，拿起一册还来不及打开的佛经，左手指着妻子的腹部，希冀得到佛经的佑助，从而使得妻子顺产、母子平安。

① 重庆大足石刻艺术博物馆、重庆市社会科学院大足石刻艺术研究所编《大足石刻铭文录》，重庆出版社，1999 年，第 353 页。

② 重庆大足石刻艺术博物馆、重庆市社会科学院大足石刻艺术研究所编《大足石刻铭文录》，重庆出版社，1999 年，第 149 ~ 150 页。

图 4-2-13　宝顶山“地狱变相”鬈发人像

图 4-2-14　宝顶山“父母恩重经变”男像

可见，宋代大足石刻中保存有颇多的佛经装帧样式，这些样式也作为法器之一，出现在宝顶山千手观音众多手持法器的手中；而像千手观音这样，汇聚不同佛经装帧样式于一身，在石窟艺术中较为少见。

2. 长柄香炉

在千手观音法器中，有两件香炉（图 4-2-15），从编号为第 7-6-F7 号的手中持物来看，为长柄香炉。

长柄香炉也称长柄手炉、香斗等，是香炉的一种。此种香炉，前为一熏香的炉身，连接用于手持的长柄。完整的一套长柄香炉由炉身、炉柄、顶盖以及装香的香盒组成，炉身常有雕刻。长柄香炉在西魏时期的敦煌莫高窟第 285 窟中就有所表现，唐宋时期颇为流行。中国此时期的各种壁画、雕塑以及实物遗存，都可以见到相关的实例，一直到元代的敦煌壁画中都还可见；明清时期较少见[1]。

---

① 李力《从考古发现看莫高窟唐代壁画中的香炉》，《1990 年敦煌国际学术研讨会文集 · 石窟考古编》，辽宁美术出版社，1995 年。

图 4-2-15　千手观音持香炉手（佛像右侧上部）

图 4-2-16　宝顶山父母恩重经变“投佛祈求嗣息”图

作为佛教供养器具“三具足”（烛台、花瓶）之一的香炉，在大足石刻唐宋时期的造像中出现较多，其职能主要也是供养（包括长柄香炉）。随着佛教艺术的世俗化演变，其职能也不断增加，下面对宝顶山石窟遗存的长柄香炉略作管窥。宝顶山石窟中，长柄香炉得到了生动、全面的展现，仅在大佛湾中，至少保留有 6 件长柄香炉。据出现的场景，其职能大致有三种。

第一种是作为供养的器具。最为生动的例子，为“父母恩重经变相”开篇“投佛祈求嗣息”图（图 4-2-16）：一对夫妻相对站立，丈夫紧紧握住长柄香炉，妻子一手捧香盒、一手正在为香炉添香。夫妻像的上方为佛像，下方刻“父母同香火，求生孝顺儿”等颂词。此幅造像图文并茂地展现了夫妻在佛前祈求子女的场景，生动地展现出古

图 4-2-17　宝顶山大方便佛报恩经变“亲担父王棺”图

人使用长柄香炉供养佛像的场景。

在柳本尊行化图中，有一位男弟子，左手捧长柄香炉置于胸前，该香炉保存基本完整，展示较为全面。在卧佛上方，有一身天女亦手持长柄香炉。从人物的身份、出现场景来看，他们手持的长柄香炉是以供养为主。

第二种是作为引导的器具。大方便佛报恩经变相中的“大孝释迦佛亲担父王棺”图（图 4-2-17），讲述了释迦佛父亲净饭王去世后，释迦佛亲担父王棺的故事。在抬棺场景前，释迦佛的堂弟难陀手持长柄香炉。

难陀手持长柄香炉的图像来源，或与唐宋时期引路王菩萨有关。在敦煌等地遗存的“引路菩萨”图中，一个重要的特点就是手持长柄香炉，所以有学者称，手持长柄香炉是引路王菩萨的重要标志物之一[①]。选择香炉的原因，传说系利用香炉散发的香气，使逝者不至于迷失方向。在敦煌遗画中，一些引路菩萨手持的香炉一直弥漫着香烟。由此来看，“大孝释迦佛亲担父王棺”图中手持长柄香炉的雕像，其图像与中国的丧葬习俗有关。

① 李欣苗《毗卢寺帛画引路菩萨与水陆画的关系》，《美术观察》，2005 年，第 6 期。

第三种是作为佛教的一种法器。主要表现在第 8 号千手观音龛，在主尊像上方“化佛手”两侧各有一件长炳香炉，呈对称状分列，它们的长度、形制基本相同，风化较为严重。

唐代千手观音的多部经典中，记载其手持多种法器，未见有香炉；在敦煌的千手观音像中，也未见有香炉[①]。在宝顶千手观音像中出现有持香炉的手，可能是因经典未详细记载千手分别所持的器物，因而给营造者提供了设计的空间，他们参照当时流行的器物作为法器。而长柄香炉在唐宋时期大足石刻中，是较为流行的题材（如宝顶山其他造像出现长柄香炉即可证明），所以，将其作为千手观音所持法器之一。

3. 拍板

在千手观音法器中，出现较多的拍板，分别见于编号第 5–3–F8、第 5–4–F8、第 5–8–F10、第 5–9–F8、第 8–9–F11、第 9–4–F1 号等手中。

拍板作为一种普通的乐器，其音品特点如同“静夜之鞭鸣”[②]，在大足石刻的崖壁上处处可见。

晚唐时期，拍板就出现在石刻造像中，北山第 245 号表现西方净土世界的造像里，顶部的两朵祥云中雕刻着丰富的乐器，其中皆有拍板，不过，这些乐器都没有演奏者。此外，有一身半人半鸟形象的迦陵频伽，飞翔在殿堂之上，双手似乎按住拍板的下部，迎风而奏。五代时期，第 279 号东方药师净土变相顶部中也继续刻有拍板。

宋代，拍板大量出现在石刻造像甚至墓葬雕刻之中。

妙高山西方三圣与十观音龛中，顶部两朵祥云中的乐器，就包括一对无人演奏、系着飘带的拍板。更多拍板则是伴随演奏者形象出现，如北山第 176 号主尊座下的乐伎中，有一头梳高髻的女性形象，盘腿坐于莲台上，双手在胸前捧着张开的拍板。而宝顶山石窟遗存的几例则颇具特色。除作为千手观音的法器之外，还有在宝顶山小佛湾千佛壁，一佛像坐于圆形的龛中，双手自然地放在身体右侧，左手大拇指按住拍板板面，其他四指在拍板下部似乎托住拍板。与成都前蜀王建墓内一演奏拍板的雕像对比，除了服饰和人物形象不同之外，在演奏的姿势、拍板的样式等方面基本相同。

又，大方便佛报恩经变图中的“六师外道谤佛不孝”图，叙述六位“外道”（佛教之外的六种教派）人物讥笑佛教不讲孝道，其中有一身像双手持一拍板（图 4–2–18）。他神情专注，微张的拍板在头右侧正在击打，双膝微屈，似乎正在打着节拍，演奏的神态与微张

① 彭金章《千眼照见 千手护持——敦煌密教经变研究之三》（《敦煌研究》，1996 年，第 1 期）一文叙述的相关经典和敦煌壁画实物，未有持香炉手的记载。

② 牛龙菲《敦煌壁画乐史资料总录与研究》，敦煌文艺出版社，1996 年，第 521 页。

的拍板相得益彰，生动地展现出外道喜形于色的样子。

宋代大足地区石刻流行，也影响到宋代墓葬中雕刻的盛行。2001 年，在大足龙水镇明光村磨儿坡一带发现了三座大约为“绍兴三十年”（1160）的宋代墓葬群。其中一墓葬的右侧壁雕有牌楼，楼上 5 身造像（图 4-2-19）分别演奏着不同的乐器。其中左起第二像双手握拍板，演奏者双手正微微张开拍板，准备拍打节奏；在他们的正对面则是观众，正在如痴如醉地欣赏着美妙的乐队演奏。这一组雕像极大可能反映出亡者生前的喜好，同时，在这个简单的乐队中，拍板成为其中必不可少的乐器。

图 4-2-18 宝顶山大方便佛报恩经变持拍板外道

图 4-2-19 大足龙水镇明光村磨儿坡宋墓雕刻

拍板在宋代是演奏常用的乐器，有一则广为熟知的文坛佳话或可说明。一次，大文豪苏东坡问旁人，他作的词与柳永相比如何。答者说：柳永的词“只好十七八女孩儿，按执红牙拍，歌‘杨柳岸晓风残月’”；而苏东坡的词，“须关西大汉，执铁绰板，唱‘大江东去’”。东坡“为之绝倒”。据说，其中的“红牙拍”“铁绰板”皆为拍板，只是材质分别为木料和铁，而且之后还有以“红牙”来指代拍板，如元代卢挚友“歌轻敲夜月红牙”句（《沉醉东风》）[①]。此则佳话，后世常用来叙说宋词两大流派——豪放派、婉约派的风格，同时，可见拍板在当时颇为常见。

① 牛龙菲《敦煌壁画乐史资料总录与研究》，敦煌文艺出版社，1996 年，第 520 页。

值得一提的是：古代拍板用木从 2 片至 9 片，甚至 10 多片不等。大足文物中的拍板基本上为 6 片，如千手观音法器编号第 8-9-F11 号手中持的拍板，即可清楚辨识为 6 片。这与唐宋时期拍板情况相同，如与五代的成都王建墓、陕西冯晖墓[①]，金代山西平阳砖雕墓等出土的乐伎雕刻相比，其所持拍板数目基本相同。

图 4-2-20　千手观音拍板

图 4-2-21　千手观音鱼和盆、手

在大足石刻这些拍板的演奏者中，除了女性演奏者外，既有遨游于佛国的神鸟，也有普通的世俗乐队；不但有端庄严肃的佛像，更有喜形于色的“外道”。这些造像的身份差异较大。由此来看，在千手观音法器中出现较多的拍板（图 4-2-20），与其在当时是一件极其普通、广为人熟知的乐器密切相关。同时，石刻的拍板相对绘画而言更富有直观性，尤其是宝顶“六师外道”中的拍板，几乎近于圆雕，给人以真实之感，其价值不亚于出土的实物。

4. 鱼和盆

在千手观音诸多器物中，出现有长方形的盆，编号为第 3-2-F8、第 3-11-F4 号，其中第 3-2-F8 号周围有多手捧持。在盆上方，有一手握住鱼身，鱼头向下，鱼尾上翘。这种图像的组合不见于佛经记载，在同题材的造像中也极其罕见（图 4-2-21）。

出现鱼和盆的器物，估计与大足一地饮食习俗有关。

① 咸阳市文物考古研究所编著《五代冯晖墓》，重庆出版社，2001 年，第 13 页。书中载一男像“双手执 6 片组拍板，正在演奏”。

在宝顶山石窟中，捕鱼的场景也有出现。在“六道轮回”图中，有一打鱼的船夫，正在船前撒网捞鱼。在大佛湾外有一处不被人注意的造像，今取名“打鱼郎龛”（编号第32号）。图中刻一渔夫像，头戴斗笠，身穿对襟短衣，胸前系带，后背“鱼笆篓”。渔夫左手上举扶斗笠作眺望状，右手前伸（前部残，似执鱼竿），一脚踏于石台上（似为渔船）。身后有一小猴，正伸爪于篓中抓鱼。在其旁边雕刻有经文，可见“佛说大鱼事”以及“贪心布网”等字[①]。图像可能表示打鱼之人贪心，本想多捕鱼，不料放在篓中的鱼反而被猴子偷取，其意颇与古代成语“螳螂捕蝉，黄雀在后”近似。而在大佛湾西北方向三里外的山沟半崖上，也有一渔翁像，当地人称“龙潭”。渔翁像为宋代雕刻[②]，头戴斗笠，肩披蓑衣，跪蹲在地，似作持鱼竿状，身左侧圆雕一扁形的鱼笆篓。大足历来有“鱼米之乡”的说法，境内遍布小溪，鱼易于捕捉，据此，在宋代，鱼已成为大足一地民众的主要肉食之一；由此来看，在千手观音器物中出现鱼和盆，是匠师结合大足一地的生活习俗而雕凿的。鱼在古代具有多种文化特点，此处出现在千手观音法器之列，且与盆一道雕刻，与民间饮食文化相关，其目的或与信众祈愿生活富庶有关，这也体现出造像浓厚的生活化气息。

四、大悲阁的初创年代

在千手观音造像前方，现存有保护建筑——大悲阁（图4-2-22），又称观音堂，为重檐歇山建筑，占地面积约280平方米。对于大悲阁最早出现的年代，或言南宋，或言明初。在这之后，大悲阁曾历经多次修缮。如20世纪50年代，因为其内“步水檐柱低矮，不仅殿内潮湿，（空气不通）白天都要点灯，既造成雕像风化，又不利于参观”，为此，“加高中柱和步水头，将檐柱升到4.5米高，重新装修俯壁门窗，做脊筑檐，加瓦翻盖屋面，新添中鳌宝盖的拉绳（铁链）四根，重做蹲狮四个以固拉绳（因脊的中鳌高5米）。既解决了采光通风，又利于欣赏”[③]。笔者认为，结合宝顶山碑刻文献、宋代有关史料和实物遗存来看，大悲阁最初营造的年代应在南宋。

关于宝顶山碑刻文献资料记载方面。宝顶山石窟宋代碑刻中，未见有大悲阁修建的记载。现存最早的记载，为明代初期的《重开宝顶石碑记》，该碑刻位于大佛湾南岩“半身佛像”旁。碑文叙述了宝顶山南宋营建者赵智凤的生平事迹，其后有“是院之建，肇于智凤，莫不毕具”；紧接着叙述因“元季兵燹，一无所存，遗基故址，莽然荆棘”，有“比丘之士惠妙

① 重庆大足石刻艺术博物馆、重庆市社会科学院大足石刻艺术研究所编《大足石刻铭文录》，第169～170页。

② 四川省社会科学院、大足县政协、大足县文物管理所、大足县石刻研究学会编《大足石刻内容总录》，四川省社会科学院出版社，1985年，第263～264页。

③ 王庆煜《大足石窟维修保护概况》，《大足石刻研究》，2002年创刊号，渝内字【2001】102号。

图 4-2-22　千手观音保护建筑——大悲阁

奉命来住持之，既至后，与师弟惠旭乃以协谋重修为己任”，“于是历载以来，重修毗卢殿阁、石砌七佛阶台、重整千手大悲宝阁、兴修圆觉古洞”[①]。碑刻时间为明代洪熙元年（1425）。碑文明确说到对千手大悲宝阁进行“重整”，也即在这之前，就有大悲阁的存在，此次惠妙住持期间为重修。

宝顶山石窟自南宋后期停工开凿以后，至元代近百年，无一碑记载有关史实。其缘由为此时期“宋蒙争战在东川持续 30 多年，大足人口大减，元定蜀后终因人烟稀少而撤州裁县”[②]。至明代初年，大足人口渐有复苏。这些史料可见，元代至明代初年无经济实力修建大悲阁。而经过这一阶段，建于南宋后期的大悲阁也应存在着倾颓残坏，此点可与《重开宝顶石碑记》碑文“遗基故址，莽然荆棘”的记述相印证。其中，明代初年有僧元亮居宝顶山寺，大弘道化，这期间未见有修建大悲阁的碑刻史料记载。若僧元亮修建或重整大悲阁，惠妙《重开宝顶石碑记》等史料当有所记载，因元亮为惠妙的师祖。《重开宝顶石碑记》碑文记载，“惠妙，别号玄极，

① 重庆大足石刻艺术博物馆、重庆市社会科学院大足石刻艺术研究所编《大足石刻铭文录》，重庆出版社，1999 年，第 211 ~ 212 页。

② 大足县志编修委员会编《大足县志》，方志出版社，1996 年，第 121 页。

始师海公月舟，后参礼师祖亮公晓山”；关于僧元亮相关生平事迹的研究成果中[①]，也未提及修建大悲阁的事迹。因此，僧元亮修建或重整大悲阁的可能性不大。由此来看，大悲阁的初创年代在南宋时期。

另一个方面，是宋代较为盛行在巨型千手观音造像前修建阁楼。这方面的文献史料，可见于成都一地。大圣慈寺是当时成都绘画艺术的集中地，曾建有大悲院，法师敏行于北宋元丰五年（1082）造大悲像，并以阁覆之。苏轼《大圣慈寺大悲圆通阁记》文中说："复作大阁以覆菩萨，雄伟壮峙，工与像称。"[②]成都大中祥符院亦修造巨型千手观音，并建大悲阁。据冯楫《大中祥符院大悲像并阁记》记载，僧法珍"于（绍兴）十七年季春，役工雕造千手眼大悲像，至二十一年孟冬，像成。立高四十七尺，横广二十四尺。复于二十二年季春，即故暖堂基而称像建阁，阁广九十尺，深七十八尺，高五十四尺，于绍兴二十二年三月七日阁就，奉安圣像于其中"[③]。上述史料表明，在宋代成都的寺院中，有巨型千手观音造像的雕刻，并随后都建有阁楼加以覆盖保护。

文献史料记载的这些造像和阁楼今已不存，但是，巴蜀地区的一些实物遗存亦可见其一斑。除大足宝顶山之外，今巴蜀地区还遗存有数例巨型千手观音摩崖造像，如内江就有翔龙山、圣水寺、东林寺三处，三龛造像基本上为高 7 ~ 9 米、宽 8 ~ 12 米左右，其规模接近宝顶山的摩崖千手观音像。圣水寺千手观音开凿于高、宽达 9 米左右的龛中，该处千手观音造像当在唐乾宁三年（896）之前。现圣水寺有大悲殿保护建筑，其内主要为唐代千手观音摩崖造像，该处为圣水寺的"古寺，是唐代兴建最早的寺庙"[④]。东林寺千手观音，"南宋绍兴十一年（1141）在此观音像前，傍岩结楼"，其后明清时期经过修葺、重建[⑤]。可见，内江圣水寺和东林寺修建阁楼殿堂保护千手观音造像的做法较早。此外，翔龙山千手观音前是否有古建筑，不详。

在四川富顺千佛崖也有体量与内江千手观音相当的一龛千手观音像，其营建年代在唐代咸通年间（860—874）[⑥]。从《舆地纪胜》中可见，宋代极可能就在富顺千手观音像前修建有保护建筑，今富顺千佛崖千手观音造像仍还有保护建筑，其具体年代待考。

---

① 关于僧元亮的研究，主要有：陈明光《大足临济宗始祖元亮与师至福考——探述大足临济派的弘传与衰落》，《佛学研究》，第 16 期，2007 年；黄夏年《大足石刻〈临济正宗记〉碑研究》，《2005 年重庆大足石刻国际学术研讨会论文集》，文物出版社，2007 年。

② 苏轼《大圣慈寺大悲圆通阁记》，杨慎编，刘琳、王晓波点校《全蜀艺文志》卷三八，线装书局，2003 年，第 1160 页。

③ 冯楫《大中祥符院大悲像并阁记》，龙显昭主编《巴蜀佛教碑文集成》，巴蜀书社，2004 年，第 175 页。

④ 内江市文物保护委员会、内江市文化局编印《内江市文物志》（第一集），1983 年，第 14 页。

⑤ 内江市文物保护委员会、内江市文化局编印《内江市文物志》（第一集），1985 年，第 29 页。

⑥ 四川省文物考古研究院编《四川散见唐宋佛道龛窟总录·自贡卷》识该处千手观音造像年代为"唐宋"，文物出版社，2017 年，第 183 页。

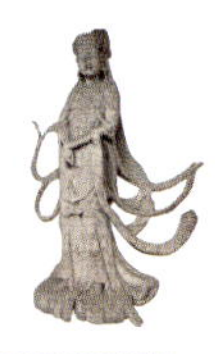

上述实物遗存的巨型千手观音像，宋代基本上都有在造像前修建保护建筑的做法。前叙《重开宝顶石碑记》记载，宝顶山石窟营建者赵智凤，曾在年十六之际，“西往弥牟，云游三昼”，其对成都一带的寺院雕像或有所了解，而内江等地位于成都与大足之间，这些情况表明，赵智凤以及工匠等宝顶山石窟营建者或了解当时修造巨型千手观音摩崖造像，在其像前修建阁楼加以保护的做法。

大足宝顶山大佛湾内的大悲阁，其最初的具体形制，虽然有待于考古调查发掘等资料进一步证明，但是结合宝顶山碑刻文献、史料及现存文物遗迹来看，应在南宋赵智凤营造千手观音像后，就有保护建筑——大悲阁的出现。

第三节　千手奇观　天下一绝——宝顶山千手观音造像艺术特点

宝顶山千手观音造像（图 4-3-1）具有极高的历史、考古、艺术等多种价值，历来备受世人称道。对于其艺术价值，相关的论述较多，大多散见于各种著述之中，专论则较为少见。下面对该龛造像的一些艺术特点，略识如下。

一、立意深远　构思奇诡

宝顶山千手观音像的立意与构思，与千手观音在之前造像的盛行密切相关，也与宝顶山自身造像在构思上具有创新、表现上力求宏伟等因素有关。具体而言，立意与构图在借鉴传统的基础上，极力注重艺术表现上的新意。

（一）借鉴唐宋造像　立意千古绝作

目前研究发现，至迟在唐代证圣元年（695）之前，千手观音像就开始流布并雕凿。调查显示，南宋赵智凤营建宝顶山之前，千手观音造像在华夏大地大量出现，不仅在敦煌莫高窟、榆林窟出现了颇多的壁画作品，在龙门石窟还有摩崖造像；而在巴蜀地区，更是遍布至少 30 个区县，接近百余龛同类题材的造像。不过，这些造像呈现出的一些特点，与宝顶山千手观音有较大的殊异。在龛窟大小上，它们的高、宽绝大多数在 2 ~ 3 米左右，此可见于蒲江、夹江、资中、仁寿、合川、遂宁等地的造像；不过也有规模宏大者，如内江东林寺、圣水寺和富顺千佛崖的千手观音造像，但是在构图、布局尤其是细节等处又有所不及。对于千手的展现，在摩崖造像中，之前的造像都是基本上采取“圆雕 + 阴刻”的组合形式，甚至往往只雕刻 42 只正大手象征千手。此种种情况，不仅见于大足宝顶山之前的圣水寺、北山、多宝塔等地，还见于巴蜀地区

图 4-3-1　宝顶山千手观音

多数造像之中，即使在内江、富顺规模宏大的造像中也是如此，甚至在目前留下的一些圆雕作品中亦基本如此。因此，宝顶山千手观音基本上采取以圆雕为主的形式，将千手完美地展现，其“构图模式和内容，与四川唐、五代同题材的作品，大相径庭”[①]，在摩崖造像中可谓极其稀见，由此可知其立意与构图之新。

（二）照应毗邻造像　各具创造匠心

宝顶山石窟极为注重新意，其间精品迭出，其雕刻的构图、立意等颇多前人所未及。如“六道轮回”图、地狱变相、圆觉洞、“牧牛”图等造像龛，与之前同题材作品相比有颇多的创新之处。如其中的地狱变相，“是我国石窟艺术同类题材中规模最大、内容组合最完整、艺术形象最生动的登峰造极之作”[②]。在千手观音周边，其造像皆是精心酝酿之作：在千手观音的左侧，雕刻3尊高达7米的华严三圣，高大而庄严，特别是文殊菩萨手捧的1.8米高、重达400千克的石塔，利用袈裟巧妙将其支撑，从而使半空中的石塔历经千年而不坠；在千手观音的右侧，为横卧于

① 胡文和《四川道教佛教石窟艺术》，四川人民出版社，1994年，第278页。

② 黎方银《大足石刻》，三秦出版社，2004年，第159页。

天地之间的“释迦涅槃”图（俗称“卧佛”），长达 31 米，设计上仅显露半身，以其“意到而笔不到”的表现手法，使得造像显得意境博大而有魄力。在千手观音对面的毗卢道场，其内雕刻仅显露一半的转轮经藏，设计独到，极具匠心。这些造像的立意与构图，皆与之前诸多石窟造像同题材迥异。在此造像环境与氛围之中，千手观音造像如何设计、雕凿，无疑就是对营建者智慧的考验。而现存造像事实表明：千手观音造像在立意、创新上既与周边造像一道奇思连绵、相互映衬，同时又别出心裁而别具一格。

大致来说，宝顶山千手观音设计上的立意，体现出营建者匠心独具的构思，其主要是：造像龛窟面积规模宏伟；圆雕为主的千手的展现，突破了之前该题材的模式等。

二、规模宏伟　大悲济世

与之前雕塑作品相比较，千手观音造像主体以展示千手为主，通过淡化护法、眷属等造像的内容，给予千手更多的空间；并通过其千手形成的视觉效果、主尊形象的刻画，彰显出千手观音所具备的神格。

（一）烘托千手气势　视觉宏伟壮观

步入宝顶山大佛湾大悲阁，迎面便见千手观音造像气势恢宏，满壁生辉。这龛造像以主尊为中心，其上和左右两侧刻有近千只以圆雕为主的手臂，参差错落、高低起伏，以其场面壮观、气势恢宏而形成了孔雀开屏般的震撼视觉效果。

与之前绘画作品相比较，雕刻在崖壁上、采取高浮雕和圆雕所形成的强大视觉效果，更具有冲击力，而摒弃“高浮雕 + 阴线刻”的常用雕刻形式，涌现出千臂尽显、千手绽放的宏伟场景，展现出千手观音形象自身强大的艺术魅力，故令无数观者啧啧称叹不已。历来参观者的赞誉也在碑刻与著作中得以记载，如 1945 年，乙酉大足石刻考察团成员之一的吴显齐，在汇集此次考察成果的《介绍大足石刻及其文化评价》一文中，记述此千手观音“长广约五丈，向刻千手观音者不过多刻数手，以示多手之意，而此则真有千数，且从一体伸出，恍若自然天生。每手各执一物，金碧辉煌，心摇目眩；我人立像下仰视久之，见各手若在摇动，鬼斧神工，叹观止矣”[①]。

（二）弱化其他神像　凸显千手主体

为了更加凸显千手，宝顶山千手观音造像对于之前较为常见的护法、眷属等神像上，相对而言体现较少。自千手观音题材出现之后，以其为中心，在其周围出现了大量的护法和眷属等造像题材，如四大天王、日光菩萨、月光菩萨、火头金刚、婆薮仙、功德天等。据统计，在敦

---

① 刘长久、胡文和、李永翘《《大足石刻研究》，四川省社会科学院出版社，1985 年，第 33 页。

煌莫高窟中，眷属最多的是第231号窟的千手观音，数量多达36位[①]。这种大量出现眷属的现象，也见于大足北山第9号、圣水寺第3号等唐代作品中。在宝顶山千手观音像龛内，除最为常见的饿鬼、贫者之外，还有2身抬莲花宝座的金刚力士，和对称站立在主尊两侧的4身造像；其中，主尊左右两侧为波斯仙（男像）和吉祥天女（女像），另外的2身女像分别头顶猪首和象首，有学者认为他们的身份是毗那夜迦天，是夫妇二人，在此表现为2身女像[②]。

宝顶山千手观音像选择数量极少的眷属和护法神，与之前多数出现众多的造像截然相反，而且，在位置上，将其放在正面的下方，既烘托出千手的众多，又体现出崖壁千手所具有的高度。而如果将众多的眷属和护法神雕刻出来，与宏伟的千手一道，反而有可能造成内容繁缛，主体部分的千手体现就不会很充分。因此，对于眷属和护法神的这样处理，起到了不冲淡主题的作用，从而使得观音的千手更加凸显，更具有强烈的感染力。同时，在眷属造像的艺术表现上，与之前多出现狰狞武士、明王的情况不同的是：男像儒雅文静，女像温和善良，与慈祥、和蔼的千手观音互为一道，彰显出千手观音大慈大悲的特征。

（三）彰显观音神格　庄严慈悯济世

而此壮观、宏伟的雕刻艺术感染力，倍增千手观音造像本身题材所具备的神格。宝顶山此龛造像千手绽放、千眼尽见的雕刻场景，极大地体现出千手观音自身所具备的神格，再加之对观音主尊面容等细节的刻画，体现出的慈祥哀悯之感，一直备受后人敬仰和称赞不已。清代康熙二十九年（1690），时为知荣昌县事兼摄大足县史彰在《重开宝顶碑记》中说："千手大悲像，皆庄严中具慈悯相，远望自生敬心。"[③]清代著名学者张澍于嘉庆二十三年（1818）撰写的《前游宝顶山记》中说："再进则为千手大悲殿，慈悯之怀，溢于眉睫，真鬼工也，杜觊龟画所不到。"[④]

三、妙手天成　千古卓绝

在千手观音像崖壁上，雕刻千只手臂，它们以主尊身姿为中心，呈辐射状散布于崖壁之上。千手远观如浪潮一层又一层，逐渐铺散开来；近观则错综复杂、纵横交错。这些手型千姿百态、变化万千，或正或侧，或屈或伸，或俯或仰，或持法器（图4-3-2）……如此种种，极尽工匠之能事。

---

① 彭金章《千眼照见 手手护持——敦煌密教经变研究之三》，《敦煌研究》，1996年第1期。

② 胡文和《四川道教佛教石窟艺术》，四川人民出版社，1994年，第277～278页。

③ 重庆大足石刻艺术博物馆、重庆市社会科学院大足石刻艺术研究所编《大足石刻铭文录》，重庆出版社，1999年，第219页。

④ 重庆大足石刻艺术博物馆、重庆市社会科学院大足石刻艺术研究所编《大足石刻铭文录》，重庆出版社，1999年，第247页。

图 4-3-2　宝顶山千手观音（局部）

（一）局部考察

在千手观音像龛中，无论从任何一个局部，都可以领略到千手在布局上的匠心。兹选择观音主尊头上方数手的布局、手姿等，略窥一斑。在主尊花冠上，从左右两侧各向上伸出二手，双手作拱揖状，其内握一莲梗，梗上为莲花台，台上端坐一身佛像，脑后有圆形的头光，结跏趺坐于其上。这双手在之前千手观音造像中颇为常见，被称为化佛手。在莲花台左右两侧对称地各刻有一手，分别呈 45° 上举，四指蜷曲，大指上竖，其内轻拈一莲梗，梗上为莲花，内可见莲苞。佛像的上方为六边形的宝盖（仅现三边），宝盖左右侧各刻有一手，分别作举宝盖状；宝盖之上，为相背的双手，手指各向左右壁弯曲；再之上，为紧握的双手，大拇指皆向上跷立并向上托起其上的双手，其余八指相互交叉；此双手上，又为一双手，手掌重叠交叉，手背之上刻有祥云，云中为莲台，台上为佛像，双手结印于胸前，结跏趺坐；在佛像的左右各有八只手，对称作烘托状，或双手紧捧莲台，或作不同形状的手姿遥相对应。仅从这个局部可见，每一组手都基本上遵循着对称的做法，都有不同表现的手姿，由此不难体会到雕刻匠师在细微的布局上殚精竭虑、煞费匠心，故不乏艺术史著作对千手观音雕凿说出这样的赞赏话语——“雕工之艰巨与精巧却实在令人惊叹”！[①]

① 陈少丰《中国雕塑史》，岭南美术出版社，1993 年，第 468 页。

（二）千手千变

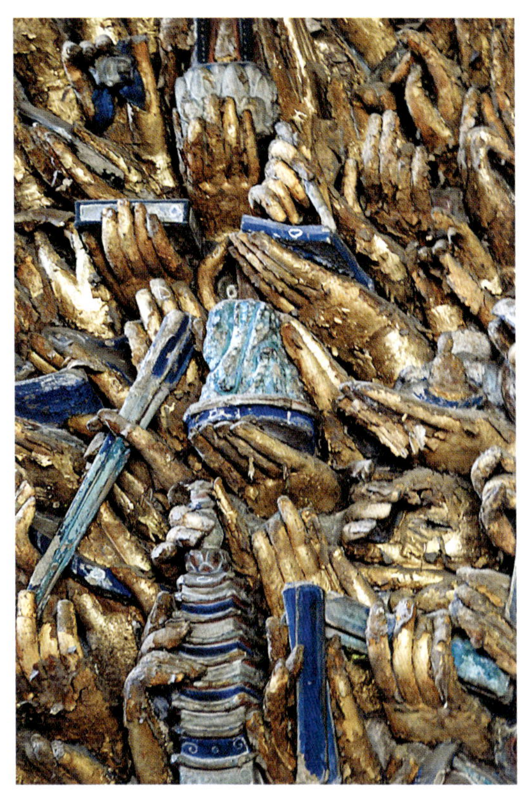

图 4-3-3　宝顶山千手观音（局部）

类似上述这样手姿的表现，在其他手中也可谓是尽展巧匠的娴熟技艺：或五指平伸，纤纤细指流畅而自然；或显露二三手指，向前略微弯曲，作轻拈器物状；或双手从不同角度，合捧宝塔、分持拍板；或手指作不同的手印，屈伸离合、各具形态；或数手汇聚于一器物旁，各展其姿，各现其态（图 4-3-3）……如此种种手姿，千变万化于崖壁之上。与壁画产生的视觉效果不同的是，雕塑作品的观赏具有多个角度和侧面：正面仰望，众手迎面而来，心摇目眩；侧面斜视，鳞次栉比、逶迤开来。再步步移、步步观，既有一手数姿的形态，也有多手荟萃的不同场景，令人赞不绝口！

而这些雕刻，都是在原有的崖壁上一次性雕刻而成，比壁画和其他一些圆雕作品（如木质等）相比更具有难度，甚至富有挑战性。因为需要对材料和艺术双重的要求，即既要求在雕刻时，对岩石的破坏极小，也要求对手姿的艺术展现，所以其雕凿难度可想而知。

在主尊身前，合掌手的两侧有一组前伸的圆雕双手，就是上述其中具有代表性的双手之一。在敦煌壁画中，就有类似作品表现此双手，如藏经洞珍藏的五代绢画“千手千眼观音菩萨”图（现藏法国吉美博物馆），在合掌手两侧双手举于胸前，皆持莲花。近似表现形式也见于其他绢画以及莫高窟第 148 号、榆林窟第 3 号等壁画作品。而在自然形成的岩石上面雕刻的千手观音像中，除宝顶山此龛外，基本上未见有此前伸双手的表现，即使在明清时期出现的模仿宝顶山千手观音摩崖造像中，也少有此表现的双手，雕刻技艺的难度可能是其中一个重要因素。关于此点，详见本书相关论述。

千手的表现形式备受世人赞誉，当代作家汪曾祺说，“我见过很多千手观音，都不觉得怎么美。一个人肩背上长出许多胳膊和手，总是不自然”，而“大足的千手观音我以为是个奇迹。那么多只手，可是非常自然”，“这是富于人性的手”[①]。

①《汪曾祺全集》第五卷“四川杂忆”，北京师范大学出版社，1998 年，第 327 ~ 328 页。

图 4-3-4　宝顶山千手观音主尊

（三）主尊形象

千手观音造像的精雕细凿，不仅体现在千手之上，还体现在主尊的形象之中（图 4-3-4）。

主尊形象也是营建者精心雕凿的内容。观音头戴花冠，其上雕刻 48 身佛像，他们高约 9.5 厘米左右，有序地分布在花冠的正面和两侧。这些细小的佛像身后皆有背光或身光，结跏趺坐，脸部五官大多清晰可辨。观音双目微睁，双唇略闭，面庞饱满之中又带有几许清秀之气，无论从正面还是侧面稍许凝视，观音的脸部似乎都是略带一份微笑，正在慈祥、和蔼地注视着芸芸众生。通过匠师对观音面部的精雕细琢，主尊所体现出的慈祥、和蔼等形象，与满壁的千手一道，极大地衬托出观音自身所具备的神格。

四、琳琅满目　千器荟萃

（一）经典依据

在千手观音的诸多经典中，大多有手中持有种种器物的记载。唐代僧人伽梵达摩所译的经文里面，就记载道："若为富饶种种珍宝资具者，当于如意珠手；若为种种不安求安隐者，当于羂索手……"还有宝剑手、斧钺手、宝箭手、杨枝手、紫莲华手、宝螺手、数珠手等[①]。这些手中持物和手印，据研究统计，在经典中实际上只出现有 42 只手、30 余种器物，这也是绝大

① 唐·伽梵达摩译《千手千眼观世音菩萨广大圆满无碍大悲心陀罗尼经》，大藏经刊行会编《大正藏》，第 20 卷，中国台湾新文丰出版股份有限公司，1983 年，第 111 页。

多数千手观音所展示手中持物的情况。在大多数的千手观音图像中，为展现千手，就采取了42只手之外阴刻数百手的方式，而这些阴刻的手，基本上未见有持物。

千手观音的这些经典中，实际上仅仅最多对40余只手持物（或结手印）有较为详细的记载，其余的手持物情况不详，这就给艺术创作匠师有了极大的想象空间。

在敦煌，盛唐作品中所持器物严格遵循经典。随着时间的推移，逐渐多了曲尺、秤等日常生活用具，其后，世俗工具和用具更多地出现在其间，最为典型的如榆林窟第3窟，不但有钉耙、牛、鹅、剪刀等，甚至出现了犁耕图、舞蹈图等，反映了当时社会生活的诸多场景[①]。

（二）器物形态

宝顶山千手观音手中多数持有器物（图4-3-5），佛经中记载的42只手中的器物，在其上基本上都有雕刻。如经典中记载的紫莲花手、白莲花手、青莲花手等莲花形象，在其中就雕刻有不下9双手皆持莲花。之外的手，有数手同时持握一长达110厘米的戟（宝戟手），横亘于崖壁；捧在手中的楼阁（化宫殿手），飞檐翘角之下，窗棂与佛像清晰可见；倒垂的葡萄（葡萄手），略带枝叶，颗粒饱满，给人以晶莹剔透、色泽鲜明的感觉；经典中描述的宝经手，在此处的手中分别表现为贝叶经、经夹装、卷轴装等不同形态，见证了佛经的装帧历史……如此种种经典常见器物，皆呈现于崖壁上。

图4-3-5　宝顶山千手观音持物（局部）

与敦煌出现的情况相同，宝顶山千手观音手中也出现了未见于经典记载的器物，如：动物一类中的大象和狮子，各自匍匐在一手掌之内，双眼凝视前方，显得温顺而和蔼；日常用具一类中，有一手握毛笔，另一手捧长方

① 彭金章《千眼照见 千手护持——敦煌密教经变研究之三》，《敦煌研究》，1996年，第1期。

形经册，正在书写；其他还有形同假山（又称为“须弥山”）的岩石，嶙峋峻峭；大足石刻中常见的长柄香炉，也出现其间，而其接近于圆雕的做法，其价值不亚于实物的遗存……

此外，宋代一些饮食习俗用具和食物也出现在其间，如对称雕刻有宋代绘画艺术作品中较为常见的食盒，其中右侧的食盒为方形，分四层，高30.5厘米、宽23.5厘米，在其周围有四只手，一手在底部作托食盒状，另三只手在左、右和后部分别掌扶。又如有一组对称雕刻的长方形盘，其内皆刻祥云和鱼；其中，左侧鱼身为半圆形，鱼鳞隐约可见，鱼尾处有一手轻拈。右侧鱼头朝向盘，鱼眼清晰可见，鱼尾朝上，鱼身被一手轻握。

这些器物的出现，从不同角度生动地展示出宋代世俗社会的场景，是大足石刻世俗化特点的一个体现。

从上述可见，大足宝顶山千手观音造像，在艺术上具备多方面特点，主要有：在开凿之先，就立意深远，不拘泥于传统雕刻，以其奇诡的创新思路进行雕凿；在造像本体上，力求宏伟的规模和气势，彰显出千手所具备的艺术魅力，传达出千手观音大慈大悲的特点；在细节的雕刻上，手姿千变万化，极尽工匠之能事；在器物上，既遵循传统经典的记载，又展现出宋代社会的诸多生活习俗。

第四节　宝顶山千手观音妆金史探析

宝顶山千手观音像自南宋开凿以来，对其进行过多次妆金。2008年正式启动千手观音造像抢救性保护修复工程，2015年5月6日正式通过验收。千手观音造像修复历史一直也是文物保护工作者和社会各界关注的对象。

根据《大足石刻铭文录》[①]所录碑文，宝顶千手观音造像历史上有明确记载的妆饰有四次，即明代1次、清代3次，此外，清代碑刻还透露出一次妆饰活动[②]。在千手观音修复工程启动之前，对该龛造像历史上妆金修复情况少有研究，特别是对碑刻提及外地寺院情况、人物生平事迹等，更是未见。在抢救性保护修复过程中，千手观音修复历史逐渐受到关注，一些新资料也得到发

① 重庆大足石刻艺术博物馆、重庆市社会科学院大足石刻艺术研究所编《大足石刻铭文录》，重庆出版社，1999年。

② 燕学峰、席周宽在《千手观音的历代培修及面积勘测》［载《大足石刻研究文集》（5），重庆出版社，2005年］一文中，根据题记，对明清时期千手观音的维修次数统计为4次。

现和披露，不过，还需较为系统地梳理[①]。下面，结合碑文和实地调查，对千手观音历史上的修复情况和相关历史信息，略作分析如下。

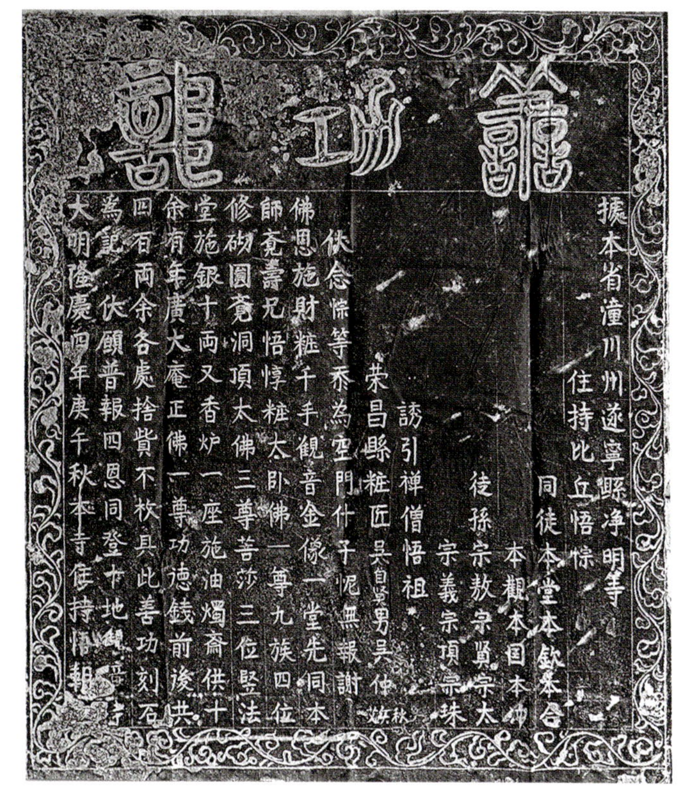

图 4-4-1　宝顶山《善功记》碑

一、明代隆庆四年妆饰

（一）碑刻史料分析

根据《大足石刻铭文录》记载，目前最早关于千手观音妆金准确的记载是始于明代，为明隆庆四年（1570），见于《大足石刻铭文录》一书标为“悟朝:《善功记》碑”（图 4-4-1）。

据悟朝撰《善功记》碑记载，四川省潼川州遂宁县净明寺住持僧悟悰和他的弟子、徒孙 12 人，禅僧悟祖以及来自荣昌县的妆匠吴自贤和他的儿子吴仲秋、吴仲兵、吴仲艾等人，“施财妆千手观音金像一堂”，同时还与悟朝的师父觉寿等人重妆了卧佛像（即释迦牟尼涅槃图）等。此次妆饰事迹，由大足圣寿寺住持悟朝撰文记载，因为悟朝为当地寺院住持，很可能为具体负责该次妆饰者。

该碑现存于千手观音像左侧妙智宝塔龛下壁。此则材料，《大足石刻铭文录》编者特意注明“宝顶现存碑中，首见金装千手观音和释迦涅槃图”。从碑文所叙“施财妆”来看，未言重妆，很可能为首次妆金。宝顶千手观音像的妆金，在明代的铭文中，目前仅见明隆庆四年（1570）悟朝撰《善功记》碑。妆彩的效果，文献记载不明显，在下次妆饰之前的这段时间内，也有碑刻文献记载千手观音造像，但未见有关于造像妆金效果的详细记述。如 120 年后的清康熙二十九年（1690），大足知县史彰撰《重开宝顶碑记》说“……千手大悲像，皆庄严中具慈

① 其中，《大足石刻千手观音石刻造像抢救性保护工程前期研究》中，曾对千手观音妆金修复有过较为详细的介绍。文物出版社，2015 年，第 6 ~ 11 页。

悯相，远望自生敬心。”[①]

此次由遂宁县净明寺僧众出资妆饰石刻造像，有其历史原因。据宝顶山大佛湾圆觉洞现存的《觉寿：妆绚培修记》碑记载，在此次妆饰碑文记载的前17年，即明嘉靖三十二年（1553），时为遂宁县净明寺住持的觉寿（号南山），与其徒弟悟惇、悟淙、悟惜、悟忱、悟安、悟析、悟和、悟性等，“出备衣资九十两”，在宝顶山“妆修法堂一所、香炉一座”等，而且还“累年出备油蜡灌烛燃灯供养各殿诸佛”[②]。此事在悟朝撰《善功记》碑中也有记载。值得注意的是：悟朝称觉寿为“本师”，称“悟惇”为“兄”，可见其应为同一法嗣，也即悟惇、悟朝等“悟”字辈僧人同为觉寿弟子。可见，在明代遂宁净明寺和大足宝顶有较为深厚的关系，因此，明隆庆四年（1570）净明寺僧众对千手观音造像进行妆饰，应是两地之间较长时间相互联系的延续。

（二）净明寺考

在该碑刻中，净明寺所处位置仅提及遂宁县，而在前述宝顶山《觉寿：妆绚培修记》中，记载有“潼川州遂宁县安仁里净明寺住持觉寿，号南山”，可知净明寺具体的地理位置在昔日遂宁县安仁里境内。

“安仁里”一名见于遂宁县明代和清初时期。康熙二十九年（1690），遂宁县境内编为十七里，其中包括安居里、安仁里等，未见有上安里、中安里、下安里等名。乾隆五十二年（1787），县以下划分为里，里以下划分为场。遂宁县境内编为七里三十九场，出现有上安里、中安里、下安里等地，而未见有安仁里一名[③]。由此来看，安仁里在乾隆后期未作为地名出现。

实物遗存和文献记载中，发现有安仁里的大致地点。在今潼南新胜乡钟峰村内，有一摩崖造像，当地人称为东岳庙，龛正中主尊像台座正面刻有“大明国四川北道潼川州遂宁县安仁里李市”等字[④]。由此可知，此地及其附近一带区域，在明代属于安仁里。清代贤相张鹏翮（1649—1725），据民国十三年（1924）刊本《遂宁张氏族谱》记载，“公卒雍正三年乙巳二月十九日，葬本邑中安仁里庆元山”[⑤]，其位置即今潼南区小渡镇月山村内。由此可见，安仁里的范围在今潼南小渡、新胜一带。

在此区域内，有一处寺庙遗址（图4-4-2），亦名净明寺，位于今卧佛镇百花村内。现场调

---

① 重庆大足石刻艺术博物馆、重庆市社会科学院大足石刻艺术研究所编《大足石刻铭文录》，重庆出版社，1999年，第219页。

② 重庆大足石刻艺术博物馆、重庆市社会科学院大足石刻艺术研究所编《大足石刻铭文录》，重庆出版社，1999年，第254页。

③ 四川省遂宁市地方志编纂委员会编纂《遂宁县志》，巴蜀书社，1993年，第58页。

④ 在潼南县文物保护管理所编《第三次全国文物普查潼南县成果集》（重庆大学出版社，2013年，第285～286页）中，记载此东岳庙题记为“遂宁县安□里李市”，经与潼南文管所徐林等一道实地调查，“□”大致可辨为“仁”。

⑤ 胡传淮主编《张鹏翮研究》，中国文联出版社，2011年，第169页。

图 4-4-2 今潼南区净明寺大雄宝殿

图 4-4-3 今净明寺内悬挂的铜钟

查发现为一寺院遗址，今有重修。从地面遗迹来看，昔日建筑面积较大。在大雄宝殿正门上方，近年来悬挂的牌匾和铜钟上，皆出现有“净明寺”字样（图 4-4-3），其名与宝顶山碑刻所载之名一致。在该寺院现场，当地一位名为姚京礼的老年人称，听闻他爷爷说过，这座寺院在清代之前就存在。另，潼南一位民俗文化专家张建曾从老年人口中收录一则关于此净明寺的传说，未见有寺院创建于明代的痕迹[①]。

由此可以初步判断，今重庆市潼南区卧佛镇百花村净明寺出现较早，而非近年来新建。其时代极大可能为明代，且地理位置处在昔日的安仁里范围内。因此，与大足宝顶山明代碑刻中所叙述的净明寺，极有可能为同一寺院。

① 张建著《潼南民间故事》，中国文联出版社，2012 年，第 224 页“259. 净明寺”条。

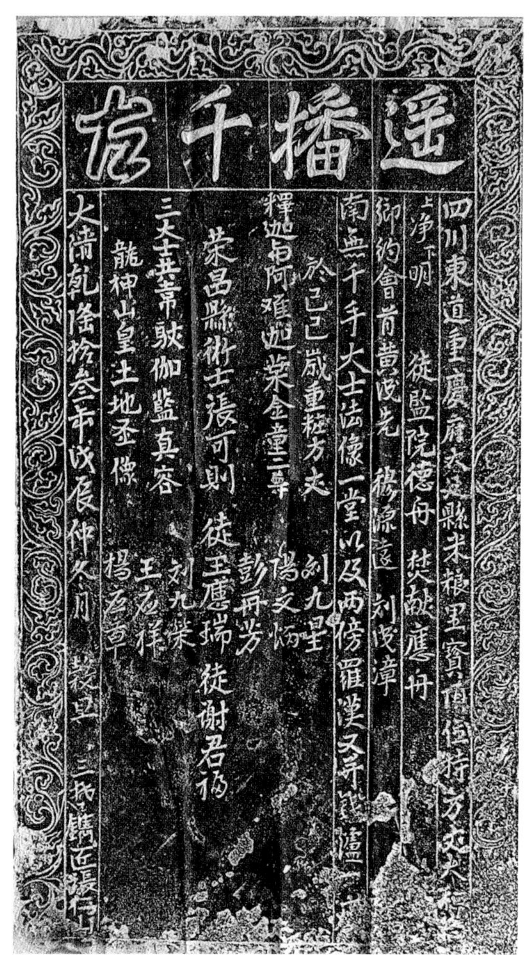

图 4-4-4　宝顶山《遥播千古》碑

二、清代乾隆十三年碑记载的妆饰

（一）碑刻内容及妆饰情况

清代最早的妆金妆饰，首见于清乾隆十三年（1748）僧净明等立《遥播千古》碑，《大足石刻铭文录》一书标为“净明：立《遥播千古》”（图 4-4-4）。

从碑刻中的年代来看，此碑为妆饰之前所立。碑文最后所叙立碑的年代为乾隆十三年戊辰年，也即 1748 年。而碑文中叙述的“己巳岁重妆”，查清代乾隆年左右的己巳岁：前为 1689 年，从清初四川地区的历史、经济等情况来看，其可能性不存在；后为 1749 年，也就是立该碑的后一年，那么，该碑所言重妆系为妆饰之前所立。这一点，从碑刻内容来看，也是相吻合。如其中提到“仲冬”立碑，其时天寒地冻，不好开工，只有待来年开春才可动工，因此，该次妆饰的时间应在立碑之后。至于是否完工，从碑中人物身份来看，具有极大的可能性。如碑刻中的会首黄成先、穆源远二人，在之后还曾参与了宝顶山的一些修妆等活动，可见于乾隆二十五年（1760），由住持僧有久等主持的修妆圆觉洞、万岁楼等处佛像，在完工后的碑刻中，有“本邑会首乡约黄成先、邓大科、穆源远……”[①]。从这些会首在 1749 年的己巳岁之后仍在宝顶参与修妆活动来看，其可能性极大。

（二）妆饰工匠

参加此次妆饰活动的妆匠，碑中未直接说明，该碑刻中列有 9 位人名，其中有来自荣昌县的“术士张可则”，以及其徒刘九星、王应瑞等 8 人。其中的张可则，又见于清乾隆二十五年

① 重庆大足石刻艺术博物馆、重庆市社会科学院大足石刻艺术研究所编《大足石刻铭文录》，重庆出版社，1999 年，第 256 页。

（1760）《僧有久等修装圆觉洞万岁楼等处佛像记》碑中[①]。该碑记载了此年宝顶山住持僧有久与会首黄成先、邓大科、穆源远等人，对部分龛洞进行了维修，其中包括在圆觉洞内“塑金龙”等行为。此次的工匠碑中记有“荣邑装修匠张可则，徒吕太和、刘光汉、张永清”等，可见张可则为与大足毗邻的荣昌县人氏，其在宝顶山的主要活动经历为“装修”佛像。由此来看，“张可则”一名既出现在清乾隆十三年（1748）的《遥播千古》碑刻中，那么，他应是此次千手观音妆饰活动中具体负责对造像进行妆饰的人物。

（三）背景

1. 会首

在乾隆十三年的妆饰活动中，出现有三位会首，其中的黄成先、穆源远还曾参与过其他佛像的妆修。在这些会首中，穆源远的生平具有代表性。

距离宝顶山十余里处有一穆家湾，在此一带现仍有穆氏后人居住，实地调查为穆氏第四十代后人。据现存族谱记载（图4-4-5、图4-4-6）：穆氏家族在清初居住于今贵州遵义。时有穆应洪者，育有儿子七人：长子穆沛远、次子泽远、三子瀛远、四子深远、五子源远、六子濂远、七子浩远。《族谱》记载，穆家第三十一代穆沛远“年方三十八岁，统约胞弟七人，于康熙五十八年迁移四川蜀地古昌州东乡，佃田业于宝顶山豹子坡对面佛周宅居住”。由此可知，康熙五十八年（1719）来到今古昌州境内，选择了宝顶山豹子坡对面佛处居住。其后，又迁徙至今宝顶镇内的穆家湾内，今穆家湾内仍有大量穆姓后人，以及一处名为“穆家寨”的古寨。

歲十二月二十一日亥時係貴州遵義
民府遵義縣西沙里八甲地名下六滿桂
花屋基生來人氏年方三十八歲統約胞
弟七人於康熙五十八年遷移四川蜀地
古昌州東鄉佃田業於寶頂山豹子坡對
面佛周宅居住享壽七十九歲沒於乾隆
二十六年歲次辛巳正月十六日亥時在
川省東道重慶府大足縣米糧里八甲地

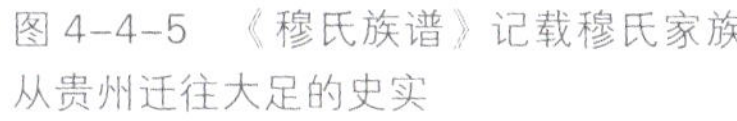
图 4-4-5　《穆氏族谱》记载穆氏家族从贵州迁往大足的史实

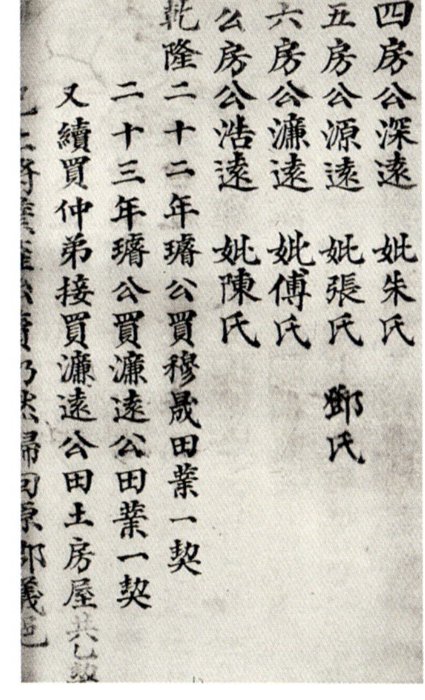
四房公深遠　妣朱氏
五房公源遠　妣張氏　鄭氏
六房公濂遠　妣傅氏
七房公浩遠　妣陳氏
乾隆二十二年璿公買穆晟田業一契
二十三年璿公買濂遠公田業一契
又續買仲弟接買濂遠公田土房屋

图 4-4-6　《穆氏族谱》中的“穆源远”名

① 重庆大足石刻艺术博物馆、重庆市社会科学院大足石刻艺术研究所编《大足石刻铭文录》，重庆出版社，1999年，第256页。

2. 相关背景简析

千手观音清代乾隆十三年的妆饰活动，与清初“湖广填四川”移民后促进地方经济复苏，以及“宝顶香会”的盛行有一定关系。

清代初期，经历战乱和瘟疫等影响，四川一地人口稀少，如大足县，在康熙六年（1667）之际，全县编户只有 2 甲，仅有 66 户人家，总人数为 132 口[①]。从清代顺治十八年至雍正八年（1661—1730）的这近 60 年之间，大足知县皆是由荣昌知县兼摄。人口稀少，自然也导致宝顶山荒废。康熙二十九年（1690），“知荣昌县事兼摄大足县史彰”来到宝顶山，见“僧堂寺烬，迄今四十余载，即所存瓦砾，亦不可睹，惟修藤巨木、缠绵蓊翳、红翠填塞、飞鸟上下而已”，可见其荒凉之甚！于是，史彰招来耆老，皆称“前人言，山寺兴废，关系邑之盛衰，寺盛则民皆安堵，寺废则民尽逃散，如欲招集逃亡，宜先开宝顶”[②]。史彰碑中，叙述道：“宝顶山寺，即维摩道场也，历代香火最盛，名齐峨眉，蜀人有上朝峨眉、下朝宝顶之语。”在清代大足一地，“宝顶香会”的民俗活动一直延续，即每年农历二月十九日左右，周边区县的各地民众纷纷来到宝顶山朝拜千手观音。因此，重开宝顶山对于促进地方经济、文化等具有重要意义。

由此来看，清代乾隆十三年的妆饰活动，是大足地方经济得到复苏的一个体现，同时，也是“宝顶香会”这一民俗活动在当时社会的反映。

三、清代乾隆四十五年妆饰

（一）圣寿寺内碑刻记载

清代乾隆四十五年（1780）碑文记载曾妆饰过千手观音等像，见于《大足石刻铭文录》一书标为“张龙□：装修大佛湾、圣寿寺像记”（图 4-4-7）。

据铭文记载，清乾隆四十五年（1780），来自遂宁县中安里的善士张龙□和其妻黄氏、子张昌文、张昌德，一家施舍银 380 两对宝顶山多处造像进行了妆修，其中包括“大慈悲千手目观音大士金身一尊”。该碑现存宝顶圣寿寺维摩殿内佛坛上，妆修者不详。

此次妆修，距离有文献可见的上次妆饰时间相距仅 31 年，是几次妆饰中有准确资料所见妆饰时间最为接近的一次，是否为上次千手观音重妆出现一些病害，或者妆金效果不理想，甚至上次未进行妆饰等因素，导致该像有较大必要进行重妆，资料不详。

① 大足县志编修委员会编《大足县志》，方志出版社，1996 年，第 121 页。

② 重庆大足石刻艺术博物馆、重庆市社会科学院大足石刻艺术研究所编《大足石刻铭文录》，重庆出版社，1999 年，第 219 页。

（二）新发现的封砖题记

2014年4月26日，正在实施的千手观音抢救性保护修复工程中，工作人员在主尊腹部发现一块可以取出的封砖，并发现其内隐藏一“暗沟”。

新发现的封砖是一块六面长方体的石砖（图4-4-8），长30厘米、宽20厘米，正面和背面都刻有文字，字上的红色颜料迄今仍鲜艳。其中，石砖正面刻71字：“遂宁县中安里地名七佛寺，善士张龙飞、同缘黄氏，男昌文、昌德，合家发心装修宝鼎观音大士金容一尊，装修圆满，天赐富有，四海贵为天子受享，洪福悠久无疆。乾隆四十五年四月。”另一面刻23字：“佛光主照，乙丑年十二月十三题巳时生；父张济有，母贺氏。”

这块封砖所记载的史实，与宝顶山圣寿寺内的碑刻内容大多一致，如捐资的人物、时间、事迹等。同时，还弥补了之前圣寿寺碑刻的阙失。一是原碑刻“张龙□”，可知为张龙飞；二是张龙飞一家的籍贯，原碑刻只记载为“遂宁县中安里”，此可知为“遂宁县中安里地名七佛寺”；三是封砖上还出现了张龙飞父母的名字等信息。

（三）七佛寺考

在上述两则史料中，明确记载了张龙飞的籍贯为“遂宁县中安里地名七佛寺”。文献记载，清代遂宁县中

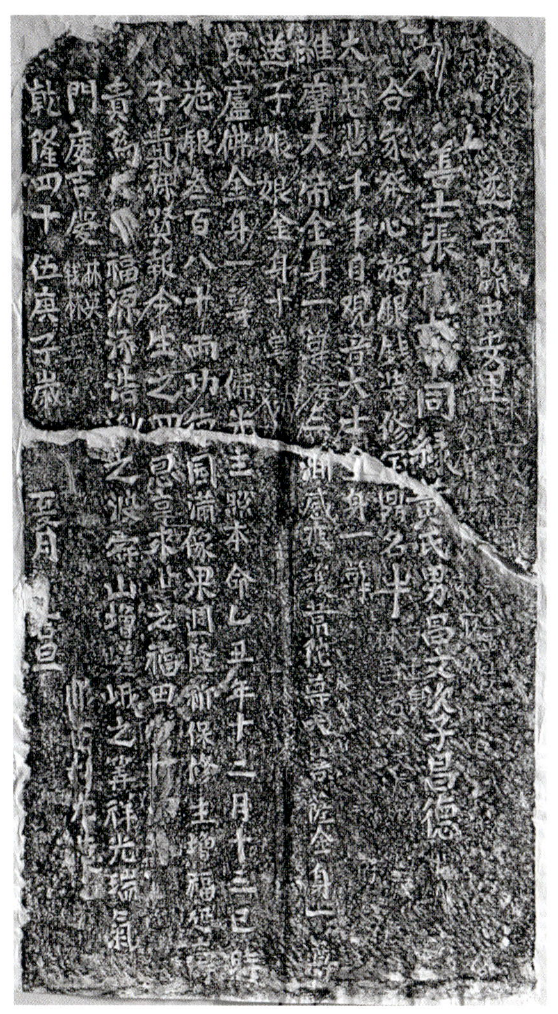

图4-4-7　张龙飞捐资修宝顶山像记

图4-4-8　修复人员对新发现的封砖进行考察研究

图 4-4-9　潼南卧佛镇七佛寺摩崖造像

安里，位于今重庆市潼南区境内。据《潼南县志》记载，潼南县在 1912 年从遂宁划出后，全县分为上安里、中安里、下安里等 28 个场镇，“中安里 4 个场镇，为复兴场、三汇场、五桂场、斑竹场，其中的复兴场之后更名为卧佛镇，今仍属潼南区管辖；三汇场、斑竹场即约在今潼南小渡一带”[①]。

经查找此地区的文物普查资料和实地调查发现，在今潼南卧佛镇百花村龙洞石湾有一七佛寺（图 4-4-9），当地人亦称为“七佛岩”“兴胜寺”等。在长 20.2 米的崖壁上，保存有 12 龛 18 尊造像、碑 3 通，其年代分别为乾隆己亥年（1779）、嘉庆丁巳年（1797）和二十五年，其中嘉庆二年碑刻记载“我境七佛岩，原系古迹”，可知此地由来已久。

在七佛岩一带的当地居民，仍以张姓居多，经查找此地两例张姓族谱，未见有张龙飞以及其父、子三代人的姓名。不过，在族谱上可见较多的“遂宁县中安里七甲地名七佛寺”的记载，与张龙飞在宝顶山千手观音封砖上所刻的籍贯基本一致，可知张龙飞的籍贯约在今重庆市潼南区卧佛镇七佛岩一带。

① 潼南县地方志编纂委员会编纂《潼南县志》，四川人民出版社，1993 年，第 23、71、92 ~ 93 页。

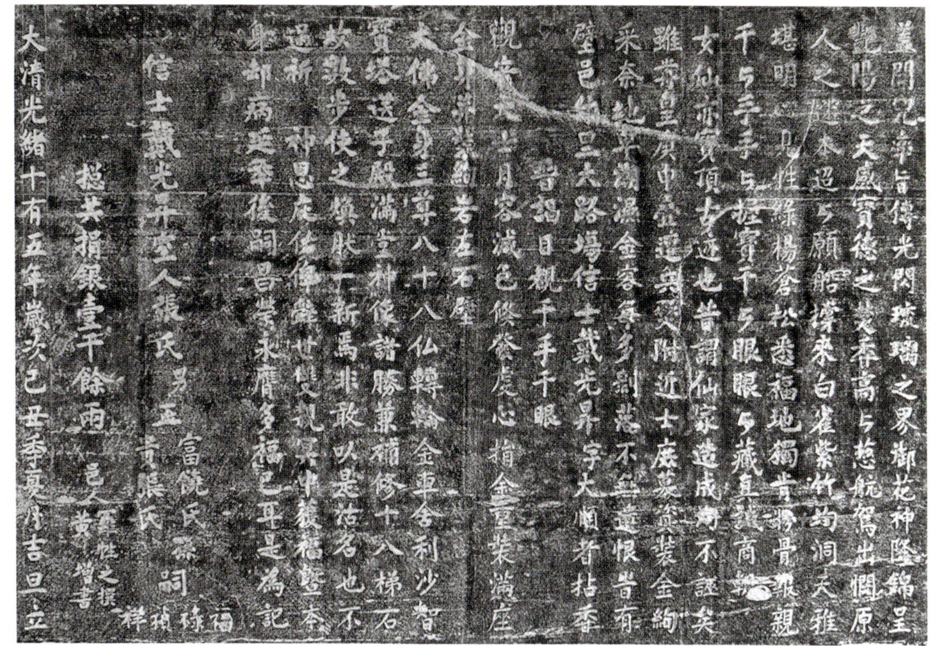

图 4-4-10　宝顶山戴光昇妆彩碑

四、清代光绪十五年碑记载的两次妆饰

（一）碑刻

清代碑文所见妆饰时间最晚的一次，为清光绪十五年（1889），《大足石刻铭文录》标为“戴光昇：装彩千手观音、华严三圣、父母恩重经变像记”（图 4-4-10）。

该碑现位于大佛湾南岩第 4 号广大宝楼阁下方，记载有两次妆饰活动。其中，有明确记载一次，即戴光昇捐资重妆；此外，还介绍了一次未见于当时碑刻所载的妆饰活动一次。

（二）可能在清代同治年间的一次妆饰

戴光昇妆彩的碑文叙述道，“虽尝皇庚申叠遭兵燹，附近士庶募资装金绚彩，奈地卑潮湿，金容每多剥落，不无遗恨”，其中透露出有可能存在一次妆饰行为。碑文中“庚申叠遭兵燹”，查清代碑文之前的庚申年，有 1680 年、1740 年、1800 年、1860 年；其中，1680 年和 1740 年距离此碑事件百年以上，其可能性极小。1800 年国内和大足未有稍具规模的战事，而 1860 年，英法联军占领北京，火烧圆明园，史家称为“庚申之变”；大足境内也发生了较大影响的战事，是年李永和、蓝朝鼎义军进入大足，新任知县饶顺督团练负城顽抗，至咸丰十一年（1861）十二月义军败退，击毙团练官兵 267 人[①]。由此来看，无论国家还是县邑，战火纷飞，与碑文中

① 大足县志编修委员会编《大足县志》，方志出版社，1996 年，第 15 页“大事记”、第 747 ~ 748 页“第二十三篇军事”。

的“庚申叠遭兵燹”中的“叠”相吻合，因此，极大可能是 1860 年。

碑文紧接着叙述“附近士庶募资装金绚彩”，可知在 1860 年（或之后几年内），宝顶山附近的民众募捐资金对千手观音进行了妆饰，明确提到了“装金”。

从碑文叙述来看，在清代同治年间对千手观音有过一次妆饰，而且系妆金。

（三）戴光昇捐金重妆千手观音

清光绪十五年（1889），在由大足县人罗性之书写的戴光昇妆彩碑文中，对宝顶的景观颇为赞赏，并言：“虽尝皇庚申叠遭兵燹，附近士庶募资装金绚彩，奈地卑潮湿，金容每多剥落，不无遗恨。”来自璧山县依里大路场的信士戴光昇（字大顺）等，在宝顶上“拈香晋谒，目睹千手千眼观音大士月容减色，倏发虔心，捐金重装满座金身”；同时，还“装绚岩左石壁大佛金身三尊、八十八佛转轮金车、舍利沙智宝塔、送子殿满堂神像，诸胜兼修十八梯石坎数步，使之焕然一新”。这些妆饰和其他修建项目，全系戴光昇全家“总共捐银一千余两”而成。

在戴光昇妆彩碑中，还记载了其子戴正富、戴正饶，孙辈戴嗣福、戴嗣禄、戴嗣祯、戴嗣祥等名。据实地调查，今重庆市璧山区大路街道仍有戴光昇后裔[①]。据族谱（图 4-4-11）和后人介绍，戴光昇于清代道光九年（1829）出生于璧山大路场，幼时家庭贫寒，靠销售水果和当屠夫发家致富，其后与人合伙开办铁厂，规模较大。戴光昇热衷于公益事业，常捐资修路等。1889 年，捐银在宝顶山进行了为期半年之久的修复。清宣统三年（1911），戴光昇与世长辞，享年 82 岁。

十八代祖光昇公配張氏
生两房長正富次正貴　公生於道光九年己丑歲十二月
十六日申時在璧山縣依里三甲地名砂河嘴洪家壩生長
人氏　孺人生於道光六年丙戌歲九月二十六日亥時在
璧山縣依里二甲地名紅岩子坎上新屋基生長人氏
公歿於宣統三年辛亥歲六月十三日卯時仍在本省本縣
依一甲地名趙家埧三重堂屋基因老壽終享年八十二歲
葬璧山縣六塘鄉二連山地名玉馬水產側乾山巽向
孺人歿於中華民國三年舊曆七月十七日申時仍在本省府
縣依一甲地名趙家埧三重堂屋基因老壽終享年八十八歲
廿四

图 4-4-11　戴氏族谱载戴光昇生平事迹

① 璧山大路街道实地调查人员有戴英朝，为戴光昇玄孙，其祖父为清光绪十五年宝顶山碑刻中的戴嗣禄。

（四）2008年前最后一次妆金

清光绪十五年的此次妆金，距离乾隆年妆金，时间有109年；与同碑所记清代同治年间妆饰，时间大约有30余年。到戴光昇重妆之前，千手观音已是“金容每多剥落”“月容减色”。

自清光绪十五年（1889）戴光昇妆金之后，《大足石刻铭文录》未见有妆金的记载。那么，从那一年迄今，该像是否存在过妆金的行为？笔者认为可能性不大。

一是2008年8月开始，大足千手观音抢救性保护工程前期勘察工作在宝顶山正式开展，有工作人员对附近居民进行了调查，一些老年人表示在有生之年未听说和见到千手观音妆金。1952年，大足县政府批准成立了大足县文物保管所，大足石刻保护工作从此迈向了新的历史时期。1984年，四川省编委批准建立大足石刻艺术博物馆。1990年，重庆市编委批准更名为重庆大足石刻艺术博物馆，2011年更名为大足石刻研究院，全面负责大足石刻的保护、管理、研究、宣传与合理利用工作。这期间，对千手观音及其保护性建筑有过维修，但未有千手观音妆金的行为。

二是至迟在20世纪80年代之前的照片资料显示，千手观音像妆金效果基本上维持原貌。目前，笔者所见千手观音早期照片，可举两幅：一是1940年1月，由著名古建筑学家梁思成、刘敦桢等为首的“中国营造学社”，在大足实地考察时所拍摄的千手观音像[①]；二是1945年由杨家骆、马衡、顾颉刚等学者组成的“乙酉大足石刻考察团”，也对千手观音作过拍照，并将照片纳入《民国重修大足县志》卷首之中[②]。其与2008年主尊面部等比较，明显可见到后者已经出现金箔起壳、剥落等病害现象。

而清代光绪年间妆金后所产生的视觉效果，仍然比较明显，如1945年大足石刻考察团之一的吴显齐叙述道：

> 再右是毗卢庵、观音殿；殿里浮雕千手观音等像，金碧庄严，千变万化，使人震眩。[③]

又，1946年，王仲博在《大足石刻参礼》一文中叙述道：

> ……这尊千手千眼观音像刻工，着实与众不同……这尊长广各约五丈的观音像，真有千只手，千个眼，每手都从一体伸出，而且每手各执一物，金碧辉煌，恍若天生，

① 梁思成《西南建筑图说（一）·四川部分》，《梁思成全集》第三卷，中国建筑工业出版社，2001年，第244页；图99-5。

② 《民国重修大足县志》卷首“插图部分”，中国学典馆北泉分馆印刷厂排印，1945年。

③ 吴显齐《大足石刻考察日记》“四月三十日”条，《民国重修大足县志》卷首，中国学典馆北泉分馆印刷厂排印，1945年。

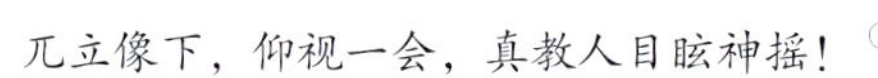

兀立像下，仰视一会，真教人目眩神摇！[①]

三是千手观音妆金是一件举足轻重的事情，捐资者要么系集体所为，要么系财力雄厚的家庭所为，因此，一般来说，会立碑以记载妆金千手观音的事迹。从清末至中华人民共和国成立前，如果有妆金行为出现，应当有碑刻题名，但未见。

由此可推断，清光绪十五年（1889）戴光昇妆金之后，千手观音造像未见有大型的妆金现象，因此，此次妆金系距今实施抢救性保护修复工程最后一次重要的妆金活动。

五、千手观音妆金修复史料略识

通过上述碑刻铭文分析，大足宝顶千手观音在明清时期曾有过 5 次妆饰活动（见下表）。

碑刻铭文所见大足千手观音造像妆饰表

编号	碑刻	妆饰时间	主持者	捐资者	资金	妆匠
1	明隆庆四年（1570）《善功记》碑	明隆庆四年（1570）前不久	圣寿寺住持悟朝（？）	遂宁县净明寺住持比丘悟悰，同徒本堂、本钦、本合、本观、本国、本冲，徒孙宗敖、宗贤、宗太、宗义、宗顶、宗珠，禅僧悟祖		荣昌县妆匠吴自贤，男吴仲秋、兵、艾。
2	清乾隆十三年（1748）净明立《遥播千古》碑	清乾隆十三年（1748）后	宝顶寺住持净明、监院德舟，焚献应舟，乡约会首黄成先、穆源远、刘成彰			张可则
3	清代乾隆四十五年（1780）“张龙飞：装修大佛湾、圣寿寺像记”	清乾隆四十五年（1780）		遂宁县中安里善士张龙飞、同缘黄氏，男昌文、次子昌德合家	银 380 两（含维摩、韦陀、送子娘娘、毗卢佛等像）	
4	清光绪十五年（1889）“戴光昇：装彩千手观音、华严三圣、父母恩重经变像记”	清咸丰十年（1860）后不久		（宝顶山）附近士庶		

① 王仲博《大足石刻参礼》，原载《旅行杂志》，1946 年 7 月号第 20 卷，第 7 期；此文又收入《大足石刻研究文集》（2），重庆出版社，1997 年，第 19 页。

续表

编号	碑刻	妆饰时间	主持者	捐资者	资金	妆匠
5	清光绪十五年（1889）“戴光昇：装彩千手观音、华严三圣、父母恩重经变像记”	清光绪十五年（1889）		璧山县信士戴光昇、室人张氏，男正富、饶氏、正贵、张氏，孙嗣福、禄、祯、祥	总捐银1000余两（含华严三圣、舍利妙智宝塔、送子殿满堂神像以及十八梯石坎等）	

从上述来看，千手观音妆金修复对大足及其周边地区影响较大，这些史料，对于文物修复史、地方志、民俗学等方面的研究，都具有一定价值。下面，结合史料和实地考察初步成果，对上述史料略作分析如下。

（一）碑刻铭文中的妆金修复信息

1. 妆金的周期

从以上5次有准确记载的妆金来看，其中距离最远的是第一、二次记载之间，即明隆庆四年（1570）至清乾隆十三年（1748），相距178年左右。距离最近的是第二、三次之间，即清乾隆十四年（1749）至清乾隆四十五年（1780）[①]，相距仅31年。其中原因，或许与妆金的质量、效果等有一定的关系。

2. 史料描述的病害表现

在千手观音妆饰碑刻中，有关于当时造像病害表现的描述，其中，典型的如清光绪十五年（1889）碑刻中的描述，“金容每多剥落”“月容减色”，大约系指该像存在金箔褪色、剥落和颜料的褪色等病害，与今天保护维修前所见该像的一些病害表现基本相同。

此外，这些妆金涉及明清时期僧众、民众等多个群体，折射出明清时期民众对文化遗产的重视。

（二）人文视野下的碑刻铭文信息

宝顶山千手观音妆金修复的史料，也具有丰富的人文信息，对于研究佛教、民俗、地方史志等方面都具有较高的价值，兹亦择数例分叙如下。

1. 是后世石刻造像妆饰的重要体现

对石刻造像进行妆饰，从大足石刻的发展历程来看，与开凿石窟有紧密联系。妆饰具体来说有妆金、妆彩等做法，其遗迹在石窟造像中有较多遗存，时间上可以说与大足石刻相随相伴。回顾大足妆饰历史，主要有两种情况：

一是在开凿石窟后，对造像进行妆饰。

① 此处年代以乾隆十三年碑刻记载的“己巳岁”为依据。

如大足北山石窟第58号，系晚唐乾宁三年（896）王宗靖造“救苦观世音菩萨地藏菩萨一龛”，同时，赵师恪对该龛进行了“妆饰”[①]。

二是在后世对造像进行妆饰。

此种情况在大足石刻明清时期的题记中，可谓比比皆是，兹举二例。如宝顶山大佛湾明代隆庆元年（1567），有僧人正海妆圆觉洞文殊像，其中说，“祈愿袈裟坚固、道业日新、法社兴隆”[②]；又，清代道光二十八年（1848），信士杜宏章妆彩牧牛图，“祈保人民清吉”[③]。可知，对于民众来说，重妆基本具有祈求愿望的目的。

大足宝顶山千手观音，造像面积大、雕刻技艺高超，决定了对其重新妆金绝非一蹴而就的简易妆饰，加之在明清时期，有史料记载的5次妆饰，次数相对来说较多。因此，可以说，明清时期对宝顶千手观音像的妆饰，是大足石刻明清时期妆饰行为的重要体现。

2. 妆金活动的影响具有一定的广泛性

对千手观音像进行妆饰，捐资和匠师的范围都较为广泛。

捐资的范围，除大足本地之外，包括今重庆地区的璧山、潼南等地。其中，潼南（明清时期属遂宁管辖）的民众对千手观音作了颇大贡献，先后有两次，即明隆庆四年（1570）遂宁县安仁里净明寺住持僧悟悰等10余人、清乾隆四十五年（1780）遂宁县中安里善士张龙飞一家。妆金的匠人，所见的碑刻中也基本上以外地为主，其中又基本上为荣昌人氏：明代的荣昌县妆匠吴自贤及其子吴仲秋、吴仲兵、吴仲艾等，清代的荣昌匠人张可则等。

3. 可见千手观音像在古代民众心中的地位

观音造像在明清时期影响很大，可谓家喻户晓，这一点在千手观音妆金的历程有充分的反映。千手观音像在宝顶山中是目前所见史料中，妆金次数最多的造像，而且该像的妆金面积之大，在大足石刻中也是较为突出的。众多的民众自愿出资妆金，充分说明对千手观音信仰的深厚，这为研究观音文化提供了极其珍贵的实物资料。尤其值得一提的是：明清时期，由宝顶山石刻衍生出“宝顶二月香会”，会期在每年正月上旬至二月底前后，以观音菩萨生日二月十九前后为高峰期。早在清初，“蜀人有上朝峨眉，下朝宝顶之语”，就记载了宝顶香会的盛况，而“下朝宝顶”“则是主要朝拜‘千手千眼观世音菩萨’”[④]，因此，宝顶千手观音妆金在清代尤其集中。除造像自身产生病害而影响视觉效果外，还有一个重要的因素，那就是民众对千手观音的信奉。

---

① 重庆大足石刻艺术博物馆、重庆市社会科学院大足石刻艺术研究所编《大足石刻铭文录》，重庆出版社，1999年，第12页。

② 重庆大足石刻艺术博物馆、重庆市社会科学院大足石刻艺术研究所编《大足石刻铭文录》，重庆出版社，1999年，第253页。

③ 重庆大足石刻艺术博物馆、重庆市社会科学院大足石刻艺术研究所编《大足石刻铭文录》，重庆出版社，1999年，第257页。

④ 李传授、张划、宋朗秋《大足宝顶香会》“前言”，中国文联出版社，2005年。

那么，对该像的妆金，还牵涉宗教、民俗等学科领域，而其妆金的历程，对于了解千手观音信仰、“宝顶香会”在巴蜀地区的影响等方面，具有较高的史料价值。

4. 对地方史志研究具有较高史料价值

千手观音妆金修复历史，对于大足当地地方史料具有较高的价值，如对宝顶山明清时期佛教历史、“宝顶香会”民俗活动等方面，都是丰富的实物资料，可参前节所叙。

此外，因碑刻中牵涉的人物众多，可填补或丰富其他地方的史志，兹列举数例。如明代妆饰碑刻中提到的遂宁县安仁里净明寺，其中仅出现的僧人，有住持僧比丘悟倧，以及其徒弟本堂等 6 人，徒孙宗敖等 6 人，以及之前净明寺住持觉寿和其徒众等，先后出现了四代僧人（可能为“觉、悟、本、宗”四代），徒众较多、其活动远至大足一带，对于了解古代遂宁县明代佛教情况具有较高史料价值①，同时，对于了解大足宝顶在明代嘉靖、隆庆年间的佛教情况，有重要的线索。又，戴光昇事迹、荣昌县的妆匠等史料，都可以弥补之前当地地方史志的阙失。

综上所述，大足宝顶千手观音像，根据现存的碑刻铭文资料，大致可知在明清时期有过 5 次妆饰活动；这些妆饰活动的记载，透露出一定的保护信息。同时，因为妆饰活动涉及地域和影响较为广泛，对于了解观音信仰、民俗活动、地方史志等具有较高的实物史料价值。

第五节 宝顶香会

由大足宝顶山石窟千手观音造像衍生出的民俗文化活动——“宝顶香会”，在全国各地庙会民俗活动中别具一格、自成一脉。

“宝顶香会”主要是在每年农历二月十九日左右，民众前往宝顶山朝拜的民俗活动，其主要朝拜对象为千手观音。因每年农历二月十九日为观音菩萨圣诞日，宝顶香会自正月中旬至三月初前后四五十天均为会期，以农历二月初一、十五、十九上山拜佛者最多，十九则为香会正期，尤为热闹。香客来自川渝云贵陕等各省。本节中所叙述的“宝顶香会”，主要就是指上述这一时间段的民俗文化活动。

“宝顶香会”萌生于南宋，也即南宋淳熙至淳祐年间（1174—1252），赵智凤在宝顶山开凿大型石窟群。在这一时期，宝顶山本身就汇聚了较多的信众，正如明代碑刻《重开宝顶石碑

① 如在《新修潼川府志校注》“舆地志·六·寺观”中，遂宁县的“寺观”中无“净明寺”记载。见何向东、习光辉、党元正、罗用显校注《新修潼川府志校注》（上），巴蜀书社，2007 年。另，在今《潼南县志》（四川人民出版社，1993 年）中亦未收录。

重開寶頂碑記

图 4-5-1　史彰撰《重开宝顶碑记》

记》中有“德洽远近，莫不皈依”[①]的记述。而据史料来推断，前往宝顶山朝拜者甚多，此从三点可见其一斑。一是碑刻文献记载，今宝顶山仍保存有南宋时期官员的题刻，如朝散大夫守太常少卿兼国史院编修实录院检讨官魏了翁题“宝顶山”“毗卢庵”，朝散大夫权尚书兵部侍郎兼同修国史兼实录院同修杜孝严题“宝顶山”，知昌州军州事宇文屺题诗等碑刻，证明当时宝顶山声名较大，受此影响，民众自然趋之若鹜。二是文献记载，南宋成书的《舆地纪胜》一书说：“宝峰山在大足县东三十里，有龛岩，道者赵智凤修行之所。”[②]《舆地纪胜》是南宋中期的一部地理总志，足见其对外界的影响。三是在宝顶山营建期间，大足境内少有摩崖造像的雕凿，从一个侧面可见宝顶山的营建颇受民众关注。从上述来看，宝顶山在此时期就受到官员和世俗民众的朝奉，这也为“宝顶香会”的兴起奠定了基础。

宋代之后，宝顶香火继续得以传承。元明时期的香会盛况，在当时的碑刻文献中极少有直接的记载。清代康熙二十九年（1690），兼任大足知县的史彰来到宝顶山，在《重开宝顶碑记》（图 4-5-1）中说，宝顶山“历代香火最盛，名齐峨眉，蜀人有‘上朝峨眉，下朝宝顶’之语”，“元明香火，震炫川东”[③]。从这处清初的碑文可知，元明时期宝顶山在民间影响甚大，可谓当时川东地区一处重要的民俗活动聚集地。

尽管明代这一时期碑刻文献少于记载，但是宝顶山现存雕刻精美的数件明代香炉（图 4-5-

① 明·刘畋人《重开宝顶石碑记》，《大足石刻铭文录》，重庆出版社，1999 年，第 211 页。

② 宋·王象之《舆地纪胜》（五），中华书局，2003 年，第 4367 页。

③ 重庆大足石刻艺术博物馆、重庆市社会科学院大足石刻艺术研究所编《大足石刻铭文录》，重庆出版社，1999 年，第 219 页。

图 4-5-2　明代成化七年香炉（大足石刻博物馆藏）

2），从一个侧面反映出明代香火的盛况。宝顶碑刻史料和实物显示，明代制作的香炉较多；其中，在明代成化七年至十一年（1471—1475）间，有三座香炉体量较大、技艺精湛。此外，明代隆庆四年（1570）和嘉靖三十二年（1553）的碑刻中，都提及营造香炉。明代的这些香炉是当时宝顶民俗活动的实物例证，也间接地反映出宝顶香会的情形。

清代的碑刻文献中较多出现宝顶香会的记载。

近年来调查发现，在大佛湾华严三圣龛主尊 3 身造像下方，有较多的墨书题记，其中不乏涉及宝顶香会的史料。如一则题记为“遂宁县西路忠城里四甲（漶）/（漶）人 / 嘉庆八年二月十四日进香 / （漶）景”[①]，这则题记明确说到的时间，为嘉庆八年（1803）的二月十四日，正是宝顶香会期间来此“进香”。此题记中进香者，来自遂宁县西路忠城里，也是宝顶香火“震炫川东”的印证。

清代光绪三十年（1904），知县沈炤圻在圣寿寺立下《县正堂示》碑（图 4-5-3），对进香所用的蜡油进行了规范，今碑刻仍存于宝顶山圣寿寺大雄宝殿前檐下。碑文中记载，当地职员僧侣反映，“每逢观音胜会，各邑士民多虔心来庙进香”，有“奸巧谋利之徒，来此发卖大

① 大足石刻研究院编《大足石刻全集》第六卷，重庆出版社，2018 年，第 125 页。

图 4-5-3　清光绪三十年知县沈炤圻颁布《县正堂示》碑

小神烛，均擅用漆蜡棬油假烛燃照”，导致“佛前黑烟环绕”，要求买烛人等“自示之后，务须遵照城东规模大小神烛，概用白蜡清油”[①]。这处碑文中“每逢观音胜会，各邑士民多虔心来庙进香”的记载，正是宝顶香会盛况的反映。

明清时期，千手观音造像历经多次妆金，这在宝顶山石窟中实属少见，其与宝顶香会的盛行在民间产生的影响有极大的关系。关于此点，参见本书千手观音妆金史探析部分的相关论述。

民国时期，宝顶香会仍在延续，相关文献记载较多，除后文所述王仲博《大足石刻参礼》之外，兹列两条。民国二十五年王化云视察日记中说：“佛教圣地宝顶山，每届古历二月内，附近各县善男信女往来进香拜佛者约 10 余万人。”[②]1940 年 4 月，大足考察团来宝顶山，考察日记中记载：“川谚有‘上朝峨眉，下朝宝顶’的话，每年阴历二月初，朝山进香的，常达万余人。我们来迟了，已经看不到那种香烟匝地，钟鼓沸天的景象了。”[③]

从上述来看，宝顶香会历时久远，萌生于南宋，绵延至明、清、民国时期。

对于宝顶香会期间的一些情况，《大足县志》[④]和《大足宝顶香会》[⑤]等著作记载较为详细，兹以此为基础对其相关内容简述如下。

宝顶香会期间，有个人自发前往的香客，也有架香团队组成的团体香客。团体朝山的“架香团队”（俗称“朝贺”），少者数十人，多者数百上千人，如 1945 年有湖南长沙一拨香客队伍达 4000 多人。香客们身佩黄袋，腰围小黄裙，手执黄旗，“流星”开路，龙灯狮子前导，随

---

① 重庆大足石刻艺术博物馆、重庆市社会科学院大足石刻艺术研究所编《大足石刻铭文录》，重庆出版社，1999 年，第 229 页。

② 大足县志编修委员会编《大足县志》，方志出版社，1996 年，第 233 页。

③ 吴显齐《大足石刻考察团日记》“4 月 30 日则”，《民国重修大足县志》卷首，1945 年。

④ 大足县志编修委员会编《大足县志》，方志出版社，1996 年，第 233 ~ 234 页。

⑤ 李传授、张划、宋朗秋《大足宝顶香会》，中国文联出版社，2005 年。

后旗锣伞帐、九品香烛、圣驾天子、十八学士、十八罗汉、二十八宿，沿途吹打喧腾（图 4–5–4）。每到一处寺院或城镇，引香师即领唱佛偈。进入宝顶山大佛湾，亦由引香师领队，唱佛歌（佛偈子），随众手捧香、花、灯、水、果、茶、食、宝、珠、衣等十色供盘，鼓齐乐鸣，鱼贯而行。在大悲阁拜千手观音，交香后，到圣寿寺狮子坝耍彩龙、游城，再到各殿。最后，到山顶维摩殿朝拜。每日架香团队少时十多个，多时百余个，常常排轮次等候至深夜。香客献彩送匾、许愿还愿、挂功果等个人活动亦非常拥挤。十九日夜半烧子时香，烧钱化纸无数，爆竹声震天。

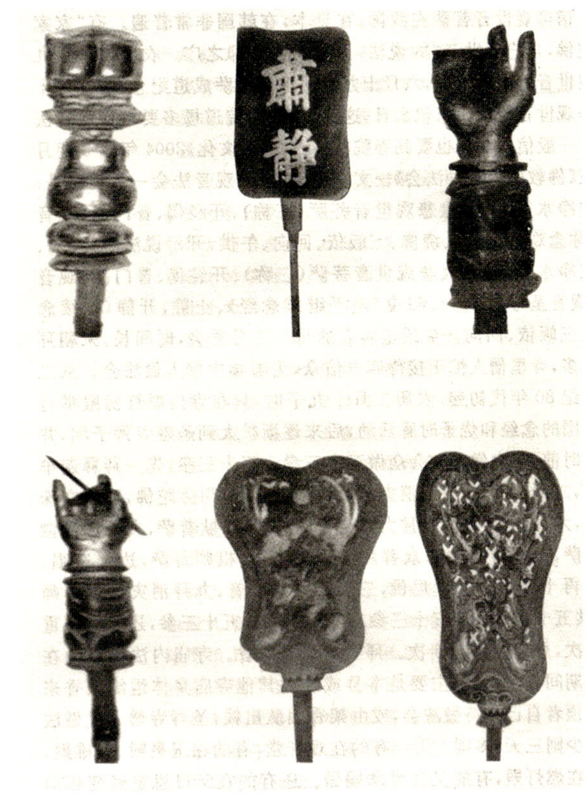

图 4–5–4　民国时期香会仪仗器具（采自《大足宝顶香会》）

宝顶香会集朝山进香、商贸、娱乐于一体。香会中，地方土特产、日用百货、儿童玩具等琳琅满目。狮子（还有高桩狮子）、龙灯、川剧、杂耍、打擂、卖唱、西洋镜等娱乐形式多种多样。沿途两边摆满红苕、凉粉、凉面、油炸粑、米饭等巴蜀风味的各种食品。宝顶乡场及附近农村，都是香客食宿之处。香会期间的收入，有的够一年食用，有的够半年支出。当时宝顶香会对大足经济的带动作用可见一斑。对于宝顶香会的这些功能，兹引用一篇 1946 年王仲博撰写的游记可见一斑，文中叙述道："每年正月底，香会大盛，所谓'上朝峨眉，下朝宝顶'之说……我们那天一路遇着，看着，挑挑的，担担的，接踵而来的小商人，都准备做他们的一个月期间的好生意——尤以农事上的交易为特多。一到二月初，人山人海的拥挤扰攘，简直是一片市声。一排一排的香客，都编组起来，手掣着手出来进去，偶一不慎，脱了节就合不起群了。"[①] 仅从此段记述就可见昔日宝顶香会的盛况。自然，宝顶香会对于地方的发展也具有一定的作用，清代康熙年间荣昌知事兼摄大足县事史彰《重开宝顶碑记》曰："闻前人言，山寺兴废，关系邑

① 王仲博《大足石刻参礼》，《旅行杂志》，1946 年 7 月号第 20 卷，第 7 期；又载《大足石刻研究文集》（2），重庆出版社，1997 年。

之盛衰，寺盛则民皆安堵，寺废则民尽逃散。如欲招集逃亡，宜先开宝顶。”[①]欲治大足必先从治宝顶开始，这其中就包括宝顶香会的民俗活动所起到的作用，因为宝顶香会不但是礼佛活动，还具有春游、娱乐、商贸性质，对于促进地方经济文化的发展具有相当大的影响。

可见，宝顶香会植根于石窟艺术，由大足石刻衍生而出。以宝顶山大佛湾千手观音为朝拜的主神，是石窟艺术和民俗文化结合的产物。

① 重庆大足石刻艺术博物馆、重庆市社会科学院大足石刻艺术研究所编《大足石刻铭文录》，重庆出版社，1999年，第219页。

第五章 观音组合造像

第一节　观音地藏组合

一、大足观音地藏合龛造像考察

（一）造像简况

在大足石刻中，保存有较多的观音与阿弥陀佛、地藏（或者观音与地藏）于一龛的造像，兹以2023年版的《大足石刻总录》一书为主，列表如下。

大足石刻观音地藏合龛造像一览表

造像点及编号	龛名	时间	造像内容	造像记
北山佛湾第22号	阿弥陀佛与观音、地藏龛	前、后蜀	中为阿弥陀佛，左为观音，右为地藏	
北山佛湾第40号	阿弥陀佛、观音、地藏龛	前、后蜀	中为阿弥陀佛，左为观音，右为地藏	
北山佛湾第52号	阿弥陀佛、观音、地藏龛	唐乾宁四年（897）	中为阿弥陀佛坐像，左侧壁侍立地藏，右侧壁侍立观音	女弟子黎氏奉为亡夫刘□设□〔奠〕敬造时以〔乾〕宁四年正月廿三日设斋表赞讫□〔亡夫〕□□〔昌〕□〔将〕□□〔御〕史大夫刘□□〔供养〕
北山佛湾第53号	阿弥陀佛、观音、地藏龛	前蜀永平五年（915）	中为阿弥陀佛坐像，左侧壁侍立地藏，右侧壁侍立观音	1. 敬造地藏菩萨一身右衙第三军散副将种审能为亡男希言被贼伤煞造上件功德化生西方见佛闻法以永平五年四月四日因〔终〕七斋表赞讫永为供养 2. 敬造阿弥陀佛 弟子种审能〔愿嘉〕祐上下骨肉〔常〕【俊】〔荣〕泰造敬造观音菩萨 又为男师乞醜胡〔鄢盐〕永安无灾〔祸〕永平五年七月六日设斋赞讫
北山佛湾第57号	阿弥陀佛、观音、地藏龛	前、后蜀	中为阿弥陀佛坐像，左侧壁侍立观音，右侧壁侍立地藏	
北山佛湾第58号	观音、地藏龛	唐乾宁三年（896）	正壁左为地藏，右为观音像	1. 敬造救苦观世音菩萨地藏菩萨一龛右为故何七娘镌造当愿承此功德早生西方受诸快乐乾宁三年九月廿三日设〔斋〕表赞毕检校司空守昌〔州刺〕史王宗靖造 2.〔乾〕宁三年九月廿三日节度左押衙检校左〔散骑常〕侍兼〔御〕史大夫上柱国赵师恪奉为故外姑何氏妆饰
北山佛湾第71号	观音、地藏龛	前、后蜀	龛刻观音、地藏并坐像，地藏居左，观音居右	

续表

造像点及编号	龛名	时间	造像内容	造像记
北山佛湾第 72 号	观音、地藏龛	前、后蜀	龛刻观音、地藏并坐像，地藏居左，观音居右	
北山佛湾第 73 号	阿弥陀佛、观音、地藏龛	宋	中刻主尊阿弥陀佛像，左立地藏，右立观音	
北山佛湾第 82 号	观音、地藏龛	前、后蜀	左刻地藏，右刻观音	
北山佛湾第 117 号	观音、地藏龛	南宋	左刻地藏，右刻观音	
北山佛湾第 121 号	观音、地藏龛	南宋	龛刻观音、地藏并坐像，地藏居左，观音居右	
北山佛湾第 166 号	阿弥陀佛、观音、地藏龛	宋	正壁上部中刻阿弥陀佛，左刻地藏，右刻观音	
北山佛湾第 172 号	观音、地藏龛	宋	正壁中刻主尊地藏、观音坐像，左为地藏，右为观音	
北山佛湾第 187 号	观音、地藏龛	前、后蜀	龛正壁刻主尊地藏、观音并坐像，左为地藏，右为观音	
北山佛湾第 191 号	观音、地藏龛	前、后蜀	龛正壁刻主尊地藏、观音并坐像，左为地藏，右为观音	
北山佛湾第 193 号	观音、地藏龛	宋	龛正壁刻主尊地藏、观音并坐像，左为观音，右为地藏	
北山佛湾第 194 号	阿弥陀佛、观音、地藏龛	前、后蜀	龛正壁中为阿弥陀佛，左为地藏，右为观音	
北山佛湾第 196 号	观音、地藏龛	前、后蜀	龛正壁刻主尊地藏、观音站像，左为地藏，右为观音	
北山佛湾第 203、第 204 号	观音、地藏龛	前、后蜀	为双龛，左龛（第 203 号）刻地藏，右龛（第 204 号）刻观音	
北山佛湾第 221 号	观音、地藏龛	前、后蜀	龛正壁刻主尊地藏、观音站像，左为观音，右为地藏	
北山佛湾第 241 号	观音、地藏龛	前、后蜀	左为观音站像，右为地藏坐像	
北山佛湾第 244 号	观音、地藏龛	后蜀广政八年（945）	龛正壁刻主尊地藏、观音站像，左为地藏，右为观音	□□造地藏□□一龛（漶）子之□氏求造□□□广政八年四月十七日表赞讫
北山佛湾第 249 号	观音、地藏龛	前、后蜀	龛正壁刻主尊地藏、观音并坐像，左为观音，右为地藏	

续表

造像点及编号	龛名	时间	造像内容	造像记
北山佛湾第 253 号	观音、地藏与十王龛	前、后蜀	龛正壁刻主尊地藏（左）、观音（右）站像，左右壁刻十王等像	内刻北宋咸平四年（1001）陈绍珣妆绘观音地藏龛镌记
北山佛湾第 254 号	阿弥陀佛、观音、地藏龛	前、后蜀	龛正壁中为阿弥陀佛，左为观音，右为地藏，两侧壁有十王等像	
北山佛湾第 273 号	千手观音龛	前、后蜀	龛正壁刻千手观音，龛左右侧壁刻 4 身地藏	
北山佛湾第 275 号	观音、地藏龛	前、后蜀	龛正壁刻主尊地藏、观音并坐像，左为观音，右为地藏	
北山佛湾第 277 号	观音、地藏龛	宋	龛正壁刻主尊地藏、观音站像，左为地藏，右为观音	
北山营盘坡第 4 号	阿弥陀佛与观音地藏龛	前、后蜀	龛正壁中为阿弥陀佛，左为地藏，右为观音	
北山佛耳岩第 1 号	观音、地藏龛	前、后蜀	龛正壁刻主尊地藏、观音并坐像，左为观音，右为地藏	
北山佛耳岩第 4 号	观音、地藏龛	前、后蜀	龛正壁刻主尊地藏、观音站像，左为观音，右为地藏	
北山多宝塔第 65 号	观音、地藏龛	南宋	龛正壁刻主尊地藏、观音站像，左为观音，右为地藏	

从上表可见，观音与阿弥陀佛、地藏（或观音、地藏）的组合，在大足一地遗存较多，基本上出现在北山石窟之中；此外，在玉滩等石窟中有观音地藏组合的变化形式，此点详见后文。

（二）观音地藏合龛像历程

从时间上来看，早在晚唐时期此种组合就已经出现，具有代表性的有第 58 号观音地藏龛（唐乾宁三年，896）、第 52 号阿弥陀佛和观音地藏龛（唐乾宁四年，897）。其中，第 52 号龛（图 5-1-1），龛口高 1.11 米、宽 0. 86 米、深 0.33 米。正中阿弥陀佛身着通肩袈裟，端坐于束腰莲花座上，双手举于胸前（手掌残坏），身后有头光和身光，头上方有华盖，左右各有 1 身飞天。龛左壁站立地藏，光头，双手于胸前捧宝珠。龛右侧站立观音，戴化佛冠，左手持净瓶，右手举胸前，手掌断裂不存。

五代是此种组合最为盛行的时期，如据前表统计，至少有 20 余龛造像。在图像上，大多沿袭晚唐的模式，如北山佛湾第 53 号阿弥陀佛、观音、地藏龛（图 5-1-2），开凿于前蜀永平五年（915），龛口高 1.54 米、宽 1.35 米、深 0.53 米。正壁中为阿弥陀佛，身着通肩袈裟，双

图 5-1-1　北山第 52 号龛

图 5-1-2　北山第 53 号龛

手于腹前结印，结跏趺坐于束腰双层仰莲座上。左侧壁站立地藏，光头，左臂举于胸前，手掌残坏不存，右手下垂握袈裟。右侧壁站立观音，头戴化佛冠，左臂举于胸前，手掌残坏不存，右手下垂持柳枝。

这一时期，在造像题材的组合上有一点变化，即北山第 253、第 254 号龛中，出现了地狱十王和司官一类的造像，此为晚唐时期所未见。其中，第 253 号龛（图 5-1-3）为穹拱形龛，高 1.57 米、宽 1.22 米、深 0.86 米。龛内正壁雕刻观音、地藏两位主尊。龛左右两侧壁对称刻有六朵祥云，云内皆有人物造像，其旁还刻有“五官王”“转轮王”“太山大王”等榜题。祥云内的造像，据考为十王、司官以及道教尊神像[①]。北山第 254 号

图 5-1-3　北山第 253 号观音地藏龛

① 李小强《大足北山第 253 号地藏观音龛探析》，《敦煌研究》，2019 年，第 1 期。

图 5-1-4　北山第 254 号龛

龛（图 5-1-4），龛高 1.4 米、宽 1.53 米、深 1.12 米。龛正壁雕刻 3 身像：居中为佛像；左侧为观音，左手置于胸前，捧一宝珠，半跏趺坐；右侧地藏像，头戴花冠（后世补塑），身着圆领袈裟，半跏趺坐。三像之间各雕刻一株菩提树，龛顶部浮雕系有飘带的各种乐器。龛左右侧壁对称地雕刻祥云，上下各一朵，云中皆有造像；其中，左右上层祥云内有“延□判官”“崔判官”“赵判官”等榜题。下层左右壁各有 5 身像，为十王[①]。

五代时期，有两龛造像的表现形式值得关注。

第 273 号千手观音龛。龛正壁刻千手观音，龛左右外侧有 2 身地藏像，此种组合形式较为独特，应该是观音地藏组合的一种变化。

图 5-1-5　北山第 203、第 204 号龛（采自《大足石刻全集》）

第 203、第 204 号组合龛（图 5-1-5）。该两龛的编号系 1985 年版《大足石刻内容总录》所编，其中，第 203 号龛龛口高 0.52 米、宽 0.29 米、深 0.08 米，龛内刻地藏，立高 0.42 米，似戴披帽，上着袈裟，左手胸前托珠，右手握持锡杖。第 204 号龛龛口高 0.52 米、宽 0.32 米、深 0.08 米、立高 0.43 米，戴冠，双手残。龛内还有供养人像。将此识别为一个组合龛，2023 年版《大

① 李小强《大足北山石刻第 254 号造像题材探析——兼及大足五代十王造像的相关问题》，《敦煌研究》，2011 年，第 4 期。

足石刻内容总录》认为："第 203 号龛与第 204 号龛并列开凿于同一界面内，规模相近，是统一构思开凿形成的一组双龛。"此外，还可以从在两龛共用沿面的底部刻供养人像，推测两龛造像为同一批捐资者所刻。此种表现形式自然是沿袭之前观音地藏组合在一龛的做法。

宋代，观音地藏组合仍继续雕凿，但是相对于五代而言，数量较小。其中，北山佛湾第 121 号、多宝塔第 65 号具有代表性。

北山佛湾第 121 号（图 5-1-6），龛口高 1.96 米、宽 1.4 米、深 1.38 米。龛正壁刻观音、地藏并坐于通体方台上。左为地藏，光头，外着双领下垂式袈裟，左手在腹前持一宝珠，宝珠升起一道毫光，绕三匝后飘至左侧壁上部，右手胸前结印，右舒相坐于方台上。右为观音，头戴化佛冠，双手持如意，垂左足踏座前双重仰莲，右腿横置座面，呈左舒相坐于方台上。二菩萨像头顶上方龛顶刻华盖。左侧壁刻一男侍者像，光头，双手于胸前握持十六环锡杖。其身左侧刻二供养人像。右侧壁刻一女侍者像，戴风冠，披云肩，双手于胸前托持净瓶。其身右侧刻二供养人像。左右侧壁上部各刻一亭阁。该龛造像位于北山佛湾宋代造像集中区域，加之其造像风格与五代有所不同，因此，其年代应在南宋时期可能性极大。

多宝塔第 65 号（图 5-1-7），龛口高 0. 88 米、宽 0.59 米、深 0. 24 米。龛中刻站像 2 身，左为观音，头毁身残。上身似披袈裟，左手毁，右手屈肘右伸，握持杆状物；踏于三层仰莲上。

图 5-1-6　北山第 121 号观音地藏龛　图 5-1-7　多宝塔第 65 号龛（采自《大足石刻全集》）

右为地藏，头漶身残，身着袈裟，左手胸前托珠，右手持锡杖，立于三层仰莲台上。二主尊左右相对各刻一礼拜侍者立像。多宝塔营造于南宋绍兴十七年至二十五年（1147—1155）间，可知该龛造像年代在南宋[①]。

图 5-1-8　玉滩第 1 号龛

除上述两龛之外，玉滩石窟第 1 号龛（图 5-1-8）亦沿袭了此种组合的一些特点。

该龛造像分为正壁、左侧壁、右侧壁三部分。正壁居中刻主尊地藏菩萨像，戴披帽，双手持带茎长莲，跣足倚坐于方台上。地藏像头顶后壁升起祥云，内刻坐佛 一身。地藏像左右各开一圆拱浅龛，内各刻菩萨立像 一身。龛左右侧壁上部为十六罗汉像，左右各 8 身，对称布置。左侧壁中部及下部皆各开一方龛。中部方龛大部毁。最外为供养人像。下部方龛内刻主尊菩萨立像。右侧壁中部开一方龛，内为二菩萨并坐像。左为不空羂索观音像，右为玉印观音像，下部横开二方龛。主像为地藏像。左右上角凿三角形斜撑，内主像为地藏。龛左右壁下部还有供养人像。龛外有造像记“奉佛〔弟子〕（漶）同就□祈乞□〔一〕家安乐事遂心〔绍兴七〕年十二月七日工毕”，可知该龛为南宋绍兴七年（1137）开凿。此种地藏与观音的组合形式甚为独特，在大足石刻中仅有此窟。从造像情况来看，是以地藏和观音作为造像的主体，体现出造像在设计时具有较强的世俗特点，是观音地藏组合形式深入民间的一个体现。

南宋后期至明清，基本上未见明显的观音与地藏组合在一龛窟的现象，但是，这种组合的

① 该龛造像定为观音、地藏，系据四川省社会科学院、大足县政协、大足县文物管理所、大足县石刻研究学会编《大足石刻内容总录》第一卷，四川省社会科学院出版社，1985 年，第 428 页。

影响在造像中也有所体现，在此列举两例。一是南宋中后期的宝顶山石窟中，第 18 号观无量寿佛经变相和第 50 号地狱变相，二者位于“锁六耗”图两侧。观经变以西方三圣作为主尊，地狱变相以地藏菩萨作为主尊，其设计与之前阿弥陀佛和观音地藏同处一龛有相似之处，体现出这一题材对宝顶山的营建者有一定程度的影响。

观音堂石窟为明代开凿，现存造像三龛，其中第 2 号龛为观音单尊像，紧邻其右侧的为地藏十王龛。该处 3 龛造像的遗迹显示，“三龛造像是在整体构思，统一布局的基础上开凿而成”[①]。从其题材来看，第 2、第 3 号龛造像，应当受到唐宋时期观音和地藏十王合龛像的影响。

（三）造像目的考察

在大足晚唐五代时期的此类组合造像，其出现的原因，在造像记中有所体现，兹先考察三例。

第 58 号观音地藏龛（图 5-1-9），保存两则唐乾宁三年（896）造像记，一则为检校司空守昌〔州刺〕史王宗靖“为故何七娘镌造，当愿承此功德，早生西方，受诸快乐”。一则为左〔散骑常〕侍兼〔御〕史大夫上柱国赵师恪“奉为故外姑何氏妆饰”。此两则造像记的目的皆是为同一人（何七娘）祈愿。

图 5-1-9　北山第 58 号观音地藏龛

第 52 号阿弥陀佛和观音地藏龛，唐乾宁四年（897）造像记显示，系女弟子黎氏，“奉为亡夫刘□设□〔奠〕敬造”，也就是为其亡夫祈愿。

第 53 号阿弥陀佛和观音地藏龛，保存有前蜀永平五年（915）造像记两则：一则为种审能“为亡男希言被贼伤煞，造上件功德，化生西方，见佛闻法”；第二则为“种审能〔愿嘉〕祐上下，骨肉〔常〕【俊】〔荣〕泰造，敬造观音菩萨，又为男师乞醜胡〔鄢盐〕，永安无灾〔祸〕”。该龛造像记显示有两个祈愿：一是化生西方，另一个是祈愿现世平安。

① 《大足中敖镇观音堂摩崖造像初识》，李小强《大足石刻佛教造像论稿》，团结出版社，2020 年，第 148 页。

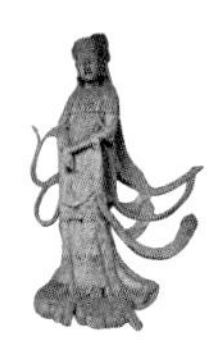

从上述三龛造像的题记来看，观音地藏组合龛营造的目的，主要是希冀亡者化生西方净土世界，同时，也盼望有现世的利益。

接下来，再来考察第253、第254号。这两龛中都出现了地狱十王，其职责主要是负责对亡人的审判。值得注意的是：在第253号龛中，有一则宋初的题记，“清信弟子都知兵马使前知昌元永川大足县事陈绍珣，与室家黄氏，为淳化五年草乱之时，愿获眷属平善常值圣明，妆绘此龛功德云，咸平四年二月八日修水陆斋表庆谨记”。这其中提及咸平四年（1001）在此龛修设水陆会，而观音地藏组合像亦具有与水陆会类似的职能，故其才在此观音地藏龛修设水陆会。

至宋代，直接的观音地藏组合题材相对较少，造像记未见。另，玉滩石窟第1号的造像记说，“祈乞□〔一〕家安乐事遂心”，可知与现世的祈愿密切相关。但是，由于该龛造像已经属于观音地藏组合在后世的变化形式，尤其是出现了多身观音，故在祈愿上与现世利益相关。

二、观音地藏组合溯源

对于观音地藏组合的来源，先后有李小强[①]、肥田路美[②]等对其进行了考察研究。结合这些研究成果，现对其来源等情况再做一考察。

（一）中原地区遗存及其原因

1. 中原地区的遗存

初唐时期，有一造像碑值得一提，即唐咸亨元年（670）的崔善德造像碑。该碑正面为善跏趺坐的弥勒，背为地藏像。其中有文：“以斯福祉，霑被存亡蠢类有情，俱登正果。”[③]造像记虽然未说明弥勒与地藏之间的关系，但是从造像内容中可看出，在地藏左右侧刻有“六趣”形象，龛上刻莲花坐佛，其意为信众仰仗地藏之力，出于六道轮回，生于弥勒净土之中。

当然，在这一时期更多的是地藏与观音之类的造像。河南龙门净土堂中的一龛造像，其造像记言：“观世音一区地藏菩萨一区□□成就景云元年（710）□□十二日。”[④]万佛洞下一唐代小龛，其造像记言：“景福寺比丘尼九娘为亡母郭敬造弥陀佛一铺供养，又为身患敬造观音地藏各一区供养。”[⑤]双窑附近有张敬琮母子大约在玄宗时期造阿弥陀佛和地藏菩萨像的题

---

① 李小强《简述唐宋时期地藏与净土之关系》，《大足石刻研究文集》（3），中国文联出版社，2002年。

② 肥田路美《关于四川地区的地藏、观音并列像》，《2005年重庆大足石刻国际学术研讨会论文集》，文物出版社，2007年。

③ 金申《中国历代纪年佛像图典》，文物出版社，1995年。另可参见李静杰《石佛选粹》，中国世界语出版社，1995年。李书认为该像“当来自中原东部地区”。

④ 常青《龙门石窟“北市彩帛行净土堂”》，《文物》，1991年，第8期。

⑤ 王去非《关于龙门石窟的几种新发现及其他有关问题》，《文物参考资料》，1954年，第10期。

记[①]。另，金申先生的《中国历代纪年佛像图典》一书中，有一“过娘造石佛三尊像”，造像记云：“神功二年（698）女为见在父母，过娘敬造玉像一柩（躯），合家供养。”笔者认为该造像正中是善跏趺坐的阿弥陀佛，左为观音，右为地藏；其中，地藏作沙门状，双手合十，站立于石台上。

上述几例造像规模较小，造像者身份都是一般的平民百姓或僧尼，而且集中在中原一带，因此，很有可能观音与地藏的组合发源于此地区。

2. 观音地藏组合出现的原因

初唐时期，出现地藏与观音（以及药师佛）这一组合现象，与净土思想的宣扬和世俗民众对地狱的认识观念有关。

在唐初及其以前净土思想的宣传者中，除极力宣扬弥陀净土的好处之外，还注意到对世间秽恶或地狱恐怖的论述。受这些影响，在佛教艺术中，出现了净土题材与地狱相结合的作品。如据唐代张彦远《历代名画记》卷三记载，洛阳敬爱寺大殿“西壁《西方佛会》，赵武端描。《十六观》及《阎罗王变》，刘阿祖描”[②]。该处绘画中，将西方净土与阎罗王汇于一道。而自唐初以来，地藏菩萨信仰逐渐受到民众的推崇，阎罗王地位仅是地藏的部属。如在唐代实叉难陀译《地藏菩萨本愿经》第八“阎罗王众赞叹品”中，阎罗天子就与众无量鬼王参拜并诣问地藏菩萨。由此，地藏与净土神灵的组合自然在民众中得到传播，并在佛教艺术中得到体现，即阿弥陀佛和观音、地藏的组合。

3. 观音地藏的发展变化

受前述净土思想流行、造像雕刻等因素的影响，中唐以后，佛教经文中不乏观音与地藏在一起叙述的现象；同时，观音地藏的组合也开始大量地出现，特别是在巴蜀石窟中。

唐代僧人法照在法会仪轨上对观音地藏组合作了肯定。法照的“五会念佛”在当时是颇为流行的，在其佛教仪式中出现了地藏与观音之类的神灵。可见，在其生活的时代，地藏与观音结合的关系已经深入人心，成为民众信仰的一种神灵组合样式。

这一观音与地藏并列一道的思想观念；自然在当时影响较广；其中，在造像遗存方面，巴蜀石窟尤为显著，此可参见后文论述。下面兹以敦煌一地的文书情况略做考察。

---

① 李玉昆《龙门碑刻研究》，《中原文物》，1985 年，特刊号。

② 孙祖白《历代名画记校注》，《朵云》第 3 集，上海书画出版社，1982 年。

敦煌文书保存了很多法照的此类仪文，如北文 89、P.2066、P.2250、P.2963、P.3373 等，可见，这种思想观念在当时亦流传于敦煌地区一带，对当地民众信仰产生了影响。

另一些敦煌文书的佛经中，亦不乏相关论述，如《地藏菩萨经》，现存北帝 91、S.431 等约 21 号。该经谓地藏菩萨在南方琉璃世界，见地狱众生受苦，故来到地狱，与阎罗一道断案；并谓凡造地藏像、写地藏经、称地藏名者，皆得往生净土。

受上述思想观念的影响，在一些敦煌文书中，亦出现了相关的实例。如在 P.2055 中有一段为唐末五代时期敦煌著名的历学专家翟奉达为其亡妻所书，其中特意奉请了观音与地藏作为证明，并希冀其能“往生乐处”。

由此可见，这种思想观念在敦煌一地已经不是一般普通民众个别的信仰，已成为地方上的较为流行的信仰之一。这一点，与大足北山石窟第 52、第 53、第 58 号龛祈愿记所体现出的情况大致相同。

（二）巴蜀石窟情况

近年来，随着巴蜀石窟调查报告的不断披露，该题材的基本情况也得到了记录。下面，兹以目前所见资料为主，对于该题材在巴蜀地区的情况列表如下。

巴蜀地区观音地藏合龛像一览表

地点	龛窟编号及名称	造像内容	年代	造像记	资料出处
巴中南龛	第 3 号一佛二菩萨龛	中为佛像，左为观音，右为地藏	晚唐		《巴中石窟内容总录》，巴蜀书社，2006 年
巴中南龛	第 13 号	左为观音，右为地藏	晚唐		同上
巴中南龛	第 79 号一佛二菩萨龛	中为佛像，左为地藏，右为观音	中晚唐		同上（另，该龛造像身份为笔者认定）
巴中南龛	第 80 号二菩萨龛	左为观音，右为地藏	唐乾元二年（759）	乾元二年十二月廿六日赵□□此记	同上
巴中北龛	第 1 号	中为药师佛，左为观音，右为地藏	初唐		同上
广元千佛崖	第 88 号	中为药师佛，左为地藏，右为观音	唐代		《广元石窟内容总录·千佛崖卷》，巴蜀书社，2014 年
广元千佛崖	第 105 号	中为佛像，左为地藏，右为观音	唐代		同上
广元千佛崖	第 116 号	中为药师佛，左为地藏，右为观音	唐代		同上

续表

地点	龛窟编号及名称	造像内容	年代	造像记	资料出处
广元千佛崖	第 182 号	中为阿弥陀佛，左为观音，右为地藏	唐代		同上
广元千佛崖	第 201 号	中为阿弥陀佛，左为观音，右为地藏	唐代		同上
广元千佛崖	第 213-1 地藏观音龛	左为地藏，右为观音	唐代		同上
广元千佛崖	第 229 号	中为阿弥陀佛，左为地藏，右为观音	唐代		同上
广元千佛崖	第 251 号	正壁为三佛，左侧壁为观音，右侧壁为地藏	唐代		同上
广元千佛崖	第 255 号	中为佛像，左为观音，右为地藏	唐代		同上
广元千佛崖	第 270 号观音地藏龛	左为观音，右为地藏	唐代		同上
广元千佛崖	第 332 号观音地藏龛	左为观音，右为地藏	唐代		同上
广元千佛崖	第 346 号	中为阿弥陀佛，左为观音，右为地藏	唐代		同上
广元千佛崖	第 368 号	中为佛像，左为观音，右为地藏	唐代		同上
广元千佛崖	第 381 号观音地藏龛	左为地藏，右为观音	唐代		同上
广元千佛崖	第 382 号观音地藏龛	左为观音，右为地藏	唐代		同上
广元千佛崖	第 401 号	中为佛像，左为地藏，右为观音	唐代		同上
广元千佛崖	第 449 号	中为佛像，左为观音，右为地藏	唐代		同上
广元千佛崖	第 512-15 号	中为观音，左为地藏，右为弟子像	唐代		同上
广元千佛崖	第 512-35 号	刻地藏、观音二像	唐天宝十五年（756）	见后文	同上
广元千佛崖	第 576 号	左为观音，右为地藏	唐代		同上
广元千佛崖	第 614 号	中为佛像，左为地藏，右为观音	唐代		同上
广元千佛崖	第 726-57 号	左为地藏，右为观音	唐代		同上
广元千佛崖	第 746-9 号	左为地藏，右为观音	唐代		同上
广元千佛崖	第 769 号	中为佛像，左为观音，右为地藏	唐代		同上（另，该龛观音身份为笔者认定）
广元千佛崖	第 806-28 号	地藏、观音二尊像	唐代		同上

续表

地点	龛窟编号及名称	造像内容	年代	造像记	资料出处
广元千佛崖	第 826 号	中为阿弥陀佛，左为观音，右为地藏	唐代		同上
广元观音岩	第 41 号一佛二菩萨	中为阿弥陀佛，左为地藏，右为观音	开凿于天宝元年至乾元元年（742—758）间	洋川郡司户王迪愿平安□□敬造供养	《广元观音岩石窟调查记》,《四川文物》,2002 年第 3 期
广元观音岩	第 43 号	中为药师佛，左为地藏，右为观音	唐代大和七年（833）	利州都虞候兼押衙杨宣敬造两龛功德，大和七年四月一日记	同上
剑阁新民摩崖造像	第 1 号	中为药师佛，左为地藏，右为观音	盛唐		《四川散见唐宋佛道龛窟总录·广元卷》，文物出版社，2018 年
苍溪阳岳寺千佛崖	第 8 号	中为药师佛，左为观音，右为地藏	晚唐		同上
旺苍佛子崖	第 10 号	中为阿弥陀佛，左为观音，右为地藏	盛唐		《旺苍县佛子崖摩崖石刻造像调查简报》,《四川文物》，2004 年，第 1 期
旺苍佛子崖	第 11 号	中为阿弥陀佛，左为观音，右为地藏	盛唐		同上
蒲江看灯山	第 13 号	左为地藏，右为观音	唐代		《中国四川唐代摩崖造像·蒲江、邛崃地区调查研究报告》，重庆出版社，2006 年
蒲江看灯山	第 17 号	左为地藏，右为观音	唐代		同上
蒲江看灯山	第 26 号	左为观音，右为地藏	唐代		同上
蒲江看灯山	第 34 号	左为地藏，右为观音	唐代		同上
蒲江看灯山	第 42 号	左为地藏，右为观音	唐代		同上
蒲江大佛寺	第 6 号	左为地藏，右为观音	唐代		同上
蒲江大佛寺	第 8 号	左为地藏，右为观音	唐代		同上
蒲江白岩寺前	第 4 号	左为菩萨（观音），右为地藏	唐代		同上
夹江牛仙寺	有 3 龛地藏观音合龛像		该处造像基本上都是唐代晚期的作品		周杰华《夹江新发现的唐代摩崖造像》,《四川文物》，1988 年，第 2 期
夹江千佛岩	第 3 号	左为地藏，右为观音	五代一宋初（？）		《四川夹江千佛岩古代摩崖造像考古调查报告》，文物出版社，2012 年

续表

地点	龛窟编号及名称	造像内容	年代	造像记	资料出处
夹江千佛岩	第12号	阿弥陀佛和观音、地藏合龛	晚唐—五代		同上
夹江千佛岩	第16号	左为地藏，右为观音	中晚唐		同上
夹江千佛岩	第20号	左为地藏，右为观音	中晚唐		同上
夹江千佛岩	第37号	左为地藏，右为观音	晚唐		同上
夹江千佛岩	第38号	左为地藏，右为观音	晚唐		同上
夹江千佛岩	第41号	左为观音，右为地藏	晚唐—五代		同上
夹江千佛岩	第42号	左为观音，右为地藏	晚唐—宋初		同上
夹江千佛岩	第90号	阿弥陀佛和观音、地藏合龛	中晚唐		同上
夹江千佛岩	第97号	阿弥陀佛和观音、地藏合龛	晚唐—五代		同上
夹江千佛岩	第108号	左为地藏，右为观音	中晚唐		同上
夹江千佛岩	第119号	左为观音，右为地藏	晚唐		同上
夹江千佛岩	第125号	左为地藏，右为观音	晚唐		同上
夹江千佛岩	第141号	阿弥陀佛和观音、地藏合龛	中晚唐		同上
夹江千佛岩	第152号	阿弥陀佛和观音、地藏合龛	可能为唐代开元二十七年（739）	有开元二十七年造像记，文字多漫漶	同上（该龛可能是明代仿第154号龛而造）
夹江千佛岩	第154号	阿弥陀佛和观音、地藏合龛	盛唐，可能为开元二十七年		同上
仁寿牛角寨	第26号	左为地藏，右为观音	晚唐时期		《四川仁寿牛角寨石窟考古调查报告》，文物出版社，2018年
自贡金碧崖	第51号	中为如来，左为菩萨，右为地藏	唐宋		《四川散见唐宋佛道龛窟总录·自贡卷》，文物出版社，2017年
资中重龙山	第6号观音地藏龛	观音、地藏	晚唐		王熙祥、曾德仁《资中重龙山摩崖造像内容总录》，《四川文物》，1989年，第3期
资中重龙山	第29号	药师佛和地藏、观音	晚唐		同上
资中重龙山	第130号观音地藏龛	观音、地藏	五代		同上
安岳庵堂寺	第12号	左为观音，右为地藏	五代		《四川安岳县庵堂寺摩崖造像调查简报》，《成都考古发现2007》，科学出版社，2009年

续表

地点	龛窟编号及名称	造像内容	年代	造像记	资料出处
安岳庵堂寺	第 17 号	左为观音，右为地藏，龛上有七佛	五代天成四年（929）	见后文	同上
安岳圆觉洞	第 5 号	左为观音，右为地藏	北宋		《四川安岳圆觉洞石窟考古调查报告》，文物出版社，2019 年
安岳圆觉洞	第 11 号	正壁为观音，右侧壁为地藏	南宋		同上
安岳圆觉洞	第 25 号	左为观音，右为地藏	北宋		同上
安岳圆觉洞	第 38 号	中为佛像，左侧壁为地藏，右侧壁为观音	北宋		同上
安岳圆觉洞	第 45 号	中为佛像，左侧壁为观音，右侧壁为地藏	五代至北宋		同上
安岳石锣沟	第 10 号	观音地藏半跏趺坐组合			《四川安岳长河源石锣沟摩崖造像调查简报》，《文物》，2017 年，第 9 期
安岳石锣沟	第 15 号一观音二地藏龛	中为观音，左右各为一身地藏	开宝七年（974）	见后文	同上
安岳石锣沟	第 16 号	两组观音、地藏倚坐合龛			同上

从上述表格可见，巴蜀地区遗存有丰富的观音地藏组合造像龛。下面，结合表格略识如下。

分布区域广泛。从表格可见，除大足一地之外，观音地藏组合分布在巴中、广元、剑阁、苍溪、旺苍、蒲江、夹江、仁寿、自贡、资中、安岳等地，基本上遍布巴蜀主要石窟点。值得注意的是自贡市这一区域，调查报告认为，在此区域明确推断为一菩萨一比丘的造像龛多达 19 龛，此外还有如来主尊和地藏观音的组合，“可见观音、地藏题材的数量最多可达 21 个，在四川地区同时期造像中不容忽视”[①]。查看该调查报告，多数造像龛窟残坏较为严重，严格意义上而言，推论其为观音地藏组合龛尚存商榷之处，故上表中仅收录自贡金碧崖第 51 号龛。

时间上延续较长。从造像题记来看，大约在唐代开元年间就已经出现，绵延至五代、宋初。

在祈愿上有所变化。表格中组合造像龛保存的造像记，对于认识其组合雕凿的原因，具有重要的作用。广元千佛崖第 512-35 号，其造像记为“救苦观世音菩萨一躯地藏菩萨一躯，比丘僧广修奉为孝妣敬造前件功德两躯，□早□天受乐供养。天宝十五载五月十五日”[②]。从其措

① 四川省文物考古研究院等《四川散见唐宋佛道龛窟总录·自贡卷》“概述”，文物出版社，2017 年。另，在该调查报告附表“自贡地区唐宋摩崖造像统计表”的“造像内容”一栏中，除金碧崖第 51 号等之外，其他观音地藏合龛像基本上未明确确指造像身份。

② 四川文物管理局、北京大学中国考古学研究中心、广元千佛崖石刻艺术馆编《广元石窟内容总录·千佛崖卷（下卷）》，巴蜀书社，2014 年，第 108 页。

辞来看，与净土信仰有关。

图 5-1-10 安岳庵堂寺第 17 号龛

安岳庵堂寺第 17 号（图 5-1-10）造像记，记载了后唐天成四年（929），高山长一家捐资造“阿弥陀佛并七佛，观音、地藏菩萨一龛”，“伏愿夫妇寿比松筠，永保坚桢，男女儿孙，咸保清吉，先灵远祖，上品往生，债主冤家，勿为仇隙”[①]。从其祈愿来看，既有“上品往生”的净土信仰，也有自身的一些愿望。从该龛可见，观音地藏组合不仅仅是祈愿入于西方净土世界，还有其他一些现实利益。

安岳石锣沟第 10 号造像记，记述宋代开宝七年（974），有信众“造大圣地藏菩萨□□□造大圣观世音菩萨 1 身”，“造上件功德一为现福田，二作未来因果”[②]。在这则造像记中，明确提及既为了现世的“福田”，也为了未来。

从这些造像记来看，唐代一般注重往生西方净土世界，至迟五代以来，同时注重现实利益。

通过上述考察，无疑对于了解大足一地出现同题材具有重要意义。

在传播路线上，大足一地观音地藏组合龛（图 5-1-11、图 5-1-12）来源于巴蜀地区，尤其是川北一带，而川北一带则极有可能来源于中原地区。在祈愿上，大足一地基本上系为亡者入于净土，这与唐代的同题材造像有相同之处，至于五代时期大足观音地藏组合，不排除还有祈求现世利益的愿望。

① 付成金、赵洲、卢引科等《四川安岳县庵堂寺摩崖造像调查简报》，《成都考古发现 2007》，科学出版社，2009 年，第 614 页。

② 王丽君、张亮、张媛媛等《四川安岳长河源石锣沟摩崖造像调查简报》，《文物》，2017 年，第 9 期。

图 5-1-11　北山第 241 号观音地藏龛（采自《大足石刻全集》）

图 5-1-12　北山第 244 号观音地藏龛（采自《大足石刻全集》）

第二节　十圣观音

在大足宋代石刻造像中，观音造像不仅数量多，而且各种身份的观音也层出不穷，更有不同身份的观音组合在一起的造像龛窟。这其中，十圣观音组合的造像，就是一种较为盛行的题材。

十圣观音，即在同一个龛窟之中，雕刻 10 位不同身份的观音。这些观音体量相当，风格和服饰等较为近似。观音的具体身份，根据手中所持器物，而被定名为数珠手观音、莲花手观音、宝镜手观音、宝篮手观音、宝经手观音等。他们基本上呈对称布列在以佛像为主尊的左右两侧壁。

一、十圣观音的研究与起源——从北山第 180 号窟说起

在石窟艺术中，十圣观音造像主要分布在大足北山、石门山、妙高山、佛安桥等多处。今国内其他宋代石窟遗存中较为少见。大足石刻中的十圣观音造像主要集中在宋代（特别是南宋初期），并形成了一个较为独特的造像题材。由于其相关研究颇为少见，因此，绘画史料中的类似题材的记载、大足一地近似于十圣观音题材的造像（北山第 180 号窟）等资料，对于其研究显得甚为重要。

（一）十圣观音的研究

对于大足石刻十圣观音研究较为少见，大多描述其艺术性，如张总在《说不尽的观世音》一书中，记述大足妙高山和石门山有著名的十圣观音窟，“这些造像艺术水准很高，特别是石门山，

尊尊菩萨体态高雅，持物精妙，是观音造像中极为重要的一笔遗珍”[①]。胡文和在《四川道教佛教石窟艺术》著作中，对石门山第6号十圣观音洞做了探讨，认为该窟内的十圣观音为千手观音的变相，故此窟的造像内容应定名为“观音变”；同时，妙高山第4号十圣观音窟亦可如此定名[②]。颜娟英在其论文中，认为石门山十圣观音洞和妙高山第4号造像的依据，是“由千手千眼观音所演变出来的复数观音造像”，文中对石门山十圣观音洞做了较为详细的探讨[③]。但是，对十圣观音在大足一地的流变、个案分析等方面，相关的研究还较少，仍需要做进一步的深入探讨。

（二）北山第180号十三观音变相对十圣观音的影响

十圣观音在大足一地的流传，主要在南宋时期，其来源与北宋后期开凿的北山第180号造像窟有密切而直接的关系。

北山第180号（图5–2–1），高3.75米、宽3.79米、深3.17米。正壁为主像圣观音，两壁各站立6身观音像，左右壁观音上部还有菩萨雕像多身。该窟造像时间，据铭文可知在北宋政和六年至宣和二年（1116—1120）之间[④]。左侧壁的观音像（图5–2–2），从内至外为：①双手捧钵；②手执羂索；③一手提篮；④一手举印；⑤左手执拂尘，右手捧一短颈瓶；⑥造像风化残破。右侧壁的观音像（图5–2–3），从内至外为：①左手捧物（残）；②左手提净瓶，右手举杨柳枝；③左手托如意珠（残）；④双手持如意；⑤双手握数珠；⑥造像风化残破。

对于该窟造像，因主尊认识有别，在整窟定名上有差异，如有“毗卢佛与十二圆觉菩萨”[⑤]、“普贤神变”[⑥]等说法，但是多数观点认为两侧壁站立的造像为观音。该窟两侧壁的观音像各自持物不同，这种多身观音的组合表现方式，在大足石刻雕刻历程上尚属首次。这种12身观音的组合，对于其后10身观音组合造像（十圣观音）的出现，从布局、造像题材等多方面都产生了直接的影响，甚至可以这样认为，两侧壁站立的12身观音像，完全就是其后匠师雕凿十圣观音的一个蓝本。

北山石刻第180号造像中，主尊与两侧壁的12身观音像是窟内造像的主要内容，该种组

① 张总《说不尽的观世音》，上海辞书出版社，2002年，第76～77页。

② 胡文和《四川道教佛教石窟》，四川人民出版社，1994年，第280～282页。

③ 颜娟英《大足石窟宋代复数大悲观音像初探》，重庆大足石刻艺术博物馆编《2005年重庆大足石刻国际学术研讨会论文集》，文物出版社，2007年。

④ 重庆大足石刻艺术博物馆、重庆市社会科学院大足石刻艺术研究所编《大足石刻铭文录》，重庆出版社，1999年，第24～25页。

⑤ 丁明夷《四川石窟杂识》，《文物》，1988年，第8期。

⑥ 李巳生《大足石窟佛教造像》，《大足石刻研究文集》（4），中国文联出版社，2002年，第32～33页。

合的题材，在之前的石窟寺遗存中，可谓极为稀见。对于其图像来源，前引颜娟英《大足石窟宋代复数大悲观音像初探》的论文，将其归入千手千眼观音演变而出的复数观音造像之中加以探讨。

图 5-2-1　北山第 180 号十三观音变相窟

图 5-2-2　北山第 180 号十三观音变相窟左壁

图 5-2-3　北山第 180 号十三观音变相窟右壁

十圣观音的数量为10身观音，从数量和身份的组合上来看，或许在设计上，也有与石窟艺术中常见的十大菩萨组合有关。十大菩萨的图像，在敦煌石窟中较为常见，“与十大弟子一样，经常侍奉于佛之左右”，“始绘于中唐，盛行于五代、宋，西夏不复出现”[①]。10位菩萨的组合，其具体身份，可能为一般常见菩萨的组合，也有可能为“十地菩萨”组合，如陕西省子长县钟山石窟第3窟内的十地菩萨群像[②]。

（三）绘画史料的记载

在唐宋时期的绘画史料中，十圣观音的记载也极为稀见，如记载巴蜀佛教艺术的重要绘画史料《益州名画录》[③]一书中，未见有近似于10位观音像的绘画题材。其后，南宋邓椿《画继》卷五中，记载了一条“十观音”的绘画题材：“祖鉴，成都僧，住不动尊院，师智平，画观音。今大慈超悟院佛殿有十观音。”[④]

此则绘画史料对研究十圣观音甚为珍贵。僧祖鉴为成都一地的僧人，曾在著名的大圣慈寺内的超悟院绘有“十观音”，此画虽不存，但是从“十观音”这一提法来看，很有可能为10身不同的观音形象。该条未记载具体年代，《画继》一书记载的是北宋熙宁七年至南宋乾道三年94年间219位画家小传，即祖鉴的生活年代在1074年至1167年之间。《画继》一书，同时还收录有祖鉴师父智平的事迹，可知祖鉴的生活年代相对较为晚出。而成都大圣慈寺超悟院，曾在北宋政和二年（1112）因火灾再建，此在北宋末年郭印撰《超悟院记》中记载较详[⑤]。《画继》一书叙述今大慈寺内有十观音，极可能是超悟院火灾后所绘。因此，祖鉴“十观音”的年代在1112年之后。结合后文所叙，祖鉴所绘“十观音”的年代，应大致与大足一地十圣观音的年代较为接近，在南宋初期的可能性较大。由于该则资料的年代、具体绘画情况等还存在不详之处，因此，其与大足石刻十圣观音造像在题材的影响上还是一个较复杂的问题，还需进一步认识。

二、石门山十圣观音洞

南宋初期，大足一地开始出现有准确年代的十圣观音造像的雕凿，其中石门山十圣观音洞最具代表性。石门山第6号十圣观音洞，是目前所知大足境内十圣观音造像铭文资料最为全面的造像洞窟，对于了解大足一地十圣观音身份和信仰具有极其重要的价值。

石门山十圣观音洞（图5-2-4），高3.02米、宽3.50米、深5.79米，是一个长方形的洞窟。

---

① 季羡林主编《敦煌学大辞典》“十大菩萨画像”（施萍亭），上海辞书出版社，1998年，第161页。

② 韩伟著《中国石窟雕塑全集·5陕西宁夏》，重庆出版社，2001年，图版98。

③《益州名画录》记载了成都唐、五代至宋初的绘画史料。见宋·黄休复《益州名画录》，四川人民出版社，1982年。

④ 米田水注《图画见闻志 画继》，湖南美术出版社，2000年，第352页。

⑤ 王卫明《大圣慈寺画史丛考》，文化艺术出版社，2005年，第51页。

图 5-2-4　石门山十圣观音洞造像展开图

窟内正壁刻无量寿佛和观音、大势至菩萨，两侧壁各有 5 身观音造像，此外，还有善财、龙女、神将和供养人等造像。

（一）造像缘起

在正壁与左壁转角处刻有营建此窟的镌记，记述了十圣观音洞营建的组织者“化首”岑忠用修造的原因。镌记开篇写“诱化修造十圣观音洞”，称自从甲寅岁（南宋绍兴四年，1134 年）以来，“天忽亢旱，雨不应时，民食不足”，于是募化远近信众在石门山上建“观音大洞一所，无量寿佛并十圣菩萨”，“祈风雨顺时，五谷丰盛”。洞窟营建从丙辰年（南宋绍兴六年，1136 年）开始，至庚申年（南宋绍兴十年，1140 年）残腊基本竣工，并“愿皇图永固，佛日增辉，舍财信士，所做契心，三会龙华，皆得受记”等。镌刻时间为庚申年十二月，末题“化首岑忠用与裴氏夫妇共镌建”。

这则镌记有几点值得注意。一是对洞窟造像的名称，为“十圣观音洞”，这是大足石刻中十圣观音造像题材唯一见有“十圣观音”题材称谓的镌记，表明这一题材在当时已经有较为固定的称谓；此外，文中称正壁主像（图 5-2-5）为“无量寿佛”、两侧造像为“十圣观音”（或“十圣菩萨”）。二是该洞窟的组织者为岑忠用，其名在大足石刻中仅见此处，从镌记“忠用虽三代贫苦，实无一贯之

图 5-2-5　石门山十圣观音洞正壁西方三圣像

图 5-2-6　十圣观音洞岑忠用像

图 5-2-7　十圣观音洞裴氏像

本”来看，其家庭经济应不宽裕，故才有组织远近世俗民众共同开凿此窟的做法。洞窟正壁左右转角处，分别刻有男女供养人像各 1 身。左侧转角处为男像（图 5-2-6），头戴软巾，身着交领窄袖长袍，双手举一香炉；右侧转角处女像（图 5-2-7），身着交领长裙，双手捧一供盒。从这 2 身像所处的位置、服饰、持物等特点看，应为供养人像，即组织营建此窟的岑忠用和裴氏夫妇像。三是雕凿洞窟的时间较长，历时 5 年之久（1136—1141）。

（二）十圣观音洞造像铭文

据调查，在十圣观音洞正壁和左右两壁的造像头部旁，刻有题记，共计 16 件，其中正壁无量寿佛和左壁净瓶观音 2 件漶灭。这些题记中，刻有捐资造像者、造像身份、祈愿、时间等相关的信息，兹列表如下。

石门山十圣观音洞造像铭文表[①]

位置		捐资者	造像	祈愿	时间
正壁	无量寿佛	漶	漶	漶	漶
	观音像	昌州大足县陔山乡	正法明王观音一尊	漶	绍兴十一年（1141）上元日
	大势至菩萨	奉善弟子杨作安一宅	□势至菩萨一位	漶	辛酉年（1141）二月八日

① 石门山十圣观音洞铭文资料，见重庆大足石刻艺术博物馆、重庆市社会科学院大足石刻艺术研究所编《大足石刻铭文录》，重庆出版社，1999 年，第 351 ~ 355 页。

续表

位置		捐资者	造像	祈愿	时间
左壁（由内至外）	第 1 身观音像	漶	漶	漶	漶
	第 2 身观音像	苏严镇在郭居住奉善佛弟子岑忠志，同政薛氏等	宝兰手观音一尊	祈乞一家安泰，四序康宁，二六时中，诸圣加备	辛酉岁（1141）上春休日
	第 3 身观音像	奉佛修龛化主岑忠用合家等	观音菩萨一尊	祈乞举家安乐，动用得道，夫妇齐眉，膝下康泰……	戊午季夏兴工至庚申年季冬工毕（1138—1140）
	第 4 身观音像	奉善弟子岑忠信夫妇一家等	观音菩萨一尊	祈乞一宅安泰，四贵康和，十二时中，保安清畅	辛酉年（1141）正春末日
	第 5 身观音像	奉佛弟子庞休一宅等	甘露玉观音一位	祈乞尊少安泰，四序康宁，永世今生，常逢佛会	辛酉岁（1141）上春休日
	第 6 身善财像	奉佛道弟子侯惟正崖氏夫妇	造此功德一位	一家眷属，寿算延长，公私清泰先祖㖄誓，咸乞赦除，债主冤家，并资和释	辛酉（1141）载庆
右壁（由内至外）	第 1 身观音像	奉善弟子甄典□一宅	造圣容	漶	辛酉岁（1141）
	第 2 身观音像	昌州在城左厢界居住奉佛男弟子赵勤典男赵觉赵恭合宅	宝镜观音一位	乞保一家安泰，四季康和，今世来生，常为佛之弟子；次乞冤家解释，债主生天	辛酉岁（1141）正月望日
	第 3 身观音像	昌州大足县陔山乡奉佛承信郎陈充一宅	莲花手观音一位	乞自身禄位高崇，阖宅寿年永远凡向公私，吉无不利	绍兴十年（1140）内命工就此洞镌造莲花手观音；辛酉（1141）上元日题
	第 4 身观音像	奉佛庞师上父子	造此如意轮观音一位	冀永世康宁，四时吉庆	辛酉（1141）上春休日
	第 5 身观音像	奉佛弟子侯良夫妇与子孙	造此数珠手观音一尊	祈国泰民安、风调雨顺；侯良严氏，男惟芝、惟显、惟霖、惟海各夫妇以己酉本命日庆	辛酉绍兴十一年（1141）三月初十日
	第 6 身龙女像	奉善弟子谢继隆何氏夫妇为女荼娘发心造	献珠龙女	祈乞一宅安泰……	辛酉（1141）正月

（三）十圣观音洞造像铭文分析

从窟内造像题记可见以下几个情况：该洞窟是由岑忠用组织民众集体营造的，营造之初，在题材选择、造像设计等方面应有统一的规划设计。其中，组织的民众较多，所发的祈愿较为多样。

1. 关于捐资民众方面

在募化的民众方面，其构成情况可从多个角度分析。

一是从家族内外的角度来看，出现有岑姓和他姓。该窟的化首为岑忠用，其名还出现在其捐造的宝经手观音镌记之中。窟内题记中还出现了 2 则与之姓名相近的题记，分别为岑忠志造宝篮手观音、岑忠信造宝扇手观音的题记。从他们的名字来看，应与化首岑忠用为同一家族之人。除岑姓之外，还有庞、杨、甄、赵、陈、侯、谢等姓，他们皆是化首岑忠用募化的民众对象。

二是从地域上来看，题记中，多数为直接称“奉佛弟子”和姓名，此署名的方式，极可能表明其居住地与化首相距很近。此外，窟内出现了 4 则带有地名的题记，其中，有“昌州在城左厢界”居住的赵勤典，为此窟唯一的当时居住在昌州州治大足的民众。“昌州大足县陔山乡”出现2次，分别为捐资造正壁正法明王观音、右壁陈充造莲花手观音题记中，从题记可知“陔山乡”为宋代大足乡里之名[①]。另有“苏严镇在郭居住”的岑忠志，在题记前未出现有州县，估计“苏严镇”一地，应距离石门山不远。

三是捐资造像人物的身份。从化首岑忠用“三代贫苦，实无一贯之本”的叙述来看，其家境应贫寒；窟内多数题记没有官衔，应属于一般民众。这些题记唯一提及有官阶的为“承信郎”陈充，“承信郎”为宋代武臣极低的官阶。从这点来看，该洞窟的捐资群体主要来自民间。

另外，在信仰上，多署名“奉佛”“奉善”弟子，可知为佛教信众。唯独侯惟正造善财像中署“奉佛道弟子”，或为佛、道二教皆信奉者。

2. 关于祈愿

十圣观音洞的铭文中记载的信众祈愿，具有多种情况。

一是祈愿国运昌盛、风调雨顺。如岑忠用“诱化修造十圣观音洞”中“上愿皇图永固”，侯良造数珠手观音题记中“祈国泰民安、风调雨顺”。

二是祈愿一家安宁和睦，寿年延长。此类祈愿在窟内较多，如岑忠志造宝篮手观音题记中“祈

① 《大足县志》载“宋代大足乡里散见于石刻题记或墓碑者，计有陔山乡、若子乡、南山乡……”。见大足县志编修委员会编《大足县志》，方志出版社，1996 年，第 66 ~ 67 页。

乞一家安泰，四序康宁”，此外，岑忠信、庞休、赵勤典、谢继隆等造像中皆有此祈愿。其中也有祈愿一家寿年延长的，如：侯惟正造善财题记中，有“一家眷属，寿算延长”；陈充造莲花手观音题记中，有“寿年永远”。

三是祈愿禄位高升。主要体现在陈充捐造的莲花手观音，祈愿“自身禄位高崇”，应与其身份为宋代“承信郎”有关，所以才有其仕途的祈愿。

四是佛教信仰。如岑忠用“诱化修造十圣观音洞”中“佛日增辉”“舍财信士，所作契心三会龙华，皆得受记”；庞休造甘露玉观音题记中“永世今生，常逢佛会”。此外，还有一则极可能与净土信仰有关，在甄典□造宝莲手观音像中，有“祈乞先□乐果□（滤）”的祈愿，有可能与为祈求先辈亡者入于净土有关。

五是祈愿解冤结。如侯惟正造善财题记中，有“乞赦除债主冤家，并资和释”；赵勤典造宝镜观音题记中，有“乞冤家解释，债主生天”。这些祈愿与古代解冤除结观念有密切关系。在五代两宋时期的大足石刻中，还出现有解冤结菩萨，石门山十圣观音洞内的这两则铭文表明，在解冤结的方式上，“不仅仅是求助于解冤结菩萨，还可以通过营造观音等像达到解冤结的目的”[①]。

六是本命信仰。在侯良造数珠手观音题记文末，有“侯良严氏，男惟芝、惟显、惟霖、惟海各夫妇以己酉本命日庆”，此处应受到本命信仰的影响。

3. 十圣观音洞造像分析

正壁造像，据前文所知，为无量寿佛与观音、大势至菩萨，也即西方三圣。其中，观音像题记中称为“正法明王观音”，是观世音菩萨过去已成佛时之名号。据《千手千眼观世音菩萨广大圆满无碍大悲心陀罗尼经》记载，观世音菩萨名为正法明如来[②]。在之前的多数造像中，营建西方三圣像与亡者入净土世界有关，而在此窟的题记中，极少有与之相关的祈愿，仅有可能甄典□造的宝莲手观音题记有相关的祈愿。

左壁的 5 身观音像（图 5-2-8），由内至外第 1 身题记不存，从其右手于胸前提瓶来看，可识为宝瓶手观音。第 2 身手提小篮，题记明确记载为“宝兰手观音”，即宝篮手观音。第 3 身题记未明确称呼，观音右手中捧持长方形物体，中部有系带捆扎，右手拎系带，该器物为经折装式样的佛经，故调查研究基本上通称为宝经手观音（图 5-2-9）[③]。第 4 身观音题记未明确

① 李小强《解冤结观念的初步考察——以文献、图像和民俗为主的体现》，《2009 年中国重庆大足石刻国际学术研讨会论文集》，重庆出版社，2013 年。

② 大藏经刊行会编《大正藏》，第 20 册，中国台湾新文丰出版股份有限公司，1983 年，第 110 页。

③ 李小强《崖壁上的世俗文化》，中国戏剧出版社，2012 年，第 126 页。

图 5–2–8 石门山十圣观音洞左壁观音造像

称呼，从其右手持一小扇可知为“宝扇手观音”（图 5–2–10）。第 5 身题记称为“甘露玉观音”，图像为左手捧一钵在胸前，右手上举持杨柳枝。

右壁的 5 身观音（图 5–2–11），由内至外第 1 身观音（图 5–2–12），题记未见明确称呼，图像为左手持一盛开的莲花于左肩，花中有一宝珠，珠上有火焰；右手轻拈衣带。该像定名为“宝莲手观音”[①]。然而就在此壁的第 3 身像，亦为图像相近的手持莲花的观音，题记也明确称为“莲花手观音”，因此将此身像识为“宝莲手

图 5–2–9 石门山十圣观音洞宝经手观音

图 5–2–10 石门山十圣观音洞宝扇手观音

① 重庆大足石刻艺术博物馆、重庆市社会科学院大足石刻艺术研究所编《大足石刻铭文录》，重庆出版社，1999 年，第 353 页。

图 5-2-11　石门山十圣观音洞右壁观音造像

图 5-2-12　石门山十圣观音洞宝珠手观音

图 5-2-13　石门山十圣观音洞莲花手观音

观音”不妥。另，有识为“宝珠手观音”[1]，系依据莲花上的宝珠而定名，结合窟内情况来看，此定名较为妥当。第 2 身观音左手持镜，题记明确有“宝镜观音”，因此也可称为“宝镜手观音”。第 3 身观音左手持莲苞，右手轻拈飘带，题记明确称为“莲花手观音”（图 5-2-13）。第 4 身观音，左手结印于胸前，右手腕以下残，题记称为“如意轮观音”，可能右手持物为如意轮。第 5 身观音，双手在腹前，左手扼右腕，右手捏珠串，题记明确称为“数珠手观音”。

在洞内近窟门处，还有善财、龙女像。

① 四川省社会科学院、大足县政协、大足县文物管理所、大足县石刻研究学会编《大足石刻内容总录》，四川省社会科学院出版社，1985 年，第 321 页。

图 5-2-14 石门山十圣观音洞外壁

窟外左右两壁还有四位神将像（图 5-2-14）。

从上述图像和题记来看，此窟造像的组合为：西方三圣、十圣观音、善财、龙女、神将以及供养人。这些题材的组合形式，不仅在佛经中未见记载，而且在除大足之外的其他石窟中也殊为少见。其中，十圣观音是此窟造像的重点，故岑忠用在叙述该窟的题记中，开篇就说“诱化修造十圣观音洞”。从这些观音题记中可见，当时已经存在依据观音手持物而命名观音具体身份的现象。

4. 十圣观音洞造像的经典来源

正壁西方三圣造像，与西方净土信仰相关。两侧壁的观音，与观音经典相关，这其中众多不同形象的表现，结合造像题记祈愿较为多样化来看，与观音救苦救难的慈悲精神相关。窟内观音形象还极可能与千手观音经典相关，如唐代伽梵达摩译的《千手千眼观世音菩萨广大圆满无碍大悲心陀罗尼经》[①]中，列举观音“如意珠手”“宝剑手”等多种手可以解救相关的苦恼或满足世俗民众的祈愿，十圣观音洞内的观音也有铭文直接称为“宝兰手”“莲花手”“数珠手”等。不过，结合十圣观音的祈愿与经典对照，二者还是存在差异的。如经中叙“若为十方诸佛速来授手者，当于数珠手”，而窟内数珠手观音的祈愿为“祈国泰民安、风调雨顺”，同时还与本命信仰相关；又如经中叙“若为大智慧者，当于宝镜手”，而窟内宝镜手观音祈愿为“一家安泰，四季康和，今世来生，常为佛之弟子”。可见与经典相应的手的祈愿不一致。因此，从此窟来看，十圣观音的出现，与观音解救诸苦难的信仰有关，其多种形象，与千手观音等经典宣称的观音

① 大藏经刊行会编《大正藏》，第 20 册，中国台湾新文丰出版股份有限公司，1983 年。

不同手姿或许有关，对此，胡文和[①]、颜娟英[②]等在其研究论述中也持此观点。但是在祈愿上，捐资信众可以对不同形象的观音发出自身的所愿。这一点既与观音信仰盛行密切相关，也具有世俗民间信仰的特点。

此外，窟门两壁还有善财、龙女，其与观音也有关。

从上述来看，十圣观音洞题材组合较为独特，其经典来源较为复杂，主要是来源于佛教流传较广的净土信仰、观音信仰等经典，信众根据自身祈愿而形成的造像组合。

三、大足一地十圣观音造像雕刻情况

据多年来的调查记录和实地发现，目前，大足一地保存的十圣观音造像，其中造像保存较完整的至少有 9 处。除石门山十圣观音洞外，还有北山佛湾第 105 号、妙高山第 4 号西方三圣和十圣观音洞、峰山寺第 3 号佛和十观音像龛、佛安桥第 2 号无量寿佛洞、普和寺第 3 号佛菩萨和十观音像、张家庙佛和观音龛、保家村佛和观音龛、邮亭镇水利村佛耳岩第 1 号等。此外，近年来调查研究认为，潮阳洞第 3 号[③]和石佛寺第 3 号[④]等龛窟，亦为十圣观音，因其残坏和重塑，此略。

（一）造像考察

大足境内保存的这些十圣观音题材的造像龛窟，其题材组合的形式，根据龛窟正壁主尊造像情况，可分为三种。

1. 西方三圣和十圣观音

这种表现形式的造像窟，即前述的石门山十圣观音洞。此外，仅见于妙高山第 4 号。

妙高山石窟位于大足季家镇境内。第 4 号造像窟，正壁为西方三圣，左右各有 5 身观音像。

左壁由内至外（图 5-2-15），第 1 身观音左手持宝珠，宝珠发出的毫光绕成三个小圈后直达后壁。第 2 身观音手中无持物，左手下垂，右手向外作接引状。第 3 身观音左手捋右衣袖，右手上举，手掌断裂，持物不详。第 4 身观音双手于腹部前持数珠。第 5 身观音像残坏，基本不存。

右壁由内至外（图 5-2-16），第 1 身观音双手在腹部捧一扁圆镜状器物，疑为如意头环。

① 在胡文和《四川道教佛教石窟艺术》（四川人民出版社，1994 年，第 282 页）中，举《千手千眼大悲心陀罗尼》经中所叙千手观音数手，认为“结合本窟造像的内容，应为其造像依据”。

② 颜娟英《大足石窟宋代复数大悲观音像初探》，重庆大足石刻艺术博物馆编《2005 年重庆大足石刻国际学术研讨会论文集》，文物出版社，2007 年。

③ 大足石刻研究院编《大足石刻总录》第三卷，重庆出版社，2023 年，第 1101 页。

④ 大足石刻研究院编《大足石刻总录》第三卷，重庆出版社，2023 年，第 1015 页。

图 5-2-15 妙高山十圣观音洞左壁观音

图 5-2-16 妙高山十圣观音洞右壁观音

第 2 身观音左手胸前捧钵，右手上举（残）。第 3 身观音胸前握羂索。第 4 身观音左手腹前提净瓶，右手持杨柳枝。第 5 身观音双手握一莲苞，负于左肩上。

此窟观音造像与石门山十圣观音洞对比，数珠、宝钵、净瓶、莲花等器物都互见，不过左右两壁观音的位置有变化，如十圣观音洞数珠手观音为右壁由内至外第 5 身，妙高山则是为左壁由内至外第 4 身。其他一些观音的位置也有变化。此外，妙高山此窟未见有善财、龙女和神将等造像。可见二者在布局和题材选择上是有变化的，没有拘泥于严格的图像模式。

妙高山此窟造像未见有年代，据毗邻的第 2 号窟“东普攻镌文仲璋侄文珆文珠天元甲子记”题记，可知为南宋绍兴十四年（1144），由此来看第 4 窟西方三圣和十圣观音营造时间在此年左右。

2. 佛、文殊、普贤和十圣观音

此类组合有三例。一是北山佛湾第 105 号（图 5-2-17、图 5-2-18）。该龛高 1.8 米、宽 0.95 米、深 0.96 米，中壁和左右两侧壁皆有造像，分为三层。上层正壁为佛像，左手抚膝，右手置于胸前；左侧壁上部刻文殊菩萨，坐在狮身背负的莲台之上，旁有狮奴，双手持缰绳；右侧壁壁面毁，造像不存，原应为普贤菩萨像。可知，上层造像为毗卢佛和文殊、普贤的组合。

中层造像，正壁为 4 身站立的菩萨，从左至右第 1 身像，双手在胸前持莲花，负于左肩之上。第 2 像，左手置于左肩处，握一方形物（似印），右手放于腰际处，似持印带。第 3 像左手在

图 5-2-17　北山第 105 号龛

图 5-2-18　北山第 105 号龛左壁

图 5-2-19　佛安桥佛和十圣观音窟右壁

图 5-2-20　普和寺佛和十圣观音龛

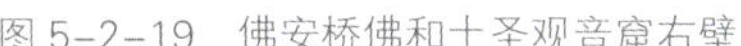

腰际处持净瓶，右手胸前持杨柳枝。第 4 像左手放于胸前，右手上举，持物残坏，不详。左壁为 3 身站立的菩萨像，由内至外第 1 身左手上举，手心生出一朵祥云，右手下垂体侧，似握环状物。第 2 身双手在胸前托宝珠。第 3 身左手在腹前握右手腕，右手持数珠。右壁也为 3 身站立的菩萨像，由内至外第 1 像残损较重，可辨识右手上举，手心生出一朵祥云。第 2、第 3 像残损严重，持物不详。菩萨像身后皆有舟形的背光。

下层刻供桌、宝塔，以及供养人像多身。

此窟中层造像，共计雕刻 10 身菩萨像，从手中持物、服饰等特点可知，应为十圣观音的组合。其中，从保存较好的造像可知窟内有数珠手观音、净瓶手观音、宝珠手观音等形象，也见于石门山和妙高山等十圣观音造像。对于该窟造像相关研究甚少，其年代，调查认为系宋代①。

此类组合的另外两例见于佛安桥和普和寺石窟。

佛安桥石窟位于大足珠溪镇境内，第 2 号窟高 2.8 米、宽 2.5 米、深 3.5 米。正壁为无量寿佛，因其铭文有古贯之夫妇“发心造无量寿佛”题记，可知主尊为无量寿佛。其后的题记中还提到该窟是为其过世的母亲任氏祈愿而造，时间是“大宋天元甲子”，即南宋绍兴十四年（1144）。无量寿佛左侧为坐于狮背的文殊，右侧为坐于象背的普贤。窟左右两侧壁（图 5-2-19）各有 5 身观音像，被后世重塑，发式、服饰等皆有变动，其中可辨识原应有持数珠观音等像。这些像顶壁上，刻有当时捐资者人名，如“古平之为二亲发心造”“周安仁发心镌造”等。

① 四川省社会科学院、大足县政协、大足县文物管理所、大足县石刻研究学会编《大足石刻内容总录》，四川省社会科学院出版社，1985 年，第 36 页。

图 5-2-21　峰山寺佛和十圣观音龛

图 5-2-22　峰山寺十圣观音龛宝巾手观音

普和寺石窟位于大足邮亭镇境内，内有一龛像（图 5-2-20），中间为结跏趺坐在莲台上的佛像。左侧有 5 身观音像，再外有坐于狮背上的文殊菩萨像；右侧部分崩塌，存 2 身观音像，原造像应还有观音和普贤像。这些菩萨像中，有持莲花、数珠等器物的观音。普和寺石窟的造像年代，基本上认定为南宋①。

3. 佛和十圣观音

此种组合，可以峰山寺第 3 号为代表。峰山寺石窟位于大足中敖镇境内，第 3 号龛（图 5-2-21）高 2.5 米、宽 4.3 米、深 1.4 米。正中为释迦佛，结跏趺坐在莲台上，左右两壁各有 5 身菩萨像。

左壁，从佛像至外分别为：第 1 身左手捋右手衣服，右手上举托香炉。第 2 身左手在腹前扼右手腕，右手持瓶。第 3 身双手于胸前持如意。第 4 身双手在胸前捧果（葡萄）。第 5 身双手在胸前持巾（图 5-2-22）。

右壁，从佛像至外分别为：第 1 身左手斜举持印，右手于胸前握印带。第 2 身右手握左手腕，左手持数珠。第 3 身双手握莲花，负于右肩上。第 4 身左手于胸前托一盘，盘内盛物，右手放于盘上。第 5 身像残坏严重，持物不详。

从持物来看，大致与石门山、妙高山近似，也有新出的器物，如葡萄、宝巾等。这其中，观音手持葡萄可见于千手观音正大手持物，而宝巾则未见于常见的千手观音持物，可见十圣观

---

①《大足石刻造像范围、内容认识历程考述》，陈明光《大足石刻考察与研究》，中国三峡出版社，2001 年，第 65 页。

图 5-2-23　保家村佛和十圣观音龛

音持物并非全部受到千手观音经典的影响，或许与匠师根据常见器物设计有关。此外，观音的位置也不尽相同。该龛的造像时间，有研究资料识为南宋[①]。

除峰山寺此龛造像外，保家村石窟、张家庙石窟、邮亭水利村佛耳岩还有相同组合的造像龛。

保家村石窟位于大足龙石镇，其内有佛和十观音像龛（图 5-2-23），呈“一”字形布列。中为结跏趺坐佛像，左右各有 5 身观音造像，其中左侧 1 身像不存，仅留其雕像的空间。观音造像持物可辨有数珠、净瓶等。保家村石窟开凿年代被定为南宋[②]，该龛造像从风格、题材等来看，年代亦在此时期。

大足龙石镇内另一处造像点张家庙石窟内，有一窟造像（图 5-2-24），正壁为结跏趺坐佛像，两侧各有 3 身观音，手姿各不相同，其中有数珠手观音，左右壁观音像外各有 1 身着僧人服造像。该处造像有南宋绍兴三年（1133）题记的千佛龛，由此来看，该窟造像年代很可能在南宋初期。

邮亭水利村佛耳岩第 1 号存像 13 身，正壁居中为主尊阿弥陀佛，头部左 右各刻飞天像 1 身；正壁两端及左右侧壁刻十圣观音像，现存 8 身，左右各 4 身对称布置；左壁外端另存童子立像 1 身。该处造像，一般识为南宋时期。

---

① 重庆大足石刻艺术博物馆、重庆出版社编《大足石刻雕塑全集》“南山石门山石篆山等石窟卷”，重庆出版社，1999 年。图版 155 峰山寺第 4 号龛三观音像、图版 156 峰山寺第 4 号龛观音像，其年代皆定为“南宋”。

②《大足石刻造像范围、内容认识历程考述》，陈明光《大足石刻考察与研究》，中国三峡出版社，2001 年，第 65 页。

图 5-2-24　张家庙佛和观音龛

（二）龛窟布列形式、造像年代

1. 布列方式

从上述诸龛窟来看，十圣观音在其间的布列方式，多数的造像龛窟是分布在主尊左右两侧，呈对称布列。惟北山第 105 号有所不同，因为造像是上中下三层布列的设计，十圣观音分布在中层的正壁和左右两壁。

在龛窟正壁造像中，皆是以佛像作为主尊。佛像的身份或为无量寿佛，如石门山、佛安桥的造像铭文中，明确称为“无量寿佛”；或为毗卢佛，如北山第 105 号龛，上层正壁主像身份为“毗卢佛”[①]。

这些造像龛窟的十圣观音没有具体固定的雕刻模式，虽同是数珠手观音，但观音的位置有所变化。而且，还存在着没有固定的 10 位观音作为十圣观音题材来雕凿的。

2. 年代和地点

大足一地的十圣观音造像年代基本上为宋代，特别是石门山、佛安桥等处的造像龛窟，可

① 四川省社会科学院、大足县政协、大足县文物管理所、大足县石刻研究学会编《大足石刻内容总录》，四川省社会科学院出版社，1985 年，第 36 页。

见十圣观音在南宋初期就已经盛行于大足。宋代的这些十圣观音造像，不仅仅局限于一地，不但在当时昌州（州治大足）毗邻的北山石窟之中，还出现在大足乡里之间，由此可见该题材较为流行。另，据近年来石窟调查发现，在毗邻大足的荣昌区内，复兴石庵堂、三角寺第 3 号、刘家庙第 21 号等处有十圣观音造像题材，其时代推测为宋代。明清时期，大足境内石刻造像仍有延续，但是未见有十圣观音题材的雕凿。

四、单尊观音像的考察

十圣观音作为观音组合的题材，其来源与发展与单独的观音造像之间存在着极其紧密的联系。下面，简单列举两例观音造像，略可见十圣观音组合与单尊观音像之间的关系。

第一例是数珠手观音。

数珠手观音，即手拈数珠的观音，其图像的来源具有民间性。在十圣观音多数龛窟中，数珠手观音多出现其间。目前，调查发现数珠手观音在巴蜀一带较早的实例见于北山北宋晚期第 180 号十三观音变相窟；另，第 277 号地藏观音龛，其年代亦可能为北宋。南宋初期，主要出现在大足十圣观音造像之列，其后，有单独造像出现，特别是北山第 125 号数珠手观音龛，具有极高的艺术价值。可以说，十圣观音等组合题材的数珠手观音，对数珠手观音作为主尊单独出现，起到了一定程度的作用。

在佛教文献中，有关数珠手观音的论述极少，其中千手观音经中有“如为十方诸佛速来授手者，当于数珠手”[①]，或为此观音形象出现提供了经典参考。在十圣观音的造像中，石门山第 6 号数珠手观音像（图 5–2–25）祈愿有“国泰民安、风调雨顺”，以及“己酉本命日庆”的记载；此处本命信仰与数珠手观音的关系，在佛教文献中未见，应与观音信

图 5–2–25　石门山十圣观音洞数珠手观音

① 唐·伽梵达摩译《千手千眼观世音菩萨广大圆满无碍大悲心陀罗尼经》，大藏经刊行会编《大正藏》，第 20 册，中国台湾新文丰出版股份有限公司，1983 年，第 111 页。

图 5-2-26　妙高山十圣观音像不空羂索观音

仰本身慈悲济世有关[①]。

第二例是不空羂索观音。

不空羂索观音来源于《不空羂索经》，隋唐至两宋时期有关该经的译本多达 9 部。在大足石刻中，作为龛窟内正壁主像，早在前、后蜀时期就有雕凿，如此时期的北山第 224 号等龛。其后，在宋代的北山佛湾第 116、第 119、第 123、第 127、第 136、第 146、第 159、第 173、第 174、第 212 号，以及多宝塔第 36、第 57、第 68 号等龛窟中都有不空羂索观音，在龛窟内的位置也有所变化。这些不空羂索观音，其形象大多为身有六臂，持钵、羂索、剑、摩尼珠、杨柳枝等[②]。

在十圣观音造像中，不空羂索观音也较多出现，其形象为双臂，手持羂索，如妙高山十圣观音像中不空羂索观音（图 5-2-26）即如此。可见，匠师营造十圣观音像时，为遵循造像组合的统一，对观音形象是有所取舍的。

类似不空羂索观音这种情况，在十圣观音造像中还有净瓶观音、莲花手观音、如意轮观音等，在宋代之前就已经较多雕凿。只不过一些观音外在表现上遵循十圣观音总体的艺术特点，除不空羂索观音外，之前佛教艺术中，头微左倾作思惟状、身有多臂的如意轮观音，也是双臂、端庄的观音形象。

五、结语

综上所述，十圣观音作为一个较为特殊的造像题材，在题材来源、图像、信仰等方面，具有以下几个方面的情况和特点。

①来源问题。从前述来看，十圣观音的来源较为复杂，其主要来源恐有多个方面的因素。一是石窟寺内相应的 10 身（或 12 身）菩萨造像，尤其是北山第 180 号十三观音变相的出现，直接地影响了十圣观音图像，甚至可以说是十圣观音的一个蓝本。二是佛教绘画题材的影响，

① 关于数珠手观音经典情况、在大足等地的造像等，参见李小强、廖顺勇《大足、安岳石刻数珠手观音造像考察》，《四川文物》，2018 年，第 1 期。

② 黎方银《大足石窟不空羂索观音像研究——大足密教造像研究之二》，《大足石刻研究文集》（5），重庆出版社，2005 年，第 94 ~ 103 页。

前述僧祖鉴在成都大圣慈寺内作十观音题材的绘画，类似作品有可能影响到巴蜀地区摩崖造像，成都在唐宋时期一直是巴蜀地区政治、经济、文化中心，特别是曾在寺院内保存有大量的佛教艺术作品，对周边影响较大，这一点在相关研究中多有论及。不过，其具体情况还有待继续研究。三是以千手观音等有关观音经典的影响，十圣观音洞内出现“数珠手”“宝经手”等，极可能受到千手观音经中相关描述的影响。最后一点，那就是与民间观音信仰在大足一地盛行密切相关，关于此点，兹以李凇论著所说可见，认为“宋代的菩萨图像基本上围绕着观音这个主题产生和展开，大足石门山的十圣观音造像可以看作其代表。它的特色是观音菩萨的种类和名目空前增多，而对佛典的依赖性却日益减弱，其依据和来源主要是民间传说和民俗信仰。从而彻底脱离印度菩萨图像的轨道，形成完全中国化的菩萨图像系统”[①]。

②在大足一地的流变。十圣观音在大足的雕凿，目前资料来看，直接受到了北宋后期开凿的北山第 180 号十三观音变相的影响。随后，南宋初期大量出现十圣观音窟的雕凿，这其中，从造像艺术、保存情况、铭文资料等来看，石门山第 6 号最具有代表性。从大足一地峰山寺、普和寺、保家村等造像相对较少的造像点来看，十圣观音在民间较为盛行。其后的明清时期，未见有此题材雕凿。

③十圣观音组合。十圣观音大多以较为常见的观音形象作为组合，其中一些观音形象（如不空羂索观音、如意轮观音等）为遵循造型统一，在形象上对其之前的图像有所变化。在各个具体的龛窟之中，观音的身份不尽相同。而且，同一身观音在各个龛窟中所处的位置也不固定。这些表明匠师在营造时具有一定的创造性，而非严格遵循一个固定的粉本。

另外一点值得注意，十圣观音的组合，显密二教的观音同时并列，既有之前民间盛行的莲花手观音、净瓶观音等，也有密教的不空羂索观音、如意轮观音等。

④十圣观音的信仰。十圣观音作为一个组合题材，未见有单独的经典记载。从石门山十圣观音洞造像题记来看，信众对某种观音祈愿，与经典记载的信仰存在不一致的情况，其主要应与观音慈悲济世密切相关。

⑤此类造像的定名。对于此类题材组合的造像，之前胡文和曾定名为“观音变”[②]，此从造像题材来源、表现等角度来看，无疑是准确的，但是“观音变”的含义相对较为广泛，如数量上无法界定。综合上述几点来看，此类题材在定名上以“十圣观音”应较为妥帖。

---

①《论中国菩萨图像》，李凇《长安艺术与宗教文明》，中华书局，2002 年，第 158 页。

② 胡文和《四川道教佛教石窟艺术》，四川人民出版社，1994 年，第 282 页。

第三节　北山转轮经藏窟——兼及北山第 136、第 137 号之关系

北山石窟第 136 号转轮经藏窟，系大足石刻经典代表作之一，其内的造像精美典雅、技艺精湛，有“中国石窟艺术皇冠上的一颗明珠”的美誉。该窟造像题材的组合方式甚为独特，为一佛八菩萨，其中有 5 身观音造像，此在石窟寺中极为少见。

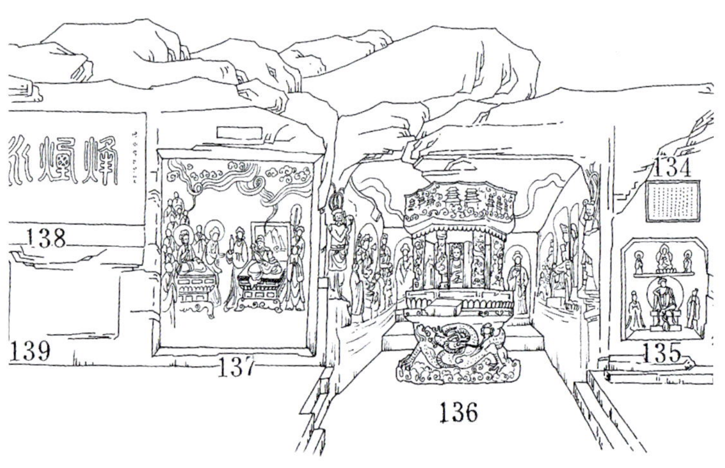

图 5-3-1　大足北山第 136、137 号位置示意图（采自郭相颖白描长卷）

对于北山第 136 号窟的研究，大多集中在论述第 136 号窟的艺术特点上，对于其组合题材的来源、该窟在北山石窟中的地位等，少有论及。为全面考察该窟的造像特点，下面结合与其毗邻的第 137 号维摩诘变相图一道论述，以此可见该窟在北山石窟中所处的特殊地位。而之前的研究成果，对于第 136、第 137 号两龛（图 5-3-1），基本上是单独言及各自的造像艺术、题材考证等，没有涉及二者之间的关联[①]。

一、第 137 号维摩诘变相图考察

北山石窟第 137 号维摩诘变相图（图 5-3-2、图 5-3-3），位于北山佛湾中段，现存作品高 3.08 米、宽 2.67 米、边框深 0.3 米。该图现存有造像记四件，其中，对本书论述具有作用的题记有：

①当州克宁十将文志于初摹日，同施大钱叁贯，图福利坚久、斯碑不坠，绍兴甲寅九日谨铭，母亲薛氏，家室任氏，男谦。

① 研究此两处造像的专著，可参阅：黎方银《大足石窟艺术》，重庆出版社，1990 年；胡文和《四川道教佛教石窟艺术》，四川人民出版社，1994 年。北山第 136 号主要研究成果有：《试论大足石刻北山“心神车窟”的艺术成就》，郭相颖《大足石刻研究》，重庆出版社，2000 年；胡良学《大足石刻转轮经藏窟之管见》，《大足石刻研究文集》（3），重庆出版社，2002 年。北山第 137 号主要成果有：[美]何重华著、郭兴建译《不朽的古代雕刻》，《大足石刻研究文集》（2），重庆出版社，1997 年；黄远林《石恪》（中国画家丛书），上海人民美术出版社，1985 年；米德昉《大足北山宋刻〈维摩诘经变〉及其相关问题考察》，《中国国家博物馆馆刊》，2015 年，第 3 期；李小强《关于大足北山石刻〈维摩变〉作者之浅见》，《文史杂志》，2014 年，第 5 期。

②李大郎重摹，罗复明另刻，住岩僧志诚。

③东平十、清河八、成纪三、太原三，遍观此院壁画，维摩居士最佳，它皆不适，主僧宜护之。丁卯仲秋月十四日题。[①]

图 5-3-2　北山第 137 号现状

从以上造像记来看，北山第 137 号维摩诘变相图为翻刻，其时间在南宋绍兴四年（1134）。根据造像记的内容分析，第 1、2 则造像记为翻刻时新增的内容，第 3 则造像记为原画上所存的内容。关于此画为翻刻，早在南宋后期的《舆地纪胜》中就有记载：

图 5-3-3　北山维摩经变图（《金石苑》摹绘图）

画维摩石碑　绍兴间北山刻云：郡之惠因寺藏殿壁阴，有水墨画文殊诣维摩问疾一堵，意全相妙，合经所说，恐浸漫灭，故石刻于此。[②]

从这则记载可知，维摩诘变相图原来在昌州的惠因寺，因“恐浸漫灭”，当时的僧人受他人告诫“宜护之”，于是将其翻刻在北山佛湾中。参与这次翻刻活动的人物有：昌州克宁十将的文志一家，负责捐资；李大郎，负责对原画加以临摹；罗复明，负责翻刻；此外还有“住岩僧志诚”，关于其相关推论详见后文。该画艺术水准颇高，历来受到各界的肯定。关于其作者，

① 重庆大足石刻艺术博物馆、重庆市社会科学院大足石刻艺术研究所编《大足石刻铭文录》，重庆出版社，1999 年，第 30 页。其中，“克”字《大足石刻铭文录》录为“充”。

② 南宋·王象之编著《舆地纪胜》（中），江苏广陵古籍刻印社，1991 年，第 1152 页。

明清时期的文献大多说为石恪所作。

惠因寺，据张澍《书文殊问维摩诘病图碑后》“大足旧志云：惠因寺在治南四十里，宋绍兴中立壁画维摩圆寂像，后易石像，明末焚毁”，文中，张澍还认为“明末焚毁者误”[1]。可知惠因寺原在大足城区南 20 千米处，今已不存。

在上述《舆地纪胜》书中，明确认为维摩变相图的具体位置是在“藏殿”的“壁阴”。“藏殿”，即为收藏佛教经书的场所，又称作转轮藏殿、轮藏殿。如著名的山西省大同市下华严寺内的薄伽教藏殿，就是收藏佛经的殿堂。以“藏殿”称转轮藏殿，在佛教文献中亦可见，如《敕修百丈清规》的“法器章”（铙钹项）言：“铙钹，凡维那、住持揖两序出班上香时，藏殿祝赞转轮时，行者鸣之。”[2] 明清时期，亦不乏以“藏殿”来称谓存放有佛经的殿堂，如北京智化寺有一“藏殿”，其内存有明代转轮藏，该藏集雕刻、彩绘精湛工艺于一身，堪称明代建筑的艺术瑰宝[3]。

对于转轮经藏的研究，可参阅黄敏枝先生[4]、张勇先生[5]等学者的宏论。相传，转轮经藏系萧梁时期的傅大士所为，宋代逐渐开始流行起来，成为寺院重要的组成部分。今天一些宋代寺院遗迹中，还保留着转轮经藏殿，或者转轮藏实物资料。如河北省正定市龙兴寺转轮藏殿，就是“一座为了安置转轮藏而建造的殿”，该转轮经藏为“一个中有立轴的八角形旋转书架”，“是宋代构造的一个极有价值的实例”[6]。现重庆市合川文管所还保留着一宋代木构转轮藏的铁轴座，系合川净果寺转轮藏殿遗物（图 5-3-4），南宋乾道五年（1169）建立[7]。对于巴蜀地区的转轮经藏营造，黄敏枝先生论文中梳理较多，可知北宋时期有成都天宁寺，南宋有简阳白塔寺、洪雅县月珠寺、简州甘泉县安乐院、汉州德阳县安国寺以及合川净果寺等。在北山转轮经藏窟营造之后，大足境内宝顶山大佛湾第 14 号毗卢道场内，就有一半形体的转轮经藏[8]。另，曹刚华的《宋代佛教史籍研究》“两宋时期《大藏经》地域分布表”中，可见宋代四川地区，在盐亭、蒲江、成都、剑州、石照等地皆有《大藏经》的分布，这些地方亦极有可能修建有专

---

① 《民国重修大足县志》卷一方舆上・山脉・北山。

② 元・德辉重编《敕修百丈清规》“法器章”（铙钹项），大藏经刊行会编《大正藏》，第 48 卷，中国台湾新文丰出版股份有限公司，1983 年，第 1156 页。

③ 北京文博交流馆、北京智化寺管理处《古刹智化寺》，北京燕山出版社，2005 年。

④ 黄敏枝《关于宋代寺院的转轮藏》，《普门学报》，第 8 期，2002 年。

⑤ 《转轮藏考》，张勇《傅大士研究》，巴蜀书社，2000 年。

⑥ 梁思成《图像中国建筑史》，百花文艺出版社，2001 年，第 236 ~ 237 页。

⑦ 重庆市文化局、重庆市博物馆编《重庆文物总目》，西南师范大学出版社，1996 年，第 10、18 页。又，龚廷万《合川净果寺南宋转轮经藏调查记实》，《重庆历史与文化》，2011 年，第 1 期。

⑧ 《再谈宝顶山摩崖造像是密宗道场及研究断想》，郭相颖《大足石刻研究》，重庆出版社，2000 年，第 76 页。

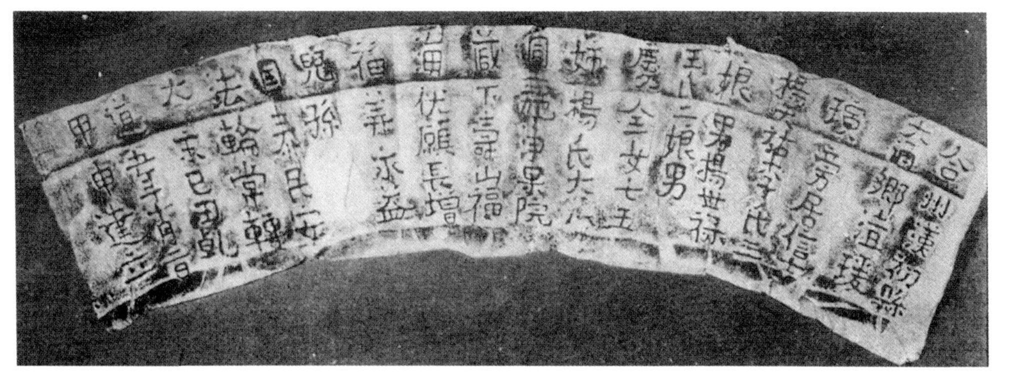

图 5-3-4 合川净果寺转轮经藏铁转子铭文拓片（采自龚廷万文）

门储藏《大藏经》的殿堂[①]。从这些材料可见，宋代在寺院内营造转轮经藏颇为盛行。对于此点，正如张勇先生研究了宋代实物资料以及成于宋元符三年（1100）的《营造法式》之后所言："应该说，有宋一代所造轮藏，至少在北宋末叶即已有统一的规矩；而熙宁初敕撰的营造书中述及轮藏，又从另一个方面表明北宋初轮藏已经成为各大寺宇不可或缺的设施矣。"[②]

从上述分析来看，在昌州的惠因寺内出现有转轮经藏殿自然不足为奇。结合碑刻和文献记载，此转轮经藏殿堂内有一"壁"，其壁后有水墨画——维摩诘经变相。至于此殿"壁"前是绘画还是雕塑，今已不得而知。而这幅水墨画，一些人认为在惠因寺内的壁画中，唯独此"壁画维摩居士最佳，它皆不适"，并劝告当时寺内僧人"宜护之"，于是就有了南宋绍兴四年（1134）翻刻于北山佛湾的举措。

二、第 136 号转轮经藏窟考察

至少在第 137 号维摩诘变相图重新摹刻在北山佛湾 8 年左右，紧邻其左侧，开始营造著名的第 136 号转轮经藏窟。

转轮经藏窟为平顶长方形窟（图 5-3-5、图 5-3-6），进深达 6.79 米，窟中心立转轮经藏，为该窟得名的由来。正壁雕刻释迦牟尼和观音、大势至（图 5-3-7），其左右壁分别雕刻三组对称的菩萨像。由里向外第一组为文殊和普贤，第二组为日月观音和玉印观音，第三组为如意珠观音和数珠手观音，再之外为对称的力士像。

（一）关于转轮经藏的认识

对于转轮经藏窟的定名有一个认识过程。1940 年年初，以梁思成、刘敦桢等先生为首的中

① 曹刚华《宋代佛教史籍研究》，华东师范大学出版社，2006 年，第 42 ~ 46 页。

② 张勇《傅大士研究》，巴蜀书社，2000 年，第 453 页。

图 5-3-5　北山第 136 号转轮经藏窟

图 5-3-6　北山第 136 号转轮经藏窟

图 5-3-7　北山第 136 号转轮经藏窟正壁

国营造学社对大足石刻进行了短暂的考察，调查资料记载：“此外又有一窟，中央雕八角形台，每隔置石柱一，柱中留有榫眼，疑为转轮藏遗迹，乃石窟中别开生面之作品。”[①]梁思成先生在《西南建筑图说》中说：“绍兴十六年所造之转轮藏洞。转轮藏位于窟之前方，平面八角形；下承蟠龙，中镌八柱亦绕以龙；其上各面，浮雕小塔。”[②]这是目前所见资料中，最早将该窟中心柱识为转轮藏的调查史料，考察期间还留下了当时转轮经藏窟的珍贵图片资料。然而，营造学社考察的认识受当时历史的影响，外界知之甚少，直到 21 世纪初，相关的史料才逐渐清晰。

1945 年 4 月，大足石刻考察团对第 136 号进行调查后认为：“北山心神车窟数像，妙丽庄严，除敦煌壁画外，实无其匹，而心神车之蟠龙雕刻，尤为奇伟。”[③]由此可见，当时定名为“心神车窟”，此称谓是受到道教影响的转轮藏形制（可参阅张勇先生专论），后世民间一般来说皆未加以区别。其后的研究著述中，大多以“心神车窟”称该窟造像，亦有二者并称的现象。1999 年，《大足石刻铭文录》定名为“转轮经藏窟”，其中一个重要的因素就是铭文的记载。在一则内有“陈文明”名字的镌记中，有这样的语句：“镌刻妆彩大势至菩萨、迦叶、阿难（共三尊）□□经藏洞，永为历世瞻仰。”[④]从这儿的“□□经藏洞”一处来看，极大可能原文为“转轮经藏洞”。

图 5-3-8　第 136 号转轮经藏平面图（采自《大足石刻全集》）

由此，该窟定名为转轮经藏窟渐成共识，其中，窟内中心柱即为转轮经藏（图 5-3-8）。

（二）转轮经藏窟的开凿历程

根据转轮经藏窟的铭文记载，可知该窟营造长达数年之久。

该窟最早的题记，以窟正壁内的造像记最早，即南宋绍兴十二年（1142）。此年，时为“左

① 刘敦桢《川、康古建筑调查日记》“1940 年 1 月 18 日”，《刘敦桢全集》（第三卷），中国建筑工业出版社，2007 年，第 320 页。

② 梁思成《西南建筑图说（一）· 四川部分》，《梁思成全集》（第三卷），中国建筑工业出版社，2001 年，第 241 页。

③ 吴显齐《介绍大足石刻及其文化评价》，《大足石刻研究》，四川省社会科学院出版社，1985 年，第 32 页。

④ 重庆大足石刻艺术博物馆、重庆市社会科学院大足石刻艺术研究所编《大足石刻铭文录》，重庆出版社，1999 年，第 32 页。

朝散大夫权发遣昌州军州事”的张莘民，“就院镌造观音菩萨一尊”，同时彩绘完工，修设了“圆通妙斋”“施献寿幡”，以乞“国祚兴隆，阖门清吉”，具体时间在绍兴十二年仲冬二十九日。从这则题记可知以下两点：一是该造像题记位于正壁左侧观音头上方，可知该身像完工于此年；二是“就院镌造观音菩萨一尊”，可见当时称呼北山佛湾为“院”，约指以石刻造像所在地带作为寺院。

距离张莘民捐资造像完工后的两个月，该窟营造完工大势至等像，铭文记载，“□□郭外居住奉善（漶）郭氏孙男陈文明”等，“镌刻妆彩大势至菩萨迦叶阿难共三尊□□经藏洞，永为历世瞻仰”，“今者镌妆工毕，时以癸亥绍兴十三年正月二十五日，伏僧庆赞谨题”，镌刻工匠为“赖川镌匠胥安”①。此则题记位于大势至菩萨头上方，除前述可知为转轮经藏外，还可见以下几点：一是参与人为当时昌州一带的世俗民众；二是正壁大势至菩萨和迦叶、阿难在此年营造完工；三是虽然具体营造转轮经藏的时间不详，但是，可知此年就有意识营造转轮经藏，由此来看，很有可能此年转轮经藏已经完工；四是有僧人出现，并在完工时举行佛教仪式；五是出现该窟造像唯一的工匠题记，即“赖川镌匠胥安”。另，与此则题记相关的造像还有两则，一则在阿难头上方残存有一则题记，可见有“表庆”等字。一则在位于正壁中龛左弟子头顶上方，记载南山乡居住奉善陈吉同诚郭氏，孙男文明王氏，共发丹诚捐舍净财銮彩本师释迦牟尼佛。此则题记未见年代，但是其文字可以弥补上述题记人名的缺失，即可知大势至、菩萨和迦叶、阿难等像，为奉善陈吉同诚郭氏、孙男文明王氏一家捐资营造。

据铭文记载，绍兴十三年还完工了文殊（图5-3-9）、普贤（图5-3-10）两处造像。此年，“左从事郎昌州录事参军兼司户司法赵彭年”与家人一道，捐资镌造了此二像，“上祝今上皇帝圣寿无疆，皇封永固，夷夏乂安，人民快乐；次乞母亲康宁，眷属吉庆，普愿法界有情，同沾利益”，时间为绍兴十三年（1143）六月十六日。该则造像记在左壁文殊菩萨像头上方。

距文殊、普贤像开凿三年后的绍兴十六年，开凿了数珠手观音像。造像记说，“在城奉佛弟子王陞”一家，“谨舍净财镌妆大圣数珠手观音菩萨一尊，永为瞻仰”，“伏愿二亲寿算增延，合属百顺来，宜五福咸备，二六时中，公私清吉”，时间为绍兴十六年季冬十二日。该题记位于数珠手观音头上方。从这则题记可以推测，窟内日月观音、玉印观音的营造时间当在绍兴十三年至绍兴十六年（1143—1146）之间。

① 之前研究著述皆录为“颍川”，此据大足石刻研究院编《大足石刻全集》第二卷，重庆出版社，2017年，第241页。

图 5-3-9　转轮经藏窟文殊像

图 5-3-10　转轮经藏窟普贤像

为说明该窟的营造次序，列表如下。

北山佛湾第136号有铭文造像次序表

编号	位置	造像名称	完工时间	捐资人员	僧人情况	距窟门距离
①	正壁左面	观音	1142年仲冬二十九日	昌州军州事张莘民	“就院镌造”“修设圆通妙斋，以伸庆赞”	6米多
②	正壁	大势至、迦叶、阿难	1143年正月二十五日	陈吉、陈文明等	“伏僧庆赞”；另，阿难头上方题记有“表庆”	6米多
③	左、右壁	文殊、普贤	1143年六月十六日	赵彭年	“斋僧庆赞”	5米左右
④	右壁	数珠手观音	1146年季冬十二日	在城奉佛弟子王陞		2米左右

从上述考察可见以下几点：

一是捐资造像的参与者为多人，官、民皆有。其中，上至本地知州张莘民，下至陈吉、王陞等平民信士。从现有造像记来看，他们基本上是对某尊（或相毗邻的几尊）造像进行捐资营造，而非某一家捐资完成该窟。

二是有僧人参与。正壁观音造像记可见有“修设圆通妙斋”，大势至、文殊和普贤等的造像题记中，可以见到“僧庆赞”，可知该窟某尊造像完毕，都有僧人参与举行相关的活动。

三是有意识设计以转轮藏为中心的造像窟。关于这一点，在最初营造该窟的陈吉、陈文明一家题记中就显示出，营造之初，就以“□□经藏洞”的形式加以设计。除此之外，还有两点可见一斑。一个是整个洞窟造像主次有序、布局对称，从窟正壁的佛像，到两侧壁的文殊普贤，再到之后的两组观音像，最后为窟口的力士像，显得井然有序，并且窟内造像题材不重复。另一个是该窟造像时间长达5年（1142—1146）之久，需要有人在此地长期坚持经营，募集资金开窟造像，从题记来看，不可能为捐资造像者，而反复出现僧人的活动痕迹，应与僧人有密切的关系。也就是说，在供养人、镌匠、僧人三者之中，僧人的可能性最大，应是负责设计和组织捐资者参与造像的主要核心。

从上述来看，北山第136号窟是一处以转轮经藏为中心的造像窟，正壁和左右两壁的造像布局有序、对称严谨，是一处有计划的洞窟造像。

（三）转轮经藏窟造像一佛八菩萨组合初探

转轮经藏窟造像主体为一佛八菩萨和转轮经藏的组合，此种组合形式在石窟寺艺术中极其罕见，可谓目前仅发现此处。缘何出现此组合形式？或与营建者将转轮经藏窟作为一个寺院的中心来看待，具体论述详见后文。在此，通过对一佛八菩萨的组合形成的探析，略窥一斑。

转轮经藏窟的一佛八菩萨组合形式为：正壁居中为释迦佛，两侧分别为观音、大势至，右壁

图 5-3-11 转轮经藏窟日月观音

图 5-3-12 转轮经藏窟数珠手观音

从内至外为普贤、不空羂索观音（亦称日月观音）（图 5-3-11）、数珠手观音（图 5-3-12），左壁从内至外文殊、玉印观音（图 5-3-13）、如意珠观音（亦称宝珠观音）（图 5-3-14）。此种组合形式不见于佛教经典记载，亦不是常见的八大菩萨的组合形式。八大菩萨的组合，说法多种，如大足宝顶山（倒塔）第一级塔檐上，所刻八位菩萨的名号为观世音菩萨、弥勒大菩萨、虚空藏菩萨、普贤王菩萨、金刚手菩萨、妙吉祥菩萨、除盖障菩萨、地藏王菩萨[①]，此恐为密宗所说的八大菩萨。

转轮经藏窟内的八大菩萨组合，正壁佛与观音、大势至 2 身菩萨的组合，以及文殊、普贤的组合出现在龛窟两侧壁的表现形式极为常见。而最为奇特的是在窟内出现有 5 身观音像，除正壁之外，两侧壁各有 2 身观音，此种组合形式甚为独特、极为罕见。其原因猜测与观音信仰在宋代的大足一地兴盛有密切的关系。在此，从单尊观音和组合观音这两个角度，略做探析。

一是两侧壁的观音造像在大足一地的盛行情况，这其中正壁的杨柳枝观音和两侧壁的玉印观音、不空羂索观音、数珠手观音、如意珠观音，在本书中都有所探讨，可参见，此略。

二是十圣观音流行的影响。所谓十圣观音，即在一个龛窟之内，雕凿十身不同持物的观音，其在大足一地最初的形态表现为以北山第 180 号为代表的十三观音变相，其后逐渐形成十身观音的组合。

① 重庆大足石刻艺术博物馆、重庆市社会科学院大足石刻艺术研究所编《大足石刻铭文录》，重庆出版社，1999 年，第 197 页。

图 5-3-13　转轮经藏窟玉印观音

图 5-3-14　转轮经藏窟宝珠观音

北山第 180 号十三观音变相中，左侧壁分别有持羂索、玉印的观音，右侧壁分别有持如意珠、数珠的观音。该窟造像营造于北宋政和六年（1116）左右，早于转轮经藏窟，可知类似观音的组合造像十三观音变相中已经存在。再来看看雕刻于南宋绍兴十一年（1141）的石门山第 6 号十圣观音洞，其间有宝珠手、数珠手观音。妙高山第 4 号十圣观音造像中，有手持如意珠、数珠、羂索的观音。在观音组合中，数珠手观音尤为受到设计者的喜好，据调查，北山第 180 号和第 105 号、石门山第 6 号、妙高山第 4 号、峰山寺第 3 号、普和寺第 3 号、张家庙佛和观音龛、佛安桥第 2 号、保家村佛和观音龛，都有其造像。另，如意珠观音见于北山第 180 号、妙高山第 4 号等之中。仅此来看，在转轮经藏窟内出现具有自身特点的观音组合就不难理解了。也就是说，从这些观音组合的造像来看，其对于北山转轮经藏窟出现的观音组合，应具有一定程度的影响。

从转轮经藏窟的 5 身观音来看，题材不重复，显示出造像者有意识的设计与布局，这一点还可以从窟左右的造像看出来。由内至外，第一组文殊与普贤相互对应；第二组，不空羂索观音与玉印观音相互对应，二者皆是结跏趺坐于石台上；第三组，如意珠观音与数珠手观音相互对应，二者皆是站立。这三组造像，对应的造像龛形制基本相近。这些对应关系体现出该窟造像不是以民众为主体进行雕凿，而是与在此长期经营的设计者有极大的关联。

由此也可见，转轮经藏窟的八大菩萨组合与该窟营建者的总体策划有关，系根据当时民众的喜好所营建的造像布局形式。其八大菩萨的表现形式，在石窟寺中极为稀见，由此进一步而言，八大菩萨与转轮经藏的组合形式，在石窟艺术中更是凤毛麟角。

三、“住岩僧志诚”与“老僧”

从上述第136号和第137号的考察中可见，当时都有僧人参与营造。那么，这里所指的僧人主要是谁？

（一）“住岩僧志诚”

我们先来考察一下北山在南宋绍兴年间左右的情况。在这一段时期内，除前述第136号和第137号两处之外，还有两处造像题记提及有僧人参与造像的一些活动，一是北山佛湾第168号五百罗汉窟，有题记记载“命僧看经表庆”，时间在北宋宣和年间（1119—1125）[①]。二是第110号药师佛龛，题记有“表庆”等字[②]。这些题记中，都未提及具体的僧人名字。

综合这些造像题记来看，在此时期北山佛湾唯一出现的僧人名字在第137号，即“住岩僧志诚”。所谓“住岩僧”，并非短暂停留于此地，而是以此地作为栖息、修行的僧人。“住岩僧”在宋代不仅见于北山佛湾，如大足玉滩石窟第6号，刻男女2身世俗人像，题记写道，奉佛女弟子高氏桂一娘舍钱一百贯，买田施本岩，以此完成“夫君陈文祖存日心愿”，并“祈乞过往生天，见存安乐”，“住岩僧法隆记”。对于该则铭文的年代，《大足石刻铭文录》认为，“据高氏称谓及石窟开凿年代，当为南宋年间镌刻，但早不过绍兴时期”[③]，可知这位名叫法隆的僧人，玉滩石窟是其栖息、修行的场所。因此，“住岩僧志诚”应是长期在北山佛湾栖息、修行、经营造像的人物，并以此作为寺院，这一点与北山第136号题记中出现的“就院镌造观音菩萨一尊”中的“就院”相吻合。也就是说，在当时信众看来，石窟造像是寺院的一部分，极大可能在窟前有殿堂一类的建筑。

事实上，以北山石窟造像点为主，作为栖息、修行的场地，应起源较早。晚唐天复元年（901）开凿的第243号千手观音龛中，其题记就有“以天复元年五月十五日，就院修（慿）”的字样[④]。第247号观音龛，在北宋咸平六年（1003）由张文信等“就院画妆救苦观音菩萨”[⑤]。北宋大观元年（1107）开凿的第288号千手观音龛，题记亦有“就院”字样[⑥]。这些造像题记中

---

① 重庆大足石刻艺术博物馆、重庆市社会科学院大足石刻艺术研究所编《大足石刻铭文录》，重庆出版社，1999年，第26页。

② 重庆大足石刻艺术博物馆、重庆市社会科学院大足石刻艺术研究所编《大足石刻铭文录》，重庆出版社，1999年，第34页。

③ 重庆大足石刻艺术博物馆、重庆市社会科学院大足石刻艺术研究所编《大足石刻铭文录》，重庆出版社，1999年，第375～376页。

④ 重庆大足石刻艺术博物馆、重庆市社会科学院大足石刻艺术研究所编《大足石刻铭文录》，重庆出版社，1999年，第15页。

⑤ 重庆大足石刻艺术博物馆、重庆市社会科学院大足石刻艺术研究所编《大足石刻铭文录》，重庆出版社，1999年，第73页。

⑥ 重庆大足石刻艺术博物馆、重庆市社会科学院大足石刻艺术研究所编《大足石刻铭文录》，重庆出版社，1999年，第24页。

的“就院”显示：早在晚唐就已经将北山石窟造像作为寺院的一部分，并一直延续至宋代。正因为有这样的生活基础条件（如起居等条件），才可能有“住岩僧”在此栖息、修行。

（二）《无尽老人语录碑》

下面，我们来探讨北山一则碑文。这则碑文所在位置是北山第 155 号孔雀明王窟右外壁，通编号为第 163 号，一般称为《无尽老人语录碑》（图 5-3-15）。碑文前有“无尽老人尝谓余曰：世间甚力最大？……老人曰：吾以为愿力最大，今北山之石，看看尽于老僧之手。倍觉斯言有味”，“如有辨眼衲子入寺，请看这一转语”[①]。

图 5-3-15　第 163 号《无尽老人语录碑》

此段禅味颇浓的对话中，对于本文相关情况有两点值得注意：一处是“看看尽于老僧之手”，此处的“老僧”应该是长期在北山经营的僧人。从前叙来看，应该是“住岩僧志诚”的可能性极大。而且，此则材料还表明，这位僧人曾发愿在此经营，暗示着对石刻造像的有计划、有目的的作为。此外一个能说明此问题的材料是：在第 136 号窟内的造像题材，基本上不重复，即使观音造像，也是采取不同身份的形象；如果是民间民众自发出资造像，出现这种情况的可能性极小。

另外一处是“如有辨眼衲子入寺，请看这一转语”，也就是说，在这位“老僧”眼中，此时的北山石窟已经是作为寺院来看待（“入寺”），而长期在此的只有“住岩僧志诚”。

通过上述考察，初步认为《无尽老人语录碑》中的“老僧”，也即“住岩僧志诚”。这位僧人基本上栖息在北山佛湾之中，他以此地作为修行的“寺院”；同时，还有计划募集资金开龛造像，今北山南宋绍兴年间雕凿的造像，大多数与其相关。与常见的寺院修行等方式不同的

① 重庆大足石刻艺术博物馆、重庆市社会科学院大足石刻艺术研究所编《大足石刻铭文录》，重庆出版社，1999 年，第 56 页。

是：在此地一个主要的修行方式为雕凿石刻造像，因此，才会出现以石刻造像的形式，兴建转轮经藏等龛窟。

四、第 136 号开凿的动机

根据前述，第 136 号开凿的主要动机有两个方面。

第一个是受到第 137 号的影响。结合前叙来看，第 137 号维摩变相与第 136 号转轮经藏窟是有所联系的，是当时在此经营的僧人（极可能为“住岩僧志诚”）有计划、有目的所为。先是绍兴四年（1134）重刻维摩变相，其后，根据维摩变相原来所在的位置是转轮经藏殿内，紧邻其旁设计了第 136 号转轮经藏窟，并通过募捐、宣讲的形式，从而当时昌州政要、世俗民众在此出资造像。也就是说：第 137 号是雕凿第 136 号为转轮经藏窟的一个主要动机。另，从上述看来，显示出当时在此僧人以此地作为寺院的形式，将此处作为整个北山佛湾信众们的一个主要活动场所，其作用相当于寺院中的“转轮经藏殿”。

开凿的另一个动机，是与转轮经藏具有祈愿的作用相关。宋代对《大藏经》的崇奉颇为盛行，在这些修造《大藏经》的发愿文中，类似祈福求愿的文字甚多，对于此点，李富华、何梅《汉文佛教大藏经研究》[①] 一书中有较多的介绍，兹不赘述。此列举一例，如《碛砂藏》保存有 603 条与雕刻藏经的相关记录，游彪论文对其进行了分析，认为“除了出家人而外，《碛砂藏》题记所记录的绝大多数人都是信奉佛教的民间人士”，他们的身份各异，绝大多数是普通民众。在这些题记中，有不少是用来追荐祖先，或是刻经功德祭奠列祖列宗，或是为自身利益祈祷等，体现出具有浓厚的世俗信仰色彩[②]。既然将北山佛湾在宋代被僧人作为寺院来看待，而在宋代寺院建筑中，转轮经藏是其不可或缺的设施，因此，在石刻中出现转轮经藏窟就不难理解了。而在石刻中以这种独特的转轮经藏表现形式，一则对于营造者而言可供祈愿，二则信众通过膜拜观赏的方式祈乞自身愿望。

第四节　其他观音组合

一、双观音

双观音，即龛内雕凿的主尊为 2 身观音。

① 李富华、何梅《汉文佛教大藏经研究》，宗教文化出版社，2003 年。

② 游彪《佛性与人性：宋代民间佛教信仰的真实状态》，《北京师范大学学报（社会科学版）》，2011 年，第 5 期。

图 5-4-1　北山第 240 号龛（采自《大足石刻全集》）

大足石刻双观音造像起源于晚唐，以北山佛湾第 240 号为代表。第 240 号龛（图 5-4-1）高 0.78 米、宽 0.62 米、深 0.19 米。龛内主尊为 2 身站立的菩萨像，头均已残坏，皆有头光，外饰火焰纹。右像可以辨识双手在胸前持物，残余莲梗和莲朵。造像题记记载："敬造欢喜王菩萨一身，比丘尼惠志造。奉报十方施主，乾宁三年五月十六日设斋表庆讫，永为供养。小师敬修、小师法进。"可知其年代在唐乾宁三年（896），龛右侧下方有 3 身供养人像，当为惠志和敬修、法进。

对于该龛造像身份，1985 年《大足石刻内容总录》识别为"龛内有观音二尊"[①]，结合该龛现存造像遗迹，2 身造像体量相当、头光一致，特别是头上方皆有冠带痕迹，此观点可从。

在唐代的巴蜀石窟中，双观音造像较为兴盛。如广元千佛崖第 264 号双观音造像龛，头戴冠。左侧菩萨左手上举执柳枝，右手下垂提净瓶；右侧菩萨身姿相反，其时代定为唐代[②]。另，在丹棱郑山、刘嘴等地的摩崖造像中，亦保存有相近的双观音像，其风格亦是唐代。从这些遗存来看，双观音组合的造像模式，亦是从巴蜀其他地区传入大足一地的。其造型特点是观音身姿基本相似，这一点与北山佛湾第 240 号大致相似。

五代时期，北山佛湾第 202 号雕刻 2 身站立的菩萨像，二者体量相近，身姿近似，脑后皆有圆形素面头光，疑为双观音像。

---

① 四川省社会科学院、大足县政协、大足县文物管理所、大足县石刻研究学会编《大足石刻内容总录》，四川省社会科学院出版社，1985 年，第 95 页。

② 四川文物管理局、北京大学中国考古学研究中心、广元千佛崖石刻艺术馆编《广元石窟内容总录·千佛崖卷（上卷）》，巴蜀书社，2014 年，第 262 ~ 263 页。

宋代，仍有双观音组合，主要有北山佛湾第146号和第208号[①]。

其中，北山佛湾第146号，龛内刻2身观音像，左为水月观音，右为不空羂索观音，座前有莲花、栏杆以及嬉戏的童子。北山佛湾第208号龛（图5-4-2），刻像5身，龛正壁中刻二观音像，跏趺坐于台座上。左为观音像。右为不空羂索观音，身六臂：上两手分托云纹，上置圆轮；左中手斜伸持物，右中手斜伸持剑；左下手腹前托钵，右下手胸前持柳枝。二主尊座前，浮雕背屏，屏上浮雕飞人1身。二主尊左右前侧各立供养人像1身。

图5-4-2 北山第208号龛（采自《大足石刻全集》）

从这两龛宋代双观音组合来看，已经与唐代双观音有了极大的差异，也就是观音在表现上，一改之前身姿基本相同的2身观音，变化为宋代信奉的观音形象，如第146号龛水月观音与不空羂索观音组合，体现出这些观音形象在宋代时期颇受民众喜好。

二、西方三圣

西方三圣即阿弥陀佛和观音、大势至菩萨，其组合在净土经典中常见。如《观无量寿佛经》中，佛说第七观时云："说是语时，无量寿佛住立空中，观世音、大势至是二大士，侍立左右，光明炽盛不可具见，百千阎浮檀金色，不得为比。"[②]

西方三圣是石窟寺中颇为常见的造像题材，在大足石刻中，据其造像龛窟的内容，可以分为两大类：单纯的以西方三圣三像为主的组合龛和与其他题材组合的造像龛。

第一种情况，主要是单纯以西方三圣三像为主的组合，一直是大足石刻雕凿的题材。

① 关于该两龛造像的时代，张媛媛、黎方银《大足北山佛湾石窟分期研究》（《大足学刊》第二辑，重庆出版社，2018年，第107页）一文认为属于"北宋晚期"。

② 宋·畺良耶舍《佛说观无量寿佛经》，大藏经刊行会编《大正藏》，第12册，中国台湾新文丰出版股份有限公司，1983年，第342页。

图 5-4-3 北山佛湾第 21 号西方三圣龛（采自《大足石刻全集》）

图 5-4-4 北山佛湾第 35 号西方三圣龛（采自《大足石刻全集》）

早在晚唐时期，西方三圣就已经在北山石窟中有所雕凿，详后文。五代时期，西方三圣龛较多雕凿；其中，具有代表性的如北山佛湾第 21、第 35 号龛。

第 21 号龛（图 5-4-3），龛口高 1.13 米、宽 1.01 米、深 0.38 米。龛正中为阿弥陀佛像，左手在腹前结印，右手抚膝，结跏趺坐于束腰仰莲座上，身后有头光和身光。其两侧各站立一侍者像。再之外各为一站立的菩萨像，其中：左侧观音像，戴冠，双手持莲（已残坏）；右侧为大势至，戴冠，双手于胸前持物（已残坏）。该龛早年定为“释迦牟尼佛像”龛[①]，最新研究识为“西方三圣”龛[②]，可从。

第 35 号龛（图 5-4-4），龛口高 1.48 米、宽 1.44 米、深 0.56 米。龛正中为阿弥陀佛像，身着圆领袈裟，双手在腹前结印，结跏趺坐于束腰双层仰莲座上，身后有头光和身光。其左右各站立一弟子像。再之外各刻善跏趺坐菩萨像，其中，左为观音，右为大势至。该龛有后蜀广政四年（941）造像记，可知为五代时期雕凿。该造像早年定为“阿弥陀佛”龛[③]，最新研究识为“西方三圣”龛[④]，可从。

除此之外，北山佛湾第 6、第 48 号龛，亦极可能为西方三圣题材。

① 四川省社会科学院、大足县政协、大足县文物管理所、大足县石刻研究学会编《大足石刻内容总录》，四川省社会科学院出版社，1985 年，第 11 页。

② 大足石刻研究院编《大足石刻总录》第一卷，重庆出版社，2023 年，第 29 页。

③ 四川省社会科学院、大足县政协、大足县文物管理所、大足县石刻研究学会编《大足石刻内容总录》，四川省社会科学院出版社，1985 年，第 14 页。

④ 大足石刻研究院编《大足石刻总录》第一卷，重庆出版社，2023 年，第 38 页。

宋代出现有多龛西方三圣造像。多宝塔第 39 号，正壁为阿弥陀佛，结跏趺坐于台座上。左壁为观音，手持净瓶和柳枝，右壁为大势至，手捧莲花负于右肩上。二像皆头残。其年代为南宋绍兴十七年至二十五年（1147—1155）间。

兴隆庵第 8 号西方三圣龛（图 5-4-5），龛口高 1.6 米、宽 3.64 米、深 0.78 米。主尊西方三圣，皆结跏趺坐于莲台之上。中为阿弥陀佛像；左为观音像，戴卷草化佛冠，持物毁；右为大势至像，头冠，正面刻一净瓶，双手置腹前，托经函，其装束、坐姿与观音同。三圣像左刻弟子像，右刻武士像。龛外刻造像记“大宋绍兴六年，太岁丁未十月十五日吉旦，镌造圣像祈祐□□者”，可知年代为南宋绍兴六年（1136）。

图 5-4-5　兴隆庵第 8 号西方三圣龛

前进村第 2 号西方三圣龛（图 5-4-6）。刻像 5 身，中为阿弥陀佛像，双手腹前结印。左为观音像，戴化佛冠，左手上举，右手抚右膝。右为大势至像，正面刻净瓶，左手抚膝，右手持带茎莲。三主尊像左右各立侍者像 1 身，侧身相对。其时代，据该地造像风格和相关题材，辨识为宋代开凿。

图 5-4-6　前进村第 2 号西方三圣龛

明代，单独以西方三圣为主体的造像仍有雕凿。大石佛寺第 7 号西方三圣龛，高 2 米、宽 4.6 米、深 0.55 米。中为阿弥陀佛；左为观音，宝冠上顶阿弥陀佛像；右为大势至，宝冠上顶花瓶。三圣像左右分列比丘和武士像[①]。又，大石佛寺第 11 号西方三圣龛（图 5-4-7），高 1.8 米、宽 3.15

①《大小石佛寺摩崖造像调查记略》，陈明光《大足石刻考察与研究》，中国三峡出版社，2001 年，第 114 页。另，原文编为第 8 号，此据《大足石刻总录》编号。

图 5-4-7 大石佛寺第 11 号西方三圣龛（采自《大足石刻全集》）

米、深 0.52 米。造像分为 3 排，第 1 排西方三圣：中为阿弥陀佛，双手在胸前结印；左为观音，戴化佛冠，双手在胸前覆经，托钵；右为大势至，头冠有净瓶，双手在胸前托经函。其下的第 2、第 3 排还有造像。千佛岩第 2 号西方三圣像，中为阿弥陀佛，左手平摊腹前，右手垂于体侧。左为观音，双手于腹前捧净瓶；右为大势至，双手于怀中抱如意。

此外，七佛岩第 3 号龛，亦为此时期的西方三圣龛。

另一种情况是西方三圣与其他题材组合的龛窟，在大足石刻中亦较为常见。

图 5-4-8 北山佛湾第 20 号西方三圣龛

一是与多身菩萨造像的组合。主要是北山晚唐时期的第 20 号（图 5-4-8），高 2.95 米、宽 5.1 米。中部方坛刻西方三圣，其余壁面共刻 10 排 300 身菩萨像。该龛造像年代，最新研究成果识为晚唐[①]。此种组合较为特殊，在大足石刻中稀见。

二是在净土变中出现，主要体现在三龛观无量寿佛经变龛中，分别为晚唐时期的北山佛湾第 245 号、南宋时期的宝顶山大佛湾第 18 号、明代永乐八年至十年（1410—1412）的千佛岩第 7 号这三龛之中。此三龛造像在图像上表现不尽一致，各有其时代特色。

北山第 245 号观经变龛（图 5-4-9），为大足石刻唐代造像的代表作之一。龛高 4.7 米、宽 2.58 米、深 1.18 米。正面上部雕刻西方净土世界，正中刻西方三圣，周围刻有宝树、七宝盖、神鸟、

① 大足石刻研究院编《大足石刻总录》第一卷，重庆出版社，2023 年，第 28 页。

图 5-4-9　北山第 245 号观经变

八功德水、宝楼阁等，展现出西方净土世界的种种美好，这个理想的世界中“无有众苦，但受诸乐”。龛底部刻 11 个方龛，刻阿阇世太子幽闭父王母后图。龛两侧壁各有 10 个方龛，刻“十六观”。整龛造像雕刻人物多达 560 余尊，构图饱满，雕刻细腻。1945 年大足石刻考察团组织者杨家骆称：“窟内将全部观无量寿经中极复杂之故事，雕刻精致绝伦。敦煌有此题材之壁画，而此更以同题材为立体之表现，弥足珍视。”①

宝顶山第 18 号观经变（图 5-4-10），造像宽 20 米，气势宏伟，是国内石窟群中最大的一铺观无量寿经变造像。最上正中雕刻西方三圣。造像中间雕刻一个栏杆，栏杆上站立 7 位童子，

① 杨家骆《大足龙岗区石刻记略》，《大足石刻研究》，四川省社会科学院出版社，1985 年，第 24 页。

图 5-4-10　宝顶山观无量寿佛经变

手中持有不同的乐器，正在吹奏悦耳的音乐，天真活泼。栏杆下面有 9 组佛和菩萨造像，他们代表“三品九生”，也就是进入净土世界有 9 个等级。正中上部的是“上品上生”，信众进入净土世界时，西方三圣将亲自接引。而“下品下生”，生前不做善事，有众多罪孽，命终之时称念无量寿佛，将进入净土世界的莲花中，经历十二劫，莲花方开放，观音和大势至菩萨为其说法灭罪，龛下部雕刻的莲花童子即是如此。龛两侧还雕刻有“十六观”造像，与北山晚唐同题材相异之处是：此处分别雕刻 16 位不同的人物加以表现，其中有少女、武将、比丘、官员等人物形象，或表示众生皆有可能进入净土世界。整龛造像与北山第 245 号相对比，此处则重在展示净土世界的美妙。

千佛岩第 7 号观经变（5-4-11），高 2.9 米、宽 4.6 米、深 1.5 米。正壁上方雕刻有西方三圣半身像，下部雕刻“三品九生”图，并刻有各品名称。左右两壁由上至下凿像 7 排，有飞天、僧人和“十六观”。整龛造像的构图明显受到北山晚唐第 245 号、宝顶山南宋中后期第 18 号同题材的影响。

这些观经变龛中，西方三圣作为造像主尊，在其间占据有突出的位置，自然，观音造像也是其中的重点。如在宝顶山观经变中，就出现有多身观音像，体现出观音在净土世界中的重要地位。

图 5-4-11　千佛岩第 8 号观经变

三是出现在与十圣观音的组合之中。具有代表性的如石门山第 6 号十圣观音，正壁正中主尊为无量寿佛，其左侧为正法明王观音，右侧为大势至。相关论述详见本章十圣观音组合部分。

这些西方三圣造像，尤其是单纯的西方三圣像和观经变，与其他相近的单尊观音、观音地藏组合等题材一道，体现出净土信仰在大足一地的盛行，是大足石刻净土信仰的典型题材。

三、八大菩萨组合

（一）药师佛八大菩萨组合

观音还出现在药师佛八大菩萨组合像之中。北山佛湾第 279 号和第 281 号为东方药师净土变相，其中，第 281 号龛（图 5-4-12）高 1.93 米、宽 2.37 米。造像题材在造像记中有所记载："敬镌造药师琉璃光佛、八菩萨、十二神王一部众，并七佛、三世佛、阿弥陀佛、尊胜幢一所，兼地藏菩萨三身，都共一龛。"由此可见造像情况之复杂。该龛营造时间为后蜀广政十七年（954）。

从造像记来看，主题是药师琉璃光佛（头残），其位于龛的右半部分，两侧端坐日光、月光菩萨。在这 3 身像两侧壁，各刻有 4 身菩萨；其中，八大菩萨像中有观音菩萨。

八大菩萨即文殊师利菩萨、观世音菩萨、得大势菩萨、无尽意菩萨、宝檀华菩萨、药王菩萨、药上菩萨、弥勒菩萨。这两龛中的八大菩萨，皆是左右侧壁各 4 身，呈上下布列，在图像上少数有区别，如第 279 号多为双手合十于胸前，其中有一尊像斜持莲花。

图 5-4-12　北山第 281 号药师经变龛

图 5-4-13　宝顶山倒塔观音

（二）宝顶山倒塔八大菩萨组合

宝顶山倒塔，俗称“倒塔”，塔为四级，八面楼阁式石塔。其中，塔身第一级各面开一龛，其内雕刻一菩萨站像，高 1.14 米。塔檐八面露盘缘边面，各横刻 7 字，分别为“南无观世音菩萨”“南无弥勒大菩萨”“南无虚空藏菩萨”“南无普贤王菩萨”“南无金刚手菩萨”“南无妙吉祥菩萨”“南无除盖障菩萨”“南无地藏王菩萨”。其中，观世音菩萨（图 5-4-13）头戴高花冠，冠中有化佛，双手残，腹前托净瓶，瓶内插柳枝。

该八大菩萨多见于密宗经典，分别为观自在菩萨、慈氏菩萨、虚空藏菩萨、普贤菩萨、金刚手菩萨、曼殊室利菩萨、除盖障菩萨、地藏菩萨。

唐代不空译《八大菩萨曼荼罗经》中所言的八大菩萨，与倒塔八大菩萨基本一致，只不过将八大菩萨的名称改为统一的七字称谓。另，此八大菩萨亦见于八大明王的原型菩萨，详见后文。

四、八大明王和十大明王组合

明王，受大日觉王教令，现忿怒身降伏诸恶魔之诸尊称为明王。密教典籍中，有八大明王，达磨栖那译《大妙金刚大甘露军拏利焰鬘炽盛佛顶经》[①]中叙述的八大明王，分别为金刚手菩萨现降三世明王、妙吉祥菩萨现六臂六头六足金刚明王、虚空藏菩萨现大笑金刚明王、慈氏尊菩萨现大轮金刚明王、观自在菩萨现马头金刚明王、地藏菩萨现无能胜金刚明王、一切盖障菩萨现不动尊金刚明王、普贤菩萨现步掷金刚明王。其中，经中记述观自在菩萨形象云："于顶上现作马头明王，碧色放赤色光明，以右手高于顶上，横把一莲华作打势，左手把军持印。"在宝顶山小佛湾第9号毗卢庵中，左右侧壁各有4身明王，应为此八大明王。其中，右壁下层第3像（图5-4-14），竖发左飘，戴发箍，箍中部饰一马头。像三面，身六臂，当胸两手，左手置腹前托物，手及物为后世泥塑修补，右手举于胸前，手及物残。上两手屈肘上举持物，手及物皆残。下两手垂于体侧，隐于祥云内。据其头饰中有马首，可辨识为马首明王。

图5-4-14　宝顶山小佛湾第9号明王像

宝顶山第22号十大明王龛，"一"字形布列10身明王像。从左至右第10像顶上刻"第三马首明王观世音菩萨化"。该像（图5-4-15）三

图5-4-15　宝顶山大佛湾马首明王像

① 大藏经刊行会编《大正藏》，第19册，中国台湾新文丰出版股份有限公司，1983年，第339～342页。

面六臂，高 1.75 厘米。长发上飘，发中刻一马首。前额中部升起一朵云纹，上刻一菩萨坐像。马首明王左上手持圆环，右上手持葡萄。中左手残，中右手置胸前，似持物。两下手大部残。经与前引达磨栖那译《大妙金刚大甘露军拏利焰鬘炽盛佛顶经》对比，宝顶山大佛湾十大明王中，大秽迹明王、大火头明王、大威德明王这三尊明王像，皆有题刻，不见该经所叙。而该经中的文殊（妙吉祥菩萨）在其间未有雕刻[①]。

五、十二圆觉菩萨

大足石刻遗存有三处十二圆觉菩萨造像龛窟；其中，宝顶山大佛湾第 29 号圆觉洞，正壁雕刻 3 身佛像，左右两壁分别刻 6 身菩萨，皆为坐姿。窟正中还有一问法菩萨。其中，右壁从内至外第 4 身菩萨像（图 5-4-16），游戏坐台座之上，左手持物，右手撑台座。头顶上方刻一菩萨残坐像。在第 3、第 4 身菩萨像间刻细竹 3 根，在第 4、第 5 身菩萨像间刻一石台，其上置一净瓶。该身造像身份，历来研究著述识为辩音菩萨[②]，即观音菩萨。

图 5-4-16　宝顶山圆觉洞辩音菩萨

圆觉洞造像依据唐代佛陀多罗译《大方广圆觉修多罗了义经》[③]，简称《圆觉经》。该经叙述了 12 位大菩萨依次向佛问法的情景，此 12 位菩萨分别为文殊师利菩萨、普贤菩萨、普眼菩萨、金刚藏菩萨、弥勒菩萨、清净慧菩萨、威德自在菩萨、辩音菩萨、净诸业障菩萨、普觉菩萨、圆觉菩萨、贤善首菩萨。

---

① 此十大明王的名称，可参：大足石刻研究院编《大足石刻总录》第二卷，重庆出版社，2023 年，第 611 ~ 612 页；黎方银《大足石刻》，三秦出版社，2004 年，第 163 ~ 168 页。

② 可参：四川省社会科学院、大足县政协、大足县文物管理所、大足县石刻研究学会编《大足石刻内容总录》，四川省社会科学院出版社，1985 年，第 241 页；童登金、胡良学《大足宝顶山大佛湾"圆觉经变"窟的调查研究》，《四川文物》，2000 年第 4 期；大足石刻研究院编《大足石刻总录》第二卷，重庆出版社，2023 年，第 628 页。

③ 大藏经刊行会编《大正藏》，第 17 册，中国台湾新文丰出版股份有限公司，1983 年，第 913 ~ 922 页。

图 5-4-17　崩岩山十二圆觉龛

其中，经中记述有辩音菩萨“在大众中，即从座起，顶礼佛足，右绕三匝，长跪叉手，而白佛言：‘大悲世尊，如是法门，甚为希有，世尊，此诸方便，一切菩萨于圆觉门，有几修习？愿为大众及末世众生，方便开示，令悟实相。’作是语已，五体投地。如是三请，终而复始”。于是，佛为其讲法。

陈家岩第 1 号圆觉洞，雕刻于宋代，主像为 3 身佛像。正壁转角处刻文殊和普贤，两侧壁分别有 5 身圆觉菩萨。其右壁第 3 身造像，有调查报告识别为观音[①]。该像胸饰瓔珞，衣纹呈泥条状，胸腹前作螺旋形，外饰披巾。左手曲肘，毁，右手抚膝，结跏趺坐。

崩岩山石窟仅存 1 龛，即观音与十二圆觉题材造像龛（图 5-4-17），其时代为清代。龛正中雕刻观音像，头戴化佛冠，双手在腹前托经册。身左侧为金童，双手托净瓶；右为玉女，双手胸前托盏，盏内置一香炉，炉内刻放焰珠。该身观音左右各刻一横长方形龛，其内各镌刻圆觉菩萨 6 身，对称布置，体量相近。从此龛造像组合来看，已经与宋代圆觉洞主尊造像有极大的差异，具有较强的民间色彩，同时，也体现出观音在民间甚为崇奉。

① 四川省社会科学院、大足县政协、大足县文物管理所、大足县石刻研究学会编《大足石刻内容总录》，四川省社会科学院出版社，1985 年，第 336 页。

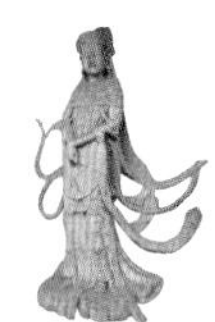

六、善财五十三参

营建于南宋绍兴十七年至二十五年（1147—1155）间的多宝塔，在塔内外刻有善财五十三参的造像，该题材出自《大方广佛华严经》之“入法界品”，它以善财童子先于福城之东庄严娑罗林中，闻文殊说法，依其教导一念发起，次第南行，孜孜不倦遍参五十三位善知识者，说明善财童子从思想、道德、技艺上实修实证的过程。多宝塔善财五十三参造像，“基本上是有系统地、完整地把善财童子五十三参的内容情节表现了出来，此为他处造像所不及”①。

图 5-4-18　多宝塔第 106 号

多宝塔第 106 号（图 5-4-18），正壁右为主尊观自在菩萨像，身后有圆形背光，头戴冠，左手抚左膝，右手撑于台座上，左腿跷立于台座上，右腿盘曲于身前。龛左壁刻侧身站立的善财童子像，有圆形头光。对于该龛造像题材，陈明光先生识为“善财参观音菩萨浅龛”②。据多宝塔造像题记，善财五十三参的造像，系“砌塔道人邢信道为母亲王氏二娘，自备钱募工镌五十三位善知识，愿母生于佛地”。

七、其他组合

除前述的一些组合之外，观音还有多种组合形式，将其分为两个时期，简述如下。

（一）五代至两宋时期

北山佛湾第 248 号（图 5-4-19），龛口残高 0.91 米、宽 0.72 米、深 0.15 米。龛内主尊为药师、观音站像，药师居左，头顶可辨有水波纹发。左手屈肘上举持物，右手于体侧握持锡杖。观音居右，戴冠，双手横置胸前。二像脑后皆有桃形火焰纹头光。左右沿下部平整面各有 2 身供养人像。对于该造像题材，之前定名为“观音地藏龛”③，其后研究分析认为为药师、观音合龛。

① 黎方银《大足石刻》，三秦出版社，2004 年，第 80 页。

② 陈明光《大足多宝塔外部造像勘查简报》，《2005 年重庆大足石刻国际学术研讨会论文集》，文物出版社，2007 年，第 98 页。

③ 四川省社会科学院、大足县政协、大足县文物管理所、大足县石刻研究学会编《大足石刻内容总录》，四川省社会科学院出版社，1985 年，第 101 页。

其中对于药师像，米德昉先生认为："观音左侧像头部虽有部分残损，但仍能看出波纹形发髻，典型是佛的造型，结合其执钵、锡杖之姿态同于第227号等龛药师形象，故属药师无疑。"对于其时代，《大足石刻总录》识为前后蜀时期[①]，而前引米德昉文认为，"第248龛之完成也应在晚唐乾宁间"[②]，可备一说。

图5-4-19 北山第248号龛（采自《大足石刻全集》）

北山佛湾第135号佛与水月观音龛，龛高2.12米、宽1.65米、深0.74米。龛内分为两层，上层正中刻一佛像，左右各站立一弟子像。下层正中刻一水月观音，左手撑台座，右手放于右膝上，左腿盘曲于身前，右腿跷于台座上。其左右刻善财和龙女。龛左右侧壁各刻一飞天。其时代，据其所处位置等因素，定为南宋时期。

多宝塔第36号一佛二菩萨窟，正壁为一佛像，左右各有3身供养人像。左壁正中刻孔雀明王，左右各有1身供养人像；右壁正中刻不空羂索观音，身有六臂，上两手上举托圆状物，胸前两手持物（残），左下手持羂索，右下手持剑；主尊足下有1身童子像，两侧有7身供养人像。据造像记，该龛刻于南宋绍兴二十年（1150）。

多宝塔第57号阿弥陀佛及二观音像，正壁中为阿弥陀佛像，结跏趺坐于束腰仰覆莲座上，左右刻有5身供养人像。左壁正中为不空羂索观音像，身有六臂（略残），上两手托举圆状物，左中手持羂索，右中手持剑，左下手置腹前，右下手胸前持柳枝；结跏趺坐于须弥座上。座前有半身童子像，左右各刻供养人像2身。右壁正中为如意轮观音，左手腹前托如意轮，右手（残）胸前结印。左右各刻供养人像1身。该窟有造像记两则，可知正壁主尊为无量寿佛，雕刻时间为南宋绍兴二十三年（1153）。

① 大足石刻研究院编《大足石刻总录》第一卷，重庆出版社，2023年，第252页。

② 米德昉《唐宋时期大足药师造像考察》，《大足学刊》第一辑，重庆出版社，2016年，第49～50页。

图 5-4-20　妙高山第 8 号龛

妙高山第 8 号释迦和观音合龛（图 5-4-20），龛内并坐二像：左为释迦牟尼佛，左手摊于膝间，右手抚膝；右为观音，戴花冠，左手撑座，右手搭于膝上拈住饰带一角。

上述这些观音组合造像，基本上不见于佛经记载，亦少见于同时期石窟造像之中。其组合具有地方世俗色彩，往往将当时流行的题材汇聚于一龛窟之中。如多宝塔第 36 号就是将之前北宋靖康元年（1126）雕刻于北山佛湾第 155 号的孔雀明王，与宋代盛行的不空羂索观音组合在窟左右。这些组合造像体现出宋代大足石刻世俗信仰的特色。

（二）明清观音组合

明清时期组合更具有民间性，此先考察以下三例。

菩萨岩（卫平村）第 2 号龛（图 5-4-21），刻有 1 身佛像和 3 身菩萨像。其中，佛像为阿弥陀佛，左右两侧的菩萨像皆是手持如意。右侧如意观音旁站立一观音像，双手在胸前托净瓶。该龛组合很可能为西方三圣和净瓶观音，其时代一般识为清代。

龙神村第 3 号龛（图 5-4-22），呈“一”字形布列 6 身造像，左侧 3 尊造像体量相当，服饰接近，据其造像特点识为三观音像。其中，中像头戴化佛冠，双手于胸前结印。左右 2 身观音头残，新补塑。该龛右侧雕刻 3 身世俗神像，因头补塑，具体身份待考，据造像记，可知有川主等神像。该龛雕刻时代一般识为清代。

图 5-4-21 中敖卫平村（菩萨岩）佛和观音龛

图 5-4-22　龙神村第 3 号龛

全佛岩第 1 号龛（图 5-4-23），主尊刻观音“姊妹三像”，皆为坐像。中间观音戴化佛冠，双手在腹前托净瓶，结跏趺坐于莲台之上。左侧观音戴冠，双手持如意，左腿下垂，右腿盘曲。右侧观音左手抚膝，右手持如意，左腿下垂踏莲花，右腿斜垂。左右有金童、玉女。龛额刻“威灵普荫”，两侧刻对联“姊妹同登极乐国，威灵大显全佛岩”。该龛雕刻时代一般识为清代。

从这些组合来看，信众或者雕刻匠师可以根据自身理解、祈愿等方面，将观音与其他一些世俗色彩的神灵进行组合，如观音与川主等。明清时期大足一地的这种观音组合现象，基本上脱离了经典的限制，具有极强的民间世俗色彩。

图 5-4-23　全佛岩第 1 号龛

第六章 观音造像铭文考察

第一节　信众

一、唐代

唐代观音造像铭文基本上集中在北山，其信众群体大致可以分为官员、僧尼和世俗民众三类。

（一）官员

北山佛湾造像的开启，与韦君靖息息相关。《韦君靖碑》中有“翠壁凿出金仙，现千手眼之威神，具八十种之相好”[①]，其中的“千手眼”，即指第 9 号千手观音龛。其后，发现该龛外下端一则题记，有“召募良工，镌大悲观世音菩萨天龙□部众一龛”等字，其中可辨“□校司空使持节都督”官衔，在《韦君靖碑》的百余位节级将校的名衔中，仅有韦君靖署“检校司空、使持节都督昌州诸军事……”，因此，该龛“是韦君靖开凿时的造像镌记无疑”[②]，可见第 9 号龛确为韦君靖所开凿。

除韦君靖营造千手观音龛外，还有第 58 号观音地藏龛，题记刻昌州刺史王宗靖为故何七娘“敬造救苦观世音菩萨地藏菩萨一龛”，“承此功德，早生西方，受诸快乐”，时为乾宁三年（896）九月二十三日。同时，御史大夫上柱国赵师恪为故外姑何氏妆饰。

北山佛湾第 243 号千手观音龛，为天复元年（901）军事押衙蹇知进造此龛，希冀“安泰”“骨肉团圆”等。

（二）僧尼

北山第 240 号双观音龛，铭文记载比丘尼惠志，于唐乾宁三年（896）为“奉报十方施主”“敬造欢喜王菩萨 1 身”。

北山第 50 号如意轮菩萨龛，铭文记载都典座僧明悟，于唐乾宁四年（897）“奉为十方施主镌造”。

这两则造像记反映出在当时北山已经有寺院的存在，如第 50 号中僧明悟在寺院的职务为“都典座僧”，为掌管寺院杂务的僧人；而且来往的信众亦较多，此可从两则造像记都提及为“十方施主”营造看出。

（三）世俗信众

北山第 52 号阿弥陀佛龛，题记刻女弟子黎氏为亡夫敬造，时间为唐乾宁四年（897）正月

---

① 重庆大足石刻艺术博物馆、重庆市社会科学院大足石刻艺术研究所编《大足石刻铭文录》，重庆出版社，1999 年，第 38 页。

② 陈明光《大足北山佛湾发现开创者造像镌记》，《四川文物》，2007 年，第 3 期。

廿三日设斋表赞讫。龛内正壁为阿弥陀佛，左侧壁为地藏，右侧壁为观音。

北山第 245 号观经变龛外右侧壁，第 248 号下部浮雕有 4 排供养人像（图 6-1-1）：上三排数量分别为 14 身、14 身、12 身，最下一排像为粗坯。第 1 排像中，第 1 像光头，双手胸前持长柄香炉，其余 13 像戴翘角幞头；第 2 排 14 身像的体量、特征与第一排供养人像略同；第 3 排 12 身像为女像，皆头梳髻。这些供养人造像应与观经变所展现的题材有关。一是该处供养

图 6-1-1　北山第 245 号右外侧供养人像

人像较多，从周围造像龛来看，该处供养人像应属于观经变一龛较为妥帖。二是供养人像第 2 排至第 3 排间，刻有“造西方龛〔化〕首刘净意陈静喜弟子李氏”等字，可知捐资的造像题材为第 245 号观经变。从这则造像记和供养人服饰特点来看，应属当时以世俗民众为主体的一个信仰群体。

从上述来看，以北山为代表的晚唐时期，观音已经是民众颇为崇奉的造像题材之一，其信众不仅有当时昌州政治、军事最高官员的昌州刺史，还有在此地区活跃的僧尼，更多的是世俗民众，这一点，在北山第 245 号观经变供养人像中有充分的体现。

二、五代

五代时期，观音继续成为大足石刻造像的主题之一。

图 6-1-2　北山第 252 号龛（采自《大足石刻全集》）

官员信众中，以北山第 53 号阿弥陀佛龛为代表。该龛为右衙第三军散副将种审能为亡男希言所造，题记中有“敬造阿弥陀佛”“敬造观音菩萨”“敬造地藏菩萨一身”，时间为前蜀永平五年（915）。

世俗信众中，以北山第 26、第 252 号为代表。第 26 号观音龛，题记刻弟子何君友为亡男造“救苦观音菩萨一身”，时为前蜀乾德二年（920）二月十三日赞讫。龛内主尊为观音像。第 252 号观音地藏龛（图 6-1-2）为代表，该龛为弟子陈氏所营造。其时代，《大足石刻铭文录》识为“前后蜀年间”①。

三、宋代

宋代是观音造像表现最为丰富的时期，不同身份的观音造像以及观音不同情况的组合，成为士庶百姓崇奉的重要题材。

（一）官员群体

官员群体中，以两龛时任昌州知州的官员造像，最具有代表性。

① 该龛识为观音地藏龛，见重庆大足石刻艺术博物馆、重庆市社会科学院大足石刻艺术研究所编《大足石刻铭文录》，重庆出版社，1999 年，第 22 页。该龛题材，《大足石刻总录》识为“二菩萨龛”，见大足石刻研究院编《大足石刻总录》第一卷，重庆出版社，2023 年，第 255 页。此两种说法，从造像遗存来看，其中应有观音像。

北山第149号如意轮观音窟，造像记刻有“奉直大夫知军州事任宗易同恭人杜氏，发心镌造妆銮如意轮圣观自在菩萨一龛”，时间为南宋建炎二年（1128）。窟正壁左右转角处分别刻有任宗易和其妻杜慧修的造像。其中，左壁转角处为任宗易像（图6-1-3），头戴展角幞头，腰间悬挂有算袋和鱼符，双手胸前笼袖内，从其服饰来看，应是宋代官服，身侧站立一童子像。右壁转角处为杜慧修像（图6-1-4），戴凤冠，珠串耳饰，双手胸前合十，身侧站立一女童像。

北山第136号转轮经藏窟，正壁左侧观音头上方刻有造像记：“左朝散大夫权发遣昌州军州事张莘民，谨发诚心就院镌造观音菩萨一尊，永为瞻奉。”时间为南宋绍兴十二年（1142）。

昌州军州事为当时昌州最高的行政官员，其在北山带头雕凿观音造像，不仅在北山石窟中出现有多种观音形象，而且还对于民间的观音文化艺术具有极大的影响力。

除上述两龛之外，另还有一些官员。如北山第253号，该龛雕凿于五代时期，北宋咸平四年（1001）之际，知昌元、永川、大足县事陈绍珣与室家黄氏妆绘此龛，并“修水陆斋”。又如北山第180号十三观音变相窟，其内有“县门前仕人邓惟明造画普见一身”，时间为北宋政和六年（1116），从题记称谓来看，似为当时大足县衙内小吏。

图6-1-3　北山第149号窟任宗易像

图6-1-4　北山第149窟杜慧修像

（二）僧尼

石门山第 4 号水月观音，造像记记载了僧法顺请来工匠文居道雕凿了该龛，希冀“施主咸愿安宁”，时间为北宋绍圣元年（1094）。

北山石窟宋代观音造像甚多，恐与一位僧人有关。在北山佛湾第 155 号孔雀明王窟右外崖壁上，刻有《无尽老人语录碑》，其内有“今北山之石，看看尽于老僧之手”。据本人考证，该处的“老僧”极可能是北山第 137 号维摩诘经变图铭文中的“住岩僧志诚”。另一处玉滩石窟中，有“住岩僧法隆”的题记，该处包括观音在内的一些造像，恐与此僧经营有关。

在僧尼这个群体中，最具有影响力的无疑是赵智凤，其开凿的宝顶山石窟中，观音造像出现较多，特别是大佛湾千手观音龛，其规模与雕刻技艺历来备受称道。此外，还有单尊的圆雕观音像，以及西方三圣、八大菩萨、十大明王、十二圆觉等组合中，亦有观音像的出现。

（三）世俗信众

宋代，世俗百姓对观音的崇奉达到了一个新的历史时期，根据造像铭文情况，主要为家庭信众和化首组织信众两种情况。

1. 以家庭信众为主的造像龛

主要有：北山第 249 号观音地藏龛（图 6-1-5）。龛正壁列坐观音、地藏菩萨，铭文有“敬造救苦兼圣地藏菩萨一龛”。北宋至道年间（995—997），有女弟子李氏九娘子奉为亡夫妆此观音地藏的镌记。

图 6-1-5　北山第 249 号龛（采自《大足石刻全集》）

石篆山第 13 号观音龛，开凿于北宋元丰五年至绍圣三年（1082—1096），其捐资营造者为庄严主严逊。观音龛正壁刻主尊观音，两侧分别有一侍者像。其中，女像头戴花冠，身着交领窄袖长服，左手持盏，内盛物，右手置于胸前。男像戴进贤冠，内着窄袖服，外着圆领宽袖长服，双手胸前持笏。此二像一般识为严逊夫妇。

北山第 247 号观音龛。龛左壁外侧有“佛子张文信”“为男天保就院画妆救苦观音菩萨”造像记，时间为北宋咸平六年（1003）。

北山第 288 号，根据造像痕迹和残存铭文可判断，其最初“开建于大观元年（1107），刻千手观音像”，铭文中提及有马道者，恐为最初营建捐资者；其后，该龛在明代嘉靖年间改刻为林俊等像。

北山第 180 号十三观音变相窟内，除前述“县门前仕人邓惟明”之外，还有“当州在城奉佛弟子”的题刻，时间在北宋宣和四年（1122），可知该窟是一处官民共同捐资的造像窟。

佛安桥第 6 号水月观音龛。龛内存当地信众古氏造像记，时间为南宋绍兴十年（1140）。

北山第 136 号转轮经藏窟，亦是一处官民共同捐资雕凿的洞窟，其内数珠手观音造像记刻“在城奉佛弟子王陞、同政何氏，伏为在堂父王山、母亲周氏谨舍净财镌妆大圣数珠手观音菩萨一尊”，时间在南宋绍兴十六年（1146）。

刘家湾第 1 号水月观音龛，造像记记载有张姓信士，造“观音一龛”，时间为南宋绍兴十五年（1145）。

多宝塔第 8 号（图 6-1-6）为“大北街居住佛子何正言”与妻捐资营造，时间为南宋绍兴十八年（1148）。值得一提的是：何正言一家是宋代大足一地世俗民众中儒释道三教皆崇奉的典型家庭[①]，其选择佛教造像中，就有多宝塔第 8、第 9 号两龛观音造像，可知是其家庭主要崇奉的佛教题材。

多宝塔第 7 号为“本州在郭右厢界正北街奉佛进士刘陞”和他母亲、兄弟、子女等“合宅人眷”，为完成其父生前造如意轮菩萨愿望，于绍兴二十年（1150）雕凿完毕。

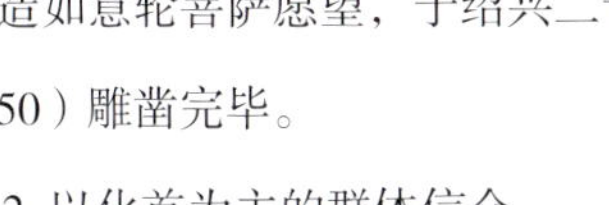

图 6-1-6　多宝塔第 8 号龛（采自《大足石刻全集》）

2. 以化首为主的群体信众

宋代，亦有以化首为主组织的信众群体。

石门山第 6 号十圣观音洞，为化首岑忠用与裴氏于南宋绍兴六年至十一年（1136—1141）

① 李小强《大足石刻十八讲》，江苏凤凰美术出版社，2022 年，第 207 ~ 208 页。

组织营造而成。正壁刻阿弥陀佛和正法明王观音、大势至菩萨，两侧壁各有 5 身观音像，在正壁转角处分别刻有岑忠用与裴氏的造像。化首岑忠用的身份为平民，造像记说他“三代贫苦，实无一贯之本”。为营造该窟造像，他四处募集资金。在两壁的造像周围，都有镌记记载出资人及其祈愿，如有岑忠信、岑忠用、侯惟正、杨作安、赵勤典、谢继隆等，这些人的身份，从其称谓来看，亦大多为平民。

佛安桥第 2 号无量寿佛洞。该窟正壁为无量寿佛和文殊、普贤，两侧为十圣观音。窟内存多则信众镌名造像记，如奉善弟子古贯之夫妇发心造无量寿佛，并于“大宋天元甲子中元日设斋题壁”，可知时间为南宋绍兴十四年（1144）。除此之外，另还有古文士、古及之、杨劭、周安仁、王邦杰等，可知该窟也是一处世俗民众集资营造的洞窟。

通过上述史料，可见在宋代，观音的信众已经遍布大足乡里，在当时非常普遍。这些民众中，既有以家庭为单位的，也有社会组织的群体，由此，观音已成为当时民众的一个主要营造的题材。

（四）工匠

宋代的一些观音龛的造像记中，大多保存有工匠的题名。

石篆山第 13 号观音龛，根据石篆山雕凿年代，应在北宋元丰五年至绍圣三年（1082—1096）之间，该处营造工匠为文惟简和其子文居安、文居礼等，可推测该观音造像亦应为文氏工匠所为。

石门山第 4 号水月观音，题记内可辨“僧法顺”，时间为北宋绍圣元年（1094），以及镌匠文居道等题名。

佛安桥第 6 号水月观音龛，龛内存古氏造像记，记载时间为南宋绍兴十年（1140），以及“镌作处士东普文玠记”等内容。

北山佛湾第 136 号转轮经藏窟，营造于南宋绍兴十二年至十六年（1142—1146），铭文记载该窟工匠为来自赖川的胥安。

刘家湾第 1 号水月观音龛，造像记记载有张姓信士，造“观音一龛”，时间为南宋绍兴十五年（1145），以及“镌作处士东普文玠记”等字。

玉滩第 5 号，龛内正壁及左右壁均凿观音像，龛口左壁刻“大宋东普攻镌文琇丁丑仲春记”，据考为绍兴二十七年（1157）。

工匠是石刻造像极其重要的一环，从上述所举数例可推测，工匠的作用不仅仅体现在雕凿石刻造像，同时，对于造像题材的传播也有极大的推动作用。可以说，工匠是宋代大足一地观音信仰的重要弘扬者，这一点在文氏家族工匠身上体现得尤为充分，他们数代人在大足乡里雕凿造像，造像点虽然不集中在一处，如分布在石篆山、石门山、佛安桥、刘家湾、玉滩等地，但是，观音都是其主要题材之一[1]。

（五）妇女群体

在前述中可见，妇女参与观音造像或妆绘较多，尤其是宋代，对于造像风格的演变具有一定的影响。宋代的妇女群体中，官员有昌州知州任宗易夫人杜慧修，知昌元、永川、大足县事陈绍珣夫人黄氏等。更多的则是世俗女性信众，她们往往与丈夫一道出现在造像或铭文之中，如石篆山严逊夫人、石门山十圣观音洞化首岑忠用夫人裴氏，以及参与此窟营造的岑忠志同政薛氏、岑忠信夫妇、侯惟正崖氏夫妇、侯良夫妇等；在佛安桥，有古贯之夫妇；在北山，第136号有在城奉佛弟子王陞的夫人何氏、多宝塔第8号何正言同室杨氏、多宝塔第7号刘陞同室袁氏万一娘、刘陟夫人于氏庆二娘等。此外，也有单独女性发愿造像或妆绘的现象，如北山第249号观音地藏龛，为女弟子李氏九娘子，在北宋至道年间（995—997）奉为亡夫妆此观音地藏的镌记。

这些造像和铭文，体现出在此时期妇女一直是观音造像重要的群体。妇女群体的参与，对于大足宋代观音造像风格呈现出清雅、秀丽的特点，无疑是具有较大影响力的。具体而言，其影响的程度，特别是体现在一些观音造像的外在形象上，具有女性化的特点。

四、明清时期

明清时期，随着石刻造像的衰退，对于观音的崇奉又出现了一些新的特点；其中，此时期颇具有代表性的民俗活动——宝顶香会，也是当时重要民俗的生动体现，此可参见本书相关章节。在此，从三个角度分析此时期信众情况。

（一）僧尼观音造像

僧尼仍然是明清时期造像和妆修的重要人物，除后文所叙妆金之外，此可举两例。

在石篆山石窟附近寨子坡，保存有一龛造像，龛内刻观音像，内有“建文三年”“铭宗自募镌□□南无观世音菩萨一尊”，可知为僧铭宗于建文三年（1401）主持雕凿。据千佛岩造像题记记载，僧铭宗为“大足县僧会司”，其在千佛岩曾主持雕凿十二光佛龛。

宝丰寺大殿神龛，左为圆雕观音像，莲座背面刻有“重庆府大足县静南乡遇仙里中峰山观音寺住持比丘集能”，以及其徒、信众等，造观音菩萨像，“成化二十二年六月十一日镌匠冯永受等”，可知时间为明成化二十二年（1486）。

（二）世俗信众

世俗信众是此时期造像和妆金（此点详见后文）的主要力量，在石刻题记中记载颇多。

---

① 关于大足石刻工匠情况，可参见李小强《大足石刻十八讲》，江苏凤凰美术出版社，2022年，第43～58页。

石壁寺圆雕观音坐像的背屏下部有题记，为江世聪同室人王氏一娘，“发心镌造观世音菩萨一尊”，时间为明永乐二年（1404）。

前叙宝丰寺明代成化二十二年（1486）观音像，参与捐资者除僧人外，还有一些普通百姓，比如蒋思昂、蒋庆祖、卢氏等。

眠牛石石窟有一清代乾隆五十八年（1793）的碑刻，碑文开篇写“修塑观音三圣日月神像小引”，极可能在此年新刻有观音像。碑文后有众多的当时募资者名字。

图 6–1–7　雷打岩石窟第 1 号观音龛

雷打岩石窟第 1 号观音龛（图 6–1–7），在其左下方有一则造观音像题记，记载了当时张文元、程纾、尹定光等人，于嘉庆元年（1796）造观音像。

半沟湾石窟有一则“新修观音大士”镌记，碑刻有“今者会众新修观音大士，左右金童玉女神像三尊并庙宇”等字，碑文中，第 5 ~ 39 行为出资人杨在鱼、杨在亮等人名，时间为清代光绪九年（1883），可见记载的是一个以一般世俗民众集资修造观音像的民间活动。

龙神村石窟第 2 号观音龛右侧有一碑刻，记载了清代光绪三十四年（1908）当地民众“培添观音金容乙尊、川主像乙尊，并将众像彩画”，此亦为世俗民众捐资所为。

（三）以参与宝顶山千手观音妆金活动为代表的信众

明清时期，对之前观音造像的妆金、妆彩以及保护建筑的培修，是大众对观音崇奉的一个重要体现。在这些妆金史料中，以宝顶山千手观音妆金史最具有代表性，从其历程可见僧尼与世俗民众对观音的崇奉。具体内容可参见本书千手观音下章，在此简略说明。

明代净明寺隆庆四年（1570）的僧众妆金中，据宝顶山《善功记》碑记载，当时遂宁县净明寺（在今重庆市潼南区境内）住持比丘悟悰，与他的徒弟、徒孙多人“施财妆千手观音金像一堂”，妆金的匠师是来自荣昌县的吴自贤和他的儿子。这是宝顶山千手观音首次妆金记载。

据清代乾隆十三年（1748）立《遥播千古》碑记载，当时宝顶山的住持方丈大和尚净明，与他的徒弟德舟等人，乡官会首黄成先、穆源远、刘成漳，对“千手大士法像一堂”等进行了重新妆金，从“会首”的组织形式，可知应有世俗民众参与。

据圣寿寺维摩殿所存碑刻和2014年在千手观音崖壁内发现的石砖铭文记载，当时遂宁县（今重庆市潼南区）中安里七佛岩的善士张龙飞一家“发心装修宝鼎观音大士金容一尊”等，年代为乾隆四十五年（1780）。据考，张龙飞其名不见于方志记载，应属世俗民众。

清代光绪十五年（1889），璧山人戴光昇捐资对千手观音进行了妆金。经调查，戴光昇（1829—1911）家里极为贫寒，最初以售卖水果维持生计，后改行当了屠夫。再之后与人合伙开办铁厂，财力逐渐丰厚。可见，其也是一位世俗中人。

从这4次妆金参与者来看，基本上都是世俗民众，主要为宝顶山圣寿寺和今周围区县寺院的僧人，以及宝顶山一带和周围区县的民众。这些世俗民众接连不断地对千手观音进行妆金，不仅是千手观音造像本体出现了病害，而且更多的是体现出世俗民众对千手观音的崇奉，这一点也与宝顶香会在明清时期盛行有一定关系。

除宝顶山千手观音妆金之外，在此时期，还有较多的僧尼和世俗民众对其他观音造像妆彩或培修保护建筑的记载，兹略举数例，可见一斑。

宝顶山广大寺现存有一碑刻，其上写有“妆修观音金像碑记”，时间为清代道光十一年（1831），碑由“当代住持弘参，徒秀峰、秀岐”等立。

三教寺石窟，清代同治七年（1868），信士赵思雅妆彩第1号千手观音龛。

老君庙石窟，第1号川主龛左门柱上刻有一碑，其中刻有“今将培修川主观音牛王送子神像四尊”等字，文中记载了此次培修会首为周顺禄，第2～11行为捐资人名，时间为清代光绪十九年（1893）。

五、小结

通过前述考察，大足一地以开凿观音石刻造像为主体的世俗民众，具有以下几个特点：

一是人数绵延不绝。伴随着观音造像的开凿和妆金，信众从唐代开始，历经五代两宋，绵延至明清时期，基本上各个时期都有。

二是他们身份多样。其中，在唐宋时期，除僧尼和世俗平民之外，还有以韦君靖、任宗易、张莘民等为代表的官员，此外，还有以文氏家族为代表的工匠群体。至明清时期，此群体基本上是以僧尼和世俗平民为主体。

三是群体的组织方式不单一。这些群体中，可以是单独某个人发出祈愿，更多的则是以家庭为单位的组织形式，如宋代何正言一家、清代戴光昇一家等。而众人合作捐资的情况，一直

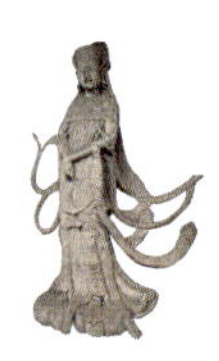

持续，如晚唐北山第 245 号观经变右外侧壁、宋代石门山第 6 号十圣观音洞、明代成化二十二年（1486）宝丰寺圆雕观音像、清代乾隆十三年（1748）宝顶山住持僧与其徒弟和当地会首妆金千手观音等，这些组织形式都是集体捐资所为。

四是这个群体不局限于大足一地。唐宋时期，外来人员主要是官员，如任宗易、张莘民等，其余基本上为大足一地的平民。明清时期，在宝顶山千手观音妆金史上，出现了今大足附近的璧山、潼南等地的世俗民众，体现出以朝拜宝顶山千手观音为主的“宝顶香会”对周边的影响力；在此时期，观音信奉者更多的则是大足乡里的世俗平民。

五是表达方式多样。这个群体在对观音表达崇奉的方式上，除开龛造像这一重要载体之外，还有妆彩（含妆金），以及对保护建筑的培修等方式。当然，更多的则是日常朝拜的世俗民众，这一点，在宝顶香会这一民俗活动中体现得尤为充分。

第二节　祈愿

大足石刻铭文中，记录了当时捐资造像者的祈愿。现据大足石刻观音造像的发展历程，分为唐宋和明清两个时期，对这些祈愿做一概说。

一、唐宋时期

结合此时期的铭文，雕凿或妆彩观音造像的祈愿大致可以归纳为以下几个方面。

（一）净土信仰

净土信仰是此时期主要祈愿之一，在造像记中体现得颇为充分，兹列举数例如下。

北山佛湾第 58 号观音地藏龛（唐乾宁三年，896），铭文称：“敬造救苦观世音菩萨地藏菩萨一龛，右为故何七娘镌造，当愿承此功德，早生西方，受诸快乐。”

北山佛湾第 52 号阿弥陀佛和观音地藏龛（唐乾宁四年，897），系女弟子黎氏“奉为亡夫刘□设□奠敬造”。

北山佛湾第 53 号阿弥陀佛和观音地藏龛（前蜀永平五年，915），铭文称，种审能为“亡男希言被贼伤煞，造上件功德，化生西方，见佛闻法”。

北山佛湾第 26 号观音龛（五代前蜀乾德二年，920），铭文称“为亡男□□造上件功德”，尽管造像记未写明其意，但是从其为亡男而造，可知其目的。

北山佛湾第 249 号观音地藏龛，北宋至道年间（995—997），女弟子李氏九娘子“奉为亡夫主王廷略三周年，妆此地藏观音二尊，用伸追广生界”，从其为亡夫的角度，应与净土信仰有关。

佛安桥石窟第6号水月观音龛（南宋绍兴十年，1140），题记残存“祈□□□父古昌明早生□□”，据字面推测，与净土信仰有关。

多宝塔第7号如意轮观音龛（南宋绍兴二十年，1150），为已逝去的父亲生前造的如意轮观音像进行了妆饰，“祈冀过往生天，见存获福”。

宝顶山大佛湾第18号观经变中，“十六观”之观世音观颂词刻“观世音观。观音何所辩，立佛在天冠。五道光中现，慈悲接有缘”，意即观音接有缘之人至西方极乐世界。在“九品往生”图的铭文中，多次出现有观音等接引信众（行者）的叙述，如“上品中生”图中，刻有“行此行者命欲终时，阿弥陀佛与观音势至无量大众，持紫金台，至行者前”。

（二）国运昌盛、天下太平

干戈永息。见于北山佛湾第149号如意轮观音窟（南宋建炎二年，1128），祈愿者为时任昌州知军州事的任宗易，其发此愿与当时历史环境有关。详见本书如意轮观音中相关论述。

国祚兴隆。见于北山佛湾第136号转轮经藏窟张莘民造观音题记（南宋绍兴十二年，1142），祈愿者张莘民时为昌州军州事，题记中不仅有“阖门清吉”的祈愿，还有对“国祚兴隆”的愿望，由此可见其家国情怀。

皇图永固、国泰民安。见于石门山第6号十圣观音洞岑忠用镌记（南宋绍兴十年，1140），其镌记有“上愿皇图永固”。另，该窟还有岑忠用造宝经手观音（南宋绍兴十年，1140），镌记刻“上祝国泰民安，风调雨顺”。侯良造数珠手观音（南宋绍兴十一年，1141），“意祈国泰民安，风调雨顺”。石门山十圣观音洞基本上为大足一地世俗百姓捐资雕凿，其在祈愿中言及“皇图永固、国泰民安”，体现出世俗中人对国家的深爱之情。

（三）佛法

在观音造像铭文中，不乏对佛教教义的理解和崇尚。

石门山第4号水月观音龛，由僧法顺于北宋绍圣元年（1094）负责营造，“祈□施主咸愿安宁……一切有情，同出苦□，见性成佛”。该龛祈愿之所以出现这些语句，应与该龛为僧人负责主持营造有密切关系。

石门山第6号十圣观音洞，在化首岑忠用于南宋绍兴十年（1140）的镌记中，刻有“上愿皇图永固，佛日增辉，舍财信士所作契心，三会龙华，皆得受记”。另，庞休一家造甘露玉观音（南宋绍兴十一年，1141），题记刻“祈乞……永世今生，常逢佛会”。赵勤典造宝镜观音（南宋绍兴十一年，1141），题记刻“今世来生，常为佛之弟子”。

（四）家庭和睦平安

祈求家庭和睦平安，是大足石刻造像发愿中的一个重要主题，在观音造像中亦不例外。

北山第243号千手观音龛（唐天复元年，901），军事押衙蹇知进因受惊扰等原因而造，镌记中称“骨肉团圆”。

北山第53号阿弥陀佛和观音地藏龛（前蜀永平五年，915），种审能为亡男造，祈愿中有“永安无灾”。

北山第253号观音地藏龛，刻于五代，北宋咸平四年（1001），知昌元、永川、大足县事陈绍珣与室家黄氏，“为淳化五年草乱之时，愿眷属平善，常值圣明”，特妆绘此龛。

北山第180号十三观音变相窟，县门前仕人邓惟明“造画普见一身供养，乞愿一家安乐”，时间为北宋政和六年（1116）。

石门山第6号十圣观音洞，岑忠志一家造宝蓝手观音（南宋绍兴十一年，1141），题记刻“祈乞一家安泰，四序康宁，二六时中，诸圣加备”。岑忠信一家造宝扇手观音（南宋绍兴十一年，1141），题记刻“祈乞一宅安泰，四贵康和，十二时中，保安清畅”。庞休一家造甘露玉观音（南宋绍兴十一年，1141），题记刻“祈乞尊少安泰，四序康宁”。赵勤典造宝镜观音（南宋绍兴十一年，1141），题记刻“乞保一家安泰，四季康和”。庞师上父子造如意轮观音，题记刻“冀永世康宁，四时吉庆”。

北山第136号转轮经藏窟张莘民造观音题记（南宋绍兴十二年，1142），题记有“阖门清吉”的祈愿。

刘家湾石窟第1号龛（南宋绍兴十五年，1145），题记刻“发□观音一龛，□乞合家□□”。虽然有所残坏，但应与祈愿家庭和睦平安有关。

多宝塔第58号观音龛（南宋绍兴二十五年，1155），昌州石膏滩奉佛弟子李小大一家，“镌此观自在菩萨一尊，永为瞻奉，祈保双寿齐□，子孙荣贵”，此造像记提及子孙能享受荣华富贵。

（五）其他

奉报十方施主。见于北山第240、第50号。第240号观音龛为比丘尼惠志于唐乾宁三年（896）造，其目的为“奉报十方施主”。第50号如意轮观音龛为都典座僧明悟于唐乾宁四年（897）“奉为十方施主镌造”。

寿算增延。北山第136号转轮经藏窟数珠手观音，为在城奉佛弟子王陞、同政何氏，于南宋绍兴十六年（1146）为在堂父王山、母周氏捐资镌造，其中祈愿有“伏愿二亲寿算增延”。石门山莲花手观音，为承信郎陈充一宅于南宋绍兴十一年（1141）捐资营造，其中祈愿提及“阖宅寿年永远”。

公私清吉。北山第136号王陞造数珠手观音镌记中，祈愿还提及“公私清吉”。石门山莲花手观音题记中，还提及“凡向公私，吉无不利”。

解冤释结：赵勤典造宝镜手观音（南宋绍兴十一年，1141），题记刻“乞保一家安泰，四季康和……冤家解释……”。

禄位高崇。见于石门山莲花手观音题记（南宋绍兴十一年，1141），祈愿者为“承信郎”陈充。“承信郎”为宋代武臣极低的官阶，可知其为仕途中人，故有此祈愿。

本命日造。石门山十圣观音洞侯良造数珠手观音（南宋绍兴十一年，1141），题刻有“以己酉本命日庆”。关于此点，参见本书观音组合中十圣观音部分的相关论述。

二、明清时期

明清时期，观音造像继续雕凿，同时，妆彩观音像亦较为盛行，结合此时期对观音祈愿情况，按时间简述如下。

宝丰寺大殿观音像，背面有明代成化二十二年（1486）题记，刻“祈保家门昌盛，活业□发，子贵孙贤，高禄祁遂”。

宝顶山千手观音，明代隆庆四年（1570）《善功记》碑中，称“伏愿普报四恩，同登十地”。

老观音（麻杨村）石窟第1号（图6-2-1），额横刻“迷津宝筏”，楹联刻“苦海无边回头是岸，慈航普渡灭顶免凶”，“龛为明凿”①。

宝顶山千手观音，清代乾隆四十五年（1780）张龙飞妆修碑刻记载：“祈保修主增福延寿，子贵孙贤，报今生之四恩，享来世之福田……祥光瑞气，门庭吉庆。”

半沟湾石窟《新修观音大士镌记》刻于清代光绪九年

图6-2-1　老观音（麻杨村）第1号观音龛

① 重庆大足石刻艺术博物馆、重庆市社会科学院大足石刻艺术研究所编《大足石刻铭文录》，重庆出版社，1999年，第412页。

图 6–2–2　斗碗寨第 4 号观音龛

（1883），其中刻有“今者会众新修观音大士，左右金童玉女神像三尊并庙宇，人民拜献之所，乞遂世道清平，人物咸亨”。

宝顶山千手观音，清代光绪十五年（1889），戴光昇捐资修造后，碑刻记载希冀“神恩庇佑”，“辞世双亲，冥中获福，暨本身却病延年，后嗣昌荣，永膺多福”。

眠牛石石窟第 5 号观音龛，额刻“有求必应”，楹联为“人杰地灵玉涌莲，物华天宝金容现”，该龛为清代作品。

斗碗寨石窟第 4 号（图 6–2–2），额刻“慈航普渡”，龛框左右刻“长保一境之生灵，永享千年之庙祀”，时间为清代。

全佛岩第 1 号三观音龛，额刻“威灵普荫”，楹联刻“姊妹同登极乐国，威灵大显全佛岩”。

观音堂（高坪高峰村）观音龛，额刻“观音堂”，楹联刻“相悯尔勤普度，但求我乐群生”。

三、小结

从上述祈愿来看，在唐宋时期，观音就具备多种职能，除常见的西方净土世界、佛法教义、家庭和睦平安等之外，还有国运昌盛、寿算增延、公私清吉等，甚至还有不常见的观音经典的祈愿，如“解冤释结”“本命日”等。在此时期的祈愿者看来，观音职能是多方面的，此正如宝顶山小佛湾旁灌顶井刻偈句所言：“观音菩萨不思议，救度众生无尽期。”

至明清时期，观音造像（以及妆金）的题记中，唐宋时期的祈愿不但在此时期大多有所体现，而且可以说是涉及社会生活的方方面面。对于世俗民众而言，观音的职能已经是无所不有，这一点，在眠牛石石窟第 5 号观音龛“有求必应”、斗碗寨石窟第 4 号“慈航普渡”等题刻中，体现得尤为充分。

值得注意的是：造像记仅仅是所见祈愿的部分，一些造像虽然没有造像记，但是结合相关经典和图像，亦应有其祈愿。如颇具代表性的是千手观音，按照经典，其能满足众生多种愿望。又如明清时期的观音图像上往往出现猴、瓶、小孩等，与世俗民众祈愿升职、平安、生育等有关。此外，还有观经变等题材亦如此。

第三节　普陀山

普陀山全称普陀洛迦山、补陀落伽山，意译“光明山”“海岛山”“小花树山”，相传此山为观音菩萨的道场。《大唐西域记》卷十记载：“秣剌耶山东有布呾洛迦山……山顶有池……池侧有石天宫，观自在菩萨往来游舍。”[①] 浙江舟山市有普陀山，系中国佛教四大名山之一。

据研究，在大足宋代造像中就出现有补陀落伽山。龙红、邓新航的论文就认为北山第 133 窟水月观音身后，占据大幅壁面的山峰，即是补陀落伽山。此外，第 113 号水月观音的圆拱形龛门上，“浮雕有不规则的山石，如此巧妙设计，当时暗指水月观音坐于补陀落伽山上的某个岩洞之中”[②]。

宋代的石刻铭文中，也出现有普陀山，如宝顶山大佛湾第 19 号“缚心猿锁六耗”图中，刻有“西方极乐国，此去非遥；南海普陀山，到头不远”的偈句。在该龛左右，分别为第 18 号观经变和第 20 号地狱变相。

清代的碑刻史料和造像遗存中，有较多普陀山的记载和表现。

据僧有久《修装圆觉洞、万岁楼等处佛像记》碑刻记载，宝顶山住持僧有久和徒弟心超，会首黄成先、邓大科、穆源远、龙文芬、邓宗禹，募化资金对宝顶山圆觉洞等佛像进行修妆，其中“万岁阁修装普陀岩观音菩萨，金童玉女”，立碑时间为清代乾隆二十五年（1760）。今宝顶山万岁楼第一级内，有一方形佛案，案上供置泥塑观音和金童玉女像。对于该观音像，《大

① 唐・玄奘、辩机原著，季羡林等校注《大唐西域记校注》，中华书局，1995 年，第 861 页。

② 龙红、邓新航《巴蜀石窟唐宋水月观音造像艺术研究——兼与敦煌、延安水月观音图像的比较》，《大足学刊》第四辑，重庆出版社，2020 年，第 112 ~ 113 页。

足石刻铭文录》称："万岁楼底观音像，塑于何时不明。"[1]其时代至少在僧有久修妆之前，从该碑刻可知，此处在清代被称为普陀岩。

据碑刻史料记载，在宝顶山广大寺观音殿内有普陀岩。

广大寺，据寺内乾隆九年（1744）碑刻和僧德芳《重创广大寺碑》（1849）载，由清康熙四十八年（1709）僧西意开建，最初就有"上中下殿，左右两廊"。今寺内有观音殿，其内有泥塑"普陀岩"。据僧德芳《重创广大寺碑》记载，道光十四年（1834）"重修观音大殿，募塑普陀像"，可知普陀岩上现存观音像为此年所塑。在这之前，观音殿内亦有观音像。据清代道光十一年（1831）《万古不朽》碑，内有"妆修观音金像碑记"，从其语句来看，应为再次妆修。其后，清道光十六年（1836），有《重修小宝顶广大寺观音殿普陀岩碑志铭》，记载了重修观音殿普陀岩的事实。据此推测，普陀岩应该在道光十一年（1831）之前就有，其后道光十四年（1834）重塑了观音像。

图 6-3-1　广大寺普陀岩观音

今寺内观音殿，其内仍存有普陀岩场景图，通高 4.6 米、宽 3.05 米，画面内人物、山石、云纹等高低错落，怪石突兀。普陀岩中下部刻主尊观音（图 6-3-1），高 1.41 米，头后刻圆形头光，垂发分三缕下垂至肩。面部长圆，胸及上臂装饰璎珞。身着宽帛披巾，下着裙，腰束带。左臂倚于方形靠枕上，右手撑台，握持披巾，垂左腿，盘右腿，半跏趺坐于山石之上。山石下方现龙半身。观音身后壁面遍刻山石，其间刻人物、建筑、祥云、莲花及莲叶等（图 6-3-2、图 6-3-3）。左壁人物共 19 身，右壁 24 身。其中左右

[1] 重庆大足石刻艺术博物馆、重庆市社会科学院大足石刻艺术研究所编《大足石刻铭文录》，重庆出版社，1999 年，第 256 页。

图 6-3-2　广大寺普陀岩（局部）

图 6-3-3　广大寺普陀岩（局部）

侧上方为四大天王，主尊左侧为一天王，右侧为一侍女，其余男女僧俗姿态各异[①]。

大石佛寺第 2 号观音龛为明代雕凿，龛外清代信众用条石砌置四方柱三开间牌坊；其中，在牌坊上方的两根横额石上，各刻存 7 字：“水翠碧澄南海境；衹园秀挺普陀山。”该楹联“疑明人置坊坍塌，今为清人所重砌题镌楹联”[②]。

梓桐沟观音龛（图 6-3-4），龛额横刻“慈光普渡”，龛左右竖刻楹联“何必远朝南海，此处就是灵山”。龛左壁刻清代光绪

图 6-3-4　梓桐沟观音龛

① 此处资料来源于大足石刻研究院编《宝顶山广大寺现状调查资料》，2019 年，内部资料。

② 重庆大足石刻艺术博物馆、重庆市社会科学院大足石刻艺术研究所编《大足石刻铭文录》，重庆出版社，1999 年，第 413 页。

七年（1881）聂士林撰《培修观音龛记》，碑文叙述道："棠西四十里许，有观音殿焉，斯境之保障□，□云绕座，浑如普陀悬岩。"

从上述清代题刻可见，在大足一地，此时期对一些观音造像所在的地点，民间有"普陀山"（普陀岩）的称谓。

第七章 大足观音造像特点

第一节 大足观音造像兴盛的背景

大足石刻保存有众多的观音造像，在中国石窟艺术中，都是较为突出的现象。其兴盛的背景，主要有以下几个方面。

一、与观音经典的宣扬有关

观音信仰自佛教传入中国后，就逐渐受到世俗民众的崇奉，其原因有多种，其中经典的宣扬是其主要因素之一。有关观音的经典可谓多种多样，这些经典涉及观音的职能、图像等多方面。

观音的职能中，首先，与观音能解救众生苦恼密切相关。如《法华经·普门品》所说："观世音菩萨，即时观其音声，皆得解脱。"[①] 其中，"观其音声，皆得解脱"，可谓是后世在观音像中出现"有求必应"的根源。而在观音具体解救众生疾苦的文献中，千手观音经典叙述得非常充分。如广为多种论著引用的唐代伽梵达摩《千手千眼观世音菩萨广大圆满无碍大悲心陀罗尼经》，叙述了千手观音 42 只正大手所具备的职能后说道："如是可求之法，有其千条，今粗略说少耳。"[②] 由于经中未叙述完全千手，这也给造像者以极大的想象空间；同时，在大足一地中，对于十圣观音等组合亦有一定的影响。此外，单独的不空羂索观音、如意轮观音等经典，对相关观音职能的宣扬，亦是较多的。

其次，与观音是净土信仰的菩萨身份有关。在《阿弥陀经》《无量寿经》《观无量寿佛经》中，描绘出了西方极乐世界的种种美好。在这个世界中，观音作为阿弥陀佛胁侍大菩萨，居于上首，是接引众生的菩萨。如《观无量寿佛经》描述说："手掌作五百亿杂莲华色，手十指端，一一指端有八万四千画，犹如印文。一一画有八万四千色，一一色有八万四千光。其光柔软普照一切，以此宝手接引众生。"[③] 这些经典的描述，是大足石刻中西方三圣、观无量寿佛经变、观音和阿弥陀佛地藏组合等造像的依据。

最后，其他一些经典的宣扬。除上述之外，涉及观音的经典颇多，其中影响较大的还有《心经》，该经曾经过多次翻译，其中提及观世音菩萨"度一切苦厄"[④]，对于一般世俗民众而言，无疑是具有极大吸引力的。又，《华严经·入法界品》中，叙述善财童子参访五十三位善知识，其中就有参拜观音，观音为其说大悲法门，大足多宝塔第 106 号即表现了该题材。唐代不空译《八大菩萨曼荼罗经》中，叙述有八大菩萨，其中首位的即是观音菩萨，宝顶山倒塔有此题材。此外，

---

① 姚秦·鸠摩罗什译《妙法莲华经》"观世音菩萨普门品"，大藏经刊行会编《大正藏》，第 9 册，中国台湾新文丰出版股份有限公司，1983 年，第 56 页。

② 大藏经刊行会编《大正藏》，第 20 册，中国台湾新文丰出版股份有限公司，1983 年，第 111 页。

③ 大藏经刊行会编《大正藏》，第 12 册，中国台湾新文丰出版股份有限公司，1983 年，第 344 页。

④ 唐·玄奘《般若波罗蜜多心经》，大藏经刊行会编《大正藏》，第 8 册，中国台湾新文丰出版股份有限公司，1983 年，第 848 页。

达磨栖那译《大妙金刚大甘露军拏利焰鬘炽盛佛顶经》还叙述有观音的明王化身。

二、与观音信仰在唐宋时期的盛行有关

唐宋时期，观音信仰尤为盛行，此简叙数例如下。

文人群体中，颇多信奉者。如据孙昌武先生梳理，在唐代，李白、杜甫、白居易等都有相关的作品，其中，白居易还曾作有《绣观音菩萨像赞》《画水月观音赞》等文章[①]。宋代，苏轼作有《改观音经》。

绘画艺术家中，周昉创作水月观音可谓是其代表。据《历代名画记》载："周昉，字景玄，官至宣州长史。初效张萱画，后则小异，颇极风姿。全法衣冠，不近闾里。衣裳劲简，彩色柔丽。菩萨端严，妙创水月之体。"[②]其后，水月观音的造像便流传开来，在陕西黄陵、延安、子长，甘肃麦积山、敦煌，巴蜀等地的石窟中大量出现。同时，也影响到大足石刻，宋代的一些观音造像中，较多采用水月观音坐姿。

唐宋民间观音信仰尤甚，在观音造像中可见一斑。此举宋代《夷坚志》为例，《夷坚支癸》中有"安国寺观音"条，言"饶州安国寺方丈中，有观音塑像一龛。民俗祈请，多有神应"。此外，该书《夷坚甲志》"观音偈"、《夷坚乙志》"蚌中观音"、《夷坚三志己》"周世亨写经"等条中，亦有崇奉观音的故事。仅从该书可见，民间对观音的信奉颇为兴盛。

此时期还出现了专门供奉观音菩萨的道场——浙江舟山普陀山。据介绍，该处因为与佛经所说的"补怛洛迦"相似而得名。

仅从上述数例可见，唐宋时期，社会上许多不同阶层的人士都开始信奉共同的观音。

三、与石窟艺术观音造像兴盛有关

在中国石窟艺术中，观音也是主要的造像题材之一。

河南龙门石窟保留有较多的观音造像，最早为古阳洞北魏永平二年（509）宋温鸯造像，最晚为古阳洞余祺龛，为宋代淳化五年至政和二年（994—1112）。龙门石窟观音多见有单身造像。在组合情况上，有与阿弥陀佛一道雕凿的造像龛，与阿弥陀佛、地藏（或仅与地藏）合龛。还有多身观音像，如敬善寺李文德妻造 5 身观音，龙华寺刘生娃造 7 身观音，看经寺北壁造几十身观音。龙门石窟造观音像者，有文武百官、平民百姓及寺院僧侣。从龙门石窟的造像题记可以看出，造观音的原因，正如"东山朝议郎□□造像记"所云："大悲济物救生，随有情念，应化现形。"[③]

① 孙昌武《中国文学中的维摩与观音》，中华书局，2019 年，第 224 ~ 234 页。

② 唐·张彦远著，朱和平注译《历代名画记》卷十，中州古籍出版社，2021 年，第 266 页。

③ 李玉昆《我国的观世音信仰与龙门石窟的观世音造像》，《龙门石窟一千五百周年国际学术讨论会论文集》，文物出版社，1996 年，第 157 ~ 165 页。

图 7-1-1　安岳圆觉洞第 14 号莲花手观音

图 7-1-2　潼南千佛寺第 17 号双观音龛

敦煌莫高窟有大量的观音画像，据《敦煌莫高窟内容总录》统计，在历代观音画像及与观音相关的经变画中，千手观音经变共 40 铺、不空羂索观音经变共 57 铺、如意轮观音经变共 65 铺、观无量寿经变共 84 铺、观音经变 13 铺、阿弥陀经变 63 铺、法华经变 36 铺、观音普门品共 7 铺[①]。由此可见敦煌一地观音信仰的盛行。

此外，在陕北和陇东一带，有较多的金代水月观音造像[②]。

作为石窟艺术遗存丰富的巴蜀地区，观音也是多数佛教造像点的主要题材。如有研究者对嘉陵江流域石窟寺分析后，认为“观音造像是嘉陵江流域最为流行的造像题材之一”[③]。具体来说，在巴蜀石窟中，如广元千佛崖，有学者估计，“仅唐代所雕刻的单独观音像就有 300 余尊”[④]。又如巴中石窟亦有较多观音造像，具有代表性的如南龛第 16 号如意轮观音龛、第 80 号观音地藏龛、第 87 号观音龛等。此外，在巴蜀石窟中的通江千佛崖、丹棱郑山—刘嘴、蒲江看灯山、夹江千佛岩、资中重龙山、内江翔龙山、合川龙多山、安岳圆觉洞（图 7-1-1）和千佛寨、潼

① 敦煌文物研究所整理《敦煌莫高窟内容总录》，文物出版社，1982 年，第 221 ~ 231 页。

② 参见刘振刚《陕北与陇东金代佛教造像研究》，甘肃教育出版社，2019 年，第 188 ~ 212 页。

③ 蒋晓春、符永利、罗洪彬、雷玉华《嘉陵江流域石窟寺调查及研究》，科学出版社，2018 年，第 325 页。

④ 胡文和《四川道教佛教石窟艺术》，四川人民出版社，1994 年，第 221 页。

南千佛寺（图 7–1–2）、江津石佛寺等地，都有观音造像。

无疑，石窟艺术中大量雕凿观音，对于大足石刻具有较大的影响。如大足晚唐时期的千手观音、如意轮观音、水月观音以及观音地藏组合等造像，皆是受到巴蜀石窟同题材的影响。

四、与大足石刻造像盛行有关

大足一地石刻造像颇为盛行，从初唐尖山子开始，延续时间长达千余年，其间虽然元代未见有雕凿，但是，唐、宋、明、清四个时期皆有造像活动。特别是两宋时期，官方与民间造像蔚为大观，成为大足石刻鼎盛时期。在此时期，造像捐资者对于国家、社会和家庭有种种诉求，而观音成为慰藉这些世俗民众心理最好的造像题材。由此，直接推动了观音造像的盛行，出现了各种观音形象与组合，特别是一些观音造像艺术价值颇高，部分造像甚至成为大足石刻的代表作品。

第二节　大足观音造像的特点

在大足石刻中，观音造像，无论是其考古价值还是具艺术特色，都可将其列为显著的题材。下面，对大足观音造像的一些特点略做小结如下。

一、遗存数量丰富、延续时间长

据本书初步统计，大足一地观音造像遗存情况为：至少在 270 余个龛窟中，有 430 余尊造像（含明王等像）。其中，北山石窟（含周边营盘坡、多宝塔等造像点）有 135 个龛窟、180 余尊造像，是大足石刻观音造像最为集中的地方，加之观音表现多样、艺术成就高，故北山石窟有“观音造像陈列馆”的说法。大足一地观音造像的数量，不仅仅在大足石刻中是最多的造像题材，就是在国内诸多石窟寺中，都是颇为突出的一个现象。

大足一地的观音造像延续时间长，起源于初唐永徽年间（650—655），历经晚唐五代，在两宋时期达到了鼎盛。其后，元代大足一地未见有造像活动，至明清时期，观音造像仍绵延不绝，时间长达千余年。

这些观音造像大多数是造像龛窟的主尊，即使在十圣观音的洞窟中，依然是造像表现的一个重要主题。

大足的观音造像，在分布上不局限于某一处，既有在毗邻城区的北山石窟，也有在乡里之中的圣水寺、佛安桥、妙高山、玉滩、千佛岩、眠牛石、龙神村等石窟点，更有在密教道场的宝顶山之中。这一分布于大足多地的现象，体现出在大足一地，观音历来就是备受民众崇奉的主要造像题材。

二、雕刻技艺精湛绝伦

（一）各时期艺术特点

大足石刻中的观音造像，在各个时期都有其艺术特点，即或同一时期，观音像也非千篇一律、一成不变。

图 7-2-1　北山第 273 号千手观音头像

晚唐观音造像，大多花冠较为简约，身材修长，薄衣贴体，如北山佛湾第 10、第 52 号等龛中的观音，尤其是第 10 号龛的观音，亭亭玉立，隐约可见躯体轮廓，大有“曹衣出水”的艺术特色。

五代时期的观音造像与晚唐时期相比，面相较为消瘦，神情逐渐开始丰富。如北山第 273 号千手观音（图 7-2-1），嘴角微翘，露出一丝淡淡的微笑，雕琢细腻的面部，略带有盛唐时期丰腴的艺术特色。此时期观音的身姿也开始有所变化，如北山第 253 号龛中的观音，面容俊秀，身姿略向右侧，造型显得优雅而俊美。

宋代是观音造像艺术成就最高的时期，观音大多面容丰盈，花冠和胸前瓔珞繁缛精细，眼细长，长颈，削肩，衣饰厚重感增强。此时期在不同的观音造像上，其表现风格又有所不同。或身材高挑颀长，如北山第 180 号十三观音变相窟两侧壁观音；或妩媚动人，如北山第 125 号数珠手观音，其面容娇羞、身姿俏丽，是此时期观音婉约之美的代表作；或姿态潇洒自在，如北山第 113、第 133 号水月观音，观音面含微笑，身姿略倾，其异于其他观音的坐式，加之下垂的冠带与环绕手肩的帔帛，轻盈自然，似有微风轻拂一般，给人以姿态潇洒，气度不凡的感觉；或细腻柔美，如北山转轮经藏窟不空羂索观音（日月观音），其面部与手臂的肌肤细嫩纤滑，极富有弹性，加之慈眉善目的表情，具有一种典雅之美；或气势恢宏，最具代表性的是宝顶山千手观音，在崖壁上雕凿近千只手，手姿变幻万千，极尽工匠之能事。此外，此时期的匠师还极为擅长观音组像的处理与设计，如北山第 180 号、石门山第 6 号、妙高山第 4 号中的观音组像，远观有共性组合之美，近看有单尊造像的细节之美。另，即使宝顶山的观音也各具特色，除千手观音外，圆觉洞观音像潇洒自在，观经变主尊西方三圣中的观音（图 7-2-2）庄严肃穆，圆雕观音修行像面相安宁平和等。

图 7-2-2 宝顶山第 18 号观经变上层观音

明清时期，观音大多仁慈和蔼，折射出世俗民众对善心的期许。具有代表性的如宝顶山高观音、眠牛石等地的观音造像龛，这些造像与宋代相比，在面部表情、身姿变换等方面，生动性相对欠缺一些。

（二）主要经典之作

大足石刻中观音经典之作甚多，在此，略对数例造像的艺术特点简述如下。

图 7-2-3　北山第 125 号数珠手观音（采自《佛像的历史》，1940 年摄）

北山石窟第 125 号数珠手观音（图 7-2-3），龛中主尊是一尊观音像，身高 1.08 米，赤足站立在莲花台上，身后有大椭圆形背光。观音头戴花冠，胸饰璎珞，头微微倾侧，轻抿嘴唇，一派似笑非笑的模样。左手轻扼右手腕，右手下垂轻拈珠串。身材窈窕，亭亭玉立，斜侧身姿，飘带飞舞。在龛左右上部有二飞天，手托供盘浮于天际，下部两侧各有一侍者像。该龛造像自 1933 年出土之后，因其容貌、身姿俏丽妩媚，极具女性化特色，被世人称为“媚态观音”。其后，对该龛造像艺术价值的赞誉不绝如缕，如温廷宽先生说道：“这是一尊具有高度艺术性的典型作品，以至放在这许多龛洞中间显得那么突出，它两手斜搭在胸前，上身微微向后侧转，头部有些前倾，眼梢嘴角流露着微妙的喜悦，全身姿态在安静中显出了轻微的动势，肌体柔和，质感很强，特别是那临风飞舞的衣带，更加强了优美、舒适的气氛。”①

北山转轮经藏窟内雕凿有 5 身观音造像，其中，玉印观音和日月观音对称雕刻，二者皆头戴花冠，胸饰璎珞。玉印观音（图 7-2-4）手持宝印，面容端庄祥和，飘带舒展自如散于台座上。日月观音（图 7-2-5）结跏趺坐于方形金刚座上，因其手托日、月，俗称为“日月观音”。全身帛带飘逸，极具装饰美感。两身观音造像注重线与面、方与圆、繁与简的和谐统一，繁复

① 温廷宽《大足佛教摩崖造像的艺术价值及其现况》，《大足石刻研究》，四川省社会科学院出版社，1985 年，第 120 页。

图 7-2-4　北山第 136 号玉印观音头像

图 7-2-5　北山第 136 号不空羂索观音头像

的镂刻花卉纹宝冠与简约的丰腴面颊相得益彰，不仅显现出肌肤的细腻柔美，更衬托出观音的端庄温和。窟内还对称刻有如意珠观音和数珠手观音。前者面带微笑，双手捧一宝珠；后者轻拈数珠于胸前，密饰璎珞，造像端庄温和，与第 125 号数珠手观音相比，表现手法殊异。

大足宝顶山千手观音造像，雕凿在面积 88 平方米的岩石上，以主尊观音造像为中心，呈辐射状在岩面上雕凿了近千只手，手中多执有法器（或结手印），以表现观世音菩萨的法力无边、智慧无穷。整龛造像布局严谨，气势恢宏，宛如孔雀开屏。在艺术上，具备多方面特点，主要有：在开凿之先，就立意深远，不拘泥于传统雕刻，以其奇诡的创新思路进行雕凿；在造像本体上，力求宏伟的规模和气势，彰显出千手所具备的艺术魅力，传达出千手观音大慈大悲的特点；在细节的雕刻上，手姿千变万化，极尽工匠之能事；在器物上，既遵循传统经典的记载，又展现出宋代社会的诸多生活习俗。故该龛造像有“天下奇观”“国宝中的国宝”等诸多赞誉！

宋代大足一地，十圣观音组合非常盛行，具有代表性的如开凿于南宋绍兴六年至十一年（1136—1141）间的石门山第 6 号十圣观音洞（图 7-2-6）。在该洞窟中，分列在两侧壁的十圣观音历来备受世人称道。她们在表现上既遵循统一的原则，又力求个性的美。细细领略这 10 身观音像，初一乍见，她们恍若一个模子所出，缤纷前来，自成一壁。稍许停留驻足，则各有其姿，或略侧身姿，或亭亭玉立。而手姿变化，则根据手中所持器物各不相同。单手持物的：

图 7-2-6　石门山第 6 号十圣观音洞右壁

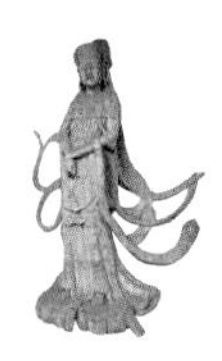

有贴于腹前，握一宝扇；有下垂身侧，提一宝篮；有举于胸前，拿一宝瓶……双手持物的：有一手握宝镜、一手轻拈飘拂的镜带；有皆放在身侧，捧拿佛经；有左手扼住右手腕，右手下捏一串数珠……再一回首凝视，既透露出几许宋代女性温婉贤淑的气质，又具有观音慈祥高洁的内涵。难怪1835年来此实地考察的大足人李型廉，在《游石门山记》中说，来到窟内，凝望造像叹道，“仪态俶谲，非复人间”。也就是造像的仪态美丽而奇异，感觉已经不再是身处人间了。

（三）典雅婉约之美

石窟艺术来源于古印度，传入中国后，在经历了长期的发展和积淀后，昔日的梵僧胡貌逐渐演变为具有中国风格的佛像。

大足石刻在造像风格上更注重于国人的审美取向。这一点，从著名的北山转轮经藏窟内的造像得到了生动的诠释。普贤菩萨脸颊圆润，双唇轻翕，呈现出一种含颦欲笑、具有东方女性美的微妙神态，给人以娴静、端庄、秀雅之感；文殊菩萨手握经卷，目光平视，颇具学者风度，给人以博学多闻之感；其他如玉印观音花冠珠串、玲珑剔透；日月观音秀眉垂目、和蔼可亲。整窟造像可见佛、菩萨的形象完全汉化了，体现出浓郁的中国传统伦理和审美观念。

具体到题材上，大足石刻造像中，观音可以说是集中代表了宋代民众的审美观念。观音作为佛教中广为人知的菩萨之一，大足宋代石刻中，观音造像不仅数量多，且技艺精湛，出现了众多经典作品。造像艺术上，既有娴静端庄、华丽富贵之美，又有天真腼腆、体态轻盈之感……这些形象和表现方式，将宋代世俗民众对观音信仰和崇尚浓缩其间、推向极致。

宋代，在大足石刻中以观音为代表的菩萨造像，其外在表现上呈现出女性化的特色。观音在早期印度和我国西北地区的遗存中，多作为男相，如3、4世纪的一尊犍陀罗观音头像，面部即有髭须[①]。大约在六朝时期，观音就有作女相的文献记载。唐代，在文献和石窟寺中，都有作女相的记载和遗存。“到宋代，观音作女相已经定型，在造像、绘画里被表现为自少女至老妇各种各样的女相形貌。”[②]观音作女相的特点，更能呈现出观音慈悲的品质，更易于被世俗民众所接受。大足石刻正处于观音定型为女相的时代，这其中尤其是以北山佛湾第125号数珠手观音、第136号转轮经藏窟不空羂索观音，以及石门山第6号十圣观音洞观音群像等为代表，她们面容或典雅秀丽，或妩媚可掬；身姿或略微轻侧，或婀娜多姿；璎珞或轻舞飞扬，或密布身侧……这些特点，俨然观音造像已经如同世间女子，将观音造像从崇高的神坛拉向了具有烟火

① 图见张总《说不尽的观世音》，上海辞书出版社，2002年，第31页。

② 孙昌武《解说观音》，中华书局，2022年，第304～307页。

气的人间。由此可以说，大足石刻观音造像集中体现出了世俗民众的审美观念，是观音女相化的杰出代表。

在大足石刻这些雕刻精美的观音造像身上，凝聚着当时民众的憧憬和向往。宋代民众的审美观念在其间得到了极大的彰显，同时，也促使石窟艺术民族化得到了极为全面的展现。

三、观音形象多姿多彩

（一）观音形象和表现

大足一地的观音，在外在表现上呈现出多种形态。

单尊观音中，有千手观音、数珠手观音、不空羂索观音、水月观音、如意轮观音、莲花手观音、玉印观音、如意观音、如意珠观音、杨柳枝观音、送子观音等。这些观音造像，又依据其时代、地点的不同，呈现出不同的表现形式。如千手观音，在唐、五代时期就出现有两种形式：一是圆雕 42 只正大手，如北山第 273 号龛；二是圆雕 42 只正大手加阴刻数手，如圣水寺第 3 号、北山第 9 号千手观音。在南宋，又出现了圆雕近千只手的宝顶山千手观音。也有风格不相近似的造像，如数珠手观音，北山第 125 号数珠手观音俏丽妩媚，第 136 号数珠手观音端庄典雅。

组合类观音中，大致可以分为两类。

一种主要是观音与观音的组合。双观音，唐代见于北山佛湾第 240 号。宋代如北山佛湾第 146 号，龛内左为水月观音，右为不空羂索观音。

此类观音中，十圣观音的组合形式，在国内石窟寺中，基本上见于大足一地，如雕刻于宋代的石门山第 6 号，窟内除正壁西方三圣外，左右各有 5 身观音，包括宝篮手观音、宝扇手观音、宝经手观音、宝镜手观音等。此外，还见于妙高山、普和寺、保家村、峰山寺等造像点。

另一种是龛窟内有其他佛、菩萨造像。西方三圣造像（含观经变），见于多宝塔第 39 号、兴隆庵第 8 号等；观经变中的西方三圣组合，见于北山佛湾第 245 号、宝顶山第 18 号、千佛岩第 7 号。观音与阿弥陀佛、地藏（或观音与地藏）组合龛，见于北山佛湾第 52、第 58、第 253 号等。阿弥陀佛及二观音像，见于多宝塔第 57 号，中为阿弥陀佛像，左为不空羂索观音像，右为如意轮观音像。此外，还有多宝塔第 36 号一佛二菩萨窟，正壁为一佛像，左为孔雀明王，右为不空羂索观音。八大菩萨组合，见于宝顶山倒塔。此外，还有十二圆觉、五十三参等组合形式。

此类组合，特别值得注意的是北山佛湾第 136 号转轮经藏窟内的观音组合，甚为奇特。该窟除文殊、普贤等像外，出现了杨柳枝观音、不空羂索观音（日月观音）、玉印观音、数珠手观音、如意珠观音的组合，其在国内石窟寺中极其稀见。

（二）部分观音组合形成的因素

从上述可见，大足一地观音有一个现象值得思考：一些组合的观音形式较为独特，特别是

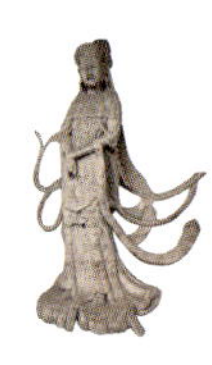

十圣观音、转轮经藏窟观音等组合形式，基本上不见于经典著述，具有较强的地域性，在其他石窟中较为少见。形成此现象的原因，主要有以下几点。

一是与宋代宗教世俗化进程有关。宋代，宗教主流发展的主题是世俗化[①]。唐代，佛教和道教进入全盛时期。进入宋代，为了适应社会的发展，佛教各宗派更加社会化。如在此时期甚为流行的净土宗，成为达官贵人、士庶百姓日常生活中的一个重要信仰，在大足石刻中，其诸多造像与净土信仰密切相关。其主张“不立文字、不立佛殿、不礼佛像”的禅宗，在宋代则演变为“大修佛殿、大造佛像、大建轮藏”[②]，如出现了造像数量多、题材广泛的合川涞滩石刻禅宗造像。而曾经颇为神秘的密宗，在此时期也成为世俗民众崇奉的对象，尤其是南宋中后期赵智凤营建的宝顶山石窟，其师承是早于其200年前的柳本尊，且极力宣扬儒家孝道，并将其统摄于宝顶山石窟造像群之中。在佛教文化呈现出世俗化的特点影响之下，也逐渐成为佛教艺术的主要趋势，其在石窟艺术中也如此，无疑，大足石刻是其生动的体现。

二是与巴蜀地区佛教艺术的兴盛有关。唐宋时期，在成都形成了一个以佛教寺院壁画为主的艺术地域，此在《益州名画录》等画史材料中有较为全面的记载。这些寺院受建筑形式的影响，出现了一些造像题材同出于某一寺院内的殿堂之中，如同石窟造像题材组合的关系。如宋代范成大（1126—1193）在《成都古寺名笔记》一文中，对当时成都最为兴盛的寺院——大圣慈寺内的壁画进行了记录，其中：如普贤阁就有南方天王、佛会、五如来、八菩萨、释迦佛、文殊、普贤、弥勒下生、北方天王等；又，文殊阁内有阿弥陀佛、大悲、毗卢佛、大悲三十七尊、法华经验、大悲菩萨、天王、无量寿品佛、千手眼观音、势至等；再又，药师院内有千眼大悲、北方天王、大悲、释迦变相、文殊、普贤、维摩、无量寿等[③]。这些不同的造像题材，汇聚于某一殿堂（甚至某一壁面），对石窟艺术出现不同题材组合在一龛窟的现象，具有一定程度的影响。

大足石刻晚唐五代时期的造像，大多是按照佛教经典雕凿，即使一些如观音地藏组合的造像龛，也来源于巴蜀地区其他石窟造像。至宋代，造像题材渐渐不拘泥于经典，除部分观音之外，特别是一些组合极为稀见。这种影响至宝顶山石窟营建时期更为普遍，宝顶山石窟受营建者对佛教的理解、造像设计等因素的影响，一些题材来源于经典，又不受经典的约束，基本上多数龛窟都有所创新。

① 杨倩描《南宋宗教史》，人民出版社，2008年，第6页

② 杨倩描《南宋宗教史》，人民出版社，2008年，第8页。

③ 范成大《成都古寺名笔记》，见王卫明《大圣慈寺画史丛考——唐、五代、宋时期西蜀佛教美术发展探源》，文化艺术出版社，2005年，第224～310页。

三是与大足石刻工匠相关。目前调查资料显示，在宋代，大足石刻工匠主要有文、伏二姓的家族匠师，其中：文氏工匠的祖籍是大足毗邻的普州（今四川安岳），其在大足一地，有六代人经营雕刻；伏姓工匠资料显示有两代，主要集中在北山、舒成岩两地。另，北山佛湾第136号转轮经藏窟，最新调查资料显示，其工匠是来自当时昌州境内昌元县的赖川[①]，而非之前认为的北方河南地区。这些工匠大多来自昌州和普州一带，且长期在大足献艺，受宋代世俗化思潮的影响，对造像题材的雕凿，不乏带有其自身理解，因此，在题材的组合上，根据信众的需求，在设计上具有较大的自由空间。

四、信众面广而多

在本书第六章中，通过考察大足一地中以开凿观音石刻造像为主体的世俗民众，具有以下几个特点：人群绵延不绝；身份多样化；组织方式不单一；此群体不局限于大足一地；表达方式多样。具体参见本书相关论述，此略。

五、祈愿多种多样

在本书第六章中，通过考察，观音具备多种职能，除常见的西方净土世界、佛法教义、家庭和睦平安等之外，还有国运昌盛、寿算增延、公私清吉等，甚至还有不常见的观音经典的祈愿，如“解冤释结”“本命日”等。至明清时期，观音造像（妆金）的题记中，唐宋时期的祈愿不但在此时期大多有所体现，而且可以说涉及社会生活的方方面面。具体参见本书相关论述，此略。

六、观音文化源远流长

在大足观音文化中，以朝拜宝顶山千手观音衍生出的宝顶香会，影响深远。具体来说，具有以下几个方面的特点。

一是延续时间长。宝顶香会起源于宋代，元明时期开始盛行，其后历经清代和民国时期，时间长达800余年，至今仍具有较大的影响力。

二是涉及地域广泛。清代康熙二十九年（1690）史彰《重开宝顶碑记》云：“历代香火最盛名，名齐峨眉，蜀人有‘上朝峨眉，下朝宝顶’之语”；“元明香火，震炫川东”。从此碑文可知，清代初年就可见宝顶香会在巴蜀地区影响甚广。据史料记载，香会节期间，香客主要来自川、渝、云、贵、陕等各省，如1945年有湖南长沙一拨香客队伍达4000多人。另，从千手观音妆金历程来看，在大足周边的今潼南、璧山等地，都有祭奉千手观音的世俗民众来此妆金。

① 大足石刻研究院编《大足石刻全集》第2卷，重庆出版社，2017年，第241页。

三是内容丰富。宝顶香会最主要的活动就是进山上香。在香会期间，商贸活动兴盛，可谓摊棚遍山野，各种本地土特产、名小吃皆有，大量滑竿抬送香客，宝顶老街和农户小院等都是香客住宿之地。游乐活动中，有戏剧、杂技、比武、龙灯、狮舞、牧牛舞、西洋镜、博戏等[1]。由此来看，宝顶香会可谓是川东地区一项重要的民俗活动。

① 参见李传授、张划、宋朗秋《大足宝顶香会》，中国文联出版社，2005年。

附　录

大足观音造像一览表

1. 本表所列的大足观音造像，主要包括大足境内公布为各级文物保护单位的石窟寺中的观音造像。另，法华寺、刘家湾、崩岩山、小石佛寺、观音堂等未公布为文物保护单位的文物点，酌情收录。

2. 本表所列大足观音造像，主要为大足石刻现存可辨识的观音造像，因风化等因素的残坏造像未列入。另，诃利帝母像未纳入此表，可初步判定为送子观音的造像纳入此表。具体情况可参阅书中相关论述。

3. 各造像点的观音造像，主要以《大足石刻总录》（重庆出版社，2023 年）为参考文献，表中简称《总录》。其他具体有关参考资料，见表中备注。同时，部分造像参考了《大足石刻内容总录》（四川省社会科学院出版社，1985 年），表中简称《内容总录》。另，上述资料的铭文和年代核对，主要参照《大足石刻铭文录》（重庆出版社，1999 年，表中简称《铭文录》）和《大足石刻总录》二书。

4. 表中部分造像的年代，据参考资料而定，不代表本书观点。部分造像的定名和年代以书中所论为主。

造像点	龛窟号和题材	观音造像情况	年代	备注
尖山子	第 3 号释迦说法龛	主尊释迦右侧为观音	唐代	见本书相关论述
	第 4 号阿弥陀佛五十菩萨龛	阿弥陀佛左右胁侍菩萨中，有一身为观音	唐代	《大足尖山子、圣水寺摩崖造像调查简报》，《文物》1994 年第 2 期
	第 5 号观音菩萨龛	主尊为观音	唐代	同上；《总录》识为唐代宝珠观音
	第 8 号观音菩萨龛	主尊为观音	唐代	同上
圣水寺	第 2 号观音菩萨龛	主尊为观音	唐代	同上
	第 3 号千手观音	主尊为千手观音	唐代	同上
	第 5 号三世佛龛	龛左侧有观音	唐代	见本书相关论述
法华寺	第 3 号阿弥陀佛龛	主尊为阿弥陀佛，左为观音，右为地藏	清代	据《总录》；有“南无观世音菩萨”造像题记
北山（佛湾部分）	第 6 号西方三圣龛	左侧为观音，已毁	唐代	据《内容总录》
	第 9 号千手观音龛	主尊为千手观音	唐代	
	第 10 号释迦牟尼佛龛	佛像左侧有观音	唐代	据《总录》

续表

造像点	龛窟号和题材	观音造像情况	年代	备注
北山（佛湾部分）	第 19 号观音龛	龛正中为观音	五代	据《总录》；有造像题记
	第 20 号西方三圣龛	左侧为观音	唐代	据《总录》
	第 21 号西方三圣龛	左侧为观音	五代	据《总录》
	第 22 号阿弥陀佛和观音地藏龛	左侧为观音	五代	据《总录》
	第 26 号观音像	主尊为观音	五代	据《总录》；有前蜀乾德二年（920）造像题记
	第 27 号观音龛	主尊为观音	五代	据《总录》；有后蜀广政元年（938）造像题记
	第 31 号残像龛	主尊为观音	五代	题材据《内容总录》；年代据《总录》
	第 35 号西方三圣龛	主尊为阿弥陀佛和观音、大势至	五代	据《总录》；有后蜀广政四年（941）造像题记
	第 40 号阿弥陀佛像	主尊为阿弥陀佛和观音、地藏	五代	据《总录》
	第 41 号残像龛	主尊为观音	五代	据《内容总录》
	第 48 号西方三圣龛	左侧为观音	五代	据《内容总录》
	第 49 号残像龛	主尊为观音	五代	据《内容总录》
	第 50 号如意轮观音	主尊为如意轮观音	唐代	有唐乾宁四年（897）造像题记
	第 52 号阿弥陀佛龛	主尊为阿弥陀佛和观音、地藏	唐代	有唐乾宁四年（897）造像题记
	第 53 号阿弥陀佛龛	主尊为阿弥陀佛和观音、地藏	五代	有前蜀永平五年（915）造像题记
	第 57 号阿弥陀佛龛	主尊为阿弥陀佛和观音、地藏	五代	据《总录》
	第 58 号观音地藏像	右侧为观音	唐代	有唐乾宁三年（896）造像题记
	第 60 号千手观音龛	主尊为千手观音	五代	据《总录》
	第 70 号水月观音龛	主尊为水月观音	宋代	据《总录》
	第 71 号观音地藏龛	左为地藏，右为观音	五代	据《总录》
	第 72 号观音地藏龛	左为地藏，右为观音	五代	据《总录》
	第 73 号阿弥陀佛龛	主尊为阿弥陀佛和观音、地藏	宋代	据《总录》
	第 82 号观音地藏龛	左为地藏，右为观音	五代	据《总录》
	第 83 号观音龛	主尊为观音	宋代	据《总录》
	第 84 号观音像	主尊为观音	宋代	据《总录》

续表

造像点	龛窟号和题材	观音造像情况	年代	备注
北山（佛湾部分）	第 92 号观音龛	主尊为观音	宋代	据《总录》
	第 105 号华严三圣与十圣观音龛	中层为十圣观音	宋代	据李小强《十圣观音叙说》（《大足石刻佛教造像论稿》，团结出版社，2020 年）
	第 113 号水月观音龛	主尊为水月观音	宋代	
	第 116 号不空羂索观音龛	主尊为不空羂索观音	宋代	据《总录》
	第 117 号地藏观音龛	右侧为观音	宋代	据《总录》
	第 118 号玉印观音龛	主尊为玉印观音	宋代	据《总录》
	第 119 号不空羂索观音龛	主尊为不空羂索观音	宋代	据《总录》
	第 120 号杨枝观音像	主尊为杨柳枝观音	宋代	《总录》定名为“净瓶观音”，见本书相关论述
	第 121 号地藏观音像	右侧为观音	宋代	据《总录》
	第 123 号释迦牟尼及观音像	中间主尊为佛像，两侧为观音	宋代	据《总录》；右侧造像《内容总录》识为观音
	第 125 号数珠手观音	主尊为数珠手观音	宋代	
	第 126 号玉印观音	主尊为玉印观音	宋代	据《总录》
	第 127 号不空羂索观音	主尊为不空羂索观音	宋代	
	第 128 号水月观音龛	主尊为水月观音	宋代	
	第 131 号水月观音龛	龛内为水月观音	宋代	据《总录》
	第 132 号宝珠观音	主尊为宝珠观音	宋代	据《总录》
	第 133 号水月观音	主尊为水月观音	宋代	
	第 135 号佛、观音合龛	上层为一佛二尊者像；下层为水月观音及侍者像	宋代	据《总录》
	第 136 号转轮经藏窟	窟内正壁和左右壁刻五身观音像	宋代	
	第 146 号水月观音与不空羂索观音龛	左为水月观音，右为不空羂索观音	宋代	据《总录》
	第 148 号不空羂索观音	主尊为不空羂索观音	宋代	据《总录》
	第 149 号如意轮观音窟	窟正壁为 3 身观音	宋代	有宋代建炎二年（1128）造像题记
	第 151 号水月观音	主尊为水月观音	宋代	据《总录》
	第 152 号观音龛	主尊为观音	宋代	据《总录》
	第 159 号不空羂索观音龛	主尊为不空羂索观音	宋代	据《总录》
	第 165 号水月观音龛	主尊为水月观音	宋代	据《总录》
	第 166 号阿弥陀佛和地藏观音龛	龛上部中为阿弥陀佛，左为地藏，右为观音	宋代	据《总录》
	第 172 号地藏观音像	左为地藏，右为观音	宋代	据《总录》
	第 173 号不空羂索观音龛	主尊为不空羂索观音	宋代	据《总录》

续表

造像点	龛窟号和题材	观音造像情况	年代	备注
北山（佛湾部分）	第 174 号不空羂索观音龛	主尊为不空羂索观音	宋代	据《总录》
	第 180 号观音变相图	窟内有十三身观音像	宋代	有宋代造像题记
	第 187 号地藏观音龛	左为地藏，右为观音	五代	据《总录》
	第 191 号地藏观音龛	左为地藏，右为观音	五代	据《总录》
	第 192 号水月观音龛	主尊为水月观音	宋代	据《总录》
	第 193 号观音地藏龛	左为观音，右为地藏	宋代	据《总录》
	第 194 号阿弥陀佛和观音地藏龛	中为阿弥陀佛，左为地藏，右为观音	五代	据《总录》
	第 196 号观音地藏龛	左为地藏，右为观音	五代	据《总录》
	第 197 号残像龛	主尊上端有不空羂索观音	宋代	据《总录》，其中主尊识为千手观音，存疑
	第 200 号水月观音龛	主尊为水月观音	五代	据《总录》
	第 203、第 204 号观音地藏龛	第 203 号主尊为地藏，第 204 号主尊为观音	五代	据《总录》
	第 208 号二观音龛	主尊为观音和六臂观音	宋代	据《总录》
	第 210 号水月观音龛	主尊为水月观音	宋代	据《总录》
	第 211 号玉印观音	主尊为玉印观音	宋代	据《总录》
	第 212 号不空羂索观音龛	主尊为不空羂索观音	宋代	据《总录》
	第 213 号水月观音龛	主尊为水月观音	宋代	据《总录》
	第 214 号残像龛	主尊为观音	宋代	据《总录》
	第 218 号千手观音龛	主尊为千手观音	五代	据《总录》
	第 221 号观音地藏龛	主尊为观音和地藏	五代	据《总录》
	第 224 号六臂观音龛	主尊为不空羂索观音	五代	据《总录》
	第 225 号净瓶观音龛	主尊为净瓶观音	五代	据《总录》
	第 229-1 号千手观音龛	主尊为千手观音	五代	据《总录》
	第 230 号西方三圣像	左侧为观音	五代	据《内容总录》
	第 233 号观音龛	主尊为观音	五代	据《总录》
	第 235 号千手观音龛	主尊为千手观音	五代	据《总录》
	第 240 号观音龛	主尊观音 2 尊	唐代	据《内容总录》；有唐乾宁三年（896）造像题记
	第 241 号观音地藏龛	主尊为观音地藏	五代	据《总录》
	第 243 号千手观音龛	主尊为千手观音	唐代	据《总录》；有唐天复元年（901）造像题记
	第 244 号观音地藏龛	主尊为地藏和观音	五代	据《总录》；有后蜀广政八年（945）造像题记
	第 245 号观无量寿佛经变相	约有 15 身观音：主尊左为观音；上层极乐世界祥云内有 4 身观音；三品九生图 9 身观音；十六观“观世音观”有观音	唐代	

续表

造像点	龛窟号和题材	观音造像情况	年代	备注
北山（佛湾部分）	第 247 号观音龛	主尊为观音	五代	据《总录》
	第 248 号药师观音龛	左为药师佛，右为观音	五代	据《总录》
	第 249 号观音地藏像	左为观音，右为地藏	五代	据《总录》
	第 253 号地藏观音像	主尊为地藏、观音	五代	
	第 254 号阿弥陀佛和观音地藏龛	主尊为阿弥陀佛和观音、地藏	五代	据李小强《大足北山石刻第 254 号造像题材探析》（《敦煌研究》2011 年第 4 期）
	第 259 号水月观音龛	主尊为水月观音	宋代	据《总录》
	第 273 号千手观音像	主尊为千手观音	五代	
	第 274 号玉印观音龛	主尊为玉印观音	宋代	据《总录》
	第 275 号观音地藏龛	左为观音，右为地藏	五代	据《总录》
	第 277 号观音地藏龛	左为地藏，右为观音	宋代	据《总录》
	第 279 东方药师净土变相	主尊为药师佛，在八大菩萨中有观音	五代	见本书相关论述
	第 280 号水月观音龛	主尊为水月观音	宋代	据《总录》
	第 281 号东方药师净土变相	主尊为药师佛，在八大菩萨中有观音	五代	见本书相关论述
	第 284 号残像龛	主尊为观音（像毁）、地藏	五代	据《内容总录》
	第 285 号杨柳枝观音龛	主尊为杨柳枝观音	宋代	据《总录》
	第 286 号观音像	主尊为观音	宋代	据《总录》
	第 288 号林俊像	据造像题记，该龛造像为千手观音，明代改刻为林俊像	宋代、明代	据《总录》
北山营盘坡	第 4 号阿弥陀佛和观音地藏龛	中为阿弥陀佛，左为地藏，右为观音	五代	据《总录》
	第 9–3 号如意轮菩萨龛	主尊为菩萨像	五代	据《总录》；对于该像，本书对其身份存疑
	第 11 号千手观音龛	主尊为千手观音	唐代	据《总录》
	第 18 号水月观音龛	主尊为水月观音	唐代	据《总录》
北山观音坡	第 3 号如意轮观音龛	主尊为如意轮观音	宋代	据《总录》
	第 4 号观世音菩萨龛	存一观音像残躯	宋代	据《内容总录》
	第 27 号千手观音菩萨龛	主尊为千手观音	宋代	据《总录》；年代据《总录》
北山佛耳岩	第 1 号观音地藏龛	主尊为观音、地藏	五代	据《总录》
	第 4 号观音地藏龛	主尊为观音、地藏	五代	据《总录》
	第 13 号千手观音菩萨龛	主尊为千手观音	五代	据《总录》
	第 17 号观音龛	主尊为观音	五代	据《总录》
北山多宝塔	第 4 号水月观音龛	主尊为水月观音	宋代	据《总录》，另参见陈静《大足石刻水月观音造像的调查与研究》

造像点	龛窟号和题材	观音造像情况	年代	备注
北山多宝塔	第 7 号如意轮菩萨窟	主尊为如意轮观音	宋代	有南宋绍兴二十年（1150）造像题记
	第 8 号杨柳枝观音龛	主尊为观音	宋代	据《总录》；有南宋绍兴十八年（1148）造像题记
	第 9 号观音像	主尊为观音	宋代	据《总录》
	第 15 号水月观音	主尊为水月观音	宋代	据《总录》
	第 36 号释迦、孔雀明王、观音像	右壁为不空羂索观音	宋代	据《总录》；有南宋绍兴二十年（1150）造像题记
	第 39 号西方三圣像	正壁为阿弥陀佛，左为观音，右为大势至	宋代	据《总录》
	第 57 号阿弥陀佛及二观音像	正壁为阿弥陀佛，左右壁为不空羂索观音、如意轮观音	宋代	据《总录》；有南宋绍兴二十三年（1153）造像题记
	第 58 号观音像	主尊为观音（水月观音）	宋代	据《总录》；有南宋绍兴二十五年（1155）造像题记；
	第 65 号观音地藏龛	左侧为观音，右侧为地藏	宋代	据《总录》
	第 68 号不空羂索观音	主尊为不空羂索观音	宋代	据《总录》
	第 89 号水月观音洞龛	主尊为水月观音	宋代	据《总录》；又据陈明光《大足多宝塔外部造像勘查简报》（《2005 年重庆大足石刻国际学术研讨会论文集》，文物出版社，2007 年）
	第 101 号不空羂索观音窟	主尊为不空羂索观音	宋代	据《总录》
	第 103 号如意观音洞龛	主尊为如意观音	宋代	据《总录》和陈明光文
	第 106 号善财参观音菩萨浅龛	刻观音菩萨和善财童子像	宋代	据《总录》和陈明光文
	第 107 号不空羂索观音窟	主尊为不空羂索观音	宋代	据《总录》
	第 116 号千手观音龛	主尊为千手观音	宋代	据《总录》和陈明光文
	第 122 号玉印观音窟	主尊为玉印观音	宋代	据《总录》和陈明光文
北山五佛殿	五佛殿	龛正中为观音	宋代	据《总录》
北山一碗水	观音龛	龛正中为观音	不详	据《总录》
石篆山	第 13 号观音龛	主尊为观音	宋代	据《总录》
	佛会之塔	第一级有观音像	清代	据《铭文录》第 344 页
	寨子坡观音龛	主尊为观音	明代	据《总录》；有明建文三年（1401）造像题记

续表

造像点	龛窟号和题材	观音造像情况	年代	备注
石门山	第 4 号水月观音龛	主尊为水月观音	宋代	有北宋绍圣元年（1094）造像题记
	第 5-1 号观音龛	主尊为观音	清代	据《总录》；龛外刻“观音龛”3 字
	第 6 号十圣观音洞	正壁左为观音，左右侧壁各雕刻 5 身观音	宋代	南宋绍兴六年至十一年（1136—1141）
陈家岩	第 1 号圆觉洞	右壁下层第 3 身圆觉坐像为观音	宋代	据《总录》
妙高山	第 4 号十圣观音洞	正壁左为观音、左右侧壁各雕刻 5 身观音	宋代	
	第 5 号水月观音龛	主尊为水月观音	宋代	
	第 7 号残像龛	主尊有观音 1 身		据《内容总录》“龛中有一菩萨似观音”
	第 8 号释迦观音合龛	主尊有观音 1 身		
	猫猫岩第 1 号六臂观音	六臂观音	不详	见陈习删《大足石刻志略》
	猫猫岩第 6 号六臂观音	六臂观音	不详	同上
	猫猫岩第 7 号观音	中为观音坐像	不详	同上
佛安桥	第 2 号阿弥陀佛和十圣观音窟	居中主像现补塑为观音像，两侧壁各站 5 身观音像	宋代	据《总录》；有南宋绍兴十四年（1144）造像题记
	第 5 号水月观音龛	主尊为水月观音	宋代	据《总录》；有南宋绍兴十年（1140）造像题记
	第 8 号千手观音龛	主尊为千手观音	清代	据《总录》
	第 9 号水月观音龛	主尊为水月观音	清代	据《总录》
玉滩	第 1 号地藏菩萨龛	龛左右壁有六臂观音等 5 身观音像	宋代	观音数量据《内容总录》
	第 5 号观音菩萨洞	正壁原为佛像，后改刻为观音；右壁有 1 身六臂观音	宋代，清代改刻	据《内容总录》《总录》
	第 8 号观音菩萨龛	主尊为水月观音	宋代	据《总录》
	第 9 号不空羂索观音龛	主尊为不空羂索观音	不详	据《总录》
七拱桥	第 5 号观音菩萨龛	现龛像残毁	宋代	据《内容总录》
普圣庙	第 4 号宝经手观音龛	主尊为宝经手观音	清代	据《总录》
三存岩	第 1 号西方三圣及十六罗汉像龛	阿弥陀佛居中，左为观音，右为大势至	宋代	据《总录》
兴隆庵	第 2 号观音龛	主尊为观音	明代	据《总录》
	第 3 号观音龛	主尊为观音	明代	据《总录》
	第 5 号不空羂索观音龛	主尊为不空羂索观音	明代	据《总录》
	第 8 号西方三圣龛	主尊为阿弥陀佛，左为观音，右为大势至	宋代	据《总录》；有南宋绍兴六年（1136）造像题记

续表

造像点	龛窟号和题材	观音造像情况	年代	备注
兴隆庵	第 9 号三世佛与水月观音及柳本尊像	三世佛右侧刻水月观音	明代	据《总录》
	第 10 号西方三圣龛	龛内刻阿弥陀佛和观音、大势至	明代	据《总录》
	第 11 号数珠手观音龛	主尊为数珠手观音	明代	据《总录》
兴福寺	第 7 号六臂观音龛	内有六臂观音和清代改刻的千手观音像	宋代、明代	据《总录》
保家村	第 1 号水月观音龛	主尊为水月观音	宋代	据《总录》
	第 2 号阿弥陀佛与十圣观音窟	佛像两侧为十圣观音	宋代	据《总录》
张家庙	第 1 号阿弥陀佛与十圣观音窟	中为佛像，两侧各有 3 身观音	宋代	据《总录》
	第 3 号西方三圣窟	内有观自在佛造像	宋代	据《铭文录》，龛右壁中部竖刻有“观自在佛杨安□杨□中”数字
普和寺	第 1 号阿弥陀佛和十圣观音窟	主尊为佛像，两侧原有十圣观音（现存 7 身）和文殊、普贤，现不全	宋代	据《总录》
	第 5 号不空羂索观音龛	主尊为不空羂索观音	宋代	据《总录》
	第 6 号水月观音龛	主尊为水月观音	宋代	据《总录》
佛耳岩（原元通乡）	第 1 号阿弥陀佛与十圣观音窟	中为佛像，两侧各有 4 身观音	宋代	据《总录》
石佛寺	第 3 号十圣观音龛	现已补塑，中为观音，两侧各有 6 像	宋代	据《总录》；两侧疑为观音群像
菩萨岩（高升）	第 2 号西方三圣龛	正壁为西方三圣，左为观音，右为大势至	宋代	据《总录》
峰山寺	第 2 号宝珠观音龛	主尊为宝珠观音	不详	据《总录》
	第 3 号释迦佛和十观音龛	佛两侧为十圣观音	宋代	据《总录》
三教寺	第 1 号千手观音龛	主尊为千手观音	宋代	另，《总录》识别为明代
	第 6 号水月观音龛	主尊为水月观音	宋代	据《总录》；有北宋元丰元年（1078）造像题记
潮阳洞	第 3 号观音窟	龛主尊像被改刻为净瓶观音，左右壁有改塑的十圣观音	宋代	据《总录》
石壁寺	圆雕观音像	圆雕坐像	明代	有明代永乐二年（1404）造像题记
刘家湾	第 1 号水月观音龛	主尊为水月观音	宋代	据《总录》；有南宋绍兴十五年（1145）造像题记
	第 2 号观音	主尊为观音	宋代	据《总录》

续表

造像点	龛窟号和题材	观音造像情况	年代	备注
双河口	水月观音龛	主尊为水月观音	宋代	文物调查发现
宝顶山	大佛湾第8号千手千眼观音龛	主尊为千手观音	宋代	
	大佛湾第18号观无量寿佛经变相龛	龛上方净土图内有观音像5身；“三品九生”有11身观音像；“十六观”有1身	宋代	
	大佛湾第20号地狱变相	十佛造像有观音、如来	宋代	
	大佛湾第21号柳本尊行化道场	龛上层“五佛四菩萨”图内有观音菩萨	宋代	
	大佛湾第22号十大明王龛	第3马首明王观世音菩萨化	宋代	
	大佛湾第29号圆觉洞	右壁第4身为观音	宋代	据《内容总录》《总录》
	小佛湾第9号毗卢庵窟	左壁一圆龛内有手持柳枝的观音	宋代	据《总录》
		八大明王内有观音所化的马首明王	宋代	
	小佛湾圆雕造像	存观音圆雕造像2件	宋代	据邓之金《大足宝顶山小佛湾石窟调查》
	灌顶井龛	主尊为观音	宋代	据《铭文录》
	转法轮塔	第1级塔檐刻“南无观世音菩萨”，其下有观音像	宋代	
	古佛村观音岩	观音龛	宋代	据《总录》；有“观音妙智力”“能救世间苦”铭文
	高观音第1号观音龛	主尊为观音	明代	有明洪武三十年（1397）造像题记
	高观音第3号救苦观音龛	主尊为救苦观音	清代	据《总录》
	龙潭	送子观音	清代	据《内容总录》《总录》
灵岩寺	第1号观音菩萨龛	主尊为观音	宋代	据《新发现宋刻灵岩寺摩崖造像及其年代考释》（陈明光《大足石刻考古与研究》，重庆出版社，2001年）；《总录》识为六臂观音
千佛岩	第1号十二金光明佛龛	其中第1~3号为不空羂索观音	明代	据《总录》
	第2号西方三圣像	中为阿弥陀佛，左为观音，右为大势至	明代	据《总录》
	第4号双观音龛	并排二龛，每龛内主尊为观音	明代	据《总录》
	第7号观无量寿佛经变相	正壁主尊左为观音；“三品九生”图有9身观音；右壁有“观世音观”	明代	据《总录》

续表

造像点	龛窟号和题材	观音造像情况	年代	备注
千佛岩	第9号西方三圣龛	主尊阿弥陀佛，左为观音，右为大势至，左右壁刻千佛	明代	据《总录》
	第9号千佛壁	主尊为西方三圣	明代	据《总录》
大石佛寺	第3号观音菩萨龛	主尊为观音	明代	据《总录》
	第6号观音龛	主尊为观音	明代	据《总录》
	第7号西方三圣龛	主尊为西方三圣	明代	据《总录》
	第9号观音龛	主尊为观音	明代	据《总录》
	第11号西方三圣龛	上排居中为阿弥陀佛，左为观音，右为大势至	明代	据《总录》
	第14号观音龛	主尊为观音	清代	据《总录》
雷公嘴	第2号净瓶观音龛	主尊为净瓶观音	清代	据《总录》
	第3号佛道龛	主尊为六尊神像，其中有送子娘娘	清代	据《总录》
双山寺	第3号南海观音龛	主尊为南海观音	清代	据《总录》
玄顶观（半边寺）	第1号日月观音龛	主尊为日月观音	明代	据《总录》
九龙村（玉皇庙）	第4号观音龛	主尊为宝经手观音	清代	据《总录》
大佛寺	上殿存不空羂索观音像	为背屏式不空羂索观音像	明代	据《总录》
塔耳山	第4号观音龛	主尊现补塑为观音	清代	据《总录》
龙凤山	第1号净瓶观音龛	主尊为净瓶观音	明代	据《总录》
老观音（麻杨村）	第1号净瓶观音龛	主尊为净瓶观音	清代	据《总录》
	第6号宝珠观音龛	主尊为宝珠观音	明代	据《总录》
九蹬桥	第1号观音龛	主尊为观音	明代	据《总录》
眠牛石	第5号观音龛	主尊为观音	清代	据《总录》
多宝寺	第3号千手观音龛	主尊为千手观音		《总录》识为宋代，本书认为系明代
佛耳岩（高升）	第1号观音龛	主尊为观音	清代	据《总录》
	第4号观音龛	主尊为净瓶观音	清代	据《总录》
佛岩洞（桂香村）	第1号释迦佛龛	龛左壁下层刻不空羂索观音		据《总录》
无量寺	六臂观音	位于砖亭内，为六臂观音	明代	据《总录》
宝丰寺	中殿西方三圣圆雕像	阿弥陀佛居中，左为观音，右为大势至	不详	据《总录》
七佛岩	第1号千手观音	主尊为千手观音	明代	据《总录》
	第7号净瓶观音龛	主尊为观音	明代	据《总录》
白岩寺	第2号净瓶观音龛	主尊为净瓶观音	清代	据《总录》

续表

造像点	龛窟号和题材	观音造像情况	年代	备注
菩萨岩（卫平村）	第2号一佛三菩萨龛	中为佛像，其左右有手托如意的观音各1尊；右侧如意观音旁有托净瓶观音1尊	清代	《总录》识佛像两侧为菩萨像，此识为佛和三观音龛
	第3号送子观音龛	主尊为送子观音	民国	据《总录》
梓桐沟	观音龛	主尊为观音	清代	据《总录》
全佛岩	第1号观音龛	中为净瓶观音，左为如意观音，右为如意观音	清代	据《总录》
	第2号送子娘娘龛	刻送子娘娘	清代	据《总录》
雷打岩（柿花村）	第1号观音龛	主尊为观音	清代	据《总录》
	第2号观音、文殊、普贤龛	观音居中，左为文殊，右为普贤	清代	据《总录》
青果村	第1号宝瓶观音	主尊为宝瓶观音，在龛外有千手观音小龛	清代	据《总录》
天星村	第1号净瓶观音	主尊为净瓶观音	清代	据《总录》
	第3号不空羂索观音	主尊为不空羂索观音	清代	据《总录》
	第4号水月观音	主尊为水月观音	清代	据《总录》
	第8号观音龛	主尊为观音	清代	据《总录》
龙神村（观音岩）	第2号净瓶观音龛	主尊为净瓶观音	清代	据《总录》
	第3号川主观音龛	左3像为观音，右3像为川主等神像	清代	据《总录》
斗碗寨	第4号观音龛	主尊为观音	清代	据《总录》
	第5号玉皇等神像龛	刻灶王、川主、玉皇大帝、送子娘娘并坐一龛	清代	据《总录》
新兴村	第1号观音龛	主尊为观音	清代	据《总录》
新楠村	佛道龛	组合神像内有观音	清代	据《总录》
杨施庙	观音圆雕	观音圆雕	清代	据《总录》
星火村	佛道龛	刻玉皇、川主、观音合龛	民国	据《总录》
光明殿	第1号龛	刻送子娘娘和灵官像	清代	据《总录》；见书中相关论述
崩岩山	观音和十二圆觉菩萨龛	主尊为观音；十二圆觉有观音像	清代	据《总录》；文物普查发现
小石佛寺	第1号观音菩萨龛	主尊为送子观音	清代	据《大小石佛寺摩崖造像调查记略》（陈明光《大足石刻考察与研究》，中国三峡出版社，2001年）
	第2号观音菩萨龛	主尊为宝珠观音	清代	同上
	第8号观音菩萨龛	主尊为持瓶观音	清代	同上
	第9号观音菩萨龛	龛上层刻观音坐像	清代	同上

造像点	龛窟号和题材	观音造像情况	年代	备注
阳火湾（中敖明月村）	观音龛	主尊为观音	清代	文物普查发现
半沟湾	第 2 号观音龛	正壁刻观音，两侧为日光菩萨和月光菩萨	清代	文物普查发现
姊妹岩（中敖）	观音龛	主尊为观音	清代	文物普查发现
七星庙（高坪玄顶村）	观音龛	主尊为观音	清代	文物普查发现
观音堂（中敖观寺村）	第 1 号西方三圣龛	主尊右侧为观音	明代	文物普查发现；据《大足中敖镇观音堂摩崖造像初识》（李小强《大足石刻佛教造像论稿》，团结出版社，2020 年）
	第 2 号观音龛	主尊为观音	明代	同上
观音堂（高坪高峰村）	观音龛	主尊为观音	清代	文物普查发现

大足观音造像年表

凡例：

一、年表只收录具有较为准确依据的观音造像龛窟，部分未有纪年的龛窟视其具有代表性酌情收录。

二、鉴于诃利帝母造像与送子观音信仰的关系，表中亦收录相关条目。

唐代

唐乾宁三年（公元896年）

五月 北山第240号观音龛，题记刻比丘尼惠志为“奉报十方施主”“敬造欢喜王菩萨一身”。龛内主尊为并列观音像。

九月 北山第58号观音地藏龛，题记刻昌州刺史王宗靖为故何七娘“敬造救苦观世音菩萨地藏菩萨一龛”，“承此功德，早生西方，受诸快乐”，时乾宁三年九月二十三日。同时，御史大夫上柱国赵师恪为故外姑何氏妆饰。龛内正壁右侧为观音像。

唐乾宁四年（公元897年）

正月 北山第52号阿弥陀佛龛，题记刻女弟子黎氏为亡夫敬造。龛内正壁为阿弥陀佛，左侧壁为地藏，右侧壁为观音。

三月 北山第50号如意轮菩萨龛，题记刻都典座僧明悟“奉为十方施主镌造”，时乾宁四年三月。龛内主尊为如意轮观音。

唐天复元年（公元901年）

北山第243号千手观音龛，题记刻军事押衙蹇知进捐资镌造，时为天复元年五月十五日。对该龛年代考证，参见《大足石刻铭文录》第15页。

晚唐时期造像

北山第9号千手观音，龛内刻“召募良工，镌大悲观世音菩萨天龙□部众一龛”等字，据考为“韦君靖开凿时的造像镌记无疑”（陈明光《大足北山佛湾发现开创者造像镌记》，《四川文物》，2007年，第3期）。

北山第10号释迦牟尼龛。主尊佛像左侧为观音像，双手持莲负于右肩。

北山第245号观无量寿佛经变龛。龛内正壁中部为西方三圣主尊，阿弥陀佛左侧为观音；正壁上部祥云内和下部“三品九生”图中，有多身西方三圣组合，其中有观音像；“十六观”中“观观世音”图，有观音像。

五代

前蜀永平五年（公元 915 年）

四月 北山第 53 号阿弥陀佛龛，该龛为右衙第三军散副将种审能为亡男希言所造，题记中有“敬造阿弥陀佛”“敬造观音菩萨”“敬造地藏菩萨一身”。

前蜀乾德二年（公元 920 年）

北山第 26 号观音龛，题记刻弟子何君友为亡男造“救苦观音菩萨一身”，时乾□二年二月十三日赞讫。龛内主尊为观音像。该龛年代，《大足石刻铭文录》识为唐乾宁二年（895），《大足石刻总录》识为前蜀乾德二年（920），此从《总录》。

后蜀广政元年（公元 938 年）

七月 北山第 27 号观音龛，造像题记中的年代清晰可辨。

后蜀广政八年（公元 945 年）

四月 北山第 244 号观音地藏龛，造像题记中的年代清晰可辨。

五代时期造像

北山第 21 号阿弥陀佛龛，内有“敬造阿弥陀佛兼观（潓）”题记。该龛《大足石刻铭文录》识为“前后蜀年间”（第 21 页）。

北山第 249 号观音地藏龛。《大足石刻总录》据造像题记情况，识为五代时期。

北山第 252 号观音地藏龛，为弟子陈氏所营造。该龛《大足石刻铭文录》识为“前后蜀年间”（第 22 页）。

北宋

北宋至道年间（公元 995—997 年）

北山第 249 号观音地藏龛。在此期间，有女弟子李氏九娘子奉为亡夫妆此观音地藏的镌记。龛正壁列坐观音、地藏菩萨，铭文有“敬造救苦兼圣地藏菩萨一龛”，其造像时代可能为五代时期。

北宋咸平四年（公元 1001 年）

二月 北山第 253 号观音地藏龛妆绘题记。此年二月八日，知昌元永川大足县事陈绍珣与室家黄氏妆绘此龛，并“修水陆斋”。

北宋咸平六年（公元 1003 年）

十月 北山第 247 号观音龛。龛左壁外侧有“佛子张文信”“为男天保就院画妆救苦观音菩萨”造像记。

北宋元丰五年至绍圣三年（公元 1082—1096 年）

石篆山观音龛。2003 年发现于时属荣昌县河包镇观音阁村内，编为第 12 号，据考证为石篆山严逊主持开凿时期造像。

北宋绍圣元年（公元 1094 年）

石门山第 4 号水月观音。题记内可辨“僧法顺”，以及镌匠文居道等题名。

北宋大观元年（公元 1107 年）

北山第 288 号千手观音龛。龛内题记有“大观元年”。

北宋大观三年（公元 1109 年）

北山第 286 号观音龛。龛内题记有“镌造观音”“大观三年正月彩绘毕”。

北宋政和六年至宣和四年（公元 1116—1122 年）

北山第 180 号十三观音变相窟。窟内有北宋政和六年至宣和四年造像题记三则。

南宋

南宋建炎二年（公元 1128 年）

北山第 149 号如意轮观音窟。窟内题记有“奉直大夫知军州事任宗易同恭人杜氏，发心镌造妆銮如意轮圣观自在菩萨一龛”。

南宋建炎四年（公元 1130 年）

五月 老君庙第 6 号。龛正壁凿诃利帝母，题记刻“任氏等发心造此佛龛”。

南宋绍兴六年（公元 1136 年）

峰山寺第 7 号。龛内主尊为诃利帝母，题记可辨“黄氏夫妇”“造圣母”“攻镌处士文玠记”。

兴隆庵西方三圣龛。龛内有题记“大宋绍兴六年太岁丁未十月十五日吉旦镌造圣像”。

南宋绍兴六年至十一年间（公元 1136—1141 年）

石门山第 6 号十圣观音洞。化首岑忠用与裴氏组织修造十圣观音洞，正壁刻阿弥陀佛和正法明王观音、大势至菩萨，两侧壁各有 5 身观音像，窟门处有善财、龙女和神将像。造像大多有捐资者的题记，有岑忠志、岑忠用、侯惟正、杨作安、赵勤典、谢继隆等。

南宋绍兴十年（公元 1140 年）

佛安桥第 5 号水月观音龛。龛内存古氏造像记，记载时间及“镌作处士东普文玠记”等内容。

南宋绍兴十二年至十六年间（公元 1142—1146 年）

北山第 136 号转轮经藏窟。窟内有观音造像 5 尊，分别为正壁左侧观音，左壁玉印观音、如意珠观音，右壁不空羂索观音、数珠手观音。其中，正壁左侧观音有造像记，为昌州军州事

张莘民于绍兴十二年（1142）捐资营造。右壁数珠手观音有造像记，为在城奉佛弟子王陞、同政何氏于绍兴十六年（1146），为在堂父母所造。

南宋绍兴十四年（公元 1144 年）

佛安桥第 2 号无量寿佛洞。该窟正壁为无量寿佛和文殊、普贤，两侧为十圣观音。窟内存多则世俗民众镌刻造像记，如奉善弟子古贯之夫妇发心造无量寿佛，并于“大宋天元甲子中元日设斋题壁”。

南宋绍兴十五年（公元 1145 年）

刘家湾第 1 号水月观音龛。龛正壁刻水月观音，造像记记载有张姓人士，造“观音一龛”，以及“镌作处士东普文玠记”等字。

南宋绍兴十七年至二十五年（公元 1147—1155 年）

多宝塔营建时期。塔内保存有多身观音造像，其中，单尊的观音有第 4、第 15、第 58 号水月观音龛，第 7 号如意轮观音窟，第 8 号观音龛，第 9 号观音龛，第 68、第 101、第 107 号不空羂索观音龛，第 103 号如意观音窟，第 116 号千手观音窟，第 122 号玉印观音窟。组合的观音有第 36 号佛和孔雀明王、不空羂索观音窟，第 39 号西方三圣，第 57 号佛和不空羂索观音、如意轮观音窟，第 65 号观音地藏龛，第 106 号善财参观音菩萨龛。

南宋绍兴十八年（公元 1148 年）

多宝塔第 8 号。“大北街居住佛子何正言”与妻捐资营造观音龛。

南宋绍兴二十年（公元 1150 年）

多宝塔第 7 号。“本州在郭右厢界正北街奉佛进士刘陞”和他的母亲、兄弟、子女等“合宅人眷”，为完成其父生前愿望，于绍兴二十年（1150）雕凿完毕如意轮菩萨龛。

多宝塔第 36 号佛和孔雀明王、不空羂索观音窟，窟内残存有“兴二十”等字。

南宋绍兴二十七年（公元 1157 年）

玉滩第 5 号。龛内正壁及左右壁均凿观音像，龛口左壁刻“大宋东普攻镌文琇丁丑仲春记”，据考为绍兴二十七年。

南宋淳熙至淳祐年间（公元 1174—1252 年）

宝顶山石窟。其内遗存多身观音造像，有大佛湾第 8 号千手千眼观音，第 18 号西方三圣中多身观音像和“观世音观”中观音像，第 22 号十大明王中“第三马首明王观世音菩萨化”等造像；小佛湾有第 9 号灌顶井龛观音像和圆雕观音像等；结界像中，倒塔第一级有八大菩萨像，其内有“南无观世音菩萨”。

南宋宁宗年间（1195—1224年）

灵岩寺第2号九子母龛。龛内刻“东普攻镌文惟简玄孙文艺刻”，据考，其年代在宋宁宗年间（陈明光《新发现宋刻灵岩寺摩崖造像及其年代考释》）。

南宋时期造像

妙高山第4号西方三圣十圣观音龛。妙高山第2号三教窟开凿于1144年，第4号窟年代在其左右。

明代

明洪武三十年（公元1397年）

宝顶山高观音。大圆龛内刻观音坐像，有题记“洪武三十年丁丑春月造”。

明建文三年（公元1401年）

石篆山寨子坡观音像龛。在石篆山石刻附近寨子坡，大足县第三次文物普查发现一造像龛，龛内刻观音像，内有“建文三年”“铭宗自募镌□□南无观世音菩萨一尊”。

明永乐元年（公元1403年）

千佛岩第1号。六臂观音龛左端刻“永乐元年十一月刻”。

明永乐二年（公元1404年）

石壁寺圆雕坐像。该像背屏下部有题记，为江世聪一家“镌造观世音菩萨一尊”。

明永乐八年至十年（公元1410—1412年）

千佛岩第7号观无量寿佛经变龛。龛内正壁西方三圣有观音像，“九品三生”以及“十六观”有多身观音，龛内有“大明永乐八年造”“大明四川道永乐十年八月造”题记。

明成化二十二年（公元1486年）

宝丰寺观音像。大殿神龛左侧圆雕观音像莲座背面，刻有“重庆府大足县静南乡遇仙里中峰山观音寺住持比丘集能”，以及其徒、信众等，造观音菩萨像，“成化二十二年六月十一日镌匠冯永受等”。

明隆庆四年（公元1570年）

宝顶山千手观音妆修。悟朝撰《善功记》碑记载，四川省潼川州遂宁县净明寺住持僧悟悰等，“施财妆千手观音金像一堂”。

明万历二十六年（公元1598年）

九蹬桥第2号观音龛。龛外有“信士□□霞装修观音戊戌年”。

明代观音造像

老观音（麻杨村）第1号。观音楹联额刻“迷津宝筏”，两侧为“苦海无边回头是岸，慈航普渡灭顶免凶”。该龛造像，《大足石刻总录》识为清代，《大足石刻铭文录》识为明代开凿，此以后者为准录此。

大石佛寺第14号观音龛。龛外有清人用条石砌置四方柱三开间牌坊，条石横刻“春霭莲台”，四方柱相对竖刻两副楹联。该龛造像，《大足石刻总录》识为清代，《大足石刻铭文录》识为明代开凿，此以后者为准录此。

清代

清乾隆十三年（公元1748年）

宝顶山千手观音妆修。僧净明等立《遥播千古》碑，碑文记载了当时宝顶住持方丈净明、徒监院德舟，乡约会首黄成先、穆源远、刘成彰等，妆修“南无千手大士法像一堂”。

清乾隆四十五年（公元1780年）

宝顶山千手观音妆修。遂宁县中安里张龙飞一家“发心施银钱装修宝鼎名山大慈悲千手目观音大士金身一尊”等。

清乾隆五十三年（公元1788年）

玄顶村妆彩记。第3号龛下刻“新修□音左右文殊普贤阿难迦叶金童玉女装彩”等铭文。

清乾隆五十八年（公元1793年）

眠牛石修塑记。在第6号川主、土主、药王三圣龛右外石壁，有“修塑观音三圣日月神像小引”碑刻（《大足石刻总录》编为第7号）。

清嘉庆元年（公元1796年）

雷打岩造观音镌记。第1号观音龛，龛内有嘉庆元年造观音像题记。

清嘉庆十六年（公元1811年）

菩萨岩重修佛像。第3号右岩壁刻一碑（《大足石刻总录》编为第5号），其内有“重修阿弥陀佛观音大士菩萨，又并左右金童玉女五彩花金，皆仰神之普，共沾慧眼……”，“嘉庆十六辛未年季春月朔七日开光大吉”。

清嘉庆二十一年（公元1816年）

六月 雷打岩第2号龛右石壁，题记“（滤）观音金童玉女金容圣像”，《大足石刻铭文录》识为“造观音金童玉女像镌记”，疑为妆彩的题记。《大足石刻总录》编入第1号龛。

清道光九年（公元 1829 年）

张家庙石窟第 5 号九子圣母龛妆彩。此年，荣昌仁义里萧必恒一家，妆彩金容九子圣母。

清道光十一年（公元 1831 年）

正月 宝顶山广大寺立《妆修观音金像碑记》，碑由“当代住持弘参，徒秀峰秀岐”等立。

清道光十二年（公元 1832 年）

三存岩立《复修金身万古千秋》碑，碑文称“自古以来神之灵者固多，而慈悲尤者惟观音菩萨焉”。碑由雷孔文撰书。

清道光十六年（公元 1836 年）

六月 宝顶山广大寺立《重修小宝顶广大寺观音殿普陀岩碑志铭》，碑刻由“庠生黄体训撰，云山黄朝觐书”，碑后有“本寺方丈师公上洪下参，监院徒孙德芳，徒觉华、朗法”等僧名。

冬月 佛尔岩石窟有题记“道光十六年冬月立送子娘娘”。

清同治三年（公元 1864 年）

三月 石篆山妆修“佛会之塔”观音等像。“佛会之塔”第一级观音像龛内有题记，本山住持僧志容领阖院对观音等造像进行了妆彩。据铭文推测，观音像可能为新造，修塑的是其他四尊像。

九月 三存岩立《撰重修观音堂装修佛像碑记》，碑刻由“文生欧阳灿”撰，时间为“大清同治三年菊月中浣”。

清同治七年（公元 1868 年）

三教寺妆彩千手观音镌记。此年，赵思雅妆彩第 1 号千手观音龛。

清光绪七年（公元 1881 年）

梓桐沟观音坐像，聂士林“撰培修观音龛记”。

清光绪九年（公元 1883 年）

半沟湾杨在鱼等新修观音大士镌记，碑刻有“今者会众新修观音大士左右金童玉女神像三尊”等字。

清光绪十五年（公元 1889 年）

宝顶山千手观音妆修。璧山大路场戴光昇一家捐银 1000 余两对宝顶山部分造像等进行妆修，碑文称“目睹千手千眼观音大士月容减色，倏发虔心，捐金重装满座金身”。

清光绪十九年（公元 1893 年）

老君庙培修观音、川主等像。第 1 号川主龛左门柱上刻“今将培修川主观音牛王送子神像四尊”等字。

清光绪三十四年（公元 1908 年）

龙神村第 2 号观音龛，龛右侧刻“培添观音、川主金容记”。

清代时期造像

斗碗寨第 2 号，观音龛有楹联，额刻“慈航普渡”，左右刻“长保一境之生灵，永享千年之庙祀”。

全佛岩三观音坐像，龛额刻“威灵普荫”，楹联刻“姊妹同登极乐国，威灵大显全佛岩”。

后　记

作为一个土生土长的大足人，从小耳濡目染于大足石刻的造像氛围之中，随着岁月的推进，这份由崖壁上流淌而来的心绪，演化为一种情怀。这其中，大足观音造像的艺术，无疑是一种渗透在心的仰望。特别是那些技艺精湛的作品，让我一直心存仰望。如北山转轮经藏窟日月观音典雅的面容、第125号数珠手观音扬起的飘带、第113号水月观音的潇洒身姿，宝顶山千手观音恢宏的气势，等等。

随着这些年来一步步走近大足石刻，那些经典的评价更是深入我心。如对于北山数珠手观音，早年阅读过的陈少丰先生《中国雕塑史》中那一句评价，一直萦绕耳畔。他说："此龛形制虽小，雕饰朴实无华，但因主像观音菩萨雕造得杰出，所以便成了北山佛湾南宋时期光辉作品之一。"2008年开始，大足宝顶山千手观音开启抢救性保护工程，至2015年竣工的这数年期间，我不知多少次在搭建的维修架上凝望这尊经典之作，特别是那手姿，以前在其下仰望的时候，似乎只是一个片刻的凝固场景，而在这时候，却是步步移、步步景的感觉，可以说是深为惊叹。这个时候，才感觉理解了当代作家汪曾祺先生的一番话语，他说，"我见过很多千手观音，都不觉得怎么美"，而"大足的千手观音我以为是个奇迹。那么多只手，可是非常自然"，"这是富于人性的手"（《草花集》）。与此同时，在保护维修期间，很荣幸参与了两个值得回忆的工作。一个是为了修复主尊身前伸出一只手的形态，调查了一些遗迹，参阅了大量经典，最后为修复提供了较好的依据。另一个是策划了"大足千手观音妆金之谜"，通过对历史上参与者修复的故事，挖掘掩藏在碑刻后面的一些真相，在社会上引起一定程度的反响。这些工作经历，同时也写作了相关论文予以发表，积累了关于千手观音造像的初步研究资料。

而今，当在电脑上面对拙作的全部文稿时，时光将我牵拽回到2016年年底，当时，刚完成了《大足道教石刻论稿》一书的出版，接下来又该写作什么成了我当时思索的问题。2017年初春的某一天，当我站在一处巷道之间，焦急地来回作等待状，心中不免想起自己的写作计划，"大足观音造像"这一词汇，突然在心头萌生。于是，在来回的徘徊中，便构思起如何写作的事宜来。自然，要完成一部书稿的写作，得分步骤而行。随之，2018年《四川文物》第1期刊发了《大足、安岳石刻数珠手观音造像考察》；2019 年，《敦煌研究》第 1 期刊发了《大足北山第 253 龛地藏观音龛探析》，《石窟寺研究》第九辑刊发了《十圣观音叙说——以大足石刻为中心的考察》；2020 年，团结出版社出版的拙作《大足石刻佛教造像论稿》一书中，收录了 6 篇以大足石刻观音造像为主的论文（包括前述的部分论文）。至此，自己感觉可以开始着手全部书稿的系统撰写。

要深入了解大足观音造像的价值与意义，也需要对石窟寺的遗存有个基本的熟知，尤其是巴蜀石窟除大足石刻之外，尽管我也实地去过其他一些石窟点，但是，就其基本情况与内涵等多方面，都还存在隔阂。幸运的是，近年来，巴蜀石窟艺术逐渐受到各界的关注，自然，石窟考古报告与研究成果对于我而言，最具有参考价值，所以，在我的办公桌上，摆放着广元、巴中、绵阳、仁寿、夹江、达州、自贡、潼南等地的调查报告。这不仅对于我可以解决基本研究资料，更多地显示出巴蜀石窟在保护、研究、利用上取得了新的进展。

为促进更好地写作，2021 年，将《大足观音造像研究》申报为重庆市社会科学规划 2021 年度一般项目（项目批准号：2021NDYB134）。2023 年 4 月，重庆市社会科学规划办公室正式结项。其中，证书等级为“良好”，这一评价更增强了我将该书正式出版的信心。经过江苏凤凰美术出版社和大足石刻研究院的大力支持，于是就进入了出版程序。

回顾该书的历程，自然这些年一路走来，感谢那些予以大力支持的人。这些人名，大多数都在我之前书中的后记中已谨致谢忱！而今，我依然铭记在心，在此不一一列举。不过在此我想提到的是“一本书”和“摄影者”。“一本书”，就是《大足石刻总录》书稿，这部书稿对于《大足观音造像研究》具有重要的参考价值，不仅仅是书中直接引用了一些语句，更多的是通过该书大致梳理了大足一地观音的基本遗存情况。而该书的摄影者，除自身之外，还有张文刚、周颖、陈静、杨光宇、邓启兵、黄能迁、毛世福、唐长清、罗国家等。此外，一些图片采自《大足石刻全集》《民国重修大足县志》《大足宝顶香会》《敦煌石窟全集》《佛像的历史》《绵阳龛窟》以及郭相颖白描长卷等。

在这些年的此书写作中，保持一种状态是很难的。回首过来，我不禁想起大足石门山十圣观音洞的营建者，他们主要负责的是岑忠用和裴氏夫妇，而今在洞窟正壁左右转角处依然遗存着 800 多年前的形象。然而，他们在碑刻记载着自己的家庭境况是，“三代贫苦，实无一贯之本”，可知是宋代一家极其普通的民间家庭。但是，他们在南宋绍兴六年至十一年（1136—1141）之间，积极奔走，千凑万挪，终于成就了这一窟大足观音造像的代表作。或许，当年他们为了开凿石窟的这种状态一直延续至今，成为我写作的一股动力！

当再次回读这部书稿，一些不足之处也清晰地呈现在我的眼前。如在大足一地，极少数观音造像年代考证上还需要探讨，观音造像外来文化源流的深化，观音艺术特点的进一步思考，等等，都还有大量的论著去研究与阐述。在此，请各位读者多多谅解，并期待更多的关于大足一地观音文化与艺术的新作涌现！

李小强

2023 年 8 月于大足览山阁

参考文献

第一部分　专著

大足石刻研究院编《大足石刻全集》，重庆出版社，2017 年。

重庆大足石刻艺术博物馆、重庆市社会科学院大足石刻艺术研究所编《大足石刻铭文录》，重庆出版社，1999 年。

四川省社会科学院、大足县政协、大足县文物管理所、大足县石刻研究学会编《大足石刻内容总录》，四川省社会科学院出版社，1985 年。

刘长久、胡文和、李永翘《大足石刻研究》，四川省社会科学院出版社，1985 年。

大足石刻研究院编《大足石刻总录》，重庆出版社，2023 年。

重庆大足石刻艺术博物馆等编《大足石刻研究文集》，重庆出版社，1993 年。

重庆大足石刻艺术博物馆等编《大足石刻研究文集》（2），重庆出版社，1997 年。

重庆大足石刻艺术博物馆等编《大足石刻研究文集》（3），中国文联出版社，2002 年。

重庆大足石刻艺术博物馆等编《大足石刻研究文集》（4），中国文联出版社，2002 年。

重庆大足石刻艺术博物馆等编《大足石刻研究文集》（5），重庆出版社，2005 年。

重庆大足石刻艺术博物馆编《2005 年重庆大足石刻国际学术研讨会论文集》，文物出版社，2007 年。

大足石刻研究院编《2009 年中国重庆大足石刻国际学术研讨会论文集》，重庆出版社，2013 年。

大足石刻研究院编《2014 年大足学国际学术研讨会论文集》，重庆出版社，2016 年。

大足石刻研究院、四川美术学院大足学研究中心编《大足学刊》第 1 ~ 5 辑，重庆出版社，2016—2021 年。

陈习删《大足石刻志略》，《大足石刻研究》，四川省社会科学院出版社，1985 年。

郭相颖《大足石刻研究》，重庆出版社，2000 年。

陈明光《大足石刻考古与研究》，重庆出版社，2001 年。

陈明光《大足石刻考察与研究》，中国三峡出版社，2001 年。

陈明光《大足石刻档案（资料）》，重庆出版社，2012 年。

黎方银《大足石刻》，三秦出版社，2004 年。

李传授、张划、宋朗秋《大足宝顶香会》，中国文联出版社，2005 年。

《民国重修大足县志》，中国学典馆北泉分馆印刷厂排印，1945 年。

大足县志编修委员会编《大足县志》，方志出版社，1996 年。

四川省安岳县志编纂委员会编《安岳县志》，四川人民出版社，1993 年。

唐・张彦远著，朱和平注译《历代名画记》，中州古籍出版社，2021 年。

宋・黄休复《益州名画录》，何韫若、林孔翼注，四川人民出版社，1982 年。

宋・王象之《舆地纪胜》，中华书局，2003 年。

宋・洪迈《夷坚志》，中华书局，2006 年。

陈少丰《中国雕塑史》，岭南美术出版社，1993 年。

金维诺、罗世平《中国宗教美术史》，江西美术出版社，1995 年。
金申《中国历代纪年佛像图典》，文物出版社，1994 年。
四川文物管理局、北京大学中国考古学研究中心、广元千佛崖石刻艺术馆编《广元石窟内容总录·千佛崖卷》，巴蜀书社，2014 年。
雷玉华《巴中石窟》，巴蜀书社，2003 年。
四川省文物管理局等《巴中石窟内容总录》，巴蜀书社，2006 年。
胡文和《四川道教佛教石窟艺术》，四川人民出版社，1994 年。
胡文和、胡文成《巴蜀佛教雕刻艺术史》，巴蜀书社，2015 年。
蒋晓春等《嘉陵江流域石窟寺调查及研究》，科学出版社，2018 年。
于春、王婷著《绵阳龛窟——四川绵阳古代造像调查研究报告集》，文物出版社，2010 年。
四川省文物考古研究院等《四川安岳圆觉洞石窟考古调查报告》，文物出版社，2019 年。
四川省文物考古研究院等《四川夹江千佛岩摩崖造像考古调查报告》，文物出版社，2012 年。
四川省文物考古研究院等《四川仁寿牛角寨石窟考古调查报告》，文物出版社，2018 年。
四川省文物考古研究院等《四川绵阳古代造像调查研究报告集》，文物出版社，2010 年。
四川省文物考古研究院等《四川散见唐宋佛道龛窟总录·达州卷》，文物出版社，2017 年。
四川省文物考古研究院等《四川散见唐宋佛道龛窟总录·自贡卷》，文物出版社，2017 年。
四川省文物考古研究院等《四川散见唐宋佛道龛窟总录·广元卷》，文物出版社，2018 年。
重庆市文化遗产研究院等编《潼南千佛寺》，科学出版社，2019 年。
大藏经刊行会编《大正新修大藏经》，新文丰出版股份有限公司，1998 年。
慈怡主编《佛光大辞典》，书目文献出版社据中国台湾佛光山出版社 1989 年版影印。
宋·赞宁撰，富世平校注《大宋僧史略校注》，中华书局，2015 年。
刘长东《晋唐弥陀净土信仰研究》前言，巴蜀书社，2000 年。
陈扬炯《中国净土宗通史》，江苏古籍出版社，2000 年。
白化文《汉化佛教法器服饰略说》，商务印书馆，1998 年。
李际宁《佛经版本》，江苏古籍出版社，2002 年。
业露华撰文，张德宝、徐有武绘图《中国佛教图像解说》，上海书店出版社，1995 年。
杨倩描《南宋宗教史》，人民出版社，2008 年。
李凇《长安艺术与宗教文明》，中华书局，2002 年。
段玉明《巴蜀佛教文化史》（上下册），宗教文化出版社，2021 年。
王卫明《大圣慈寺画史丛考——唐、五代、宋时期西蜀佛教美术发展探源》，文化艺术出版社，2005 年。
季羡林主编《敦煌学大辞典》，上海辞书出版社，1998 年。
敦煌研究院主编《敦煌石窟全集·藏经洞珍品卷》，商务印书馆，2005 年。
杜斗城《敦煌本佛说十王经校录研究》，甘肃教育出版社，1989 年。
史志平《莫高窟唐代观音画像研究》，中国社会科学出版社，2016 年。
张总《说不尽的观世音》，上海辞书出版社，2002 年。
姜忠信绘著《观音尊像图谱》，宗教文化出版社，2006 年。
李翎辑著《观音造像仪轨》，宗教文化出版社，2007 年。
孙昌武《中国文学中的维摩和观音》，中华书局，2019 年。

孙昌武《解说观音》，中华书局，2022 年。
姚崇新《观音与神僧——中古宗教艺术与西域史论》，商务印书馆，2019 年。
梁思成《梁思成全集》第三卷，中国建筑工业出版社，2001 年。
梁思成《佛像的历史》，中国青年出版社，2014 年。
刘敦桢《刘敦桢全集》，中国建筑工业出版社，2007 年。

第二部分　主要参考论文

吴显齐《介绍大足石刻及其文化评价》，《大足石刻研究》，四川省社会科学院出版社，1985 年。
重庆大足石刻艺术博物馆《大足尖山子、圣水寺摩崖造像调查简报》，《文物》，1994 年，第 2 期。
张媛媛、黎方银《大足北山佛湾石窟分期研究》，《大足学刊》第二辑，重庆出版社，2018 年。
陈明光《大足北山佛湾发现开创者造像镌记》，《四川文物》，2007 年，第 3 期。
王惠民《北山 245 窟的图像与源流》，《2005 年大足石刻国际学术研讨会论文集》，文物出版社，2007 年。
陈明光《大足多宝塔外部造像勘查简报》，《2005 年重庆大足石刻国际学术研讨会论文集》，文物出版社，2007 年。
刘蜀仪、陈明光、梁洪、张划《唐末昌州永昌寨考略》，《大足石刻研究文集》，重庆出版社，1993 年。
杨方冰《大足石篆山石窟造像拾遗》，《四川文物》，2005 年，第 1 期。
大足石刻研究院《重庆市大足区峰山寺摩崖造像调查简报》，《四川文物》，2020 年，第 6 期。
陈静《大足石刻水月观音造像的调查与研究》，《大足石刻研究文集》（5），重庆出版社，2005 年。
侯波《从自我观照到大中救赎——水月观音造型流变考》，《2009 年中国重庆大足石刻国际学术研讨会论文集》，重庆出版社，2013 年。
龙红、邓新航《巴蜀石窟唐宋水月观音造像艺术研究——兼与敦煌、延安水月观音图像的比较》，《大足学刊》第四辑，重庆出版社，2020 年。
邓新航《巴蜀石窟唐宋如意轮观音造像研究——巴蜀密教美术研究之三》，《石窟寺研究》第十二辑，科学出版社，2021 年。
未小妹《如意轮观音图像的流传、改写与误读——以巴蜀石窟造像调查为基础》，四川美术学院硕士学位论文，2016 年。
彭金章《敦煌石窟不空羂索观音经变研究——敦煌密教经变研究之五》，《敦煌研究》，1999 年，第 1 期。
黎方银《大足石窟不空羂索观音像研究——大足密教造像研究之二》，《大足石刻研究文集》（5），重庆出版社，2005 年。
邓新航《巴蜀石窟不空羂索观音造像研究——巴蜀密教美术研究之一》，《大足学刊》第五辑，重庆出版社，2021 年。
彭金章《千眼照见　千手护持——敦煌密教经变研究之三》，《敦煌研究》，1996 年，第 1 期。
姚崇新《大足地区唐宋时期千手千眼观音造像遗存的初步考察》，《大足学刊》第二辑，重庆出版社，2018 年。
罗世平《地藏十王图像的遗存及其信仰》，《唐研究》第四卷，北京大学出版社，1998 年。
《石窟遗存〈地藏与十佛、十王、地狱变〉造像的调查与研究》，陈明光《大足石刻考察与研究》，中国三峡出版社，2001 年。
胡良学《大足石刻的诃利帝母及其经变相研究》，《2009 年中国重庆大足石刻国际学术研讨会论文集》，重庆出版社，2013 年。
姚崇新《白衣观音与送子观音——观音信仰本土化演进的个案观察》，《观音与神僧——中古宗教艺术与西域史论》，商务印书馆，2019 年。
齐庆媛《江南式白衣观音造型分析》，《故宫博物院院刊》，2014 年，第 4 期。
丁明夷《四川石窟杂识》，《文物》，1988 年，第 8 期。
符永利、张婷、杨华《四川内江翔龙山摩崖造像内容总录》，《石窟寺研究》第十二辑，科学出版社，2021 年。

图书在版编目（CIP）数据

大足观音造像研究 / 李小强著. -- 南京：江苏凤凰美术出版社，2023.12

ISBN 978-7-5741-1456-2

Ⅰ. ①大… Ⅱ. ①李… Ⅲ. ①大足石窟－观音－石刻造像－研究 Ⅳ. ①K879.34

中国国家版本馆CIP数据核字（2023）第245730号

选题策划　程继贤
责任编辑　龚　婷
责任校对　陆鸿雁
责任设计编辑　郭　渊
责任监印　生　嫄
审　读　叶爱国
封面设计　陈　皓
封面线稿绘制　毛世福
摄　影　张文刚　罗国家　杨光宇　唐长清　邓启兵　毛世福
周　颖　郑文武　王　远　吕文成　李小强等

书　名　大足观音造像研究
著　者　李小强
出版发行　江苏凤凰美术出版社（南京市湖南路1号　邮编：210009）
制　版　南京新华丰制版有限公司
印　刷　南京爱德印刷有限公司
开　本　718mm×1000mm　1/16
印　张　21.75
版　次　2023年12月第1版　2023年12月第1次印刷
标准书号　ISBN 978-7-5741-1456-2
定　价　198.00元

营销部电话　025-68155675　营销部地址　南京市湖南路1号
江苏凤凰美术出版社图书凡印装错误可向承印厂调换